박정희 동원체제의 잔재와
한국 현대 시민사회 형성

문상석 著

머리말

사회학자와 박정희

설익은 사회학자로서 특정한 이론의 틀에 의지하여 타인을 판단하는 버릇이 몸에 익었다. 그러나 나이 들어 내가 가진 특정한 틀에 의지해 타인의 삶을 정의하는 것은 오만한 생각이라는 사실을 깨닫게 되었다. 사회학은 나에게 인간의 행동에는 배경이 있고 구조가 움직임을 알 수 있는 시각을 끊임없이 제공해 주었다. 시간이 더 지나고 구조만이 아니라 매 특정한 시점마다 행위자들은 선택한다는 것을 알게 되었다. 구조와 행위자는 마치 동학과 정학처럼 사회학을 이루는 동전의 서로 다른 면임을 깨달았다. 사회학 개론 시간에 처음 배웠던 사회학을 잊고 도돌이표처럼 처음으로 돌아왔다는 사실을 사회학을 시작한 지 30년이 지나서야 깨달았다. 물론 하나도 놓치고 싶지 않은 많은 경험이 있었기에 그 이전 사회학 개론의 이해보다는 좀 더 성숙하였지만 사회학 개론의 중요성을 많이 깨달은 것이다.

사회학을 공부해야겠다고 마음먹었던 이유는 1987년 이후 오랫동안 머릿속을 지배해 온, '왜 가난한 사람은 부자들을 위해서 투표하는가?'라는 질문에 대한 해답을 찾는 나의 노력에 길을 제공해 주는 학문이라는 생각에서였다. 맑스주의와 같은 거대이론을 공부하다가 조건이 있는데도 왜 인간은 행동하지 않는가 하는 의문이 들면서 인간을 연구하고 싶었다. 개인의 행동을 '이해'하고자 미시적인 동기를 탐구했고 미시적 행동에서 거시적인 변화를 초래하는 과정을 분석할 이론적 접근을 찾으려고 노력했다. 그 과정에서 다른 무엇보다 내 안에 있는 사회적 힘을 찾아내고 그것을 분석하면서 구조로서 작동하는 사회적 힘을 분석하려고 했다. 이 연구는 그런 의미에서 '나를 통해 사회'를 찾아가는 성찰을 다루며 사회와 나를 들여다보는 작업이었다.

여느 한국인들처럼 나도 대한민국의 '국민=나라의 신민'으로 국가에 충성하는 것을 당연하게 여기면서 자랐다. 일본 육군 군복을 모방해 만든 중학교 교복을 입고 오후 6시 국기 하강의례에 차려 자세하고 내려오는 국기를 멀리서나마 바라보며 가슴이 뭉클함을 느끼곤 했었다. 태극기는 애국심의 중요한 상징이자, 나를 지배하던 국가주의의 상징이었다. 고등학교에 다닐 때는 극장에서 애국가 상영 의무가 폐지되었다는 뉴스를 보고 "애국가 없는 사대주의로 가득한 약한 나라가 될 것이다"라며 반발했고, 맥아더가 우리의 구세주이며 북한과 중공(중국)에 핵폭탄 투하를 방해한 트루먼은 비열한 정치가라고 믿었다. 반공 만화영화 〈똘이장군〉을 보며 영화에 등장하는 돼지 김일성을 박멸하고 북한 사람들을 해방하는 것이 의무라고 믿었다. 강력한 지도자가 나와 국민을 통합하여 힘을 길러 무력으로 공산당을 괴멸하고 통일을 이뤄야 한다는 사실을 믿는 충청도 시골 학생이자 대한민국의 충실한 국민이었다.

그러면서 이상하게도, 중학교에 다닐 때부터 마음속엔 '왜 한국은 불평등이 지배하는가?', '왜 가난한 사람이 부자들을 위해서 자발적으로 희생하는가?' 하는 의문이 생겨나기 시작했다. 사회주의자의 딸로 태어난 어머니와 지주였고 경찰 집안이었던 아버지의 가족 이야기를 들으면서 한국전쟁에 관심이 생겼다. 의문이 생기면 답을 찾아야 하는 성격이라서 책을 읽으면서 여러 사회현상을 공부하고 싶었다. 그러다 고3 때 누나가 읽던 칼 포퍼와 헤르베르트 마르쿠제의 간접 대담을 다룬 『개혁이냐 혁명이냐』를 읽고 불평등을 다루는 학문을 공부하고 싶었다. 그 과정에서 사회학을 알게 되었고 재미있게 사회학을 공부했다.

전쟁을 주제로 석사 과정을 마칠 때까지도 국가를 전면적으로 다룰 것이라고는 생각하지 못했다. 왜 그만큼 불평등이 역사에서 사라지지 않는지 더 공부하고 싶어 불평등을 연구하기 시작했다. 아마도 청소년기 이후 내내 나의 의식을 지배해 왔던 두 줄기, 자본주의의 '불평등'과 인간 사이의 '전쟁'이 그렇게 나의 연구 주제가 되었다.

교육 불평등을 연구하면서, 불평등을 재생산하는 한국인들의 마음이 궁금해졌다. 그 기원은 어디에 있을까? 그 궁금증을 풀려고 하다가 한국 사회의 변환기를 본격적으로 연 박정희와 그의 통치 시기를 연구하게 되었다. 미시적인 접근을 하였음에도 머릿속에는 늘 거대이론이 따리를 틀고 있었다. 거시와 미시, 두 방법 모두 필요한 것이 사회학이지만 나는 늘 한쪽 날개로만 사회학을 공부하고 있었고, 사회를 그 하나에 의지해서 이해하고 있었다.

박사학위를 받고 2008년 9월부터 샌 앤토니오 소재 가톨릭계 성모 마리아 대학인 아워 레이디 오브 레이크 대학교(Our Lady of Lake University)에서 강의를 시작하면서 사회학을 좀 더 제대로 이해하기 시작할 수 있었다. 믿고 싶은 것만 믿으려고 하는 미국 학생들을 가르치면서, 오랜 화두였던 '왜 가난한 사람은 부자를 위해 투표하는가?'의 단초를 찾을 수 있었다. 원인을 찾아내고 분석하는 거시이론에서 찾지 못한 '어떻게'를 찾을 수 있다는 희망이 생겼다. 모든 것을 개인적인 차원에서 해석하고 받아들이는 미국인들의 사고를 보면서, 자기중심적 개인의 이념 수용 태도를 통해서 집단을 분석하고, 사회 변화를 추동할 힘을 개인의 변화에서 찾아내는 것이 중요하다는 사실을 깨달았다. 사회화, 사회제도, 사회 통제, 문화와 제도 등 개인의 일상을 지배하는 거대한 힘이 작동하는 일상과 개인을 둘러싼 제도 연구가 중요함을 알게 되었다. 사회학 입문에서 다루는 사회학의 기본이론이 한국인의 국민 정체성을 설명하고 미시적 변화를 통한 시민 형성과 사회변동을 다루는 데 필요하다는 사실을 알게 된 것이다. 방법적으로 미시적인 이해사회학에 관심이 높아졌다.

시민사회 연구는 국가 연구를 마친 후 진행할 예정이었다. "국가 연구는 낡은 것"이라는 다른 학자들의 인식을 접하고, 사회학에서 다른 사람의 연구 관심을 '낡은 것'이라 치부하는 시선이 있다는 것에 놀랐다. 아랑곳없이 국가를 연구하면서 국가와 시민사회의 관계에 좀 더 천착해 보니 무엇보다 강한 국가 아래 한국인의 의식을 지배하는 사회구조의 실마리가 보였다. 식민지 시기와 박정희를 연결하는 작업을 하면서 물질주의와 개인 이기주의 사회구조를 찾았고, 이 구조에 의해서 한국인들이 자기 기준대로 사회를 재단하려는 지극히 개인주의적인 성향을 찾아낼 수 있었다.

한국인을 지배하는 근본적인 사회의 힘을 찾아내려는 작업은 지극히 개인적인 경험에서 시작되었다. 복학하고 들었던 사회학이론 수업 시간에 박영신 교수님께서, "비판적인 사람의 행동을 지배하는 근본을 다루어야 하며, 그러기 위해서 지배적 사회구조를 이해해야 한다."라는 말씀을 하셨다. 그때는 몰랐지만, 학교에서 학생들을 가르쳐 보니, 인간 행동을 지배하는 것은 겉으로 드러나는 피상적인 진보와 보수 같은 이념이 아니라 그 사회의 근본적인 사회구조라는 사실을 알게 되었다. 그 시기 나를 지배하던 '내 안의 파시즘'이라는 표현은 지위 고하를 막론하고 누구에게서나 나타날 수 있는 파시즘의 요소를 내포한 사회구조를 보여 주는 말이었다. "시민의 수준에 적합한 정부가 들어선다."라는 말과 "시민이 국가를 만든다."라는 말을 먼저 연구해야겠다는 생각이 들었다. 시민의 대척점에 있는 것이 국민이다. 박정희 집권 시기를 다루려고 마음먹은 것도 시민이 아닌 '국민'이 형성된 배경을 찾고자 하는 호기심에서였다.

1987년 대통령 선거 때부터 들었던 의문, '노동자 1천만, 농민이 600만의 민중은 왜 권력자를 위해서 투표하나?'에 대한 해답은 미시적 방법에서 출발하여 거시 현상을 다루는 피터 버거의 사회학 연구를 접하면서 조금씩 틀을 구성할 수 있었다. 다양한 층위의 사회구조를 다루는 문화연구 방법을 통해서 개인들에게 의미를 제공하고 정당성을 형성할 수 있도록 만드는 근본적 사회구조를 밝힐 수 있었다. 기존 구조를 대체하거나 강화하는 여러 힘이 긴 역사의 흐름 속에서 충돌하거나 합해져 한 사회의 깊은 구조를 이루어 나가는 사회구조의 특성을 이해하면서 물질주의에 천착하게 되었다. 구조와 행위가 사건을 중심으로 접목한다는 사실도 이해할 수 있었다.

그리고 인과관계와 더불어 역사에서 일어나는 우연성(contingency)을 접할 수 있었다. 역사에 가정은 없다지만, 가정이 필요할 만큼 사건들이 연결되고 사건의 방향이 바뀌면서 한 사회의 역사가 바뀌는 분수령이 되는 경우가 역사에는 많았다. 대표적인 것이 박근혜 탄핵이다. 우연히 출발한 태블릿 PC의 등장으로 다양한 이해 당사자들 사이 관계를 통해서 사건들이 한 경로로 이어지게 된 것이다. 한 줌 추종자들에 의해서 추앙받던 '반인반신' 박정희에 대한 신격화가 멈추고 박정희 잔재에 대한 향수가 최소한 사회적 차원에서는 사라지게 된 원인에는 그의 딸인 박근혜가 실정과 무능으로 탄핵을 받고 시민들의 저항으로 인해 대통령직에서 쫓겨난 사건이 있었다. 그 사건의 시작은 우연히 일어난 것처럼 보인다. 한반도의 분단이 우연히 일어나고, 그 우연의 결과 개별 행위자는 자신의 이익을 위해서 선택하고 움직였고, 선택들이 상호 연결되면서 한국전쟁과 분단의 고착화로 이어졌다. 딸 박근혜로 인해 박정희가 잊혀 가는 과정은 우연성과 아이러니의 연속이었다.

박정희는 러시아 혁명과 같은 해인 1917년에 태어났다. 윤동주, 케네디 등이 같은 '17년생이다. 1979년 죽은 박정희를 되살린 것은 박정희의 경제성장 모델인 국가 개입 경제개발이 기능을 다 하여 일어난 1997년의 외환위기였다. 외환위기가 사회를 혼란에 빠뜨리고 한국인들이 고통을 받자, 사후 가려져 있는 듯했던 박정희가 다시 역사에 등장한 것이다. 강력한 지도력으로 경제성장을 이룬 박정희에 대한 향수를 이끈 것은 박정희가 만들어 놓은 체제가 붕괴한 결과였다는 사실도 흥미롭다. 박정희가 외환위기 이후 부활을 알리고, 딸 박근혜가 양지의 정치권에 전면 등장하여 정치 지도자로서 권력의 중심에 진입하더니 마침내 대통령에까지 취임한 것이다.

그러나 박근혜의 실패는 아버지 박정희와 그에 대한 신격화의 종말을 앞당겼다. 박근혜 탄핵에 의한 파면은 반신반인 박정희가 태어난 지 꼭 100년 되던 해에 일어났다. 역사에서 모든 사건이 인과적으로 연결되는 것이 아니지만, 우연히 일어난 하나의 사건이 다른 사건들과 결합하여 새로운 사건을 일으키고 그것이 나비효과처럼 사회 변화를 앞당길 수 있고 이런 사건들이 합하여져 고착되고 구조화된다. 우리는 역사적 우연성을 이미 한반도의 분단과정과 한국전쟁 발발에서 경험하였다. 이 과정에서 각 사건의 결합이 전혀 새로운 방식으로 이어지기도 했는데 기독교가 많았던 북한에는 소련군이, 사회주의자들이 많았던 남쪽에는 미군이 점령하여 새로운 점령군과의 갈등은 불가피하였다. 이 역시 하나의 중요한 한국전쟁의 요인이기도 하며 이후 남북한 양 진영에서 이념 갈등의 구조적 배경을 제공하였다.

'박정희 잔재'는 추상적이다. 구체적으로 무엇을 지칭하는지는 연구자마다 다를 것이다. 박정희 부활과 종말은 매우 역설적으로 일어났다. 박정희에 열광하는 사람들을 지배하는 한국의 근본적 사회구조를 탐구할 필요가 있다. 또 반대로, 겉으로는 박정희 잔재가 사라진 것처럼 보이지만 언제 다시 표면에 등장할지 모른다. 그러기에 '박정희를 살리는 박정희의 잔재'를 찾아내 분석하는 연구 또한 진행해야 했다.

박정희가 부활하고, 비판과 찬성 진영 모두에 의해 열성적으로 진행되던 박정희 연구는 박근혜가 퇴장하면서 시들해진 것처럼 보인다. 그러나 죽은 박정희를 부활시키고 다시 숨어들게 한 사회구조는 여전히 공개적으로 드러나지 않았다. 박정희를 다시 살리고 숨어들게 만든 이들은 한국인이다. 나 역시 한국인이다. 내가 연구하는 연구대상이 나이기도 하다. 랜달 콜린스(Randal Collins)가 사회학자의 딜레마를 느꼈듯이 자신이 연구하는 대상인 사회에서 나고 자란 나 역시 연구의 대상이며 박정희 잔재를 계속 부활시키는 주체이다. 그런 의미에서 연구를 진행하며 나부터 새로운 패러다임으로의 전환이 필요하고 느꼈다.

이 연구가 자신이 국가와 사회의 주인이면서도 주인이라는 사실을 망각한 채 살아가는 '**절반은 국민, 절반은 시민**'인 나를 포함한 한국인들의 잔잔한 호수 같은 마음에 작은 파문을 일으키는 조약돌이 되기를 희망한다. 이 책이 나오기까지 도움을 준 많은 이들에게 감사를 전하고 싶다. 아들에게 권력을 알게 해 준 아버지, 나 배불리 먹고 남 못 준다고 하신 어머니, 남편 없이 아이들을 잘 키워준 아내 혜리, 아직 많이 남았지만 잘 자라준 한진과 준서, 은사님이신 박영신 선생님, 석사 지도교수이신 김동노 교수님, 내 박사 과정의 모든 삶을 온전히 지켜주신 Brian R Roberts 교수님(할아버지), 강사 시절부터 좋은 조언을 해 준 선배와 동료들, 마지막으로 공식적으로 내 첫 제자 고한웅에게 감사를 전하고 싶다.

* 지금의 나를 있게 해준, 37살 꽃다운 나이에 작고한, 너무 보고 싶은 누나 문 클라우디아 부영에게 이 책을 바칩니다.

| 차 례 |

서론: 현대 한국 사회의 박정희 잔재 ·················· 13
1. 자유를 잃어버린 국민과 박정희 잔재 ·················· 13
2. 박정희 잔재란 ·················· 25
3. 연구방법 ·················· 32

제1부 박정희 잔재의 구성

제1장 외로운 한국인을 만드는 사회구조와 그 기원 ·················· 43
1. 집단주의 형성의 기원 ·················· 43
2. 현대 한국사 사건과 집단주의 재구성 ·················· 53
3. 성장의 정체와 집단주의의 허상: 외로운 한국인 ·················· 60

제2장 박정희 잔재의 식민지 기원과 등장 ·················· 67
1. 박정희 잔재 구성요소와 일제의 잔재 ·················· 67
2. 경쟁과 집단주의 제도화 ·················· 73

제2부 박정희 동원 체제와 탈정치화된 국민의 탄생

제1장 민족주의 이데올로기와 탈정치화 ·················· 89
1. 민족주의와 역사적 블록 ·················· 89
2. 박정희의 역사 부정과 민족 만들기 ·················· 97
3. 동원을 통한 국민 만들기와 근대적 인간 형성 ·················· 104

제2장 새마을운동과 탈정치화된 농민의 성장 ·················· 117
1. 시작: 인간개조와 역사적 우연성 ·················· 117

2. 실적과 정체성의 변화 그리고 자발적 협조 ································ 127
  3. 탈정치화된 농민의 성장과 역사적 블록 형성 ························ 136
  4. 새마을운동과 탈정치화된 농민의 탄생 ·································· 141

제3장 학도호국단과 대학의 탈정치화 ·· 145
  1. 탈정치화된 학생조직의 등장: 학도호국단에 대한 시각 ········ 145
  2. 학도호국단 재설치의 배경, 조직, 구조 그리고 변천사 ········ 150
  3. 자기 정당화: 순응과 어용으로부터의 회피 ·························· 161
  4. 의도하지 않은 결과의 장 ·· 179

제3부 국가와 시민

제1장 관계와 일상의 사회화 ··· 193
  1. 사회화와 개조 ·· 193
  2. 동원과 국민 형성 ··· 213
  3. 한국인의 정체성: 국민 vs 시민 ··· 218

제2장 시민과 국가 ·· 229
  1. 근대 국민국가 ·· 229
  2. 근대 국민국가의 구조 ·· 242
  3. 국가와 시민권 ·· 250

제4부 좌절된 시민사회 형성

제1장 시민사회 의미의 변화와 구성요소 ·· 269
  1. 시민사회를 인식하는 틀의 변화 ··· 269
  2. 시민사회의 구성 ·· 276

제2장 자발적 시민사회 형성의 좌절과 변경된 경로 ······················· 291
  1. 국가 의존성의 등장과 군사쿠데타 ·· 291

2. 근대 국민국가 형성과 군사쿠데타 …………………………… 294
3. 국가기구의 재편과 독재체제 확립 …………………………… 309
4. 인간개조와 대한민국 국민 형성 ……………………………… 317
5. 국민국가의 등장과 시민사회의 약화 ………………………… 326

제3장 역사적 블록의 형성 Ⅰ: 저널리즘의 한국적 역할 ………… 329
1. 국가와 시장에 배태된 저널리즘 ……………………………… 329
2. 전통 저널리즘의 성장 구조 …………………………………… 332
3. 전통 저널리즘의 위기 도래 …………………………………… 339
4. 개인주의 증가와 시민 지향의 네트워크화 ………………… 349
5. 배태된 언론에서 시민의 플랫폼으로:
   문제 해결자로서 언론의 역할 기대 ………………………… 354

제4장 역사적 블록의 형성 Ⅱ: 물질주의 종교의 한국적 특성 …… 357
1. 한국 종교의 국가중심주의와 무색무취의 종교 특성 …… 357
2. 종교 물신주의의 역사적 고찰 ………………………………… 361
3. 국가에 배태된 물질 지향의 종교에 대한 역사적 고찰 …… 369
4. 세속화와 물질주의 국가의 역할 ……………………………… 381
5. 종교와 시민사회 형성의 가능성 ……………………………… 385

제5장 좋은 사회와 규범: 보편성과 정의 ………………………… 388
1. 공동체 없는 개인주의 ………………………………………… 388
2. 보편성과 정의 …………………………………………………… 393

결론: 박정희 잔재와 시민사회 형성 ……………………………… 411

나가며: 민족주의와 탈정치를 넘어서 …………………………… 422

참고문헌 ……………………………………………………………… 424

서론

현대 한국 사회에서의 박정희 잔재

1. 자유를 잃어버린 국민과 박정희 잔재

1) 이웃과 개성을 잃은 한국인

이 연구는 사회구조로서 작동하는 박정희 잔재를 다룬다. 이 연구는 한국의 역사 속 구조를 선행 조건으로, 일제강점기부터 박정희가 권력을 획득하고 시작한 사건들을 다루면서 국민 형성을 이야기한다. 국민의 사회구조는 외로운 한국인을 양산하기에, 국민에서 시민으로 전환이 필요함을 이야기한다. 언론, 종교, 국가 등을 비판적으로 고찰하고 결사를 통해 박정희 동원체제의 잔재에서 시민 형성과 시민사회 형성의 가능성을 탐색할 예정이다.

우리를 제외하고 "새해 복 많이 받으세요"를 한 해에 두 번 해야만 하는 사회는 찾기 어려울 것이다. 한국에는 새해가 두 번이다. 전 세계가 두루 쇠는 1월 1일에다, 음력 정월 초하루도 또 하나의 새해다. 새해를 두 번 보내기에 나이 셈법도 두 번 있다. 장소와 시간 그리고 사람에 따라 나이 셈법도 일정하지 않고 혼란스럽다. 오죽하면 2019년에 '만 나이' 셈법 하나만 사용토록 하자는 청와대 청원이 올라왔을까? 그런데 아무리 많은 사람이 원하더라도 한국에서 만을 기준으로 하는 나이 셈법만 사용하는 것은 많은 한국인이 사용하지 않을 것이기에 불가능할 것이다. 왜 그럴까? 만 나이를 사용하면 한국인들이 으레 따지는 위계와 서열, 나의 집단과 타인의 집단을 나누는 기준인 '동기(同期)'를 묶는 수단이 사라진다. 생일이 기준인 만 나이는 사람마다 모두 다르기에, 같은 해 태어난 사람 모두를 한 덩어리로 묶는 '세는 나이 셈법'에 비해 동갑 집단을 만드는 것을 불가능하게 만든다. '나'와 '너'가 아닌 집단별로 서열과 위계를 따지는 '우리'가 지배하는 사회에서 동기 문화는 중요한 요소이다. 집단 기준으로 위계를 나누는 한국 사회에서 매년 1월 1일과 12월 31일에 태어난 사람은 친구이지만, 12월 31일 바로 이튿날인 다음 해 1월 1일에 태어난 사람은 하루 전에 태어난 사람을 형, 오빠, 누나, 언니 등의 호칭을 사용해야 한다. 군대나 직장에서 동기도 매해 혹은 매월을 기준으로 결정된다. 모두 일시에 취업하고 일시에 입대하는 한국 문화의 산물이다. 생일은 인위적으로 하지 못하기 때문에 한국식 나이 셈법으로 소위 '갑'을 정하는 것이다.

집단문화 속 동기 문화는 '시작을 누구와 함께했는가'를 중요시하는 문화로 여겨진다. 급변했던 근대 시기 한국인들에게는 모든 것이 고난의 연속이었다. 동기를 중시하는 문화는 어려운 시기를 함께 겪었다는 것을 의미하고 집단 내 애착 강화로 이어진다. 함께하지 않은 이들이 끼어들어 동기 집단이 만들어 낸 과실을 공유하려고 하면 기회주의자라고 나쁘게 인식하며 차별한다. 한국인의 집단주의와 집단 속 서열에 따른 위계의 중요성은 나이 셈법을 바꾸기 어려운 구조적 원인이다. 서열화된 집단주의는 한국인들이 근대에 접어들어 사회변동에 적용해 온 방식이었으나 지금은 지배적인 구조가 되었다. 박정희 잔재는 이런 서열화된 집단주의 출현과 깊이 연결되어 있다.

어느 민족이나 국민이든 그 민족·국민의 특징을 단 한마디로 정의하기는 어려울 것이다. 한국 사회에 살면서 객관적으로 사회를 바라보기는 어렵다는 것을 전제로 하고 가능한 한 3자의 객관적 시각으로 보기 위해 외국인들의 시각과 경험을 빌어 보려고 한다. 그들의 눈에 한국인들은 때로는 정감이 있지만 차가울 때는 정말 차갑다. 인정사정 없이 잔인하다가도 따스한 정을 지니고 동정하곤 한다. 음주가무(飮酒歌舞)를 즐기며 외형적으로 늘 시끄러워 보이지만 마음속에는 슬픈 마음이 응어리진 '한'을 지니고 있다. 한국인들은 그래서 이해하기 어렵다고 한다. 한국인들은 길에서 어깨가 부딪쳐도 미안하다는 말을 하지 않는다. 그런데 상대방이 자신이 아는 사람이면 과할 정도로 사과한다. 아마 부딪칠 상황도 만들지 않을 것이다. 모르는 사람에게는 가혹할 정도로 냉정하나, 아는 사람에게는 부담스럽고 귀찮을 정도로 잘해 준다. 비근한 예로 '정(情)'의 문화를 보자. 정이란 것은 좋아하거나 싸우면서 형성된다. '미운 정'을 이야기하는 민족은 아마 한국인이 유일할 것 같다. 이웃의 정을 나눌 때 정은 상대방을 고려하지 않고 오직 한 행위자의 선택에 따라서 귀찮을 정도로 챙김을 제공해 준다(최상진, 2011). 한국인들이 표출하는 정은 일방적이고, 특정 집단 내 대상에만 해당하는 속성이 있다.

이해하기 어려운 한국인들의 행동을 이기적 개인주의에 기초한 '집단주의'를 도구로 분석하면 이해하기 쉽다. 나를 중심으로 돌아가는 집단주의는 관계를 중요시한다. 타인이라도 내가 속한 집단 안에 포함되어 있으면 친절하고 내가 그에게 실수하면 금방 미안하다고 사과하지만, 그렇지 않으면 미안하다는 사과는커녕 오히려 당당하게 대한다. 내 집단이면 동정하고 집단 밖에 있는 사람들에게는 차갑게 대하고 정을 주지 않는다. 친분의 영향력이 상대적으로 크다 보니 배타적인 관계가 한국 사회에서 인간 행동을 지배하는 것이다. 이런 현상에는 늘 '우리'라는 집단주의적이면서 개인주의적인 말이 저변에 깔려 있다. '자기함몰적 우리'가 지배하는 사회로서 한국에서는 '나'와 '너'가 분리되지 않고 통일되어 있다(최상진, 2011: 125). 공과 사가 구별되지 않는 것처럼 나와 타인이 구별되지 않은 채 나를 중심으로 돌아가고 있다. 집단주의의 배경에는 개인의 이기심이 있다. 모든 것이 '나'에서 출발하고 전체로 귀결된다. 그때 나의 이익을 추구하는 '나'는 내가 희생하듯 당신 혹은 타인에게 희생을 강요한다. 이런 강요 관계 속에서 가장 이익을 얻어야 하는 사람은 바로 '나' 자신이어야만 한다.

사적으로 친밀한 관계가 지배적인 사회에서 그것을 유지하는 방식은 다양하다. '방(room)' 문화는 그중 하나다. 같은 팀만이 즐기는 '-방'이라는 공간이 한국 사회 거의 모든 곳에 있다. 가는 곳곳마다 노래방이 많은 이유를 흥이 많은 한국인의 정서로 풀이하기도 한다.1) 그러나 단순히 음주 가무(飮酒歌舞)를 즐기기 위해 노래방이 많은 것이 아니라, '우리'만이 즐길 수 있는 공간을 만들어 내야 하는 일종의 집단주의 강박관념이 노래방과 같은 '방' 문화를 낳았다. 음주 가무를 좋아하는 성향이 집단문화를 강요하는 사회구조와 만나면서 폐쇄적인 '방' 문화로 드러난 것이다. 방에 들어가려면 나의 그리고 우리의 방에만 갈 수 있다. 여러 방에 동시에 들어갈 수 없는 것이 방의 문화다. 일단 처음에 누구와 한 집단에 속했는가가 나의 미래를 지배한다. 시작을 같이한 동기 문화가 새로 편입된 사람을 이방인 취급하면서 배제하고 자신들만의 집단주의 문화를 더욱 강화하는 것도 같은 이치다. 민족주의 이념으로 타 문화 배경을 가진 한국인(중국이나 기타 지역에서 온 혈통적 한국인 이주자들)을 배척하는 것이 아니라, 고생을 함께 한 동질감을 중시하는 집단주의 문화에 의해서 그렇게 되었다.

폐쇄적 집단주의가 활성화된 출발점은 가족주의 이념이다. 가족은 구성원들에게 역할을 주고 그에 합당한 기능을 하도록 강요한다. 한국에서 가족주의 이념은 다른 이들의 삶에 개입하고 간섭하는 것을 정당화하는 명분으로 활용된다. 이데올로기는 가치와 규범 사이 어디엔가 존재하는 것이다. 개인은 타인에게 존중받듯이 타인의 가치도 존중

---

1) 놀이문화가 부재한 상황에서 노래방이라는 폐쇄된 공간을 활용할 수밖에 없는 현대 한국인들의 모습을 별도로 논의할 필요가 있다. 한국인들이 노래방을 좋아하는 것이 음주가무를 즐기는 민족이기 때문이라는 도식에 동의하지 않지만, 많은 사람이 이를 상식 수준에서 받아들이는 현실 또한 도외시할 수 없다.

해야 한다. 그러나 한국 사회에서 집단주의는 나의 가치가 타인의 가치보다 우월하다고 인식하고 타인의 가치를 나의 가치로 대체하려 노력을 한다. 정으로 표현되는 관계에서 개인은 그가 속한 집단의 가치를 받아들여야 하고 자신의 집단에만 충성을 다할 것을 강요받는다. 자신의 가치를 보편적인 가치인 양 절대화한다. 기능적으로 이데올로기는 특정한 가치를 보편 가치로 만드는 데 사용된다. 권력을 가진 특정 집단의 가치가 상대적인 것이 아닌 절대적인 것이 되도록 만드는 힘이 이데올로기 기능이다. 한국의 가족주의는 이미 정해진 구조와 기능에 부합하도록 강요하는 그래서 개성을 잃어버릴 수밖에 없는 구성원들을 요구한다.

이 연구에서는 외로운 한국인을 만드는 사회구조를 해체하여 박정희 잔재를 청산하고 한국 시민사회의 형성 가능성을 탐색하기 위해서 국민에서 시민으로 전환의 가능성을 이야기할 것이다.

'왜 시민인가?'라는 물음은 국민으로 전환에 필요한 한국 사회 바로 알기가 전제되어 있다. 한국인의 깊은 층위에서 작동하는 한국 사회의 구조는 3가지 층위로 구성된다. 첫째 맨 위층에는 한국에 대해 아는 누구나 인정하는 가족주의와 유사가족주의의 집단주의가 위치한다. 이 집단주의는 그러나 얕은 구조다. 모든 사람이 집단을 도구화하여 자신의 이익을 추구한다. 집단주의가 필요한 이유는 집단 속에서 개인 자신의 이익을 추구하고 그것을 유지하려고 원하기 때문이다. 집단이 필요한 것이 개인의 이익을 위해서이기에 한국의 집단주의는 이기적인 개인에 의해서 운전된다. 이기적 개인주의가 집단주의를 지배하는데 이것이 2차, 사회구조 층위다. 마지막으로, 한국 사회구성원의 마음속 가장 깊은 곳에 뿌리를 내리고 그들이 특정한 선택을 하게 만드는 가장 큰 힘은 물질주의이며, 이것이 3차 층위의 사회구조이다. 여기서 물질은 물적 평안을 이야기하는 것이다(정수복, 2007). 자본주의 사회에서 물질적인 평안은 시대에 따라서 변화하는 상대적 특성이 있다. 인간의 정신적 행복이 물질적인 풍요에서 나온다는 물질주의적인 가치는 가족을 매개로 자신의 이익을 실현하는 과정에서 재생산한다. 한국의 사회구조 속에서 개인들은 자유롭게 살아가기 어렵게 되어 있고 그것이 집단주의 아래 매몰되어 있는 이유이다. 집단주의는 그렇기에 위계에 따른 서열화를 인간관계에서 늘 강요하며 특정한 관계를 점하는 자에게 유리하게 작동한다. 이 과정에서 개인은 이웃을 잃어버리고 집단의 색깔에 자신을 맞추어 적응하며 자신의 이익을 추구하다 보니 결국에는 자신도 잃어버리게 되는 것이다. 이웃을 잃고 개성을 잃어버린 외로운 한국인들을 만드는 사회구조가 어찌 보면 박정희 잔재로 작동하고 있을지 모른다.

2) 서열과 위계로 형성된 집단주의 사회

위계와 서열화

가족은 대체로 처음을 함께 시작한 부와 모가 늦게 가족에 포함된 자녀들로 구성되어 있다. 시작부터 남성을 중심으로 가족이 위계적으로 구성된다. 가족과 마찬가지로 한국 사회는 서열과 위계로 집단을 형성하고 그 안에서 완장을 찬 이들을 중심으로 지배집단이 아닌 '을'들 사이에 자원을 배분하는 권력을 위해서 갈등하고 투쟁하는 사회이다. 마치 다자녀 가구에서 큰 형이 아버지의 권력을 위임받고 동생들에게 폭력을 행사하는 것과 마찬가지의 사회구조이다. 새롭게 시작한 곳에서는 늘 제도화된 규율이 없이 다양한 방식의 행동 양식과 관계들이 존재하나 구성원들의 선택을 받는 소수가 남아 구조화된다. 박정희 집권 이후 시작된 근대화는 한국인들이 생존에 필요한 적응 방식을 체화하고 유지하도록 강요했다. 이 과정에서 완장을 찬 하부의 권력자들에게 일선에서의 지배 자율성이 제공되어 집단주의와 위계에 근거한 서열 구조가 뿌리를 내렸다.

한국 사회는 작은 군대처럼 구성원들이 그들의 지위나 위치로 등급이 매겨져 서열을 중심으로 구성된 사회이다. 개인들은 직장, 가정,

소속 집단 등에서 차지하는 지위에 따라 위계를 형성하고, 기능과 권력에 따라서 서열화된다. 나이, 지위, 부 등이 서열화의 도구이다. 한 조직 안에서만 유효한 구성원들 사이 위계와 서열 관계는 집단 밖의 일상에서도 그대로 적용된다. 한 특정 공간에서의 위계가 다른 공간으로도 확대되어 지배력을 행사한다. 한 조직에서의 지위가 조직 밖의 지위로 그대로 이어져 조직 내 호칭이 조직 밖에서도 그대로 사용된다. 조직 밖에서는 동등해야만 하는 관계도 위계적으로 유지된다. 일제강점기, 한국전쟁기, 산업화 시기 개인들은 혈연·학연·지연을 중심으로 구축한 사적 네트워크를 활용하여 생존과 번영을 추구하였고 이 과정에서 과거 주로 양반 중심으로 활용되었던 집단주의가 전 한국인들에 체화되었다.

완장은 개인 사이 경쟁을 더욱 확대한다. 개인들은 완장을 찰 수 있는 자리에 오르기 위해서 노력해야 했다. 조선 후기 늘어난 생산력과 무역으로 부를 축적한 부농이나 부상(富商)들은 사회구조의 변동보다는 개인적인 차원의 신분 상승을 꾀했다. 개인적인 차원으로 해결하려고 노력한 조선의 떠오르던 부자들과 서구의 부르주아는 사회변동에 달리 접근했다. 물론 조선의 사회구조는 서구 중세 봉건제도와 달리 촘촘하게 사회를 지배하고 있었기에 조선의 부농과 부상들이 집단화하여 새로운 계급으로 성장할 수는 없었다. 물론 이것은 서구와 달리 한국은 상대적으로 강력했던 중앙집권적인 왕국을 건설했기 때문에 발생한 것이다. 한국의 피지배층 사이에서는 사회변동의 주체로 성장할 가능성을 추구하기보다 사회구조에 적응해서 개별적으로 신분 상승을 추구하는 선택지가 가장 합리적인 것으로 인정받았다. 그것이 조선 시대 이후부터 계속 일제강점기와 한국전쟁기를 거쳐 근대 산업화 시기를 지나 지금까지 유지되고 있다.

일제강점기에 일제는 똑똑하고 현실적 태도를 지닌 조선인들을 선발해서 일선에서 다른 조선인을 지배할 권력을 부여했다. 다른 식민모국들이 식민지에서 통치하던 방식을 그대로 활용하여 다수의 조선인을 소수의 충실한 조선인 권력자들에게 지배하도록 한 것이다. 여기에서 일제가 부여한 완장을 찬 한국인들이 일본인들보다 더욱 한국인들을 착취하고 탄압하였다.2) 다른 사람들의 목숨을 빼앗을 수 있는 생사여탈의 권력이 작동하는 완장을 위한 공간이 한국전쟁 기간에도 확대되었다. 무너진 중앙권력을 대신해 현장 지휘관의 자의적 판단, 우익 민병대의 자의와 복수심, 복수하고자 하는 피해자 가족들의 의지 등은 타인을 죽이는 완장의 역할을 증대시켰다. 권력을 안정적으로 유지하길 원했던 중앙 권력자들은 다양한 완장을 활용하여 피의 보복을 정당화하였다. 이때에도 누군가 완장을 찬 사람을 아는 것은 목숨을 부지하는 데 유리하게 작동하였다.

한국전쟁기에는 당장의 생존이 목표였다면, 박정희 집권 시기에는 생존을 넘어 미래를 위한 청사진이 필요하였다. 새롭게 시작한 근대화와 산업화는 완장이 새로운 사회구조로 작동할 수 있는 환경을 조성하였다. 사회가 변화하면 그에 맞추어 제도들이 등장하는데, 그 도입된 제도가 완벽하지 못하면 '전용(appropriation, 전유)'이 발생한다. 막 태어난 제도는 사회에 완벽하게 대응하지 못하는 그래서 끊임없이 새로운 패치를 요구하는 소프트웨어와 같은 특성을 가진다. 그래서 제도는 제도를 개인의 사적 이익을 위해 전용하려는 집단에 의해 공적 이익이 사적으로 전용된다.

맑스가 『자본』에서 소개한 전용 현상은 자본주의뿐 아니라 전근대 왕조 시기에도 있었다. 국가나 마을공동체 소유를 개인의 사적 이익을 위해서 활용하여 혼자 이윤을 독식하는 것을 전용이라 한다. 예를 들면, 왕조시대 지방의 사족들이 공적 기구를 활용해 자신들의 이익을

---

2) 조갑제가 1980년대 후반에 안기부, 보안사, 국가권력 등에 대한 글을 보면 일제에서 복무한 친일파들이 군부에 들어와 정보기구를 독점한 사실을 볼 수 있다. 이 글들에서 조갑제는 일본인들보다 더 사악한 조선인 경찰들과 헌병들 이야기를 제시한다. 일본인 휘하에서 복무한 사악한 조선인들이 완장을 찬 이들이었다.

공고히 한 것도 전용에 해당한다. 국가의 기구를 개인의 사적 이익을 위해서 활용한 사례는 조선 시대 지방의 유향소를 장악하고 향약과 서원을 통해 지방 권력을 독점한 양반 사족들이나, 세금 체계를 활용하여 자신의 이익을 추구한 중인들의 선택 등 역사에서 다양하게 등장한다. 중국에서는 지방 유학자(향신)들이 지방 군사력을 독점하여 사병(私兵)화한 예가 대표적이다. 청나라 말기 태평천국의 난이 일어났을 때 중앙정부는 지방의 향신들에게 지방 군사제도를 이용할 권력을 부여하여 태평천국의 난을 진압하고자 했다. 지방 향신들이 태평천국의 난을 진압하고 군사를 사유화한 지방 유력 호족들이 군벌로 성장하면서 청나라가 망하는 계기가 되었다. 우리에게도 유명한 이홍장(리훙장) 등이 호족 출신의 군벌에서 유력 정치가로 성장한 경우이다. 이후 청나라는 군벌 시대로 접어들고 군벌 위안스카이에 의해서 멸망하였다.

오늘날에도 전용은 곳곳에서 발생한다. 오랜 기간 국가의 공무원으로 일한 사람은 공무원으로 일할 때 축적한 경험과 지식 그리고 사회적 자본을 활용하여 퇴임 후 막대한 부를 축적할 기회를 얻을 수 있다. 이때 공무원이 획득한 경험·자본·인맥은 국가의 세금으로 얻어진 것으로 국가의 자산으로 쌓여야 할 것이다. 그러나 이들은 개인의 것으로 전용해서 직업 선택의 자유라는 허울 하에 국가 정책 결정에 영향을 끼칠 수 있는 지위로 이동하고 국가로부터 받은 자산을 팔아 이익을 취한다. 더구나 그가 파는 것에는 그의 과거 경력뿐 아니라 자신의 영향력 아래에 있는, 미래 은퇴자들인 현직에 근무하는 사람들에게 끼칠 영향력도 포함된다. 시장은 그들의 경험과 공무원 선후배 관계를 모두 역량으로 보고 토대로 국가정책에 영향력을 행사하여 이익을 구하려고 그들을 고용하는 것이다. 피터 에반스가 한국의 공무원이 공직을 '징검다리'로 인식하고 있다고 한 것은 이를 꼬집은 것이다(Evans, 1996). 법관, 대학교수, 전직 관료 등 다양한 사람들이 국가 기구에서 쌓은 경력을 온전한 자신의 자본으로 전용하여 이익을 얻는

다. 공무원의 역할이 완장에 해당한다.

현대 한국에서 완장이 위계적 사회구조를 드러내는 지배적인 현상이 된 것은 자본주의와 산업화를 막 시작한 사회에서 제도를 전용하면서 개인의 이익을 추구하려는 한국인들이 많았기 때문이다. 한국인 다수가 독재나 산업화의 수동적 희생자에 머물지 않고 주어진 환경에서 자신들의 사적 이익에 유리한 것을 선택하면서 완장이 판치는 사회를 만든 것이다. 개인에게는 이익이 되지만 집합적으로는 불합리한 선택을 한 것이다. 합리적 선택이 가장 잘 맞는 사회면서도 집단적으로 가장 불합리하게 작동하는 말 그대로 극장에서 영화를 보는 맨 앞 줄의 관람객들이 서서 영화를 보자 뒤에 있던 다른 관람객들도 모두 서서 영화를 봐야 하는 집합적 불합리한 일이 일상화되어 있다.

개인들의 이익 극대화 추진 전략이 변화하지 않는 한 제도는 어두운 그늘(부작용)을 만든다. 아포리아(aporia)는 모든 제도가 태생적으로 안고 있는 부작용을 만드는 저주이다. 잘 만들어진 제도도 어두운 그늘을 만들기 때문에 제도가 미비하면, 부작용은 매우 심해진다. 조직사회학자인 필립 셀즈닉은 모든 조직이 가지고 있는 목적 전치(goal displacement) 현상을 2단계로 분리하여 설명한다. 1단계에서는 조직이 생존하기 위해서 조직의 중요한 목표 대신 생존이라는 수단을 중시하는, 목적과 수단이 도치되는 현상이 발생한다. 2단계에서는 조직의 엘리트가 조직의 목적 전치를 활용하여 자신의 이익을 위해서 조직의 목표와 수단을 전치하는 것을 말한다(송복, 1990: 79-82). 이런 현상이 전형적으로 완장 문화에서 발생한다. 노동시장에서 위계 구조가 발생하면 그 중간단위에 있는 완장들이 조직의 제도를 활용하여 자신들에게 이익이 되도록 권력을 휘두르는 현상이 전형적인 목적 전치 현상이다. 아포리아 특성과 제도의 미비가 결합하여 특정한 집단들에 의해 제도 전용이 가능한 공간이 만들어지고, 학연, 혈연, 지연 등에 기초한 유사가족주의는 서열 문화 속에서 개인들을 지배하는 완장 문화를 강화했다.

한국 산업화 초기 단계에는 노동자들이 노동시장에 진입시키는 채용 제도가 완비되지 못하였다. 경제 규모가 팽창하면서 일자리가 급격하게 양산되는 과정에서 채용은 지금처럼 공적 통로를 거치지 않고 주로 회사 기존 직원들과의 연줄에 따라 이루어졌다. 노동자가 필요한 회사에서는 기존 직원이 추천하는 사람을 면접을 보고 뽑았다. 이처럼 농업사회에서 산업사회로 이동하는 과정에서 연줄은 중요한 채용의 도구였으며, 아시아 국가나 서구에서도 일반적으로 일어나는 현상이었다.3) 이런 방식의 채용이 만연하면서 중간에서 연줄 역할을 하는 이들의 권력이 강해졌다. 입사하더라도 중간 단계에서 고용에 역할을 한 중간단위 노동자들의 통제를 받아야 했다. 그 집단 안에 포함되어 있어야 교육 기회와 훈련 기회를 얻어 숙련공으로 상승할 수 있었기 때문이다.

직장 내 연공 서열은 마름의 역할을 더 확대하였다. 연공서열은 기업 소유자들이 노동자들을 효율적으로 통제하기 위해 중간 단계 피고용인들에 제공한 권력의 구조화에서 비롯되었다. 먼저 완장을 찬 사람이 권력과 부를 재생산하고 후계자에게 완장을 넘기는 과정이 고착화가 되었다. 이 과정에서 개인적인 친분에 근거한 뇌물도 오고 갔었는데 그것이 뇌물이라고 생각하지 않고, 자신들이 얻은 이익 중 일부를 그 자리 획득에 도움을 준 이들에게 일정 부분 되돌려주는 것이라 긍정적으로 여겼다. 동아시아에서 연고에 의한 집단주의 속에서 상호 금전적 이익을 제공하는 행위가 당연하게 여겨진 것은 후원-수혜 관계가 뿌리 깊게 작용하는 역사적 문화 산물이 현대에 재생산된 결과였다.

---

3) Tamara K. Hareven의 연구(1982)는 가족과 지역을 중심으로 한 연줄이 어떻게 노동자 집단의 재생산에 영향을 미쳤는지를 다룬 것으로, 산업화 초기 단계의 정착 유형을 설명했다. Brian R. Roberts(2005)나 Alejandro Portes(1998)의 연구는 이민자들이 산업사회에 적응하는 방식을 가족과 연줄로 설명하였다.

박정희는 정권을 잡기 전 연줄로 작동하는 원리를 '부패의 고리'라면서 비난했지만, 집권 이후에는 이 부패의 고리를 완전히 제거하는 대신 다시 살리고 강화하는 길을 선택하였다. 무엇보다 박정희에게 대한민국을 공적인 관계가 작동하는 사회로 만드는 것은 전혀 관심의 대상이 아니었다. 통치의 효율성에 필요한 기본 설계만 작성했고, 위계의 중간단위에서 임의성이 작동하기 쉬운 구조로 사회를 제도화하여 인간관계를 재편하였다. 그래서 중간 매개 역할을 하는 이들의 사적 소통 채널이 작동하기 쉬운 구조가 만들어졌다. 한국 사회구조의 깊은 층위를 구성하는 물질주의, 가족 이기주의, 집단주의는 완장이 작동하는 공간을 일상으로 더욱 확대하였다. 통치 시스템에서 최소의 비용으로 최대의 효과를 내고자 했던 박정희는 이에 기반하여 다양한 마름 구조를 만들었다. 일상에서 한국인들은 유사가족주의에 기초하여 마름 권력을 만들고 유지하여 권력의 피해자이면서 동시에 권력자처럼 행동하게 하는 이데올로기에 따라 자신들을 지배 체제에 순응하도록 만들었다. 한국의 경제성장을 설명하는 발전국가가 보여 준 '배태된 자율성'의 내용은 공적 목표를 위한 사적 관계의 활용을 설명하는 것이었다.4) 배태된 자율성에는 공무원을 중심으로 국가기구를 사적으로 활용하는 완장들의 존재가 잘 드러나 있다.

완장의 부작용처럼 예상하지 못한 결과가 나타난 것은 통치와 제도의 대상인 인간의 특성을 무시한 결과였으니, 당시 박정희의 통치를 받던 한국인들은 당구대 위의 당구공이 아니었다는 점이다. 당구공의 위치를 보고 당구를 치는 선수는 당구공을 때릴 때의 두께 예상하지 못한 당구공 사이의 충돌 등을 모두 계산해서 당구를 친다. 그러면 예

---

4) 한국에서 배태된 자율성은 원래 국가의 자율성이 시장에 배태성을 설명하나, 관료 중심 구조가 만들어지면서 관료들이 자신의 사적 이익 극대화를 위해서 시장의 이해관계를 국가기구에 역으로 침투시키는 통로로 만든 상황으로 변질되었다. 관료들이 장악한 국가기구가 관료들이 퇴임 후에 편입될 시장에 예속되는 구조를 만들 가능성을 에반스가 이 모델로 설명한다(Evans, 1995; 문상석, 2016b).

상대로 당구공이 움직여주고 해당 당구 선수는 당구 고수가 될 수 있다. 한국인들은 외부의 압력과 충격에 따라서만 움직이는 수동적 존재가 아니라 자신이 가진 가치를 기준으로 판단하고 이익이 되는 것을 선택하는 존재였다. 그 사실을 박정희와 같은 통치자들을 이해하지 못한다. 마름과 완장은 박정희식의 개발 과정에서 효과적인 목표와 효율적 방식을 따라서 일상을 지배하는 제도로 등장하였으나, 한국인들은 사적 관계 속에서 자신들에게 최대한 이익이 되도록 마름의 완장을 자신의 소유로 만들어 물질주의, 이기주의, 집단주의 구조를 강화하였다. 과거에 국가가 강력할 때는 국가의 의지가 사적 친분을 활용하여 시장을 지배할 수 있었고 한국인들이 그 속에서 이익을 추구했다면, 이제는 시장이 국가 목표를 수정하도록 만들 수 있을 정도로 성장하여 시장의 이해관계가 국가로 역침투하였고 개인의 사적 관계는 시장의 역침투 통로가 되었다.

완장이 지배하는 한국 사회에서 개인은 모든 것에서 스스로 선택할 자유가 있는 것처럼 보이지만, 내실은 선택의 자유를 잃어버린 집단의 구성원으로만 존재한다. 강한 국가와 약한 시민사회 속에서 개인은 자신에게 유리한 것을 선택하는데, 선택의 기준은 사회구조가 정한다. 이때 사회구조로서 박정희 잔재가 작동한다.

2. 박정희 잔재란

박정희 잔재는 박정희가 만들어 낸 가시적인 사회 체제라기보다, 박정희가 그의 사적 이익을 위해서 만들고 강화한 체제들이 사회구조로 뿌리를 내려 일상을 지배하게 된 일종의 지배적 사회구조이다. 그런 의미에서 박정희 잔재는 한국 사회에서 행위자들이 살아가면서 일상에서 표현하고 재생산하는 방식에서 구성원들을 억압하는 체제에서 드러난다. 박정희 잔재에는 박정희가 받아들인 일제가 만든 조선에 이

식한 근대의 모습이 그대로 재현되고 있다. 일제가 만들어 활용한 정치·경제·교육·문화와 이데올로기, 관료제도, 관변단체, 법 등에서 박정희 체제는 시작했고 그대로 남아 사회구조 속에서 작동하고 있다(한상범, 2012).

박정희는 조선왕조 왕들의 평균 재위 기간 19년에 육박하는 18년 5개월(1961년 5월 16일부터 1979년 10월 26일까지) 동안 한국 사회를 통치했다. 표면적으로 박정희 잔재는 전두환, 노태우, 김영삼 정부가 들어서면서 차례로 사라지거나 변화하거나 새로운 체제로 대체되었다. 독재체제는 독재자와 함께 사라졌다. 중화학공업화정책은 전두환에 의해서 신산업 정책으로 대체되었다. 군부독재는 '1987년 체제'가 도입되면서 외형적으로는 끝났다. 국가 주도의 경제성장 모델은 외환위기와 함께 변형되었다. 문화 부문에서도 박정희 방식의 통제는 사라지고, 오히려 퇴폐문화라 억압받던 문화들이 융성했다. 형식적 민주주의를 극복하기 위한 다양한 참여 제도들이 새로 도입되었고, 박정희가 군사쿠데타로 영구 정지시킨 지방자치제도도 부활하여 지방분권화가 진행되고 있다. 박근혜의 몰락과 더불어 가시적인 박정희 잔재 지우기는 더욱 가속화되고 있다.

그러나 박정희 잔재는 눈에 보이지 않지만, 한국 사회의 구조에 아직도 남아 있다. 국가 의존성, 배타적인 개인 이기주의와 그것을 추구하게 해 주는 수단으로서 집단주의, 무엇보다 사회의 모든 것을 물적 소유로 평가하는 물질주의 등이다.

박정희 통치 기간은 한국이 새로운 사회로 전환하려고 한 중요한 시기였다. 함석헌, 장준하를 비롯한 지식인들이 정치·경제·사회·문화 등 모든 면에서 변화를 열망한 전환기였다. 이승만 시대가 자유시장과 민주주의 체제라는 거시적 가치가 한국 사회에 정착하는 과정이었다면, 제2공화국 체제는 그것을 운용하는 방식을 세울 수 있는 중요한 시기였다. 그러나 박정희 쿠데타로 인해 국가의 방향은 다른 길로 접어들었다.[5] 시간이 걸리더라도 시민의 힘으로 새로운 체제를 정착시킬 수 있었던 기회였지만, 박정희라는 인물에 의해 위로부터의 근대화가 추진되면서 시민의 주체성이 상실되었다.

근대화를 추진한 박정희의 배후에 일본이 있었다. 이는 일본이 박정희에게 명령한 것이라기보다 박정희를 사회화한 일본의 정책과 제도의 사회구조, 무엇보다 일본이 조선을 식민화한 사실을 정당화하기 위해 만든 이데올로기들이 박정희 안에서 작동하여 한국 사회를 제2의 일본으로 만들려고 한 것을 의미한다. 일본은 양반의 무능, 부정부패, 그리고 농민들의 게으름과 타락으로 인해 조선의 민도가 낮아 식민지로 전락했으나 선진 일본의 지배를 받은 덕에 근대화하였다고 주장하였다.

일제강점기 성공한 경험이 있는 박정희는 이를 그대로 받아들이며 장면 정부의 무능과 부패 그리고 시민들의 무질서와 방종을 저발전의 원인, 국민 개인의 나태함과 의지박약을 가난의 원인이라고 주장하면서 인간개조를 시도했다. 인간개조를 통해 개인의 경쟁력을 키우고, 관료와 국가기구의 개조를 통해 국가 경쟁력을 키워 경제성장과 근대화를 시도하였다.6) 박정희는 일본의 조선인과 조선사회의 구조적 문제 인식을 그대로 공유하여 한국 역사를 '치욕으로 가득한 역사'로 비난하고 자신을 조국 근대화를 이끌 지도자로 묘사하였다. 일제가 조선인을 황국신민(皇國臣民)으로 개조하여 영구 식민지화를 시도했다면, 박정희는 기존 한국인을 부정하고 새로운 한국인과 한민족을 만들어

---

5) 한국전쟁이 국가를 보호한 사건이었다면, 제2공화국의 수립은 자유민주주의를 추구하는 시민의 저항에 따라 독재자가 퇴장하고 민주주의의 체제를 강화할 수 있는 계기가 마련된 시기였다. 장면 정부는 근대화의 한 흐름인 산업화와 경제성장 그리고 통일과 실질적 민주주의를 발전시킬 수 있는 시대적 사명을 지니고 태동했으나, 사회 혼란을 통제하지 못하고 국가로서 기능하지 못한 무능과 부패 끝에 군사 정변으로 막을 내렸다.

6) 인간개조는 구한말 이후 조선의 지식인들에게도 중요한 목표였다. 그들은 일상에서 조선인들의 문화를 비난하고 새로운 생활양식의 창출을 추구하면서 새 역사를 쓰고자 했다.

영구독재 체제를 구축하려고 했다는 점에서 박정희 시대는 식민지 제 2기에 해당한다. 조선인을 황국신민으로 개조하려고 시도한 일본과 비슷하게 박정희는 한국인을 자신이 통치하는 국가의 충성스러운 국민으로 만들고자 하였다. 충성스러운 국민, 사실상 신민의 존재야말로 영구 집권의 필수 요소였기 때문이다.

박정희 잔재는 눈에 보이지 않는 한국 사회의 사회적 힘(social facts)[7] 인 양적 평가, 서열화된 지위 체제, 무한경쟁, 사적 집단주의 등으로 구성된다. 박정희 잔재의 원초적 형태들은 보호 없는 정글과 같은 경쟁 체제를 기초로 하는 보호 없는 자본주의 도입을 시작한 식민지 시기에 본격화되었다. 한국인들은 무한경쟁에서 승리하여 위계로 구성된 사다리의 높은 곳을 선점하기 위해 노력했고, 물질의 양으로 평가되는 성공 기준에 따라 타인과 자신을 서열화하는 양식을 구조화하였다. 이 과정에서 사적 연줄에 기반한 집단주의가 기승을 부리게 되어 개인은 귀속 집단에서 독립하지 못한 채 개인주의는 곧 이기주의로 치환되었다(정수복, 2012).[8] 개인의 존재 가치는 집단 안에서만 작용하였는데, 이때 집단은 거시적이고 전체주의적인 입장에서 도덕적인 근거를 제공하여 개인의 이기주의적인 욕심을 정당화해 줄 수 있는 국가·민족·가족 등으로, 주로 개인이 속한 귀속지위 집단이 포함된다.

박정희 잔재 첫 번째는 위계와 서열로 작동하는 사회구조이다. 박정희는 개인들을 집단 내부에 속한 하나의 숫자로 전락시키면서 인간

---

[7] 뒤르켐의 사회적 사실(social facts)은 개인에게 독립되어 존재하나 개인에 영향력을 행사하는 사회적인 것을 의미한다. 직역하면 사회적 '사실'이지만, 문화의 한 요소로서 행위자들이 깨닫지 못하는 순간에 작동하는 '구조'를 돋보이게 하려고 '힘'으로 옮기려고 한다.

[8] 정수복은 권위주의 체제에서 긍정적 개인의 독립을 이야기하는 개인주의가 발전할 수 있는 물적 토대가 성장했으나 동아시아 발전 모델 속에서 반개인주의가 내포되어 있었고 집단에 충성하는 것, 즉 가족·민족·국가에 충성하는 집단주의가 개인주의의 발전을 저해했다고 주장한다(정수복, 2012: 438-451).

개조를 시작했다. 군인 박정희에게 각 개인은 전쟁터에서 군대를 지휘하는 장군의 의도대로 움직이는 병사들이었다. 군과 집단에서 개인은 숫자로 표시되며 서열화되고, 지위에 따른 보상은 차별적이고 양적으로 표현된다. 군대에서 성과는 결과로만 평가되며 과정은 중요하지 않기에, 같은 원리가 한국 사회에도 적용되어 환경이나 과정이 배제된 채 개인이 이룩한 숫자로 표시되는 성과만이 제시된다. 모든 것이 숫자로 표시되는 편리한 평가 방식만 선호된다. 예를 들어 한국 사회에서는 백 미터 달리기에서 출발선이 어디인가는 중요하지 않고 누가 결승선에 먼저 들어왔는가가 중요한 평가의 기준이 된다.

박정희 잔재는 숫자로 사람을 평가하고 위계적인 순위를 매기는 구조 속에 숨어 있다. 성공은 수로 표시되며 환경이나 과정이 무시되고, 사회를 튼튼하게 지탱할 수 있도록 돕는 도덕의 기준 또한 성공에 포함되지 않는다. 절차적인 정의에 대한 고려 없이 경주 결과에 따라 이긴 사람에게 무조건 상품을 제공하는 것이다. 그 상품이 우승자에 필요한 것인지, 달리기에서 누가 정말 우수한 사람인지는 중요하지 않고 누가 결승선에 먼저 들어왔는가가 중요한 요소이다. 수에 의한 평가를 받기 위해서는 일단 제시된 기준인 목표 수를 채워야 한다. 그렇기에 성과를 만들기 위해서는 불법적이고 비도덕적인 행위도 서슴없이 할 수 있다. 성공한 쿠데타는 처벌할 수 없다는 논리도 이런 논리에 의해 정당화된다. 사회적 지위는 수로 표시되며 이 수는 단순한 지위만을 의미하는 것이 아니라 인격까지도 서열을 부여하고 그에 따라 인간을 계층화한다. 일단 지위와 부에 의해서 계층화되면 인간성에 대한 평가도 지위에 따라 달라지는 것이다. 낮은 지위는 게으른 자이며 근대화되지 못한 열등한 존재라는 식이다. 한국 사회가 모멸감을 주는 사회로 재구성된 근본적 원인은 수와 서열 그리고 그에 맞는 성과에 따른 평가를 인간 자체에 대한 평가와 동일시하는 관행이 구조화된 데 있다. 이 위계와 서열 구조에 의해서 차별적 인간관계를 만들어 내는 완장 문화가 두 번째 잔재다.

서열 문화와 완장 문화는 근대적 인간형인 경쟁에서 승리하는 인간 만들기, 즉 인간개조로 이어진다. 인간개조의 근본적인 사상적 배경은 사회진화론이다. 근대화 초기 서열에 따른 위계적인 계층 구조를 모든 사회구조에 확대되고, 전쟁터나 정글의 논리처럼 일등 제일주의를 지배적인 가치로 만들었다.

완장 문화는 사적 연줄, 속칭 '빽'이 작동하는 사회구조에서 매우 작동하기 쉽다. 한국 기계공업 분야의 노동자 정체성 형성 관련 사례를 보면, 노동시장에 진입할 때 학력이 없는 경우 대체로 아는 사람의 소개로 기업에 입사해서 회사 부설의 숙련 교육과정을 거쳐 숙련공으로 성장할 수 있었다. 1967년 3월 30일 제정된 「기계공업진흥법」에 따라 기업에서 숙련 기술을 제공하면 비용 일부를 국가에서 보조해 주는 제도가 도입되어 사내 교육과정이 만들어진 것이다. 정규 교육보다는 도제 방식으로 선임자에게 교육을 받는 것이 보편적이었고, 그런 시스템을 통해 매일 출근하면서 교육받고 승진의 사다리를 오를 수 있었다(신원철, 2004: 149). 연줄을 통해 입사하고 사내 기술 교육과정에서 연고에 의한 배타적 집단주의가 자신에게 이익이 되는 기회로 작동한다는 사실을 노동자들이 체험했기에, 자연스럽게 사적 네트워크를 중심으로 서열화된 위계 구조가 형성되었다. 노동자들은 취업의 기회, 교육 기회, 연공서열에 따른 보상 등에 만족하며 자신을 뽑아 준 연줄에 충성하고 자신도 그 사다리를 활용하여 자신의 위치를 구축하였다. 사적 네트워크는 경쟁에서 승리할 수 있는 주요한 자산이라고 인식되었다.

박정희가 제시한 배타적 민족주의와 국가주의에 충성하는 국민의식 함양은 한국인들이 자신의 목적 달성에 국가와 민족 담론을 활용하는 것을 일반화시켰다. 박정희가 국가와 민족을 앞세워 독재체제 구축을 정당화했듯이 한국인들은 일상에서 가족과 집단을 위해서라는 명분으로 집단 내 타인의 희생을 기초로 자신의 이익 극대화를 추구했다. 전체 집단의 이익을 앞세워 자신의 특수한 이익을 추구하며 전체라는 명분의 보편성을 도구로 활용하는 것이다. 박정희는 누구의 대통령이 아닌 국민 전체를 위한 대통령을 자처하였다. 이런 수사를 현재에 정치 지도자들이 즐겨 사용한다. 그런데 박정희는 이 수사를 실제 독재 체제 구축과 국민화 사업에 활용했다는 점에서 다른 지도자들과 달랐다. 직업집단이나 특정 지위의 국민이 원하는 것은 집단 이기주의로 비난하고 국민 전체와 민족 그리고 국가의 통합에 기여하라고 압박하였다.

국가의 정책은 이해관계에 따라 누구는 이익을 볼 수 있고 다른 이는 손해를 보는 결과를 낳는다. 박정희는 정책에 따라 집단에 따라 유리한 집단과 불리한 집단으로 나뉘는 속성으로 인해 발생할 갈등과 그에 따른 값비싼 갈등 해소 비용이 들 것을 미리 방지하고 갈등 자체를 억제하려고 시도했다. 박정희는 집단의 이익 추구 운동 자체를 금지하였기에 각 개인이 시민사회의 모체가 되는 결사를 구성하고 그에 따라 활동하는 것을 금지하였다. 전통적인 공동체가 해체되고 새로운 결사체 구성은 어렵게 되었기에 이제는 개인이 직접 국가를 상대해야 했다. 하지만, 과대성장한 국가는 파편화된 개인의 주장을 손쉽게 받아들이지 않았다. 여기에 더해 자신의 이익을 실현할 통로인 결사체를 구성하기 어려워진 한국인들은 그들이 속한 직능의 테두리 안에서 전문화되고 숙련되어 경쟁력 있는 개인 차원의 수준에서만 보상을 받도록 훈련되었다. 박정희는 시민사회의 기초적인 결사체를 집단 이기주의 존재로 매도하고 국민과 민족 발전을 위해서 헌신할 때 개인에게도 이익이 된다고 각인시키고, 관변단체와 개인들의 사적 집단을 유일한 결사로 만들었다. 그 결과 한국인들의 결사는 공적이지 못한 채 사적 친밀집단처럼 배타성에 의존하여 자신들의 이익을 추구하는 수단으로 존재 의미를 형성하였다. 그로 인해 시민단체가 많은 오늘날 한국 사회에서 배타적이고 집단적인 이익 추구 행위로 사회 갈등이 빈번하게 발생하며 폭발적으로 일어나는 현상은 박정희 잔재에서 기원한 것이다.

3. 연구방법

1) 이론: 다(多) 사건 분석과 행위자

  국민에서 시민으로의 전환은 행위자들이 사회운동 단체 활동을 통해 국가와 사회 비판에 참여하는 것만으로 가능하지 않고 인간을 억압하는 근본을 바꾸는 일에 참여하며 자신을 변화시킬 때 가능하다. 장시간을 연구하는 방법을 통해 시민 형성을 탐색한다. 다사건 연구는 한 행위자가 사건에 참여하는 과정에서 무슨 일이 일어났고 다른 이들과 가시적·비가시적 상호작용을 통해 어떻게 인간관계를 맺으며 참여자들이 변화하는 모습을 고찰하여 장기간 일어난 결과를 탐색하는 데 유용하다. 삶의 상호작용으로 명명할 수 있는 다사건 방법을 통해 한국인들이 일상에서 어떤 사회를 이루며 살았는지에 대해서 거시적 토대에 기초하여 살펴볼 예정이다. 우연성은 사회구조가 작동하는 사건들이 서로 연결할 때 중요한 도구가 된다. 사회과학에서 인과관계에 대한 분석은 연구 진행에 있어 중요한 기초이다. 어떤 현상과 결과에 대한 원인을 과학적 탐구 방식을 동원해 찾아 이론화하는 것이 사회과학이 추구하는 일반적인 방법이지만, 이성과 합리성의 한계로 인해 인과관계를 통해서 모든 것을 설명하기는 어렵다.
  인과관계의 영역을 넘어 사회학에서 장기간에 걸쳐 진행되는 역사를 설명할 때 우연성(contingency)을 사용하기도 한다. 우연성과 인과관계는 양립 불가능한 것으로 인식된다. 그러나 역사의 긴 흐름을 구성하는 다사건을 분석할 때 우연성은 시간성에 기초한 인과관계를 보완해 줄 수 있는 중요한 방식이 된다. 얼핏 우연히 일어난 것처럼 보이는 사건도 사실은 다양한 행위자들의 행위들이 각 행위자가 의도하지 않았음에도 불구하고 거미줄처럼 연결되어 하나의 결론에 어떤 방식으로도 영향을 미친다고 보는 설명 방식이다(김동노, 2003; 채오병, 2009). 각 사건은 인과적으로 설명할 수 있지만, 사건들이 연결되는 방식은 우연적일 수 있다.

영화 〈JSA〉의 몇 장면을 예로 들어 보자. 영화에서 이 병장(이병헌 분)은 자신의 목숨을 구해 준 오 중사(송강호 분)를 찾아서 군사분계선을 넘어 북한군 초소에 잠입한다. 형제처럼 친밀하게 맺어진 이들의 관계는 갑자기 들이닥친 분단구조를 대변하는 북한의 장교로 인해 급격하게 붕괴하였다. 선의에서 시작한 남한군 병사의 목숨을 구해준 사건은 결론적으로 보면 4명의 남북한 양쪽 병사들에게 닥친 불행의 시작이었다. 불행으로 끝났다고 해서 첫 사건인 지뢰로부터 적국 병사를 구해주는 행위가 의도적으로 일어난 일이라고 할 수는 없다. 삶의 상호작용 속에서 삶을 만드는 과정에서 한 사건의 개입이 만든 결과는 무척 클 수 있다. 한 인간의 선택은 거미줄처럼 얽혀 있는 인간관계 속에서 자신도 모르는 사이에 다른 인간의 선택과 삶에 영향을 미친다.

영화 〈벤자민 버튼의 시간은 거꾸로 간다〉에서 여주인공 데이지(케이트 블란쳇 분)는 택시에 치여 다리를 다친다. 자동차 사고가 일어나는 과정에 등장하는 행위자들은 모두는 관계가 없이 자신의 삶을 살아간다. 행위자들은 서로를 알지 못하고 일상에서 자신에게 일어나는 일에 치여 살고 있다. 그 와중에 한 개인의 사건이 연결되어 있다. 일상에서 행위자들은 자신이 하는 일이 무엇이고 자신들에게 어떤 일이 일어나는지 알지 못하지만, 데이지에게 닥친 불행한 사건은 이처럼 모든 이들의 행위가 얽힌 관계를 통해서 일어났다. 택시에 치이는 사건 이전 여러 사람의 그저 단순한 일상의 변화가 서로 얽히면서 교통사고가 일어난 것이다. 그 누구의 선택이 바뀌었다면 데이지에게 불행한 교통사고는 일어나지 않았을 것이다.

각 개인의 선택에는 원인이 있고, 그 원인에는 배경(조건)도 있다. 그런데 각 개인의 삶의 범상한 변화가 다른 이의 삶에 결정적 변화를 가져오는 사건으로 이어지기도 한다. 복잡한 사회에서 일어나는 사건의 모든 것을 한 요인으로만 설명하기는 어렵다. 개인이 선택하는 순간 그 개인에 영향을 미치는 구조의 층위가 다르고, 서로 다른 구조적 층위의 조합이 다르게 작동한다. 이런 개인들의 상호 연관성이 사회의 특정 구조 형성에 영향을 끼쳤다.

역사 우연성 접근을 통해 박정희에서 시작한 작은 변화가 어떻게 한국의 사회구조에 변화를 가하고 구조적인 잔재로 남았는지를 설명할 수 있다. 4·19혁명에는 시민뿐 아니라 많은 초등학생, 중학생, 고등학생들이 참여했고, 민주당 정권이 형성한 제2공화국의 부패와 무능이 학생들과 시민들의 시위를 촉발했고다. 전 국민이 시위주동자가 되어 사회 혼란이 발생했고, 이에 대한 반발로 박정희가 군사 정변을 통해 정권을 잡아 한국 사회에 군대식 질서가 확립되었다. 이 일련의 사건의 연속에 대해 "이승만 정권 말기 학생들의 시위가 군사 정변의 원인이었다"라는 식으로 인과적 설명을 내놓는다면 비판을 받을 것이다. 이런 설명은 사건들이 일어나는 국면과 선행 조건들, 다층적 구조에 의해서 영향을 받는 행위자들의 상호작용이 영향을 미치는 과정, 그리고 이후 사건들과 연결되는 과정에서 발생하는 우연성 등을 설명하지 못하였기 때문에 발생하는 해석의 오류를 안고 있다.

한 사회의 구조는 하나만으로 구성되지 않는다. 구조는 다층적이며, 다층적 구조에 따라서 사건들과 각 사건이 우연히 만나 결합하면서 해당 구조가 우연성에 의해서 강화되기도 하고 약해지기도 한다(Sewell, 1992; Salins 1991; 채오병·전희진, 2016).9)

그런 의미에서 이 연구에서는 박정희 잔재가 현대 사회의 구조에 침전되어 있다고 전제한다. 박정희 잔재는 '양적 평가 중심의 성과주의', '개인을 물질적 소유에 따라 평가하는 물질주의' 등에 남아 있다

---

9) 역사적 우연성이 작동한 또 다른 예로, 일제가 패망한 이후 사회주의자들이 많았던 남쪽에는 자유주의·자본주의 미군이 진주하고 민족주의자와 기독교인들이 많았던 북한 지역에는 소련군이 들어와서 양쪽 진영 모두에서 강대국에 의해 해당 지역 한국인들의 민심과 반대되는 체제가 구축된 것을 들 수 있다.

고 정의한다. 그렇다면, 박정희가 시작한 무엇이 어떤 과정을 거쳐 현대 사회의 성과주의나 물질주의에 침전되어 있는지를 연구는 주된 시작점과 과정을 찾아낼 것이다. 또한, 이 연구는 박정희 잔재가 식민지 기원을 두고 있다고 전제한다. 일제강점기에 개인 박정희가 경험하고 내재화한 식민지 이념과 일본식 사고는 박정희가 권력을 획득하고 국가와 개인을 개조하는 일의 정당성을 밝힐 때 그대로 드러났다. 박정희(국가)가 국가와 국민 개조를 위해 만들어 낸 이념과 제도가 개인들의 선택으로 이어지고 상호작용하여 현대 한국 사회의 구조로 남은 것이다.

박정희 잔재의 구조화는 산업화 시기에 한국 사회의 개인과 사회의 물적 욕구와 결합하여 본격화하였다. 한국인들의 물신주의는 '잘살아 보세'라는 국가 구호에 따라 추동되고 정당화되었고, 그 방식은 근대의 독립한 '자아'를 '집단의 구성원'으로 탈바꿈시키는 유사 가족주의 방식이었다(박영신, 1992). 현대에서 드러나는 박정희 잔재는 박정희 한 명이 만들어 낸 잔재가 체제에 속하지 않고, 사회 안에서 행위자와 구조가 결합하여 서로에게 영향을 주면서 구성원들이 재생산해 온 것들이었다.

이 연구에서는 시민의 형성이 어떤 하나의 독립적 원인에 의해서 좌우되는 것이 아니라, '참여'하는 행위가 일어나는 와중에 발생하는 다양한 갈등과 긴장이 어떻게 해결되고 그 속에서 그들이 맺는 타인과의 관계는 어떻게 바뀌었는가에 대해 살펴보는 것을 통해서 가능하다는 점을 지적한다.

박정희 잔재가 작동하는 것은 물질적 욕망을 달성하고 추구하는 물질의 영역에서다. 마호니의 경로 의존 연구는 비교적 거대한 흐름과 미시적인 연결을 통해 구조적 변화와 새로운 질서의 탄생을 설명하였다(Mahoney, 2001). 근대의 사회 격변 속에서 한국인들은 끊임없이 물질 중심의 가치관을 강화하였다. 일제가 도입한 자본주의적 생산방식은 농민과 지주들이 소유권 중심의 구조 아래서 다양하게 분화되어 집단화되도록 이끌었다(장시원, 1985: 171). 일제에 의해 도입된 소유권 제도 위에 농민 통제의 방식으로 활용된 마름의 존재는 소작농들이 생존을 위해 마름과의 사적 관계에 치중하게 만들어 농촌사회에서 지주뿐 아니라 마름이 임의적 권력을 행사할 수 있는 공간이 형성되었다. 소유권 중심 제도가 도입되어 전통적으로 이어져 오던 도덕 경제 방식이 해체되고, 농민 공동체를 유지할 수 있는 소작권 인정이라는 수단이 사라지면서 물적 소유 관계에서 단순히 중간자 역할을 하던 마름들의 권력이 강화되어 새로운 서열 관계가 만들어진 것이다. 근대 자본주의 소유 관계가 법으로 제도화된 것이 선행 구조라면, 소유에 의한 농민층 분화와 그 속에서 마름을 중심으로 하는 구조가 드러나 착취의 새로운 관계가 만들어지면서 사적 관계에 의지하여 자신들의 문제를 해결하려고 마름의 권력을 더욱 강화하는 농민들의 선택이 뒤따랐다는 것이다.10)

마름으로 상징되는 중간자 역할의 집단이 강해지는 현상은 노동시장에서도 그대로 이어졌다. 해방과 토지개혁, 한국전쟁으로 인해 지주층 분해가 일어나고 자작농 중심의 농업구조가 진행될 때는 잠잠하다가, 박정희 집권기에 시작한 산업화가 진행되면서 다시 마름이 권력을 획득하고 행사하는 구조가 드러났다. 박정희 집권기에 도입된 다양한 경쟁 시스템 속에서 노동시장의 위계적 구조와 사적 해결 노력이 만나면서 사적 관계에 의한 집단주의를 한국인들이 선택하여, 사적 이기주의적 집단주의 구조가 한국 사회에서 압도적으로 힘을 발휘하게 되었다. 중간단위에서 등장한 마름들은 늘 그 속에서 이익을 극대화하였다. 경쟁에서 승리하여 높은 서열을 획득하고자 할 때 그 목표 달성에 필요한 자원을 집단주의 방식에 따라 동원하게 되었고, 그것에 성공한 이들이 보상을 독점하면서 그 결과를 목격한 한국인들이 서로 사적

---

10) 사실 일제의 조선 통치 정책은 조선인들을 심부름꾼 삼아 중간지대를 형성하게 하여 조선인들 사이 갈등을 조장하고, 협력자에 고용된 조선인들이 다른 조선인을 통치하게 하여 분열시킨 것이다(한배호, 1985).

연줄 형성에 주력하고 그것을 통해 물적 보상의 극대화를 추구하면서 사적 이기주의적인 집단주의가 구조화된 것이다. 이 과정에서 마름 같은 중간 착취자들은 등장하여 계속 갑과 을의 관계가 만들어지고 구조적 착취가 존재하게 되었다. 한국인들 서로가 마름이 되고 마름을 재생산하며 자원을 착취하고 최고의 지위까지 오르려고 하도록 만든 과정이 경로 의존이 된다.

경로 의존성 설명에서 이 과정의 매 국면을 우연성으로 설명하려고 할 때, 초기 조건과 최종 결과까지는 현격한 시간 차이가 발생한다. 최초의 시작을 이루는 조건부터 결과 사건까지 많은 시간이 지나므로, 사건 이전의 시작이 유산(流産?)이 되는 것이다. 일제 식민지 잔재를 연구해 온 한상범은 일제에 부역한 이들이 만들어 낸 사회구조 속에서 일제가 만든 법·관료·제도, 국가 우위의 관계 등이 해방 후에 그대로 재생산되었으며 여전히 한국 사회를 지배하는 현실을 비판하였다(한상범, 2011, 2012). 박정희는 일제강점기 보통학교, 사범학교, 만주군관학교, 일본 육군사관학교에서 수학한 인재였다. 일제가 문화 통치기 이후부터 본격적으로 조선인들을 연구하고 조선인의 왜곡된 이미지를 제공하기 위해서 만들어 낸 '통치를 위해 생산된 지식'이 박정희를 사회화했고, 다시 박정희가 권력을 획득하여 지배자가 되면서 그가 받아들인 일제의 지식과 철학이 한국 사회의 제도 속에서 작동한 것이다(다카하시 도루, 2010; 조선총독부, 2010).[11]

각 사건 발생의 매 국면에서 작동하는 구조와 행위자 사이를 연결하는 방식은 거시와 미시 방법으로 해결된다. 콜린스는 개인들의 미시적인 행동의 규칙성이 거시적 결과를 가져온다고 주장했다. 콜린스는 미시적 마주침(encounter)을 통해 사회적 구성이라는 결과에 이르는

---

11) 다카하시 도루의 『조선인』과 더불어 조선총독부가 편집한 자료집 제20집인 『조선인의 사상과 성격』(김문학 옮김, 2010)에서도 조선인들의 사상과 성격에 대한 지식이 만들어져 조선인들을 구성하였는데 이때의 구성이 박정희 시기에도 정책에서 문화 관련, 전통 관련, 행동 방식 관련 등에서 나타난다.

과정을 탐색하는 것이 가능하다고 주장했다(Turner, 2003: 238). 터너의 시각에서 보면 콜린스의 이론은 장기간의 사회변동 속에서 마주침의 주체들(encounters)인 개인들이 일상에서 상호작용과 의례에 참여하면서 사회구조를 생산해 내고 유지한다는 것이다.12) 박정희는 일제 식민지 경험을 거쳐 형성된 조선인에 대한 인식에 근거해서 한국인을 개조하려고 했다. 한국인들은 식민지에서 급격히 발생한 변동 속에서 생존과 성공을 추구하며 과거 양반들의 전유물인 유사 가족주의에 터한 집단주의를 활용하기 시작했다. 박정희 시기 국가에 의해서 시작된 산업화가 만든 급격한 사회변동 속에서 물질적 성공을 추구한 개인들이 집단주의를 활용하면서 집단주의가 사회구조로서 한국인들에게 다시 영향력을 행사한 것이다.

지배집단들의 상층 문화가 일반 시민들에게 전파되는 문명화 과정을 설명한 엘리아스의 연구(Elias, 2019)는 지배집단이었던 양반들의 유사 가족주의와 집단주의 가치관이 일반 한국인들에 확대되어 한국인들 다수가 집단주의라는 수단을 공유하면서 한국 사회를 연줄 사회로 만들어 배타적 집단주의 사회를 형성한 것을 설명하는 데 유용하다. 박정희 시기에는 표면적으로 유기체적 총화를 추구하면서도, 집단 내에서 갈등을 당연시하도록 만드는 제도적 틀을 제공하여 집단 구성원들 사이 치열한 경쟁을 유도했다. 집단 내 경쟁의 승리자는 집단의 모든 것을 독점할 권리를 부여받았다. 집단이 안에서의 경쟁과 분열에 따라 분화되어 나뉘면서 경쟁과 집단주의는 더욱 기승을 부렸다. 결과 지상주의적인 집단 안 경쟁은 합법적이고 도덕적인 규칙에 따른 경쟁 방식보다 경쟁과 승리만 유도했다. 결과에 따라 개인을 평가하는 성과

---

12) 분석적 갈등이론가인 랜달 콜린스는 사회과학이 가지고 있는 두 가지 역설 중 하나로 "과학이 사회적으로 기반하고 있으며 사회에 의해서 결정된다고 주장하는 학자들은 그들이 연구하는 바로 그 사회에서 살고 있다는 점"을 들고 있다. 다른 두 번째 역설은 "그럼에도 불구하고 진실이 존재한다"는 것이다(Collins, 1994: 3).

주의는 많은 자원을 가진 사람이 경쟁에 유리하다는 인식과 결합하여 많은 자원을 확보하기 위해서 다양한 자원을 가진 이들과 연줄을 형성하도록 유도했다. 박정희는 단체의 힘을 활용하여 국가에 저항할지 모르는 다양한 공적 공동체 혹은 결사체를 해체하고 개인을 전체의 구성원으로 만들었다. 이에 따라 개인들은 눈에 보이지 않는 가족과 사적 네트워크만을 만들어 활용하여 이기주의에 기초한 집단주의가 작동하는 결과가 만들어졌다. 그러다 보니 공적 관계에서도 사적 관계 중심인 집단주의가 지배적으로 되어, 사회 속에 있는 모든 관계를 지배하도록 만들었다(박영신, 1992). 두 번의 군사쿠데타가 성공한 이면에는 모두 군대 내의 파벌이라는 사적 집단들이 있었다.

2) 글의 구성

이 연구에서는 박정희 잔재를 한국 사회의 태동기부터 조선 시대까지 이어져 온 물질 중심의 사회와 조선 시대의 파벌과 집단주의가 일제강점기를 거치면서 재생산되었고 자본주의 생산양식과 결합하여 한국인들의 물질주의를 강화했다는 관점을 유지하면서 시작했다. 그리고 본격적인 박정희 잔재의 시작은 일제에 의해서 보통학교와 사범학교 그리고 군관학교에서 사회화된 박정희가 권력을 잡고 18년 이상을 지배하고 자신의 권력을 유지하기 위해서 만들었던 다양한 이념, 제도 그리고 국가가 제창한 운동들이 한국인들에게 국민 정체성을 심고 무조건의 경쟁을 받아들이고 뛰어들게 하여 승리자가 독식하는 것을 당연시하도록 만들었음을 지적한다. 그 과정에서 외로운 한국인이 만들어지고 박정희 잔재가 지배하는 사회가 되었다는 점을 밝힌다. 1부에서 박정희 잔재 속 한국인들을 '외로운 한국인'으로 묘사했다. 2부에서는 박정희 잔재의 동인인 동원 방식과 관변단체의 탈정치화를 제시하고 국민 대다수가 가진 정치의 기능을 부정하고 국가와 정치를 분리하여 독재를 영원토록 만들려고 한 박정희의 시도를 다루었다. 3부에서는 근대 국민국가의 태동과 정치 권력자들의 작동 원리를 분석하였다. 근대 국민국가의 태동기에 형성된 상대적 자율성을 낳은 구조가 현대 정치에도 적용되어 정치가 국민을 위한 보편적인 이익 추구로 이어질 수 있음을 제시하였다. 4부에서는 근대화 과정에서 자율적 시민사회가 태동하지 못한 채 국가 중심과 국가 의존 형태로 발전했음을 지적하고 그 배경에 군사 정변이 국민을 형성하면서 국민이 국가에 의존할 수밖에 없게 만들었음을 지적했다. 그리고 시민사회의 영역이지만 국가와 시장에 의해서 포섭된 종교와 언론의 역할을 비판적으로 고찰했다. 국민이 시민으로 형성되는 과정은 사회화과정처럼 오래 걸리고 힘든 일이다. 그렇기에 시민 형성을 통한 시민사회 구성에는 오랜 시간과 피와 땀을 요구한다. 출발점은 결사이다. 그렇지만 결사는 토크빌 시대에 비교하여 볼 때, 현대 사회에서 의미가 바뀌었다. 따라서 결사는 사회적 자본을 요구하며 규범과 신뢰는 필수적이다. 규범을 구성하는 것은 보편성에 기댈 수밖에 없다. 규범과 결사를 더불어 분석하였다. 마지막으로 공공영역이다. 공공영역은 일상에서 살아가는 공간이기에 동시에 사적 공간과 공적 공간에 걸쳐 있다.

제 1 부

박정희 잔재의 구성

제1장 외로운 한국인을 만드는 사회구조와 그 기원
1. 집단주의 형성의 기원
2. 현대 한국사 사건과 집단주의 재구성
3. 성장의 정체와 집단주의의 허상: 외로운 한국인

제2장 박정희 잔재의 식민지 기원과 등장
1. 박정희 잔재 구성요소와 일제의 잔재
2. 경쟁과 집단주의 제도화

제1장

외로운 한국인을 만드는 사회구조와 그 기원

1. 집단주의 형성의 기원

1) 농경사회와 경쟁사회

'사촌이 땅을 사면 배가 아프다'라는 속담은 부자 이웃을 질투하는 사람의 마음을 보여준다. 이는 부자 이웃처럼 나도 부자가 되거나 혹은 이웃이 가난하게 되거나 모두 현재 나와 같은 위치에 있게 해야 한다는 평등주의적 성향을 내포하고 있다. 가난하려면 모두가 가난하거나 부자가 되려면 모두가 부자가 되어야지, 같이 고생하면서 한 사람만 부자가 되면 배가 아프며 자신이 모르는 무엇인가에 의해서 이웃이 부자가 되었다고 생각하여 질투하는 것이다.

농경사회의 제도적 특징은 이런 심리 상태를 이해할 수 있는 배경을 제공해 준다. 농사는 가능한 한 많은 생산량을 획득하기 위해 최대한 많은 인원을 한꺼번에 투입해야 한다. 병충해를 방지할 때도 잡풀을 뽑는 일도 멈추면 다시 자라기 때문에 일정한 인원이 한꺼번에 작업을 해야 한다. 그러다 보니 농경사회에서는 이웃과 강한 유대에 따른 집합적 노동을 통해서만 생존할 수 있다. 생존 공동체는 친족이나 씨족으로 구성되며, 반쯤 공개된 가옥 구조, 공동 작업장 등 이웃끼리 비밀을 만들 수 없는 구조에서 살아간다. 구성원 모두 같은 조건에서 노동하고, 노동의 결과는 공유하거나, 생존에 필요한 것만 남기고 국가에 의해서 착취당하였다. 경쟁하지 않고 생존할 만큼만 노동하는 것이 공동체 유지를 위해 합리적인 방법이었다. 경쟁은 공동체에 의해서 유지되는 농경사회를 근본적으로 흔드는 것이었다. 경쟁이 없이 수입의 모든 통로가 공개된 상태에서 이웃 누군가 부자가 되는 것은 자린고비처럼 돈을 쓰지 않고 모으거나, 유산을 상속받아 벼락부자가 되는 것 말고는 평범한 사람이 땅을 살 수 있을 정도의 부자가 될 수는 없다.

반면 경쟁사회 구조는 부자가 되어 땅을 사는 것을 부러워하는 사람을 경쟁에 뛰어들도록 만든다. 경쟁사회에서 타인이 이룬 부의 축적을 질투하게 만드는 힘이야말로 부가 가진 힘이다. 부가 가진 힘이 개인이 경쟁에 참여하도록 유도한다. 만일 경쟁에 참여하지 못하면 그 개인은 부의 축적에서 멀어지고 타인의 부의 축적에 들러리를 서야 하는데, 이것은 성공 레이스에서의 탈락을 의미한다. 물적 성과가 성공을 상징하는 사회에서 물적 성과는 경쟁 참여자들의 자원 동원 능력에 의해 결정되고, 자원 동원은 참여자들이 속한 집단의 자원 투입량에 의지한다. 그러나 집단주의가 지배하는 경쟁사회에서 참여자 개인의 경쟁력은 그가 소속된 집단에 의해 결정되기에 경쟁은 실질적으로 공정한 경쟁이 아니다.

식민지 시기 이후 경쟁에 내몰리고 보호받지 못한 한국인들은 타인만 보호하는 제도에 대해 불만을 표시하며 타인을 존재하는 국가 제도에 대한 불만을 품었고 국가가 제정하는 제도를 신뢰하지 않게 되었다. 이와 동시에 근대화 초기 시장의 확대 속에서 경쟁 경선에 뛰어든 개인의 경쟁력을 통해서 성공할 수 있었기에 한국인은 교육에 대한 투자와 일터에서의 헌신으로써 경쟁력을 갖추려고 노력했다. 그래서 한국인들은 절차적 정당성을 훼손하는 것은 자기의 경쟁력을 타인이 빼앗아간다고 생각하여 분노하곤 한다. 이러한 한국인들은 대체로 성공한 자신이 지닌 자기효능감은 높으나 물적 결과물을 확보하는 능력은 개인이 아닌 개인이 속한 집단에 있다고 믿어 제도에 대한 신뢰가 낮은 사람들이 많다. 한국은 그만큼 공적인 제도에 대한 신뢰가 약한 사회이기에 개인들은 자신의 힘으로 생존하는 법을 배워야만 한다(Giugni and Grasso, 2021). 그래서 눈에 보이지 않는 연줄을 자신의 이익을 위해서 찾고 타인도 연줄에 의해서 성공했다고 믿어 공적 신뢰를 높이기 어렵게 만든다.

한국인들은 국가나 사회가 나보다 타인에게 더 많은 혜택을 제공하기 때문에 타인은 성공하고, 자신은 개인적 능력이 있지만, 그들에 비해 '배경'이 없어 성공하기 어렵다고 믿는 경향도 자신만의 능력과 타인은 연줄에 의한 능력이라고 생각하기 때문에 발생한다. 불공정한 국가 제도가 공정한 경쟁을 해친다고 믿고 있지만, 집단주의의 원인이 되는 물질 환원주의를 배척하지 않는다(김덕영, 2014). 한국인들의 눈에 한국은 불공정한 사회이다.

'배 아픈 사촌'은 근대 국가 제도가 특정인과 특정 집단에게만 이익을 제공하기 시작한 일제강점기에 등장했다. 일제강점기를 지나 한국전쟁 시기를 거쳐 산업화 시기에 접어들면서 보호받지 못한 한국인들은 생존과 물적 성공을 위하여 동원 가능한 최대한의 연줄을 확보하고자 노력했다.

2) 경쟁하는 집단 대 보호하는 공동체

전근대 농경사회인 조선의 한편에서는 붕당을 통해 경쟁하는 양반들, 다른 한편에서는 도덕경제에 의존하며 서로 보호하던 농촌 공동체가 공존했다. 공적 관직(문반, 무반)을 가리켰던 양반이 신분 범주로 전환된 이후, 지속적인 이익 독점을 원했던 조선 사대부들은 토지라는 한정된 자원이 부족해지자 붕당을 형성하여 이를 타개하려고 했다. 중앙권력을 장악하고 있던 기존 권력 집단인 훈구파와 새롭게 중앙정계에 진출한 사림파가 대립하였다. 사림파는 다시 성리학을 바라보는 학문적 관점에 따라 이뤘던 스승 중심의 학파를 위계적이고 서열화된 이익집단으로 변화시켰다. 권력을 장악한 사림은 국가기구를 독점하고 전용하여 자신들의 이권을 획득하고 유지하려 하였다. 붕당은 경쟁 부재에서 본격적 경쟁의 시기로 전환되던 시기에 이익 독점을 목적으로 등장했다. 16세기 이조전랑 자리를 놓고 다투었던 사건을 통해 동인과 서인이 갈리었듯이 붕당은 일련의 우연적 사건들을 통해서 계속해서 남인과 북인, 대북과 소북, 벽파와 시파 등으로 분화되었다.

조선의 정치구조는 견제와 균형의 원리에 따라 설계되어 있었다. 『경국대전』에 따르면 기구와 관리들은 먼저 품계를 받고 대체로 그 품계에 따라 보직을 맡도록 했다. 품계는 9품에 다시 정(正)과 종(從)으로 분화되어 있었다. 예를 들어 국가 최고 기구인 의정부의 장은 정1품, 그 아래 왕의 명을 받아 죄인을 심문하는 의금부의 장은 종1품, 육조의 장인 판서와 한성부 윤(尹)은 정2품인 식이다. 정3품으로 흔히 삼사(三司)로 통칭하는 사헌부·사간원·홍문관에다 같은 품계인 성균관과 승정원을 더해 5대 청요직(淸要職)으로 불렀다.

동인과 서인 분열의 빌미가 된 이조전랑(吏曹銓郞)은 이조의 정5품 정랑(正郞, 정5품)과 병조의 정6품 좌랑(佐郞)을 함께 이르는 말이다. 관원을 천거하고 전형(銓衡)하는 권한을 가져 전랑이라 불렸다. 관원을 선발하는 이조의 장에 권력이 집중되지 않도록 관리를 감찰하는 사헌부, 간언과 탄핵을 담당하는 사간원, 왕의 국정 자문을 담당하는 홍문관의 삼사 관원의 선발만은 이조판서에게 맡기지 않고 오로지 전랑에 맡겼다. 이에 따라 이조의 낭관은 삼사의 언론권에 영향을 미치게 되어 실제 품계보다 큰 권력을 행사할 수 있었다.[13] 전랑도 삼사의 견제를 받아야 하지만 오히려 전랑이 인사권으로 삼사를 통제하기 시작한 이후부터는 왕권과 재상에 의해서 견제를 받았다. 그러나 전랑

---

13) 지위의 다양함과 분업 그리고 어떤 기구도 독점적으로 구성하지 못하도록 구조화된 조선 관료제에서 품계보다 더 높은 권한을 가진 것이 전랑이었다. 한국의 지식콘텐츠(www.krpia.co.kr)의 '경국대전·이전(吏典)' 참조.

제도를 폐지하거나 전랑의 권력을 나누어 견제를 통해 안정적으로 국정을 운영하기보다 전랑의 지위를 차지하는 것이 더 이익이 된다는 판단에 따라 전랑 지위를 쟁취하기 위한 경쟁이 치열해졌다(김우기, 1990: 638). 심의겸과 김효원이 전랑에 각기 자신의 집단 구성원을 임명하려고 하다 발생한 싸움이 선행조건들인 '유교 이념 분화'와 '양반 관료 분화'와 연결되어 붕당의 출현으로 나타났다(이태진, 2008).14)

양인과 천민으로 구성된 양천(良賤) 제도는 양반과 농민의 경쟁이 가능하게 하였다. 그러나 현실적으로 과거에 급제하여 양반이 될 수 있었던 이들은 주로 과거 공부에만 집중할 수 있는 경제력 있는 이들과 유학자 자제들이었기에 농민이 경쟁에서 탈락하고 과거와 관직은 유학자들의 전유물이 되었다. 양반들은 과거에 합격하여 관직을 받아 보수로 토지를 하사받고 그것을 세습화하여 지주가 되었으며, 양반 지위를 신분으로 전환하여 조선의 양천 제도를 양반 중심의 사농공상 신분질서로 만들어 독점적 지위를 유지하였다. 양반들은 농민들을 종교적으로 통제하기 위해서 유교를 일상의 삶으로 전파했고, 공동체 중심의 도덕 경제로 농민을 편입시켜 경쟁 없는 저발전의 농경사회를 유지했다(Scott, 1977; 16; 김성우, 2006: 22).15)

초기 훈구파가 독점하던 국가 관료 체제에 사림파가 등장하고 왕권

---

14) 전랑의 권한은 특히 중종 이후부터 강화되기 시작하였는데, 이는 훈구대신 중심의 정국에서 사림이 낭관과 삼사에 임명되어 훈구대신들에게 비판적이었기 때문에 중종이 정국 주도권을 쥐기 위해서였다(김우기, 1990: 628). 전랑에게는 후임 지명권인 자대권(自代權), 각 기관 당하관의 천거, 홍문관 등 삼사 청요직의 선발권인 통청권(通淸權), 급제하지 못한 재야의 인재를 선발하는 낭천권(郎薦權, 부천권이라고도 불림) 등이 부여되었고, 중죄가 아니면 탄핵받지 않았고 순조로운 승진이 보장되었다(한국민족문화대백과사전 encykorea.aks.ac.kr, '전랑제도').

15) 제임스 스콧(Jamse Scott)은 "호혜성 규범과 생계 권리의 도덕을 이루는 구성요소가 농민 경제 안에서 인간적 욕구에 긴밀하게 조응하는 경제를 '도덕 경제'라고 불렀다"(김성우, 2006: 22).

과 연합하면서 양반들 간 갈등이 시작되었다. 공동체에 의존적인 농촌의 삶과는 달리 양반 사회는 경쟁 체제로 점차 재편되었다. 정치 권력의 정당성을 왕권에 의존하는 구조는 집권한 붕당의 미래에 대한 불안을 증가시켰다. 당쟁에서 승리하더라도 자신들의 집권 붕괴를 예측할 수 없었기에, 수탈과 부정부패를 통해 짧은 기간 안에 모든 활용 가능한 자원을 축적하려 했다.

그러나 지방에서는 양반들이 대립 갈등하기보다 마을 전체가 하나라는 의식 속에서 공동체 중심의 도덕 경제가 발전하였다. 이해관계 있는 사람이 그 지역의 지방관으로 부임할 수 없게 한 상피제(相避制)는 지방관들이 부임 지역을 장악하기 어렵게 만들어, 향촌은 그들을 통제하는 사족(士族)과 중인(中人) 등 토호 세력에 의존적으로 변화하였다. 소작권과 생존권을 갖춘 도덕 경제 제도는 조선 농촌사회를 위험을 회피하는 안정 지향적 공동체로 만들었다(김동노, 2009: 27; 김성우, 2006: 21). 소작료 배분 방식에서도 안정 지향 제도가 선택되었다. 지주는 정액제 대신 분익제(分益制)에 따라 농민들로부터 50 대 50의 소작료를 받았다. 농민들이 분익제를 선택할 경우 정액제보다 지주에게 제공해야 할 소작료가 많지만, 재난이 닥쳤을 때 정해진 액수를 채우지 못할 가능성이 있어 위험 회피 경향에 따라 소작료 분익제 납부 방식을 선택한 것이었다(김성우, 2006: 15). 분익제의 이점은 소작료 말고도 또 있었다. 농민들은 소작료를 납부하고 지주로부터 씨앗 명목으로 종자를 받을 수 있었으며 재난 상황에서도 소작료를 감면받을 수 있었다. 따라서 분익제에서 농민들이 많은 소작료를 내는 것처럼 보였어도 실질적으로는 소작료 감면이나 재난 대비 등 농민 보호 기능이 있는 제도였다.

이러한 조선의 농촌 공동체에는 부의 편중을 막는 '평준화 메커니즘'이 존재했다. 조선 후기 농업 생산력 증가와 이를 통한 자본 축적의 가능성을 어렵게 하는 요인이 되기도 하였다. 조선 후기 농업 분야에서 광작의 도입으로 농업 생산력이 늘어났으나, 소작농 일자리가 사라지고 일자리를 잃은 농민들이 유랑하며 문제를 일으키자, 조선 정부는 광작을 금지하였다. 부농 출현을 가능케 하는 광작에 기초하여 생산력 증대를 가져오고 경제발전을 추구하는 것보다, 광작을 금지하는 편이 일자리를 나누어 농민들을 경제공동체에 묶어 두어 농촌을 안정화하기에 유리하였던 점이 지배집단의 이해관계에 부합했다. 이처럼 가난한 농민의 생계를 보장하는 장치가 작동하여 부자에게 의존하여 살아가는 행위가 당연하게 여겨졌고, 그로 인해 부자의 자산을 축내어 한 마을을 평균적으로 가난하게 만드는 문화가 있었다(한경구 외, 1998: 237).16) 자급자족 공동체라는 환경에서 위험 회피와 안전 제일을 추구한 조선 농민들의 몸에 밴 평등주의, 지주와 맺은 후견-피후견 관계 등은 평준화 메커니즘으로 조선 농업에 있어 낮은 생산성의 원인을 제공했다.

  씨족 중심의 친족 마을에서 살고 토지와 행정은 양반 사족과 관리의 전유물이었던 농촌에서 농민들이 공동으로 노동하는 구조에서 활용 가능한 자원은 한정되었고, 혼자 노력을 쏟아부을 수 없었고, 설사 노력해서 생산물이 증가해도 국가의 세금 수탈, 지주의 소작료, 이웃과의 공동 소비 등으로 자신의 소유가 될 수 없었기에 먹고살 만큼만 일하는 것이 합리적이었다. 이웃과 더불어 살아야만 생존하게 만든 선행 조건 중의 하나는 농민 공동체에 세금을 묶어서 부과하는 '총액수세제'였다. 부자가 가난한 농민의 세금까지 부담해야 하는 공동체의 의무는 열심히 일해 부자가 되는 것보다 그럭저럭 먹고살 만큼만 일하면 되는 사회의식으로 이어졌다. 헐버트는 공동체에서 누군가 부자

---

16) 조지 포스터(George Foster)에 따르면 농민 공동체는 '한정된 재화' 의식으로 인해 누군가 부자가 되면 다른 공동체 구성원이 가난해져야 한다는 인식을 하고 있다고 주장했다. 이에 따라서 부가 편중되는 메커니즘으로 과소비, 과잉친절, 부자에 의존적인 삶의 방식이 존재한다고 주장했다. 한경구는 에릭 울프(Eric Wolf)의 개방형 커뮤니티와 폐쇄적 커뮤니티 이분법에서 폐쇄적 커뮤니티를 포스터의 농촌 공동체와 연결해서 평준화 메커니즘을 이야기했다(한경구 들, 1998: 236-237).

가 되면 그로부터 재화를 나누고 이익을 분배하는 경향이 강한 한국 사회를 '봉건제적 공산주의'라고 불렀다(김성우, 2006: 19).17) 이처럼 수백 년 유지된 '평균적 가난'의 길을 선택한 조선인의 삶을 해체하는 사회변동은 일제강점기에 본격적으로 시작되었다.

3) 한국의 근대성: 보호 없는 정글과 독자생존 한국인

구한말시기부터 현대까지 내우외환으로 고통받던 한국 사회에서 일제강점기, 해방과 한국전쟁, 그리고 민주화와 산업화를 동시에 경험한 한국인들은 바람 잘 날 없던 일상에서 급격한 사회변동으로 해체되어 가는 공동체와 낯설게 등장한 사회제도들을 보며 불확실한 미래에 대해 불안을 느낄 수밖에 없었다.

변동은 대체로 경제 영역에서 발생하는 변화에서 시작한다. 먹고사는 문제를 해결하는 경제 영역에서는 생산을 위해 맺는 생산관계가 형성된다. 맑스는 「공산당 선언」에서 사회변동의 주된 요인을 생산력과 생산관계로 구성된 하부구조의 변화에서 찾았다. 생산 관계의 변화는 경제 영역을 넘어 사회 속에서 맺는 인간관계에 변화를 촉발한다. 그리고 인간들은 그 생산 관계에 부합하는 제도를 만들고 가치와 문화를 발전시켜 생산 관계를 발전시킨다.

단순한 변화를 넘어 생존의 문제에 직결되는 변동이 발생할 때, 행위자들은 익숙한 방식으로 생존에 필요한 자원 동원에 집중하게 된다. 개인이 동원할 수 있는 자원은 물적 자원과 인적 자원으로 나누인다. 물적 자원이 일차적 동원 대상이고, 인적 자원은 물적 자원 동원에 활

---

17) 헐버트 외에도 19세기 말~20세기 초 한국을 여행한 이사벨라 버드 비숍 등의 외국 여행자들은 한결같이 조선인들이 게으르고 낭비벽이 있다고 기록하였다. 봉건적 구조와 게으른 한국인을 연결하는 이 같은 인식이 일제강점기 인류학자로 조선을 연구하고 「조선인」이라는 글을 쓴 다카하시 도루, 조선인으로서 조선인 개조론을 주장한 이광수와 최남선, 그리고 해방 후 군사정부의 지도자였던 박정희에게도 나타났다(문상석, 2021).

용되는 간접 자원이다. 인적 자원을 활용하여 물적 자원을 확보하고 자신의 자원을 동시에 동원할 수 있으면 더 많은 자원을 확보할 수 있다. 한국 사회에서는 자원을 배분하는 힘을 가진 인적 자원 확보가 물적 자원 확보하는 것보다 선행되어야 할 조건으로 더 중요하게 여겨진다. 개인을 둘러싼 선행조건들과 변동이 발생하는 선택의 주요 시점에 사회구조가 그 개인 안에서 작동한다. 선행조건들과 사회구조의 작동이 개인의 대응과 맞물리면서 사건이 발생하는 것이다. 과거 수확 체증(increasing return)을 경험한 개인들은 선택 시점에서 이익 극대화의 길을 선택한다. 연고에 바탕을 둔 집단주의는 한국인들이 선택한 이익 극대화 방법이자 수확 체증을 경험할 수 있는 수단이었다.

개인이 집단주의를 활용하는 사회구조 안에서 한 행위자가 집단에서 벗어나면 그는 소속 집단의 자원을 활용할 수 없다. 집단의 자원이 승리의 필요조건인 사회에서 집단의 자원을 포기한 사람은 경쟁에서 승리하기 어렵다. 따라서 한국과 같은 무한 경쟁주의 사회에서는 집단에서 자율적이고 독립된 개인이 등장할 가능성이 낮은 편이다. 동원할 수 있는 자원이 한정된 개인은 집단의 자원을 활용하고자 한다. 수평적 관계보다 수직적 관계를 형성할 때 자원 동원이 용이하며 동원할 수 있는 자원의 양도 많아진다.

그림 1에는 경쟁사회의 구성원들이 있다. 집단주의가 작동하지 않는 '경쟁사회 1'에서는 자원을 가장 많이 소유한 '경쟁자 1'이 승리자가 될 가능성이 크다. '경쟁자 3'은 자원을 가장 적게 소유한 사람이기에 경쟁에서 승리하기 어렵다. 반면, 집단주의가 작동하는 '경쟁사회 2'에서 '경쟁자 3'은 집단주의를 활용해 공적 자원을 확보하여 경쟁에서 유리한 위치를 점할 수 있게 된다. 성공에 좀 더 가까이 다가갈 수 있는 이가 '경쟁자 3'이 된다.

물질주의적인 목표를 달성하여야만 하는 개인들은 물질 자원이 한정적일 때 경쟁할 수밖에 없다. 개인은 자신이 가진 능력에 따라서 다르게 보상을 받는다고 알려져 있다. 실력주의(meritocracy) 풍토는 자

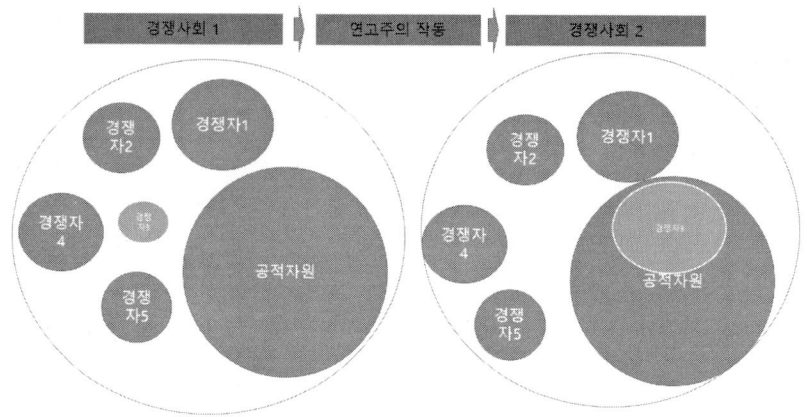

그림 1. 공적 자원 전용과 경쟁구조의 변화

본주의 사회에서 무한경쟁에 떠밀려 다니는 개인이 자신만을 믿도록 유도한다. 개인들은 자연스레 자신의 경쟁력을 높이는 데 집중하고, 집합보다는 개인에 더 초점을 맞추게 된다. 경쟁을 통한 보상이 지배적인 상황에서 단순히 개인의 능력만으로 해결할 수 없거나 경쟁이 너무 치열해서 다른 수단을 찾기 시작할 때 집단이 등장한다. 집단과 실력주의가 결합하면 불평등이 심화되고 자원 배분이 왜곡되고 사회가 쇠퇴하기 시작한다. 가족은 개인에게 가장 확실한 보호막을 제공해 주거나 개인이 홀로 해결하지 못하는 문제를 해결하는 데 도움을 줄 수 있다. 그러면서 "호부(虎父)에 견자(犬子) 없다"는 말처럼 부모의 교육과 가족을 자녀 성장의 중요한 도구로 이야기하며 세습을 정당화한다. 개인의 능력은 가족 외 다른 사람들의 능력을 이용할 때 배가될 수 있다. 사회변동 초기 개인은 자신들의 학력에 의해서 자신의 능력을 입증하고 보상을 받았다. 그러나 누구나 대학에 들어갈 수 있게 되면서 학력 수준은 더이상 경쟁에서 승리할 수 있는 핵심 요소가 아니라 단순한 필요조건이 된다. 어느 대학교를 나왔는가, 즉 학벌이 더 중요해지는 순간이다. 학벌이 중요해지면 이제 학벌과 다른 집단의 속성이 더해져야만 경쟁에서 승리할 수 있게 된다. 더 심화되는 경쟁 속에서 가용할 모든 자원을 동원하는 이가 경쟁에서 승리하게 된다. 그러다 보면 자원 배분이 왜곡되어 사회가 쇠퇴하는데 마치 도로 수용 능력 이상으로 차량이 많아지면 자동차가 밀리고 도로의 역할을 하지 못하는 것과 비슷하게 된다.

2. 현대 한국사 속의 사건과 집단주의의 재구성

1) 일제강점기 자본주의 도입과 사적 네트워크 일반화

사적 소유권 보호 같은 근대 자본주의 제도가 도입된 일제강점기 이후부터 양반 지배층을 중심으로 형성되었던 사적 네트워크에 기초한 집단주의가 일반 대중에게 확대되었다. 일본은 조선에서 토지 소유자를 확정하고 조세제도를 근대화하여 토지 권리를 제공하고 이를 담보로 자본으로의 전환을 유도하려 하였다. 총독부는 조선인 지주에게 토지의 사용권, 수익권, 처분권 등 배타적 권리를 인정하였다. 이에 따라 한 지역에서 오랜 기간 유지돼 온 농민의 경작권(소작권)이 부정되고 공동체에서 지주에게 도덕적으로 부과하던 보호 의무가 폐지되었다(김동노, 1998: 121-122).[18] 정치권력을 상실한 지주들은 농촌공동체에서 담당해야 했던 도덕적 부양책임에서 해방되어 경제적인 목적으로만 농민들과 관계를 맺었다. 이를 바탕으로 경작권을 거래하는 과정에서 농민에 대해 우위를 차지하였다. 지주는 배타적 소유권을 무기로 협조적이지 않은 소작인에게서 경작권을 박탈하는 방식으로 위협할 수 있었다. 지주들은 자신들에게 부과된 세금과 제세공과금 등을 소작농에게 전가하고, 저항하거나 반대하거나 협조적이지 않은 특

---

[18] 조선의 토지결부제에 의한 공법 세금 제도와 총액수세제 같은 설명은 김동노(1998, 2009) 참조.

정한 농민들을 배제하여 다른 소작농들이 지주들의 명령에 순응하도록 만들었다. 1926년 전국 평균 소작인의 교체 비율은 40%에 이르렀으며, 가장 심했던 전라도의 경우 80%나 되었다.19) 높은 교체 비율에 따라 반발은 있었으나 대체로 순응하는 농민을 만들 수 있었다.

여기에 더해 소규모 자작농의 몰락으로 인한 소작농의 증가로 인해 경작권 경쟁에 뛰어들 소작농의 지위가 약화 되었다. 총독부의 지주 중심 자본주의적 경제정책에 따라 소규모 자영농들은 과도한 세금과 각종 부담금으로 인하여 빚을 지다 자신 소유의 토지를 지주에게 팔고 소작농으로 전락하였다. 식민지 초기인 1913년 지주는 3.1%, 자영농은 22.8%, 자영과 소작을 동시에 한 이들은 32.4%, 소작농이 41.7%였던 구성이 식민지 말인 1945년에는 자영농 14.2%, 자영 겸 소작 16.8% 소작농 69.1%에 이르렀다(Cumings, 1981: 43). 자·소작농의 붕괴는 조선 농촌 공동체의 안정을 근본적으로 흔들었고 조선인 지주와 소작농 사이 계급 갈등의 계기가 되었다.

농지에서 생산활동으로 살았던 농민들에게 경작권 및 소작권 획득은 일차적 목표였다. 소작료를 요구하는 지주들에 저항하던 사람들이 소작권을 상실하면 그 이웃들이 소작권을 얻어 농사를 짓게 되었다. 교통 통신이 발달하지 않았던 시기에 한 지역을 떠나 다른 지역에서 경작할 수는 없었다. 소작권을 상실해도 같은 지역 내에서 경작할 수 있는 토지를 찾아야 했기에 계약은 불리한 위치에서 체결되었다. 소작권을 상실한 농민의 땅에서 이웃이 경작권을 획득하면 거부하지 않고 경작하는 농민과 빼앗긴 이웃 사이 믿음이 깨지고 갈등이 일어난다. 소작농이나 자작농들은 단결해 지주와 대립하기보다 소작권을 획득하기 위해서 지주들에게 잘 보이려고 개인적으로 노력하게 되었다. 지주들이 고용한 마름은 어떻게 소작농을 선발할지 정해진 규칙도 없던 시기에 자의적으로 경작권을 소작농들에게 부여하거나 빼앗아 지주의 권력을 완장 삼아 중간지대에서 절대강자의 위치로 떠오르게 되었다.

---

19) 조선총독부(1926: 8, 19, 21-26)를 김동노(2007)에서 재인용.

김유정의 소설 「동백꽃」이나 「봄봄」 등에 나타나는 지주-마름-소작농의 관계는 신분처럼 작동하였다. 보호 없는 자본주의 제도 아래 농민들은 지주, 마름과 수직적 관계를 형성하여, 경작권을 얻어 소작하고 지역에서 생존하는 전략을 취했다. 조선 농민들은 지주와의 관계에서는 종속적, 다른 소작농과의 관계에서는 경쟁적이었다. 경쟁 관계는 사적 네트워크의 중요성을 농민들에게 각인시켰다. 이는 도덕 경제로 유지되던 공동체의 해체로 이어졌고, 각자도생의 생존경쟁에 뛰어들어야 하는 농민들이 농촌을 떠나 이주하는 과정에서도 사적 네트워크를 활용하면서 자원 확보를 위한 사적 네트워크가 더욱 강화되어 타인을 배제하는 '배제의 집단주의'가 본격적으로 뿌리내리게 되었다.

국가의 제도 개입은 행위자들의 분열과 통합을 이끌 수 있다. 조선의 농촌정책이 농촌 공동체를 형성했다면, 조선총독부의 정책은 농촌을 분열시켰다. 공업화를 추진하기 위해 일제는 1930년대에 농촌의 갈등 문제에 개입하기 시작하였다. 조선총독부가 「소작조정령」(1932)과 「농지령」(1934)을 도입하여 지주와 소작농 사이 갈등을 해결하는 제도를 도입하자, 지주와 농민 사이 소작쟁의가 급격히 줄어들었다. 총독부의 개입으로 소작농도 지주에게 과도한 착취를 당하지 않을 수단이 제공되었기에 그 제도 안에서 농민들은 제도 변화에 순응하면서 자신의 이익을 극대화하려는 전략을 선택하였다고, 그에 따라 지주와 관계를 맺었다. 1940년 조선총독부 자료에 의하면 1920년에는 15건의 소작쟁의가 있었고 쟁의당 참여 인원은 269.3명이었다. 1925년에는 소작쟁의가 204건으로 늘어났지만, 참여자 수는 쟁의당 19.6명이었다. 소작쟁의는 1934년 7,544건, 1935년 2만 5,834건으로 폭증했으나, 쟁의당 참여자 수는 2.9명, 2.0명으로 크게 줄어들었다. 1920년대 초 소작쟁의가 집단적인 양상을 띠었던 데 비해 이후에는 개인 차원의 소작쟁의가 주를 이루었기 때문이다.

제도에 대응하면서 생존과 이익을 추구했던 한국인들은 사적 네트워크에 기반한 '우리'의 집단화를 시도하여 사회변동에 대응하였다.

공동체는 해체되었고 농민은 분화되어 경쟁이 일상화되자 나를 중심으로 하는 집단주의가 사회 전반으로 확대되기 시작하였다.

2) 한국전쟁과 사적 네트워크에 의한 혈연 집단주의 강화

한국전쟁은 먹고사는 목표를 포함한 개인의 생존이 타인과의 적대적 경쟁에서 승리하는 것에 의존적이며, 도덕적·비도덕적 수단 모두 승리에 필요조건임을 한국인에게 각인시켰다. 한국전쟁 시기 발생한 대량 학살에는 처형과 보복의 반복적 사건들이 있었으며 선행조건들에는 자본주의와 사회주의 이념 갈등과 같은 거시적 조건, 마을 단위로 형성된 종교의 차이, 집성촌 가문들 사이 갈등, 토지를 사이에 두고 벌어진 가문 사이 반목 등 미시적인 사회구성이 포함되어 있었다(박찬승, 2010; 김동춘, 2009; Cumings, 1981). 처형, 학살 그리고 보복으로 이어진 연쇄적 사건은 전쟁 초기 보도연맹 가입자와 남한의 교도소 구금자 처형에서 시작했다. 보복에는 남성 중심의 가족주의 사회구조가 있었고 중앙정부의 붕괴로 인한 통제권의 부재가 다른 선행조건들과 결합하여 행위자들을 학살에 참여하도록 만들었다.

한국전쟁의 독특성 중 하나는 전쟁 한때 양쪽 군대가 상대방의 영토 대부분을 점령한 데 있다. 전쟁 초기 북한군은 남쪽 영토의 약 80%를 점령하였고, 반격한 유엔군은 북한 영토의 약 70%를 점령하였다. 중앙정부의 붕괴는 국민에 대한 국가의 통제력 상실로 이어졌다. 적의 영토를 점령한 군대는 해당 지역에 행정기구를 설치하여 점령지 국민을 일반 국가처럼 정상적으로 통제할 수 없었다. 후퇴하는 군대는 점령지에서 적에게 도움이 될 수 있는 인적, 물적 자원 모두를 파괴하였다. 국군이 후퇴하면서 보도연맹 가입들과 교도소 수감자들을 처형하고, 인민군이 남한 지역을 점령하면서 생존한 가족들의 보복이 시작되었다(김기진, 2006). 중앙정부의 부재와 통제력 공백, 점령군의 정책과 가족주의 등의 선행조건 위에 개별 구성원들의 자의에 의한 처형과 이에 대한 보복이 반복되었다.[20] 이 과정에서 국가기구를 전용할 수 있는 관리와 맺는 친분, 가족과 같은 혈연에 기초한 사적 네트워크의 중요성이 더 강화되었다.

생존의 갈림길에서 생사를 가르는 것은 자신을 보호해 줄 수 있는 사적인 네트워크의 유무였다. 지역에서 사적으로 형성된 이웃 사이 갈등이 이념의 대립이라는 외피 속에서 작동하였다. 전쟁은 적을 제거해야만 내가 살아남을 수 있다는 절박함을 한국인들에게 제공했다. 그 결과 지역 공동체는 완전히 해체되고 자신의 이익에 방해가 되는 적은 완전히 제거하는 배타적인 사적 네트워크화 중심으로 공동체들이 재편되었다. 집성촌 중심으로 마을을 형성했던 역사적 배경이 마을 단위의 보복으로 이어지거나, 반대로 공존의 기회를 제공하였다(권헌익, 2020: 130). 아래의 경북 학산 마을 기록은 후자에 속한다.[21]

점령했던 북한군이 후퇴하고 일제강점기부터 독립운동을 하며 공산주의 이념을 따랐던 청년들이 동네를 떠나자, 이웃 동네 청년들이 몽둥이를 들고 그 동네의 남아 있던 사람들을 모아 놓고 처형하려 했다. 그때 전쟁 전 반공청년단의 원로 자리도 맡았던, 먼 집안 어른 한 분이 청년들에게 이렇게 말했다. "이 마을과 너네 마을은 오랫동안 우애를 쌓은 관계가 아니나. 느그 할매들이 이 마을 분들이고 느그 고모들이 이 마을로 시집을 왔다 아이가. 그러니 느그들에게 다 그 피가 섞여 있고 여기 이분들도 똑같다. 느그가 지금 느그 할애비 누이의 집에 와서 그 집 항아리를 때려 부수고 이제는 그 몽둥이로 느그 증조모의 자손들을 뭘 어쩌려는 셈이냐. 어떻게 감히!"

---

[20] 한국전쟁 당시 학살은 첫째로 군과 경찰에 의한 공식적 작전의 일환으로 적을 처형하듯이 진행한 학살, 두 번째로 군경 예하 단위에 의한 것과 준군사조직의 비공식 작전으로 이루어진 학살, 세 번째로 비공식적이며 개인의 감정에 따른 사적인 보복과 학살이 있었다(김동춘, 2009: 290).

[21] 저자 권헌익이 경북 지역의 가족과 친족 중심의 연결망을 연구하면서 한국전쟁을 다룬 저서에서 학산이라는 산이 있었기에 그 마을 이름을 자의적으로 '학산마을'로 불렀다(128).

사적 네트워크의 중요성이 발휘되는 순간이었다. 오랜 친분과 우애 그리고 혈연으로 이어진 공동체가 다른 공동체와 맺어 온 친분 관계가 공동체를 살리기도 하고, 원한과 반목을 맺었던 공동체는 전쟁에서 막대한 인적 손실을 경험했다. 경북 지역 이외 충남 천안, 전남 광주, 경남 김해 등에서도 사적 친분에 따라 집단처형에 가담하지 않은 경찰이나 청년들이 있었다(한성훈, 2014: 269-271). 그들이 선한 의지보다 사적 네트워크에 기반해 움직였다는 사실에 주목해야 한다.

사적 네트워크 중에 국가기구를 전용할 수 있는 관리가 포함됐느냐는 중요한 요소였다. 군, 경찰, 공무원 등이 그들의 네트워크 집단에 있다면 적의 편에 섰더라도 생존할 수 있었다. 간첩조차도 양민으로 바꿀 수 있을 만큼의 권력을 가진 사적 네트워크는 보복과 학살에서 한국인들을 탈출시켜 생존할 수 있는 환경을 제공했다(문상석, 2010).

3) 산업화(근대화)와 지연 집단주의

산업화 시기 핵가족 중심으로의 가족 구성에는 변화가 있었으나 가족이 담당했던 역할은 그 이전에 비해 강화되었다. 가족의 기능과 역할이 산업화 초기에 오히려 증가한 것은 핵가족 중심으로 가족 기능이 재편되면서 압축적으로 진행되었기 때문으로 보인다. 20세기 초 진행된 미국 뉴햄프셔의 맨체스터 아모스키그 회사(Amoskeag Mill)의 1세대부터 3세대까지 노동자 형성의 역사 연구에 따르면, 가족은 산업화에 대응하는 노동자들의 주요한 전략적 수단이었다. 이 지역 1세대 노동자들은 해당 지역에 유입된 이후 직장을 통해 강한 연대와 유대를 기반으로 자신들의 지위를 공고히 한 후 자녀들을 교육하고, 자녀들에게 사회적 자본을 제공하여 취직에 성공하도록 만들었다. 강한 가족 유대관계는 맨체스터 지역 철강산업의 부흥과 쇠퇴 속에서 시기별 변화에 적응하고 대응하기 위한 가족 기반 전략의 주요한 수단이었다(Hareven, 1982).

이민과 가족 역할 강화는 미국 이민자들에게서도 나타난다. 알레한드로 포르테스에 따르면 이민자들이 사회적 자본을 짧은 기간에 확보할 수 있었던 배경에는 가족, 친족 그리고 같은 지역 출신들과 형성된 사회적 자본이 있었다. 초기 이민자들은 이전의 사회적 자본을 활용해서 이민 이후에 친분 있는 이들을 자신이 일하는 지역으로 불러들여 강한 사적 네트워크를 확보하여 이민 사회에서 사회적 자본을 단기간에 형성할 수 있었다(Portes, 1998). 이를 통해 미국 이민자들이 생존에 필요했던 자원을 조달할 수 있었다.

한국의 급격한 산업화로 노동자들의 수는 1963년 766만 2천 명에서 1971년 1천만 명으로 증가했다. 같은 기간 상시임금노동자는 93만 4천 명에서 147만 8천 명으로 23% 늘어났다. 1971년에는 농업이 국가의 제1 산업의 지위를 제조업과 서비스업에 넘겨주었다. 다시 1979년까지 취업자 수가 1,366만 명으로 증가했고, 실업률은 3.8%로 줄어들었다. 무엇보다 임금노동자의 수가 1979년 648만 5천 명으로 큰 폭으로 증가하였다(이원보, 2005: 179, 225). 급격히 진행된 산업화에 필요한 노동자들은 농촌에서 도시로의 이동에 따라 확보되었다. 산업화 초기에 섬유산업, 기계산업, 중화학공업 등의 전문 기술자를 양성할 수 있는 제도화된 기구는 거의 없었다. 이에 기업들은 저학력의 노동자를 우선 충원하고 기업에 교육기관을 설립하고 도제식으로 기능공을 육성하여 회사에 필요한 숙련노동자들을 양산하였다(이종구 외, 2004).

산업화 초기 충원 과정은 대체로 사적 네트워크에 의존하였다. 농촌 출신의 노동자들로 구성된 노동 현장에서는 출신 지역에 따른 연고 중심의 취업이 일반적이었다. 1970년대 조선산업 노동자 형성 과정(김준), 자동차산업 노동자 형성(정승국), 기계산업 노동자 정체성 형성 연구(신원철), 전력산업의 노동자 형성과 채용 제도의 변화(김삼수), 철도산업의 노동자 입사 경로 연구, 의류·봉제업의 사례, 전자회사 사례 중심 연구(허상수) 등의 연구에서 보면 새로 입사한 노동자 중 저학력일수록 지역에 기반한 연고에 따라서 입사한 경우가 많았다 (이종구 외, 2004).

취업 시장에서 지역 연고주의가 작동할 수 있었던 요인 중에는 낮은 상급학교 진학률도 있었다. 1970년대까지 중등학교가 전면 확대되었지만, 국민 전체의 학력 수준은 낮았다. 중학 진학률이 100%에 이른 해는 1985년이었으며, 그해 1985년에 중학교 졸업생 중 90%가 고등학교에 진학하였다. 대학진학률이 80%를 넘어선 것은 2000년 들어서였다(경향신문사, 2006. 3. 6). 국민 다수가 대학에 진학하는 조건에서 한국인들에게 학연으로 이어진 연줄 형성이 가능해졌다. 그전까지는 노동자들의 부의 재생산은 가족을 중심으로 이뤄지고 있었다.

사회적 자본의 형성에는 지연, 학연이 필수적이었다. 산업화 초기였던 1960~70년대에는 가족이 서울이나 도시로 이동하면서 혈연과 지역 연고를 통해 회사에 취직하고 회사에서 도제 방식으로 기능공 교육을 받는 방식으로 경력을 쌓았다. 직장 내에서 선택한 중간 단위의 직장 선배에게 배우면서 전문화되어 성공의 사다리를 활용할 수 있었다(문상석, 2021). 이들이 서울이나 도시에 정착하고 자신의 영역을 공고히 한 후에는 자녀 교육에 투자하여 부를 재생산하기 위해 노력하였고 때마침 우연히 대학이 팽창하며 대학 진학 인구가 증가하였다. 개인들의 성공을 향한 선택과 노력은 사회의 성장과 함께 나타난 대학의 팽창과 결합하여 학연에 기반한 사적 네트워크를 강화하는 조건을 형성하였다.

3. 성장의 정체와 집단주의의 허상: 외로운 한국인

1) 경제성장 정체와 집단의 약화

일제강점기의 변동과 한국전쟁이 혈연을 중심으로 하는 네트워크를 강화하였다면, 산업화는 혈연, 지연, 학연을 중심으로 인간관계를 재편하도록 유도했다.

산업화 시기 경쟁은 개인과 국가의 성장에 가장 필요한 것이었다. 인적 자본의 확충은 필요조건이었다. 인적 자본 확대를 위한 노력과 사적 네트워크의 결합은 물적 성공의 필요조건이었다. 경제성장 시기에는 새로운 분야가 개척되어 그 분야에서 새로운 인력을 요구하고 기존 인력이 새로운 영역으로 이동하면서 생긴 비어 있는 사다리 상의 중간 지위를 다른 구성원이 확보할 수 있었다. 입시 경쟁에서 승리하여 명문대에 입학하면 인적 자본을 확보할 수 있었고, 그들은 대학에서 인적 자본과 사회적 자본을 확대하고 졸업 후에는 성장 중이었던 한국 사회에서 사다리의 상층으로 이동할 기회를 붙잡을 수 있었다. 개인의 경쟁력만으로 충분히 성취할 수 있었던 성장 시기를 겪으며 한국인들은 경쟁력이 개인의 경제적 성취와 국가의 경제성장에 동시에 이바지했다고 믿게 되었다. 이것이 대학교육의 신화를 낳아 계속해서 교육에 투자를 강제하는 사회구조로 남았다.

한편, 경제성장기보다 성장 이후 경제 안정기에 접어들면 사회이동의 가능성이 줄어들었다. 성장이 멈추었기 때문에 처분할 수 있는 소득의 양도 상대적으로 정체되었다. 위기 속에서 불평등이 더욱 악화하자 경쟁이 더욱 심화하였다. 계속해서 성장만 하던 1990년대 터진 외환위기는 성장 중심의 한국경제 기본구조에 충격을 가했다. 성장기 경쟁이 더 높은 곳, 더 많은 것을 목표로 했다면 정체기 경쟁은 생존에 필요한 자원 확보를 목적으로 하였다. 경쟁에 도구적으로 활용되었던 혈연, 지연, 학연의 중요성이 증가하였다. 교육, 특히 사교육에 대한 투자가 급격히 늘어나기 시작했다. 교육비 투자와 아파트값을 비롯한 부동산 가격이 폭등하자 교육비와 주거비 상승으로 인해 가처분소득이 줄어들었다. 2000년도 이후 가처분소득이 꾸준하게 줄어들어 2018년 통계청에 따르면 가처분소득이 2.4% 정도 감소하였다(기준 통계청 2018, 자료는 2019년 3월 보도자료). 한국은 물가가 높은 나라에 속한다. OECD에서도 교육비와 주택비가 상대적으로 높은 국가에 속한다. 정부의 공교육비 지출은 적은 대신 사교육비가 높게 나타나며 동시에 사교육 의존도가 높은 국가에 해당한다(2003 한국은행 금융경제연구원). OECD 평균에 비해 대학 등록금은 약 4배, 총교육비는 3.7배에 해당하나 효율성 측면에서는 하위에 해당한다(LG주간경제 2003. 10. 15). 이후 공교육 투자가 계속 증가하여 OECD 평균에 근접하고 있지만, 사교육비 또한 계속 증가하였다. 사교육비는 2019년까지 증가하다가 2020년 1인당 사교육비는 고등학생(36.5만→38.8만 원으로 증가)을 제외하고 초등학생(29.0만→22.1만 원), 중학생(33.8만→32.8만 원)은 각각 6.9만 원과 1만 원 감소하였다(e-나라지표 국가지표체계, 2021. 3. 21).

공교육비와 사교육비가 동시에 증가한 현상의 이면에는 근대 시기 이후 한국인들에게 강요된 수로 평가되는 실력, 그리고 수치와 도표로 만들어져야 하는 성과 위주의 숫자 중심 사회구조가 있다. 성과 위주의 사회에서 개인의 능력은 표준화된 점수로 표시된 결과에 따라서 서열로 구분된다. 기업에서, 학교에서, 대학 입시에서 개인은 사회가 제공한 물적 기준에 따라 서열화된다. 수와 양으로 처리되는 결과가 오롯이 한 개인의 능력으로 전환된다. 얼마만큼 투자했느냐가 아니라 얼마만큼 이루었느냐가 평가의 기준이 되다 보니 한국의 교육비 투자 효율성은 다른 국가들에 비해서 낮다. 이 과정에서 개인들, 개별 조직이나 집단은 성과의 유무 그리고 양적 성과의 확대를 증명해야만 했다.

한국의 파벌과 같은 집단주의에 영향을 끼친 것이 집단 내 분화다. 조선 양반들이 처음에 단일 집단이었다가 분화되면서 사생결단의 적대관계를 형성하였다면, 일제강점기에는 지주와 농민, 농민과 농민, 이웃과 이웃, 가문과 가문이 자원 확보를 위한 사생결단의 생존경쟁에 떠밀리게 되었다. 산업화가 진행되고 한국 사회의 경제구조가 복잡해지면서 잉여 자원의 확보를 위한 집단 간 및 집단 내 개인 간 갈등이 본격화되기 시작하였다.

산업화 과정에서 입증된 집단의 힘은 나눌 수 있는 잉여의 크기가 정체되는 경제침체기에는 더 강한 집단과 약한 집단으로 나뉜다. 잉여가 소수에게 집중될수록 잉여 확보에 실패한 집단은 해체되거나 유명무실해진다. 예전에 집단에 가입하면 거의 수확 체증의 법칙이 작용할 것이라는 믿음과 그에 기초한 강한 유대관계가 집단에 지배적이었고 그것을 통해서 개인들이 안정을 추구할 수 있었다면, 이제는 집단 안팎 할 것 없이 자원 접근을 향한 갈등과 투쟁의 장소가 되었다. 자신이 기대던 집단 내에서도 권력자원을 독점하기 위해 투쟁해야만 하거나, 자신이 속한 집단이 힘을 잃어 가는 상황에서 다수의 한국인에게 집단은 미래를 보장해 주지 못한다. 보호를 받지 못한 채 정글과 같은 생존 현장에 내몰린 한국인들은 집단 사이 경쟁이 격화되면서 집단의 보호조차도 기대할 수 없게 되었다. 2020년부터 유행한 코로나-19 감염병은 집단 사이 경쟁을 더욱 가속하여 다수의 집단이 자원을 지원할 수 없을 만큼 유명무실해지도록 만들었다.

2) 한국의 집단주의와 이기적 개인주의의 물질적 토대

'고복격양(鼓腹擊壤)'은 백성들이 배부르고 등이 따듯하면 정치에 관심을 두지 않는다는 의미이다. 농업이 국가 산업의 기틀이던 시기, 정치적 안정을 꾀하는 국가는 끊임없이 백성의 물적 자원을 충족시켜 주기 위해서 노력하였다. 국가의 안녕에는 백성들의 풍요로운 생활이 필요하다는 것을 알고 있었다.

경제 안정이 정치권력의 재생산에 기능하는 자본주의 체제 아래서도 국가의 정치 엘리트들은 시장에서 일자리를 만드는 자본가에게 의존적이다. 경제적으로 가난을 개인의 책임으로 돌리고 개인의 경쟁력이 물질적 풍요를 보장할 수 있다는 생각은 이데올로기로서 국가와 시장에 배태된 종교, 문화, 이데올로기 가치들에 의해서 생산되고 전파되고 확산된다. 자본주의 체제가 지배하는 현대에 시민들은 자신의 노력으로 경쟁을 통해 자신들이 원하는 물적 자원을 획득할 수 있다. 이런 시각은 외형상 개인의 노력이 개인의 부의 창출에 결정적이라고 믿게 만든다. 부의 축적이 사회구조 요인보다 개인의 역량에 달려 있다고 보기에 경제적 어려움의 원인은 어떻게든 개인적인 수준으로 한정해야만 한다.

한국에서 경제적인 성공은 행복을 결정하는 주요 요인이다. 일반적으로 사람들은 행복은 정신적인 영역, 경제는 물질적인 영역에 속하는 것으로 인식하는 경향이 있다. 그러나 우리 사회에서는 개인들이 가진 경제적 조건이 그들의 정신적 행복을 결정짓는 경향이 뚜렷하게 나타나기에 경제와 행복을 나누는 이분법적인 인식을 그대로 적용하기 어렵다. 개인들이 일상에서 사용하는 모든 것들이 상품화된 자본주의 질서에서 물질 그 자체는 개인에게 불행을 제공하기보다 행복할 수 있는 조건을 제공하는 기능을 가진다. 물질이 있고 없고의 문제가 아니라 풍족한 정도에 따라서 개인들의 행·불행이 결정되는 것처럼 보인다. 사회 전반적으로 물적으로 풍요로운 정도는 시간이 갈수록 좋아진다. 그런데도 한국인들은 점점 더 불행하다고 생각한다. 물질과 정신 건강 사이에는 부(負)의 관계가 있다고 한다. 물질이 채워지는 속도보다 물질에 대한 욕망이 더욱 빨리 가파르게 상승하기 때문이다(신희성 외, 2017).

물질주의는 한국 사회를 설명하는 중요한 요소이다. 정치, 문화, 종교, 교육 등 다양한 사회의 영역에서 드러나는 지나친 물질주의 경향은 인간관계에 손상을 일으킨다. 돈이 없어서 친구를 만나지 못하거나, 돈이 있어도 돈이 없는 친구들과 어울리지 못한다. 개인이 맺을 수 있는 인간관계에 필요한 모든 부분이 물적 조건에 의해서 결정된다. 한국인들이 맺는 인간관계는 물적 관계로 환원되고 개인은 공동체에서 떠나 파편화된다. 개인이 맺고 있는 집단이 가시적 물적 토대에 의존하면서 집단도 소유한 물질의 양에 의해서 평가되어 서열화된다.

이에 따라서 해당 집단 구성원들은 최대한 많은 양의 자원을 확보하기 위해서 개인을 희생해야 한다.

제도의 하나인 가족은 일반적으로 구성원들의 분업을 기초로 구성된다. 아버지는 가족생활과 자녀 교육에 필요한 자본을 끊임없이 확보해야 한다. 어머니는 자녀들의 생활과 교육을 전담한다. 사교육에 필요한 자원을 보충하기 위해 아르바이트를 하기도 하고 아이들을 위한 정보를 위해 사회적 자본을 확보해야 한다. 이에 어머니도 지나치게 바쁘기에 자녀와 함께할 수 있는 시간이 없다. 아이들은 부모가 소득을 위해서, 자녀 교육을 위해서 다른 일을 하는 동안 학원을 전전한다. 부모가 자신을 포기하면서 자녀를 위해 살고 있다고 생각하지만, 아이들도 하고 싶은 놀이를 하지 못한 채 부모가 원하는 것을 수동적으로 해 주면서 살고 있다. 아이들은 부모의 기대에 부응하기 위해서 공부를 한다. 자녀는 자신들을 위해 공부나 시험을 보지 않고 부모를 위해 공부를 '해 주고' 시험을 '봐 준다'. 모두가 다른 가족을 위해서 희생한다고 생각하기 때문에 가족 구성원들은 서로가 생각하는 이념형의 가족 분업 상의 역할을 다른 가족 구성원이 다하기를 강요한다. 부친의 소득의 양, 모친의 자녀들이 획득한 학벌, 자녀의 성적표와 명문대 합격증 등은 가족 구성원의 선과 악을 결정하는 필요한 기준이 된다.

물질주의가 이념화되어 추구되는 것은 전통적 가치관에서도 잘 드러난다. 세상에서 떳떳한 자리를 차지하고 지위를 확고하게 새겨 이름을 드날리는 입신양명(立身揚名)이 그것이다. 입신양명은 원래 『효경(孝敬)』의 「개종명의장(開宗明義章)」에서 효의 시작과 끝을 설명하면서 나온 말이다. 국가 중심주의 아시아권 문화권에서 국가의 관료로 성공하여 물적 자산을 축적하는 것은 어른에게 효도하는 것이라는 믿음은 지금까지 이어오고 있다. 현대 사회에서 물질주의 가치를 높이는 행위자의 최고 꼭대기에는 국가가 있다.

이데올로기 엘리트들의 지배 영역에서 종교는 구성원들의 합리적 선택에 영향을 미친다. 초월적 존재에 대한 믿음을 위해 종교시설에서 초월적 존재를 위한 종교활동을 하는 것이 아니라 자신의 이해관계자와 넓은 사회적 자본을 확보하기 위해 노력한다. 종교적 신념에 따른 활동이 아니기에 자신이 믿고 따르는 물질적이고 세속적인 가치에 의해서 종교 지도자의 설교를 판단한다. 종교 지도자의 성공은 종교시설의 신자 수와 헌납하는 물질의 양에 따라서 결정된다. 종교 지도자들도 물질주의 가치관에 의해 영향을 받을 수밖에 없다.

국가 관료는 한국식 연줄이 작용하는 최종 목적지이자 중심적 영역이다. 권력을 확보한 소수는 먼저 국가기구를 전용하기 위해 관료를 포섭하고 새롭게 충원되는 관료집단을 미리 선점한다. 관료집단은 권력의 재생산과 시장의 이익을 추구하는 통로가 되어 소수의 시장 지배집단의 이해관계에 종속된 채 개인적인 미래 지위를 보장받고자 한다. 발전국가 시기 시장의 이해관계에서 절연되었던 이들은 시장 이익의 핵심층으로 지위를 확고하게 다지면서 한국의 집단주의의 가치를 확대하는 핵심이 요인이 된다. 관료제도가 개인의 물질 추구 경향에 의해서 사적 네트워크가 소통하는 통로로 변질되었다.

한국 사회의 다수 개인의 목표가 어느 영역에 속하든지 물질 확보에 있다는 사실은 사회구조가 물질주의로 작동하여 인간관계를 파괴한다는 사실을 말해 준다. 한국인들은 이기적인 목표를 위해서 집단을 활용해 왔다. 가족, 연고 집단 등은 수확 체증이 작동한다는 사실을 보였다. 소수에게 권력과 자원이 집중될수록 다수는 그 소수에 편입되기 위해서 노력을 한다. 그러나 그들이 택한 집단은 다른 집단과의 경쟁으로 인해 영향력을 상실한 채로 유명무실해질 가능성이 크다. 자원이 점점 더 소수에게 집중되는 현실 속에서 집단으로부터도 보호받지 못한 이들은 탈집단화되고 더욱 이기적인 개인주의로 무장할 수밖에 없다. 현대 한국 사회의 개인주의 확대는 이런 역사적 배경에 터를 잡고 있다.

제2장

박정희 잔재의 식민지 기원과 등장

1. 박정희 잔재 구성요소와 일제의 잔재

1) 박정희와 일제 개조 이데올로기

커밍스는 평화봉사단의 일원으로 1970년대 한국을 방문하여 일본과 많이 닮은 한국을 보고 인상적이었다고 말하였다. 커밍스가 보기에 한국은 겉으로는 미국을 추종하지만, 일본의 잔재가 지배하는 사회였다. 커밍스에 따르면 일제의 유산(legacy)은 한국인들의 사고방식과 생활양식, 일본어의 일상 침투, 행정기구와 국가 관료, 산업화, 지식 및 하부구조 권력, 사회이동의 변화 등이었다(Cumings, 1984).

일제강점기 조선총독부가 조선인들이 조선의 과거를 부정하고 조선 역사를 비하하도록 역사를 왜곡하는 데 참여한 이들은 다카하시 도루(高橋亨)와 같은 일본 학자들과 사회진화론을 신봉한 조선 지식인들이었다. 이광수, 최남선, 송진우 등 조선의 지식인들은 조선의 패망을 조선인들의 탓으로 돌리고 조선인들의 의식 개조의 필요성을 제시했다. 이광수 같은 개량주의자들은 일제강점기를 '신시대'로 규정하고 신시대에 알맞은 '청년'의 역할에 주목했다. 그들은 가난을 극복하고 창조적이며 과거에서 벗어난 신지식을 습득하여 실력을 키우고, 힘으로 무장하고, 스스로 설 수 있는 양심, 고결한 기개 있음을 그 덕목으로 제시하였다(박성진, 2003: 148). 이들은 조선의 변화는 조선인의 변화가 전제되어야 한다고 주장했다. 사회구조 요인들에 대한 개혁이 없이 오로지 개인들의 교육과 노력에 따라서 사회가 변화해야 한다고 역설했다. 이광수는 「민족개조론」에서 조선인들(엘리트)이 먼저 과거를 부정하고 나서 다음에 새로운 지식을 습득하고, 사상과 정신을 개조하여 새로운 사회에 부합하는 인물이 되어 조선을 부흥시켜야 한다고 주장했다. 우승과 열패의 의식에 사로잡혀 있었던 사회진화론자들은 일본인들이 주장하던 조선의 개인성, 문화, 전통, 사회구조 등을 전면 부정하고 새 시대 국민의 이상향을 제시하였다(152-164).

조선의 개량주의자들이 주장한 개조론은 일본이 지우고 싶었던 조선인의 뿌리를 제거하는데, 그리고 식민지 조선에서 일본의 정책에 정당성을 제공하는 데 활용되었다. 일본인들이 자주 사용하는 단어인 '민도'는 문명의 수준을 일컫는 것으로, 조선인들의 생활과 문화를 열등한 것으로 치부하고 '민도가 없는' 조선이 문명이 진보한 일본에 의해서 이끌릴 때 치유될 수 있는 것이라고 주장하기 위하여 사용되었다. 민도라는 단어 하나로 조선은 열등하고 일본은 뛰어나다는 인식을 심어 줄 수 있었다. 다카하시 도루가 쓰고 1921년 조선총독부가 펴낸, '조선인'과 관련된 그의 논문 2편을 엮은 「식민지 조선인을 논하다」는 조선의 열등성을 지적한다. 현대 한국인들이 읽어 보면 익히 들어 왔던 조선인들에 대한 편견이 있다.

조선인을 과학적이고 논리적으로 분석한 책으로 인정받은 다카하시의 논점은 박정희의 한국인 인식에 그대로 이어졌다. 박정희가 보통학교에 입학한 시기는 일제강점기 초반에 데라우치 총독 시기의 강압적 교육정책 대신 조선인을 일본의 식민지에 적응하도록 만드는 문화통치로, 교육정책에서 사상 교육이 강조되던 시기에 해당했다 (Tsurumi, 1984)[22]. 1922년 제2차 「조선교육령」 이후 한국인들에게

---

[22] 츠루미(Patricia Tsurumi)에 따르면 1919년 만세운동에 일본이 세운 일본식 학교에서 수학한 조선 학생들이 적극적으로 참여한 사실에 조선총독부가

학교 교육의 기회를 제공하여 식민 지배에 순응할 수 있도록 상급학교로의 진학도 허용하였다. 교육에서 조선인들의 풀뿌리 교육기관인 서당의 존재를 말살하고 보통학교 중심의 교육 체계를 확립하는 등 국가(일본)에 의한 획일적 근대 교육제도를 도입하고 사상 교육을 강화했다(김인회, 1994).

박정희의 인간개조는 일본이 했던 것처럼 한국의 역사를 부정하며 시작했다. 일제가 조선인들로 하여 조선의 과거를 부정하게 만들기 위해 구성한 反유교와 反정치 이데올로기 등을 박정희가 빌려왔다. 능력 있는 청년과 같은 새 시대의 주역의 이미지는 능력과 전문성을 갖춘 근대적 인간으로 표현되었다. 구한말에 근대적 인간형이 조선 지식인들에 의해 도입되었지만, 국가에 의해 제도적으로 본격 인간형이 그려지고 제도화된 것은 일제강점기였다. 그리고 자유주의 국가를 표방한 이승만과 무능했던 장면 정부를 넘어 박정희 정권에 들어와 본격적으로 인간개조를 통한 근대적 인간형 구축 사업이 시작되었다. 박정희는 군사쿠데타를 일으킨 1961년 소책자『혁명 완수를 위한 지도자의 길』,『우리 민족의 나갈 길』(1962),『국가와 혁명과 나』(1963) 등 일련의 저서에서 한국을 저발전 상태에서 착취와 무능과 부패로 점쳐진 치욕으로 가득한 역사를 가진 나라로 부정적으로 그렸다.23) 박정희는 다카하시 도루가 한 것처럼 조선의 몰락을 조선 내부의 정치, 경제, 문화, 종교(유교), 교육 등 다양한 요인에서 찾았다. 특히 조선 몰락의 원흉으로 정치를 지목하며 장면 정부의 혼란, 무능, 부패를 비난

충격을 받고 조선인 무마책의 일환으로 보통학교를 넓히고 지역민들의 교육열을 충족시켜 주면서 식민 질서에 순응할 수 있는 새로운 시대의 지식을 교육하는 것에 초점을 두었다. 이런 일제의 교육정책 변화는 박정희에게도 영향을 미쳤을 것으로 보인다(1984: 303).

23) 박정희의 저서와 글들은 2005년에 출판사 동서문화사에 의해『나라가 위급할 때 어찌 목숨을 아끼리』,『한국 국민에게 고함』,『하면된다! 떨쳐 일어나자』등의 세 권으로 편집 출판되었고, 2017년 탄생 100주년을 기념하여 도서출판 기파랑에서『박정희 전집』영인본과 현대어본으로 출판되었다.

하며 조선의 몰락과 동일시하고 자신의 군사 정변을 혁명이라고 정당화했다. 박정희는 자신들의 이익만을 고집하는 집단 이기주의를 통제하지 못한 장면 정부의 무능을 비판하였으며, 자신의 군사 정변을 통해 인간개조에 착수하여 집단 이기주의를 통제하고 새로운 한국인을 만들 수 있다고 주장했다.

박정희의 저술 방식은 과거를 비판하고 새로운 시대의 개조에 필요한 점을 역설하는 것이었는데, 다카하시 도루의 「조선인」도 내부 요인이 1편에, 인간개조의 필요성이 2편에 등장하는 등 비슷하게 구성되었다. 다카하시가 제시하는 두 가지 개조의 차원은 첫째, 조선인을 구성하는 각 사회활동의 능력이 자체의 가치를 자각하게 하는 것이고, 둘째는 조선인이 구성하는 사회를 정실의 누습(陋習)에서 구해 내어 경쟁 사회로 만드는 것이라고 주장한다. 사회활동을 구성하는 영역을 사회력, 경제력, 지식력, 도덕력, 종교력, 정치력의 여섯 가지 요소로 나누었다. 그는 사회 유기체설에 입각하여 이런 구성요소들이 통합적인 방식으로 혼연일체를 이루어 사회활동을 활발하게 하여 사회의 진보와 발달을 초래할 수 있다고 주장한다(다카하시 도루, 2010: 109). 박정희의 맨 마지막은 언제나 혼연일체의 총화를 이루는 길이 국난을 극복하는 유일한 길이라는 것과 집단 이기주의를 이겨 내는 자랑스러운 새로운 한국인들의 이미지였다.

독립운동가였던 이승만과 달리 박정희는 만주 군관학교와 일본 육군사관학교 출신의 다카키 마사오(高木正雄)였다.24) 해방 후 1948년 여순사건 이후 진행된 숙군(肅軍) 과정에서 체포된 박정희는 군대 내 남로당 세포들의 명단을 제출하고 박정희를 직접 체포한 김창룡을 비

---

24) 본관 고령의 높을 高, '朴'씨의 나무 木, 정희의 바를 正자 취했다고 한다. 박정희는 창씨개명을 두 번 했다는 의심도 받는데, 2005년 『일본육해군종합사전』에서 박정희를 오카모토 미노루(岡本實)로 표기한 것이 다른 하나이고, 더 앞서 1999년 미국 교포 문명자의 저서 『박정희와 김대중』에도 오카모토 미노루로 바꾼다는 내용이 있었다고 한다(정운현, <오마이뉴스> 2012. 12. 6).

롯한 원용덕, 백선엽 등 만주군 선배들의 배려로 살아남을 수 있었다.25) 박정희는 1917년에 태어나서 1932년 구미보통학교를 졸업하고 대구사범학교에 입학하였다. 그리고 대다수 과목에서는 낮은 점수를 받았으나 교련과 체육에서 높은 점수를 받았다. 사범학교를 졸업하고 문경보통학교 교사로 재직 중에 만주 군관학교에 지원한 첫해에는 서류 심사에서 탈락하였다. 미혼에 16~19세라는 지원 자격에 부합하지 않았기 때문이다. 그러나 혈서까지 쓰고 두 번째 지원서를 제출해 합격한 일은 당시 만주 관련 신문 기사에 그대로 나타나 있다.26) 박정희가 썼다는 혈서는 "조국(일본)을 위해 일사봉공(一死奉公) 견마(犬馬)의 충성을 다하겠다"는 내용이다.27) 박정희에게 조국은 조선이 아니라 일본이었고 견마의 충성을 다한다는 혈서는 박정희가 받아들인 일본 제국주의의 이데올로기였다. 식민지 일개 보통학교와 사범학교 학생에서 선생으로, 그리고 군관학교로 진입할 수 있도록 지원해 준 일본은 박정희의 눈에는 개인의 능력에 따라서 목표를 성취할 수 있게 해 준 고마운 조국이었다.

일제강점기에도 조선사회의 미래를 위해 도구적으로 혁명적 관점과 개조의 관점을 전개하면서 사상이 분화된 채로 구조화되었다. 개조의

---

25) 박정희는 친형 박상희의 사망 후 박상희의 친구였던 남로당원 이재복에 의해서 포섭되어 남로당의 역할을 했으며, 이 문제는 1963년 대통령 선거에서 윤보선과 4·19 당시 계엄사령관이었던 송요찬도 제기하였다. 박정희 포섭 과정은 주철환의 『불량 국민들』(2013) 마지막 장 참조.
26) <만주신문>(1939. 3. 31)은 "혈서 군관 지원"이라는 제목으로, 박정희가 만 16세에서 19세까지밖에 지원하지 못하는 군관학교에 한 번 떨어진 후 혈서를 내며 다시 도전해서 23세의 나이로 합격한 사실을 미담으로 전하고 있다(『친일인명사전』 박정희 편).
27) 민족문제연구소 2012. 6. 27(조세열 사무총장 칼럼). 혈서의 존재는 소문으로만 있었고 1992년 조갑제가 저술한 『박정희』에 처음으로 제시되었으나 증빙할 자료가 없었으며 오히려 광복군이었다는 주장이 제기되자 혈서 관련 내용을 다룬 자료를 찾기 시작했으며, 2012년 6월에 일본 국회도서관 <만주신문> 필름에서 해당 자료를 찾았다고 한다.

관점은 사회를 근본적으로 바꾸려는 혁명의 관점과 달리 점진적이고, 정체나 구조적인 혁명적 변화보다는 제도적 변화를 추구하여 미시적인 변화를 추구하는 것이었다(문상석, 2016b). 일제강점기 개조를 주장했던 이들은 경제를 발전시킬 수 있는 행위자인 조선인들을 교화하고 교육하여 문명을 알게 하면서 능동적이고 점진적 변화를 이루고자 했다. 이광수의 「민족개조론」, 최현배의 「조선민족갱생의 도」, 그리고 한치진, 김윤경, 하경덕 등의 글 등에서 조선 지식인들이 추구했던 것은 한마디로 '개량'이었고, 구조적 변화와 사회의 책임을 다하는 것보다 억압받고 핍박받는 조선인들의 자세를 탓하는 데서 출발했다(문상석, 2016a: 97).[28]

2) 박정희 인간개조의 시작

일제강점기 일본을 조국으로 받아들였던 박정희는 집권 후 국가기구 개혁과 인간개조에 착수했다. 국가 개혁의 필요성에 대한 인식은 널리 퍼져 있었다. 군사 정변 직후 장준하가 작성한 〈사상계〉 1961년 6월호 권두언 "5·16혁명과 민족의 진로"에 당시 혼란스러웠던 한국의 상황이 그대로 펼쳐져 있다.

> 5·16 혁명으로 우리들이 과거의 방종, 무질서, 타성, 편의주의의 낡은 껍질에서 스스로 탈피하여 일체의 구악의 뿌리를 뽑고 새로운 민족적 활로를 개척할 계기는 마련된 것이다. 혁명 정권은 지금 법질서의 존중, 강건한 생활기풍의 확립, 불량도당의 소탕, 부정축재자의 처리, 농어촌의

---

28) 개조를 학문적으로 뒷받침한 '개량(改良)'은 무엇인가를 실천적으로 하려는 시도를 의미한다. 개개인을 조직하고 집합적 단위의 운동을 통해 사회의 변혁을 꿈꾸던 혁명과 달리, 개인은 역량 변화를 통해 점진적 개혁을 추진할 수밖에 할 수 없다는 한계가 있다. 사회의 구조적 변화보다 개인의 변화를 추구했다는 점에서 한계를 지닐 수밖에 없었고 사실상 일제가 강요한 이데올로기를 재생산한 것으로도 인식할 수 있었다(문상석, 2016a: 97).

고리채 정리, 국토건설사업 등에서 괄목할 만한 출발을 보여주고 있다. 그러나 수백 년의 사회악과 퇴폐한 관성, 원시적 빈곤이 엉클어져 있는 이 어려운 조건 밑에서 정치혁명, 사회혁명, 도덕혁명을 동시에 수행한다는 것이 얼마나 어려운 일인가는 이해하기 어려운 일이 아니다.

장준하가 자인하듯 한국의 심각한 문제는 하루 이틀에 걸쳐서 만들어진 것이 아니라 오랜 기간 축적된 것이었다. 이런 인식은 강력한 초인에 의해 인간개조와 국가기구 개혁이 진행되기를 바라는 사회의 염원이 포함되어 있다. 그다음 달 7월호에서 군사 정변이 추구한 인간개조를 비판했던 함석헌조차도 "(인간개조라는 말은) 나와야 할 말이 나온 것이다"라고 말하면서 당시 한국 사회에 필요했던 인간개조에 대한 비슷한 인식을 보였다. 한국인들의 정신 변화를 촉구하는 운동의 필요성까지 제시한 함석헌은 민중은 타락한 존재이기에 어느 정도 강제가 필요함을 주장하였다.

군사 정변을 통해 집권한 박정희는 법을 제정하고 국가기구를 정비하였으며, 다수의 국민을 발전 프로젝트에 승차시켜 자기 계발에 전념하게 만드는 등 독재자 이승만이 하지 못한 많은 일을 18년에 걸쳐서 이뤄냈다. 이 과정에서, 일제가 많은 식민지 지식인을 활용하여 일제에 부합하는 지식을 창조하고 엘리트 중심의 지배 질서를 고착화한 것처럼 박정희도 지식인들에게 관직을 제공하여 이들을 먼저 국가권력에 편입시켜 활용하였다. 이로 인해 정치, 행정, 경제, 교육 등 분야에 지식인들의 진출이 늘어났다(정용욱, 2004).

2. 경쟁과 집단주의 제도화

박정희 독재 구축 과정은 근대화 추진에서 도구적으로 활용 가능한 국가기구를 재편하는 것에서 시작했다. 국가기구 재편에는 두 방향성이 포함되어 있었다. 첫째는 기능 중심의 관료 개혁이었고, 둘째는 경제발전에 역할을 할 수 있는 국가기구를 설치하고 기구를 통해 경제성장 목표를 이룩하는 것이었다. 세계의 다른 국가 독재자나 일본 제국주의자들이 했던 것처럼 군 경력 혹은 일본의 영향이었는지 몰라도 박정희는 도구적이고 형식적인 법의 지배 체제를 구축하였으며, 효율적 통치를 위해 통계를 통한 과학적 지배 기법 등을 도입했다(한상범, 2001; 조은주 2018; 문상석, 2015). 1962년 군사정부의 공보부가 편찬한 『혁명정부의 1년간의 업적』에서 박정희는 이승만 집권기보다 박정희 군사정부 1년이 법을 더 많이 제정하였음을 주장했다. 국가기구의 운용에 대한 근거를 법으로 만들어 통치하는 '법의 도구성'을 통해 독재 체제를 구축하였다.

1) 인간개조와 경쟁

근대화라는 새로운 목표를 위해 자원동이 필요했던 박정희에게 국가기구의 재편과 인적 자원의 확대에 필요한 인간개조는 필요한 과업이었다. 그런 면에서 이승만 정권이 시장을 약탈하면서 막대한 부패자금을 동원하여 정치적 목적에 부합하도록 다양한 관변단체를 활용했던 이승만과 달랐다. 박정희 정권의 국민 만들기와 관료 통제의 목적은 국민과 관료들을 경제성장에 필요한 효율적인 일꾼으로 만드는 것이었다. 박정희에게 효율적 인적 자원이란 철학이나 이념 그리고 지식을 읊조리는 사람이 아니라, 적은 비용을 투자하고도 지도자가 원하는 무엇인가를 만들어 낼 줄 아는 사람이었다. 박정희의 인적 자원 범위에는 국민뿐 아니라 지식인들도 포함되어 있었다. 지식인들에 대한 인식도 마찬가지였다. 유교와 같이 추상적이고 통합적인 지식을 추구하는 학문은 효율적이지 않고 고리타분한 학문이라며 배척되고 근대화에 필요한 실용적이고 전문적인 지식이 선호되었다. 각 분야의 전문가들을 동원하여 저술한 『우리 민족이 나갈 길』에서 박정희는 양반 중심의 질서에서 기술직을 천시하여 중인으로 취급한 조선의 역사를 맹비난하고, 양반의 유교 지식인에서 과학인, 기술인, 경제인 등을 중심으로 지식인을 재편해야 함을 주장하였다.

박정희는 전문성에 바탕을 둔 과학인, 기술인, 경제인 등을 근대사회에 필요한 지식을 제공하는 이들을 지식인이라고 인식했다. 실용적 지식인들은 경제성장에 이바지할 무엇인가를 만들 수 있는 사람들이어야 했다. 군사 정변 이후 실질적으로 새로운 지식을 제공할 집단으로 전문가 집단 혹은 세속적 지식인들이 필요하다는 현실적 인식을 했던 박정희는 새롭고 젊은 지식인들이 필요했다. 박정희가 지닌 지식인에 대한 인식은 로스토나 밀리칸과 같은 미국의 근대화론자들의 지식인에 대한 인식과 비슷했다.29)

정용욱에 따르면 국제학연구소 보고서는 군인들의 장점은 근대적 조직과 필요한 기술을 운용할 수 있다는 점, 하급 장교들이 전통적 경제 기반이 없어 민간 지도자보다 개혁에 능동적이라는 점, 사회적 안정을 확보할 힘을 갖고 있다는 점이며, 이들은 주체적 능력이 있다고 인정하지만, 기술과 자세 면에서는 부족하다고 주장하면서 경제학자, 엔지니어, 농업학자, 법률가, 행정가, 의사, 교수, 언론인들이 군부와 결합하여 기능적이고 전문적인 신지식인들의 역할을 주문했다고 한다. 이 보고서에는 신지식인이 전통적 질서에 적대적이며 독립적인 이들이라는 내용도 포함되어 있었다(172). 『우리 민족의 나갈 길』에서 박정희는 지식인의 역할을 기술과 과학 중심의 기능에 초점을 두도록 주장하였다(박정희, 2005a[1963]: 51-52). 근대화에 필요한 인적 자원의 확보에는 교육제도의 개선, 공무원 충원과 교육 관련 제도 개선이 필요했으며 이는 제도적으로 새로운 정부 기구를 구축하는 것과

---

29) 1960년 MIT 국제학연구소가 미국 상원 외교위원회에 제출한 제3세계의 저발전 국가들의 "경제, 사회, 그리고 정치 변화"를 추구하는 보고서는 경제성장과 근대화를 위해 제3세계에 속한 신군인과 세속적 지식인(secular intelligentsia)의 결합 필요성을 이야기하고 있다(정용욱, 2004: 172).

동시에 추진되었다.

　박정희는 인간 능력을 최대한으로 끌어낼 수 있는 방식이 이데올로기적인 접근이라는 사실과 어떻게 접근해야 할지를 알고 있었다. 자신이 식민지 체제에서 조선인들, 만주의 중국인들, 일본인들과 약육강식의 무한경쟁을 하면서 생존과 성공을 체험하였기에 경쟁의 중요성을 체득했다. 그로 인해 권력을 확보한 후 한국 사회 모든 영역에 경쟁 시스템을 도입하였다. 박정희 자신도 인정했듯이 권력 확보 후 경쟁 시스템 도입 없이 시도한 인간개조 노력은 모두 실패했다. 쿠데타 직후 시작한 재건국민운동, 농어촌소득증대운동 등은 실패한 운동이었다. 반면에 박정희가 경쟁하는 구도를 만들어 시도한 경우, 초기에는 박정희가 보기에 매우 생산적이었으며 숫자로 표시될 수 있는 효율적이며 효과적인 운동이었다. 새마을운동이 당시 집성촌 중심으로 형성되었던 마을 단위의 농촌 구조에서 마을 단위의 경쟁 시스템을 만들어 이웃 마을보다 숫자로 표기 가능한 방식으로 승리한 마을에 더 많이 지원하고 다음 높은 단계로 승급하도록 하였는데 이것이 마을 사이 경쟁을 더욱 가속하여, 더 적게 지원하고 많은 결과를 본 대표적 정책이었다. 경쟁에 내몰린 마을들은 정부의 적은 지원에 자신들의 자원을 내놓으면서 경쟁에서 승리하고자 하였다. 그런 면에서 자원 동원이 내부에서 이뤄지고 마을의 정체성이 높아지는 동원 능력과 경쟁력이 향상되는 효과를 가져와 근대 농민 탄생에 이바지하였다(문상석, 2010).

　사회의 다른 영역에도 경쟁 체제가 속속 도입되었다. 대학 진학과 정량 평가에 필요한 지식 암기 위주, 입시 중심, 획일성 등의 시스템이 등차(等差)를 가르기 위해서 부수적으로 제도화되었다(김인회, 1994: 198). 경쟁이 제도화될 때 가장 먼저 드러나는 것이 학교 시스템의 변화였다. 교육부 50년사에는 인간개조 혹은 제2의 근대화를 "인간의 전문적인 기술 습득과 정신 고양"으로 정의하였다. 경쟁을 유도할 수 있는 제도를 만드는 데 필요한 것이 평가와 평가에 필요한 기준이다. 획일적인 기준은 국가만이 정할 수 있어야 했다. 국가만이 평가 기준에 정당성을 부여하는 유일한 주체가 되어야 했다. 시민사회에서 자율적으로 작동하던 다양한 메커니즘은 국가가 만들거나 인정한 단 하나만의 기준에 의해서 대체되었다.

경쟁은 한국인들에게 숫자로 자신의 역량을 증명할 국가 인증 혹은 공공 인증 자격을 확보하도록 요구한다. 자신이 다른 사람들보다 자신의 역량을 강화해야 한다. 학력 수준을 높이기 위해서는 대학을 가야 한다. 대학은 서열화되어 있어 그 순위에 따라서 학벌을 구성할 수 있는 역량이 다르게 구축된다. 개인의 역량이 서열화되면 그다음 개인이 동원할 수 있는 다른 무엇인가가 필요하게 된다. 다른 무엇인가는 바로 개인이 동원할 수 있는 연줄의 힘, 긍정적인 표현으로 말하자면 사회자본이 된다. 연줄은 집단주의를 강화한다. 연줄을 형성하기 위해서는 그 연줄을 제공해 줄 수 있는 집단 내 귀속지위를 획득해야 한다.

학생들의 순위를 매기기 위해서 시험은 사지선다형 문제, ○× 문제 등 흑백론적이고 단세포적인 문제들이 출제되었다. 다양한 개인을 한 줄로 세우기 위해서는 집단화가 필요했고 다수를 하나의 수준으로 통합하기 위해서는 대중화 교육이 필요했다(김인회, 1994: 196-200). 이는 숫자로 표시하는 행정의 기능화 및 관료주의화로 이어졌으며 교육 관련 제도는 관료의 독점 체제를 더욱 강화하는 방식으로 나아갔다. 근대 서구에서 국가의 독점화 경향이 다수의 경쟁자 중에서 선택된 소수가 독점하는 과정에서 발생한 것이었고 비슷한 경향이 한국의 근대화에서도 드러나 소수에게 독점적 권력을 제공하기 위해서 국가가 소수에게 유리한 경쟁 방식과 보상을 제공하여 독점적 지위를 누리도록 제도화한 것이다(Elias, 2018: 176-180). 개인의 역량을 숫자로 표시하여 서열화하는 것을 국가에서 시작한 것이다. 국가의 개입으로 개인들이 일렬로 서열화될 때, 윗자리에 오르기 위해서는 서로 경쟁할 수밖에 없다. 박정희가 만든 근대 한국에서 한국인들을 바로 이웃들과 경쟁하도록 만드는 것이었다.

다른 사람보다 먼저 높은 자리에 오르는 서열 중심의 질서는 연공서열에 의해서 강화된다. 자리에 먼저 오른 순서에 따라 보수와 대우 등이 결정되며 상명하복의 의사결정을 넘어 인간관계가 서열화되어 결정된다. 한번 부장은 영원한 부장이고 한번 병장은 영원히 후임 사병들에게 병장으로 불리는 이치다. 회사 밖에서도 조직의 지위로 불리는 것이 다반사이다. 이에 따라서 한국인들은 거의 모든 조직에서 다른 조직 구성원보다 먼저 자격시험에 통과하고 어떤 자리든 다른 사람보다 먼저 올라가서 차지해야 한다. 한번 놓치면 다음에 오는 기회는 지금보다 더 적은 보상을 주기 때문이다. 대다수 한국인에게 현재의 기회는 다음에도 찾아오는 것이 아니라 먼저 차지해야 하는 마지막 기회를 의미한다. 따라서 이번 기회가 마지막이라는 생각으로 달려들게 한다. 이번이 마지막이라는 인식은 어떤 희생을 치르고라도 자신이 원하는 것을 지금 획득해야 함을 의미하기에, 늦게 서열에 올라가서 보상은 적게 얻고 수모를 당하는 것보다 많은 보상을 얻기 위해 한국인들은 집단주의를 비롯한 다양한 수단을 찾아야만 한다.

경쟁과 성공의 과정에서 필요조건으로 제시한 개인의 역량 강화는 개인주의적인 차원의 미시적 접근이었다. 개인주의적인 접근이 구조화되었다는 것은 개인을 넘어선 사회구조적인 접근을 통해 문제를 해결하려는 시도가 차단되었음을 의미한다. 대표적으로 제도를 바꾸어 환경에 변화를 주고 개인들이 공정하게 경쟁하도록 만드는 정치적 접근의 시도가 차단된 일이다. 정치적 접근의 차단은 국민 탈정치화의 원인이면서 동시에 결과였다. 탈정치화된 국민 만들기 작업은 박정희 통치 기간 내내 주요한 과제 중의 하나였다. 일제가 조선인들에게서 정치권력을 제거하고 경제적 권력을 보장하면서 동시에 국가주의를 강화하는 차원에서 일본 보조적 정치만을 제시한 것과 비슷한 조치였다(전상숙, 2016). 정치 체제에 대한 도전은 정치적 안정성에 대한 위협으로 다가온다. 따라서 독재자들은 대중을 정치로부터 멀어지게 만드는 다양한 도구들을 사용했는데 박정희는 먹고사는 문제에 매달리게 만들어서 독재에 대한 저항과 그로부터 발생하는 위협의 문제를 해결하려고 하였다. 박정희는 정치권력을 국민으로부터 빼앗아 자신의 것으로 만들고 독점하면서 독재를 정당화하였다. 박정희는 『국가와 혁명과 나』에서 지도자의 필요성이 국민의 현명함보다 나음을 지적하며 이탈리아의 무솔리니와 독일의 히틀러 독재 통치를 정당화하였다. 그러면서도 조선과 제2공화국의 정치를 비생산적이고 무능하고 부패한 것으로 치부하고 그들의 정치를 비난하여 국민의 정치 혐오를 부추기는 등 정치의 본질을 왜곡하여 탈정치화의 본색을 드러냈다. 박정희에게는 정치 혐오를 부추기고 정치와 정치가를 비판하면서도, 대통령과 같은 국가 지도자는 비판하지 않고 국가와 동일시하는 인식이 있다. 이런 인식은 국가기구는 불신하나 국가만을 정당하고 공적인 인증을 해 주는 주체로서 받아들이는 한국인의 높은 국가 의존도와 비슷하다. 박정희에 의한 국민 탈정치화는 국가 조직 불신 및 정치 무관심이 상호 복합적으로 공존하고 국가 지도자는 정치가가 아닌 초월적 존재로 인식하도록 만들었다. 이런 인식은 대통령 하나 바꾸면 사회가 바뀌고 그에 따라 개인의 삶이 개선된다고 생각하는 한국인들이 갖는 믿음의 기원이기도 하다.

    박정희와 한국인들에 나타나는 기이한 분열적 정치 인식의 배후에는 일제강점기부터 진행되어온 정치로부터 배제의 구조화가 있었다. 이런 현상은 개인을 억압하지만, 오히려 개인들이 서로 타인을 임의로 배제하고 개인들 사이 갈등을 유도하는, 개인에 따른 임의적 기준을 형성하게 만들어 갈등을 악화시키는 악순환의 고리를 만들게 되었다. 타인의 선택이 나에게 작용하는 외부효과를 많이 경험한 한국인들이기에 타인의 선택을 배제하도록 만드는 집단의식을 강조하는 것도 탈정치와 집단주의 그리고 개인의 이기주의가 엮이는 구조적 배경에 의해 기인한 것이다.

2) 전용으로의 길: 집단주의의 변질

한국에서 박정희 잔재는 서열, 숫자와 물질에 의한 위계적 서열화의 구조화라고 할 수 있다. 결과적으로 행위자인 한국인들은 민족주의, 국가주의, 애국주의, 반공주의 등과 같은 거시적인 이념이라기보다 일상이라는 틀에서 '마주침'의 관계 속에서 받아들이고 재생산에 참여하는 경쟁구조, 그리고 경쟁으로부터의 승리와 그로 인한 보상으로 주어지는 물적 보상과 위계와 서열화로 주어지는 갑질할 수 있는 임의적 권력에 영향을 받는다. 박정희가 추구한 독재 구축 과정에서의 이데올로기는 현실에서 적용되는 개인들의 선택에 정당성을 제공해 주는 역할을 하였다. 거시적 이데올로기의 집단 가치의 절대화였으며 집단 권력자가 이익 공유를 해야 하는 다른 구성원을 임의로 배제할 수 있는 수단을 제공하는 데 역할을 하였다. 민족의 경제성장을 위해서 노동자들이 보상을 포기하거나, 가정의 평화와 안녕을 위해서 아버지의 의견을 무조건 따라야 하고, 가정의 물질적 축복을 위해서 아버지의 인간적인 휴식은 미뤄지고 일을 해야 하는 등, 거시 이념과 일상생활의 교집합에서 일어나는 집단주의화와 거시화가 진행되고 있었다. 거시 이념들은 이익 공유 배제라는 개인들의 이익 극대화 추구 수단을 제공하여 일상에서 재생산되도록 유도하는 기능을 했다.

박정희는 민족주의와 국가주의를 강조하며 개인의 역량 강화를 민족과 국가 성장의 필요조건으로 제시하였다. 그러나 한국은 하나의 민족이 두 개의 국민국가를 형성하였기 때문에 민족과 국민국가 단위를 형성하는 한민족에 대한 인식의 불일치가 일어나 민족주의 이데올로기를 이해하는데 어려움이 야기되었다. 한 민족, 두 개 국가 체제로 인한 국민국가와 민족국가와의 불일치는 국민 의식과 민족의식의 사이 정확한 경계를 만드는 데 실패하고 박정희 시기 동원된 지식인들이 애국주의와 민족의식을 혼합하는 국가주의 이데올로기를 만들어 활용하면서 일상에서 개인의 민족주의에 대한 자의적 해석 가능성을 높였다. 이에 친일 정권과 그에 협력한 지식인에 의해 정교화된 애국주의(patriotism)가 국가 중심의 민족주의의 탈을 쓰고 현실 세계에서 남쪽의 한민족 구성원들을 국민으로 만들었다.

정치화된 한국인들이 보여 준 분절적 정치 효능감은 오랜 기간 형성된 독재 체제 아래에서 정치와 국가에 대해 제대로 인식하지 못한 결과였다. 한국인들은 내적인 정치 효능감은 높으나 외적인 정치 효능감은 낮아 국가기구와 정치적 제도에 대한 불신이 매우 큰 것으로 나타난다. 이는 제도에 대한 신뢰가 약한 사회의 특징에 해당한다(Giugni and Graso, 2021: 263).[30] 이는 박정희의 동원 방식에 의해 정치 혐오를 불러일으키고 국가 우월주의, 민족 우월주의를 전파하면서 형성되었다.

독재 구축에 필요한 정치운동에 직접 대중을 동원한 이승만과 달리 박정희는 비정치적이고 순수한 민간운동의 방식으로 주로 탈정치화된 동원을 시도했다. 지역이나 국가 단위의 체육 행사에는 새롭게 만들어진 지역의 전통에 따라 대한민국과 한민족을 위한 국가주의를 내면화할 수 있는 공간과 상징물을 만들어 내고 그것에 의미를 부여하여 참여자들을 국가의 신민으로 만들려고 하였다(Oppenheim, 2011). 탈정치화된 개인들의 개인적 욕망을 추구하는 행위도 국가와 민족을 위한 것, 가족을 위한 것으로 치환하여 정당성을 부여하였다. 한국인들의 임의적 배제의 근거는 자아는 전체를 위한, 타인은 소수 이익을 위한 이기주의로 치환하여 갈등 상황을 극대화하는 과정에서 구조화된 것이다.

국민 의식은 한민족 중심의 민족의식에 그 뿌리를 두고 있다. 그러

---

[30] 지우니와 그라소의 연구는 정치에 참여하는 사람들의 정치 효능감을 내적 및 외적 효능감으로 나누어, 자신의 효과성에 천착하는 내적 효능감이 높은 사람들과 외적인 효능감이 높은 사회의 차이는 민주주의의 성숙도에 영향을 미친다고 이야기한다. 제도에 대한 신뢰는 낮으나 자신의 경험과 능력에 대한 신뢰가 과신 수준으로 높을수록 시위에 적극적으로 참여하게 된다.

나 박정희는 민족의식을 끊임없이 정면으로 부정하는 국민 의식을 만들었다. 군인이었던 박정희의 중요한 약점은 만주 군관학교와 일본 육사를 졸업한 일본 군인 마사오 다카키, 남로당에 포섭되었던 공산주의자였다는 사실이다. 그렇기에 그 이전의 민족주의 틀에서 보면 매국노요 친일파였고 공산당원이었으나, 그는 새로운 민족과 그에 따른 민족주의를 만들어서 구성원들에게 강요하며 자신의 과오를 회피하려고 하였다. 박정희가 만든 국민은 일제강점기에 만들어진 국민이란 개념을 내재화한 것의 복사판이었다. 전혀 민족적이지 않았던 박정희가 민족주의 수사를 활용하여 독재를 구축하였기에 현대 한국 사회의 분열적 민족주의가 식민지에 기원한다고 할 수 있다.

박정희가 독재에 방해되는 정치 활동을 할 만한 집단을 해체하고 국가에 필요한 단체만을 허용하여 개인을 국가와 직접 상호작용하게 만들어 개인들은 구조적 변화를 추구하기보다 개인의 성취에 더욱 매진하게 되었다. 다수가 정치에 자발적으로 참여하면 독재 체제는 시민들의 도전을 받는다. 따라서 박정희는 시민 탈정치화를 우선하였고 개인적으로 성공에 매달리게 하여 독재 체제의 수호하려고 하였다. 대중동원은 중요한 방식이었고 관변단체는 대중 동원에서 국가가 원하는 역할을 하게 되었다(Kasza, 1995).

주로 산업화를 근대화라고 부르던 1960~70년대 학도호국단, 새마을운동, 한국노총, 여성운동 등 다양한 부분에서 국민이 동원되고 탈정치화되었다. 새마을운동의 경우는 박정희의 주창으로 인간개조 및 생활환경 바꾸기로 시작했다. 식민지 시대 개량주의의 영향을 받은 박정희는 국민의 의식이 바뀌어야만 조국 근대화가 가능하다고 믿었다. 박정희 잔재는 탈정치의 영역에서 드러난다. 박정희 정권은 사회에서 탈정치 영역을 확대하여 한국인들이 자신들의 일에만 매몰되게 하였고 그것이 국가를 위하는 길이라고 믿게 했다. 그리고 다양한 비정치적 현장 참여 기회를 확대해서 자기 효능감을 유도했다. 이 과정에서 한국인들을 국민으로 만들었다. 한국인들은 이익을 경험하였고, 독재자가 지배하는 국가가 부르는(호명) 대로 그대로 호응하면서 국민으로 거듭났다. 이 거듭나는 과정에서 개인들은 자신들의 물적 욕망 추구를 대의에 기반한 것으로 동일시하였다. 정당성을 국가와 민족에서 찾은 개인들은 가족의 부흥과 개인의 부흥을 일치시키기 시작했고, 가정 내에서의 다수 가정 구성원들의 희생을 강조하면서 리더만이 이익을 독점하는 구조를 만들어 냈다.

국민으로 거듭나는 과정은 개인의 욕망을 국가의 운명으로 치환할 수 있는 개인들이 나서면서 가능해진 것이다. 대한민국의 시민들은 그래서 지금까지 국민으로서 국가와 맞대응하는 것이 아니라 국가의 영역 안에 포섭되어 일상을 살아가고 있다. 이런 상태에서 국민은 자신들의 이익을 위해서 움직일 수 없고 오히려 희생을 강요받았다. 그런데 역설적이게도 자신의 영역에서만 치열하게 살기를 강요받다 보니 이들의 삶의 방식은 철저하게 이기적으로 변화하였다. 실패와 성공의 책임도 개인에게 부과되었기에 개인은 치열하게 경쟁하고 살아남아야 했다. 집합적 국민은 파편화된 개인이며 공동체의 파괴로 사회적 비용을 높이는 개인들인 것이다(문상석, 2018).

한국인들이 일상에서 공적 기구에 참여하며 집단의 성공(국가와 민족 그리고 자신이 속한 기업 등)에 헌신한다고 주장하며 사적 이익을 추구하는 것을 정당화하며 일반화한 현상이 전용이다. 국가기구(공적 기구) 등을 사적인 이익을 위해서 활용하는 습속 일반적이었다. 비록 전용이 비난받아야 함에도 오히려 장려되었던 것은 전용의 자리에 오를 수 있는 개인의 역량(능력)으로 인정받아 정당화되기 때문이다. 그런 정당화의 기제는 근대화 과정에서 국가와 나를 동일시한 박정희의 통치 기술이 한국인에게 그대로 이식되어 하나의 사회적 힘으로 뿌리를 내리게 되었다. 자신의 이익을 위해서 움직이는 정치 지도자의 행위를 국가와 민족을 위한 것으로 치환하여 정당화하는 것을 일반 한국인이 학습하고 일상에서 자신을 위해 그 집단주의 이데올로기를 재생산하여 자신의 이익을 목적으로 활용했다. 그러나 일상에서 모든 피통치자가 집단을 전용하여 자신의 이익을 추구할 수 있었던 것은 아니었다. 권력자의 이익 추구는 국가와 민족을 위한 대의에 기반한 것이고 피통치자의 이익 추구는 개인 (혹은 집단) 이기주의라고 비난하고 탄압하는 사회구조 아래, 권력자의 지위에 오른 자만이 전용의 자유가 있었다. 그래서 그 자리에 오른 이들은 능력자고 그럴 권력 소유는 당연하였기에, 전용은 특권이자 개인의 능력으로 인정받았다. 자신과 집단을 동일시하고 타인은 배제하는 집단주의와 집단 내 권력 관계에 따라 다르게 과실을 전용할 권력을 누리는 불평등한 위계 관계에서 권력자 중심으로 휘둘리는 고도의 자의성과 임의성이 한국 사회를 지배한다.

한국의 근현대사 과정에서 박정희 시기가 중요한 이유는 자신의 행위를 정당화하고 다른 이들의 이익 추구 행위는 사적 이기심으로 비난하는 행위에 정당성을 제공함으로써 타인의 개인적인 결정에도 개입하는 등 사적 공간에 의한 공적 공간을 식민화시켰기 때문이다. 이웃의 이익 추구에 간섭하면서 자신의 이익 추구는 정당화하는 왜곡된 자기 효능감을 키워 온 것이 현대 한국인들이다. 반면에 개인들을 중재할 수 있는 시민사회의 존재는 나약하다. 박정희 잔재가 영향력을 행사하는 공간에는 개인들 사이를 중재할 수 있는 시민들에 의하여 주체적으로 운영되는 공적 기구가 없다. 개인들 사이를 중재할 수 있는 3자가 활동할 공간이 없어 국가가 만들어 낸 기준에 따라서 움직일 수밖에 없다. 국가기구나 정치 시스템에 대한 신뢰도는 낮으나 국가만이 유일한 경쟁의 승리를 인정할 수 있는 존재가 되어 버린 것이다. 국가가 만들어 낸 '증'만이 유일한 정의의 기준이고 법만이 유일하게 다른 사람들과의 갈등을 중재한다. 그러나 법과 국가의 '증'은 개인의 갈등을 중재하지 않고 한 사람의 승리만 일방적으로 선언한다. 한쪽은 반드시 패자가 되어야 하는 구조가 강화되는 것은 박정희 잔재 속에서 살아가는 한국인들 스스로 원해서 재생산하는 것이다. 국가는 그런 개인들을 만들어 놓고 국가의 권력을 증대하였고 소수만이 그 보상을 독점하는 구조를 만들어 냈다. 박정희 시기 등장했던 동원체제는 자기 효능감을 높이고 탈정치화된 활동을 통해 이기적 개인을 만들었다. 그 과정에서 탈정치화는 매우 중요한 요소였다.

박정희는 새마을운동을 통해서 농민들이 근대화된 생활에 익숙해지기를 원했다. 근면, 자조, 협동을 통해서 스스로 자신의 삶을 바꾸도록 만들고자 하였다. 농촌 개발과 인간개조를 목표로 하여 시작된 새마을운동을 지금도 가장 성공한 운동으로 믿도록 만들었다. 그 과정에서 농민은 자발적으로 공동체의 운동에 참여하여 국가의 사업을 자신의 사업으로 동일시하였고, 자신을 넘어 공동체의 이익을 위해서 움직여야 하는 국민으로서 거듭나게 되었다.

학도호국단은 "배우면서 지키자"라는 구호를 학교 내에서 실현하고자 만들어진, 학생회를 대체한 단체였다. 대한의 학생으로서 학생회 활동을 정치 운동이 아닌 공부를 하는 학생회, 학생을 위한 학생회에 초점을 맞춘 탈정치화된 일에 한정했다. 독재를 지지한 어용단체로서가 아닌 순수한 학생단체로서 학도호국단을 주장한다. 한편, 학도호국단의 등장으로 대학 내에서 대규모 시위는 줄었고 학생운동은 지하로 들어갔다. 학도호국단 조직에 참여했던 학생회 대표들은 정권을 잡고 있었던 박정희가 아닌 국가를 위해 헌신했다고 믿었고, 대한민국의 국민 의식을 형성하게 되었다.

결론적으로 박정희 잔재는 국가 의존적, 배타적 집단주의적, 자기이익 추구의, 파편화된 인간관계를 특징으로 하는 국민과 경쟁과 서열화된 연공서열 중심의 사회에 남아서, 타인을 지배하면서 자신의 이익을 추구하고 그것이 전체의 이익이라고 생각하고 타인의 사생활까지 간섭하는 한국인들의 의식 안에서 작동하는 사회구조라고 할 수 있다. 이 연구는 보호 없는 한국 사회의 특징 속에서 좀 더 적극적으로 사회변동에 대처해 온 한국인들의 일상에 국가 주도 발전 운동에 참여하며 국가가 제공했던 장밋빛 미래인 물질주의 가치 내재화 과정을 다루면서 박정희 체제가 구조화되는 과정을 다룰 예정이다.

제 2 부

박정희 동원 체제와 탈정치화된 국민의 탄생

제1장 민족주의 이데올로기와 탈정치화
1. 민족주의와 역사적 블록
2. 박정희의 역사 부정과 민족 만들기
3. 동원을 통한 국민 만들기와 근대적 인간 형성

제2장 새마을운동과 탈정치화된 농민의 성장
1. 시작: 인간개조와 역사적 우연성
2. 실적과 정체성의 변화 그리고 자발적 협조
3. 탈정치화된 농민의 성장과 역사적 블록 형성
4. 새마을운동과 탈정치화된 농민의 탄생

제3장 학도호국단과 대학의 탈정치화
1. 탈정치화된 학생조직의 등장: 학도호국단에 대한 시각
2. 학도호국단 재설치의 배경, 조직, 구조 그리고 변천사
3. 자기 정당화: 순응과 어용으로부터의 회피
4. 의도하지 않은 결과의 장

제1장

민족주의 이데올로기와 탈정치화

1. 민족주의와 역사적 블록

　민족주의는 국민국가와 함께 근대 시기에 등장하였다. 서구에서 민족주의는 산업 자본주의가 본격적으로 시작하여 노동자의 수가 많아지던 19세기부터 역사적 블록으로 활용되기 시작했다. 국민국가와 더불어 태동한 민족주의는 때마침 성장한 언론을 매개로 이데올로기로서 역사적 블록 형성에 유용하였다. 서구에서 전통은 다음 세대에 의해 완전하게 부정되지 않았고 새로운 시대의 목적에 부합하도록 변형되었다. 마찬가지로 한국에서도 민족주의는 전통적 요소에 근대를 결합하여 만들어졌다. 선글라스를 끼고 밀짚모자를 쓴 박정희의 모습에서 근대 만들어진 한국 민족주의 모습을 엿볼 수 있다. 박정희는 민족의 역사를 부정하면서도 정치적 목적을 위해 '민족'이란 용어를 활용하여 독재를 유지하려고 하였다.

　서구화를 의미했던 근대화에 박정희는 왜 민족과 역사를 포함하였을까? 서양의 양주를 막걸리 주전자에 부어 마시던 그는 전통을 추종한 현대식 통치자였다. 이때 전통은 우리가 알고 있는 한국 사회의 전통이 아니라 자신에게 도움이 되는 도구적 의미를 포함하는 전통이었다. 식민지 조선에서 일본군에서 장교로 성공했던 박정희는 한국 사회의 문제들을 부패와 무능으로 점철된 역사 속 '정치'와 한국인들의 노예근성 탓으로 돌렸다. 박정희는 정치개혁의 정당성과 한국인들의 인간성 개조를 통해 자신을 위한 효율적 정치구조를 만들고 독재 체제를 유지하려 했다.

　근대화 추진과 경제성장은 쿠데타로 집권한 박정희의 취약한 정당성을 보완해 줄 수 있는 중요한 과제였다. 경제성장의 가시적 성과물을 보여주어야만 했던 박정희와 집권 세력은 집권 초기 추진했던 경제개혁 정책들이 실패하자 그 이전 이승만 정권에 연계되어 부패 혐의로 체포되어 처벌을 기다리던 부패 자본가들을 풀어 주고 그들과 연합하여 부패 자본가의 자본을 동원하여 경제성장을 시도하였다. 이 시점에서는 국가와 자본 연합세력의 이해관계와 충돌할 가능성이 있었던 노동자와 농민들은 의사결정 과정에서 구조적으로 배제되어야 했다. 박정희에게 다수가 정치에 참여하는 것은 국가사업 목적 달성을 지연시키는, 소모적이고 비효율적인 것으로 여겨졌다(박정희, 1971).31) 지배 연합 체제에 부합하는 자본가와 지식인들이 포섭되고 다수였던 농민과 노동자들은 통제의 대상으로 전락하였다.

　박정희는 한국 역사 속에 등장하는 당쟁과 분열을 이용하여 제2공화국 장면 정부의 무능과 사회 혼란을 비난하였다. 자신의 독재를 굳건히 구축하고자 민주주의를 대체하는 이념으로 자신이 정의한 한국 민족주의를 전면에 내세웠다. 박정희가 내세운 민족주의는 한민족 중심의 문화·역사 공동체이며, 대한민국의 구성원으로서 한민족만을 포함하였다. 이러한 배제의 민족주의를 발전시킴으로써 박정희는 정치구조 개혁과 인간성 개조라는 방식을 통해 독재의 영구화라는 정치적 목적을 달성하려고 시도했다. 박정희는 독재정치를 구축하려 시도하는 과정에서 식민지 시기 조선인들의 사회 통합에 이바지했던 한민족 중심의 민족주의 이념을 국가 중심주의적인 민족주의로 변형하여 독재

---

31) 『한국민주주의』는 출판사, 연도, 저자 미상이나, 이 책을 유일하게 소장하고 있는 국립중앙도서관은 저자가 박정희이며 1971년도 저작이라고 추정하고 있다.

의 도구로 사용하였다.

1) 민족주의와 대중 탈정치화

 구한말 이후 위기에 빠진 나라를 구하기 위해 새로운 인간을 만드는 것은 조선의 지식인들에게는 사명이었다. 대한제국의 근대국가 만들기 시도가 실패하고 식민지로 전락한 이후 한국 민족주의는 국가와 분리된 채로 시작하고 발전하기 시작했다. 국가 없는 민족은 이념형으로 존재할 수밖에 없었기에 해방 이후 하나의 민족에 두 개의 국가가 수립되면서 통일을 통해 단일민족국가를 형성하는 것이 한민족의 지상과제가 되었다(Grinker, 1998: 20).

 민족과 국가를 동일시하며 근대에 시작한 민족주의는 특정한 목적을 위해 역사적 소재를 활용하여 국가에 의해 인위적 노력이 더해져 '만들어지고', 때로는 '변형되는' 속성에 따라 시기, 지역, 역사마다 다르게 발전했다.

① 만들어진 민족주의

 민족은 정의의 주체가 누구인가와 공간과 시간 등에 따라 다양하게 정의 내려진다. 개인들의 자의적 정의까지 포함하면 전 세계에서 민족이란 단어만큼 다양하게 받아들여지는 용어는 없을 것이다. 미국의 사회학자인 찰스 틸리는 민족을 "언어, 인종(ethnie),[32] 종교, 상징, 역사적 정체성을 가진 공동체"로 정의했다(Tilly, 1992). 스미스는 "역사와 신화, 기억, 그리고 대중문화 및 경제 등을 공유하는 인구집단"을 민족으로 정의했다(Smith, 1986). 신용하는 "언어, 지역, 혈통, 문화, 정치, 경제, 역사의 공동체 등의 객관적 요소에, 민족의식이라고 하는 정체성과 심리적 동질감 등의 주관적 요소가 더해져 형성된 역사의

---

[32] 'ethnie'는 인종(race)과 다른 개념이지만 이 연구에서는 인종으로 옮기고, 역사와 문화를 공유하는 근대 이전의 인종 집단으로 정의하고자 한다.

인간 공동체"라고 민족을 정의했다(신용하, 1984: 18).

　민족주의는 형성 기원에 관한 관점에 따라 본원론적 시각과 구성론적 시각으로 나뉜다(김동노, 2010: 206). 구성론 시각이 민족주의는 '근대의 산물'이라고 바라보는 데 반해, 본원론 시각은 "인종은 내셔널리즘의 원형으로 존재하며 근대에 새롭게 재구조화된 것"으로 인식한다. 스코틀랜드 민족주의 주요한 상징물인 백파이프와 킬트 스커트(kilt skirt)는 몇 명의 스코틀랜드 민족주의자에 의해 17세기부터 인위적으로 만들어져 널리 알려진 스코틀랜드의 상징이다. 창조된 산물로서 새로운 민족 형성에 이바지한 것으로 민족주의를 보는 시각은 구성론에 속한다(Trevor-Roper, 1983). 반면 흩어져 있던 신성로마제국 지역 거주민들을 근대 독일인으로 만들 수 있었던 것은 거주민들이 공유할 수 있는 고유한 역사와 언어 등 민족의 원형이 있었기에 가능했다고 보는 시각은 본원론에 속한다(Brubaker, 1992). 두 시각 모두 민족은 근대에 새롭게 만들어지거나 과거의 원형이 변형되어 새로운 형태를 띤다는 점에서 '만들어지는' 것이라는 점을 공유한다.

　베네딕트 앤더슨은 '만들어진 민족주의'가 시민에 침투하여 사회적 단위로서 시민들의 집합의식을 형성하는 보편화 과정으로 민족주의를 설명한다. 그는 자본주의 발달과 더불어 등장한 인쇄물 혁명 속에서 국가와 사회 단위에서 서로 알지 못했던 구성원들이 자신들의 제한된 시·공간 범위를 넘어서 특정한 공동체 이념으로 자신들의 정체성을 자각할 수 있도록 만들었다고 보았다(Anderson, 1991). 통차이 위니차쿨은 샴(Siam 태국) 사람들이 서양 제국주의자들에 의해서 그어진 국경선으로 인해 여러 부류로 나뉘어 그중 한 부류가 태국인이 되는 과정을 설명하였다(Winichakul, 1994). "민족주의는 사회적으로 구성되고, 어떤 특정한 모양으로 조각되고, 사람들의 마음속에 새겨지고, 체계적으로 기술되고, 특정한 사건 등과 연결되어 구체화 된다"라고 보았던 겔너는 민족주의가 민족을 만들고 시민 정체성 형성에 기능했다는 것을 지적한다(Gellner, 1983). 겔너의 연구는 현 프랑스 여러 지역에서 각자 민속을 공유했던 이들이 프랑스로 헤쳐모여 한나라의 역사 형성에 기여하는 민족주의 모습을 가장 잘 보여준다. 창조되는 민족주의와 국가 구성원 사이에서 그것이 공유되는 보편화 과정은 '구조화하는 구조'이자 '구조화된 구조'로서 상징체계를 형성하는 이데올로기 특성과 연결된다(Bourdieu, 2014: 187).

만들어지는 민족주의 특성은 국가나 지배집단에 의해 지배 이데올로기로서 상징구조를 형성하는 기능을 내재한다(Bourdieu, 2014: 190; 진덕규, 1983: 37). 그렇기에 동일한 원형을 공유해도 쉽게 변하는 가변성을 가진다. 만들어지는 민족주의의 가변성은 서로 다른 객관 조건들의 조합과 서로 다른 시공간에 따라 다르게 재창조되거나 시대의 상황에 부합하도록 변형되는 특성을 보여준다. 박정희 집권 초기 한민족의 역사가 박정희 쿠데타에 정당성을 부여하기 위하여 무능과 부패로 점철된 부정적 과거로 '호명'이 되었다면, 유신 이후에는 민족주의는 한국식 민주주의와 독재를 정당화하기 위하여 서구와 다른 우리만의 좋은 전통의 부활을 강조하는 특징만을 민족주의 모습으로 구성되었다. 박정희 정권 10여 년 만에 민족이 부정적인 것에서 긍정적인 것으로 변화되었다. 민족주의가 만들어지는 가장 큰 이유는 민족주의를 만들어 이익을 추구하는 지배집단들이 존재하고 민족주의의 대상인 대중이 받아들이며 민족주의를 토대로 지배 질서에 충성하고 있기 때문이다.

② **대중과 민족주의**
부르디외는 "이데올로기는 특수한 이해관계에 봉사하면서 그것을 보편적이고 집단 전체가 공유하는 이해관계인 것처럼 보이게 만든다"라고 하였다. 나아가 "이데올로기는 사회의 가상적 통합, 하위 계급의 자발적 동원을 해제하여 기성 질서에 정당성을 부여함으로 지배 질서의 현실적 통합에 기능한다."라고 주장한다(Bourdieu, 2014: 190). 박정희 시기 시민 배제와 독재정치 구조가 지속했던 것은 대중들의 박

정희 독재정권에 대한 암묵적(수동적) 및 적극적 지지가 있었기 때문이었다.33) 박정희는 개별 한국인들의 전통적 공동체를 해체하거나 새로이 등장한 노동자들이 계급적 요소를 토대로 집단화를 시도하는 것을 해체하려고 했다. 노동자로서 개인이 아니라 민족의 구성원으로서 개인들이 만들어진 것이다. 이 방법에 따르면 나, 가족, 그리고 내가 속한 집단(직장)과 민족이 연결되었다. 내가 잘살면 가족이 잘살고, 가족이 잘살면 직장이 잘살고, 직장이 잘살면 민족이 잘살 것이라는 논리적 귀결로 이어진다. 박정희 민족주의는 가족을 매개로 내 이익을 내가 속한 집단의 이익과 동일시하게 만드는 데 도구적으로 활용되었다(박영신, 1992).

국가의 의지를 시민사회에 침투시킬 수 있는 능력을 측정하는 국가의 하부구조 권력이 상대적으로 약할 때, 국가는 시민사회에 일정한 영역을 나누어 주고 그 경계 안에서 상대적으로 강한 자율성을 부여하여 약한 기능을 보완한다(Mann, 1988). 근대 국민국가 형성기 한국 사회에서 국가 억압력에 비해 하부구조 권력이 약했던 국가는 개인의 자율적 공간을 제공하고 그 안에서 개인이 선택할 수 있는 장치를 제공하였다. 자율적 공간의 경계는 철저히 개인적이어야 했으며 정치가 배제되어야만 가능했다. 배제된 정치구조 속에서 수적으로는 다수였던 노동자, 농민, 시민은 자신들을 조직화하여 정치세력화를 꿈꿀 수 없었다. 정치세력화는 국가의 탄압 대상이었기에 국가와의 관계 속에서 약자가 될 수밖에 없었다. 그러다 보니 당연히 강한 국가의 실행 주체인 관료들과 조금이라도 나은 사적 관계를 형성하는 것이 개인에게 이익이 되었다. 국가는 정치 단체가 아닌 사적 단체들을 구성해서 자신들의 전문성을 강화하고 집단 활동을 통해 국민으로서의 정체성을 확보하는 그런 '훌륭하고 충성스러운' 국민에게 사적이며 자율적

---

33) 대중독재 연구에서 시작된 아래의 시각은 일상생활에서 개인이 경험하는 근대화, 공공영역의 사유화, 국가의 생활세계 침투 등 다양한 분야 연구로 확대되었다(공제욱, 2008).

공간과 그 속에서의 권력을 제공함으로써 보상하였다. 사적 공간에서의 일탈은 국가가 강제하지 않았기 때문에 완장이 활개를 치는 공간이 되었다. 한국은 하부구조 권력의 시각으로 볼 때 약한 국가이며, 전제력으로 인해 국가에 두려움이 있던 약한 시민은 자신들의 공간에서 최대한 막강한 권력을 행사하고자 했고 국가의 영역으로 침범하지 않는 독재정권이 운영하던 국가는 일상에서의 권력 행사를 용인하여 완장이 활개치는 사회를 만들었다. 약한 국가와 약한 시민의 조합이 만든 환상적인 조합의 결과였다.

　박정희에 의해서 만들어진 민족주의는 한국인 개인들의 정치참여를 배제하고 개인들이 공공영역에서 맺는 사회적 관계인 계급을 해체하여 민족과 개인 사이의 직접적 관계 설정을 이론적으로 규정하였다. 국가와 맺는 관계가 개인들의 "잘살아 보세"라는 구호로 표현되는 사적 욕망 추구를 자극하고 국가와 민족의 이름으로 정당화하였다(고원, 2006: 189; 박영신, 1992). 개인들의 사적 영역에서 진행된 민족주의 작동은 국가가 민족의 이름으로 진행한 대규모 동원 운동에서 드러났다. 한국인들은 자신들이 참여한 대규모 동원 운동에서 초기 가시적인 성공을 경험하였다. 민족의 이름으로 국가가 주도한 운동에 참여한 이들은 능동적으로 자아와 국가와 민족을 동일시했으며 대한민국 국민이자 새로운 한민족의 구성원으로 자아를 형성해 갔다.

　국가가 추진한 대규모 발전 계획에 참여하는 과정에서 개별 한국인들은 일상을 공유하는 다른 참여자들과 민족 근대화라는 민족주의 언어체계에 의해서 '상호주관성'을 깨달았다. 상호주관성은 개별 한국인을 민족 구성원으로서 사회화시켰다(Berger & Luckmann, 2013: 40). 과거 가난은 나라님도 구제하지 못한다는 나태한 사고방식이 이웃들과의 상호주관성에 의해서 형성되었다면, 근대화 사업에 동원되어 참여한 한국인들은 자신들의 이익과 국가와 민족의 이익을 동일시할 수 있게 되었다. 국가가 이데올로기 국가장치를 동원해 전면에 민족 건설을 내세우며 근대화와 산업화를 부르짖을 때, 일상에서 개별 한국인들은 끊임없이 이웃들과 국가 발전과 민족중흥을 생각하게 되고 국가에 의해 만들어지고 제시된 언어를 통해서 사회화되었다. 대한민국의 지상목표인 한민족을 보호할 의무가 있는 국가 구성원으로서 사회화된 개별 한국인들의 단순한 합이 한국 사회에서 대중을 형성했으나, 그들은 정치적 의사결정 구조에서 배제되었다. 이것은 한국 사회에서 일어난 개인 탈정치화와 국민 형성을 의미했다.

탈정치화는, 개인, 시민사회, 국가의 관계 속에서 이해되어야 한다. 탈정치화는 개인을 집합적인 계급에서 소외시킴으로써 비슷한 사회경제적 지위에 터 해 집합행동에 참여하는 것을 차단하여, 시민사회 속에서 개인들이 정치적 시민으로 성장하여 민주주의가 발전하는 것을 억제하는 것이 포함되어 있다. 탈정치화는 개인이 정치적 인간으로서 타인과 상호작용하고 결사를 형성하며 그것을 토대로 시민의 권리를 유지하는 것을 불가능하게 만든다. 탈정치화는 다수의 시민을 자원을 배분하는 정치적 의사결정에서 배제하고 사회적 자원은 소수의 특권층에 집중되도록 만든다. 종교, 교육, 미디어 등 국가의 이데올로기 장치들이 탈정치화를 이념적으로 시도하고 국가가 만든 제도는 국민을 정치적 선택 과정에서 배제하는 구조를 만들어 시민을 탈정치화된 국민으로 사회화시킨다. 탈정치화 구조가 만들어지면 국가와 시장의 이데올로기가 스스로 움직여 탈정치 구조를 계속 재생산한다.

산업화 기간에 국가 중심 민족주의 이데올로기를 만들어 낸 박정희와 그의 이데올로그들이 궁극적으로 목표한 것은 새롭게 등장한 노동자 계급을 해체하고 시민을 민족의 구성원인 국민으로 대체하려는 것이었다. 박정희가 시작한 민족 만들기의 내용은 자신이 일본인들에게 배운 과거 한민족을 부정하는 것이었으며 독립한 대한민국에 부합하는 새로운 민족을 건설하는 것이 자신이 하늘로부터 받은 신성한 임무이고 그것을 위해 대통령을 영원토록 한다는 내용에 관한 것이었다.

2. 박정희의 역사 부정과 민족 만들기

박정희는 군사쿠데타로 집권한 정권의 정당성 확보를 위해 장면 정부의 부패와 무능을 조선의 정치와 동일시하며 부정적으로 그리려고 노력했다.

박정희는 쿠데타 직후 저술한 『국가와 혁명과 나』에서 한국의 역사를 오욕, 치욕, 가난이 가득한 역사라고 비난했다.[34]

> 이상과 같이 우리 민족사를 고찰하여 보면 참으로 한심할 수밖에 없다. 물론 어느 한 시대에는 세종대왕, 이충무공 같은 만고의 성군, 성웅도 계시지만 전체적으로 돌이켜 보면 다만 아연하고 막막할 따름이다. 우리가 진정 일대 민족의 중흥을 기하려면 우선 어떠한 일이 있더라도 이 역사는 전체적으로 개신(改新)되지 않으면 안 된다. 이 모든 악의 창고 같은 우리의 역사는 차라리 불살라 버려야 옳은 것이다. 우리는 막연한 미련이나 허술한 역사의 연륜만을 자랑할 수는 없다. 대담한 새 출발이 있지 않으면 우리의 발전은 끝내 저해되고 말 것이기 때문이다(박정희, 2005a[1963]: 388~389).[35]

박정희는 『우리 민족의 나갈 길』(1962)에서 민족애가 없고 민족적 위기의식도 없고, 특권·특수 의식에 매몰되어 있어 파벌·파당으로 싸움질에만 능숙한 한국의 역사를 비판했다.

---

34) 박정희는 "국가와 혁명과 나" 출간 1년 전에 저술한 『우리 민족의 나아갈 길』(1962) 2장 "우리 민족의 과거를 반성한다."에서 한국의 역사를 처음부터 끝까지 비판했다.
35) 박정희의 "국가와 혁명과 나"는 1963년 발표되었으나 2005년에 다른 글과 함께 『하면 된다! 떨쳐 일어나자』의 뒷부분에 수록되어 있어 2005년 글 쪽수를 사용했고 발표연도는 1963년으로 사용하였다. 이 경우에 연도는 2005a와 대괄호[원년도] 방식으로 표기하였다.

크게 나누어 민족 단결을 가로막고 방해하는 원인으로 다음의 세 가지를 들 수가 있다. 첫째는 경제적 계급 이익에 맞서는 것이요, 둘째가 권력과 사리사욕에 사로잡힌 엉터리 정당의 조작적 분열 작용이요, 끝으로 가벌·문벌·지방벌·학벌 등 이치를 떠난 노릇과 어리석고 깨이지 못한 파벌 의식이다. (…). 파벌 의식과 당파 싸움이야말로 우리나라 역사상에 가장 어지럽고 추악한 국가 민족의 불행과 비극을 자아냈을 뿐만 아니라 끝끝내 나라를 망쳐 버리고 민족을 잃어버리기까지 몸서리치는 결과를 가져왔던 조선 5백 년의 너무나 생생한 기록과 경험으로 미루어 보더라도 우리는 단호히 용서할 수 없는 것이다(박정희 2005c [1962]: 59~60).

박정희가 인식한 나쁜 정치는 백성과 국가를 타락시켰고, 임진왜란의 영웅 이순신 장군을 역적으로 처벌했다. 정치 엘리트들의 분열, 부패, 수탈은 조선 농민들의 노동 의지를 꺾었으며 노동생산성 하락과 사회 퇴화의 원인이 되었다. 조선 시대 구조화된 사농공상의 신분 질서는 수동적인 백성의 노예근성의 주된 원인이었다. 박정희는 "이 구조는 윗사람과 아랫사람, 주인과 종의 윤리 관계를 강조하여 백성이 맹목적으로 그것을 따르게 함으로써 건실한 자유의 사상이 자라날 수 있는 겨를을 주지 않았다"라고 주장했다.

다시 말하면 관의 권력을 밑받침으로 한 특권 경제 의식이 뿌리 박혀서 경제와 정치가 분리되지 못함으로써 정치를 하는 사람은 정권의 잉여가치를 누리려고 들고 경제인은 스스로의 힘으로 민간 활동을 하지 않고 관의 권력과 결탁하려는 나쁜 버릇이 생겼다(박정희, 2005a[1962]: 56).

박정희는 산업화를 추진하기 위해서 경제와 정치의 분리와 새로운 근대적 인간 형성을 시도하였다. 근대 자본주의 발전에서 전근대적 제도의 혁파와 자유로운 노동자의 출현은 산업화와 근대화에 필수 요소였다. 사회적 분업으로 정치, 경제 계급이 분화되어야 하는 것은 경제 지배집단에 의한 정치 영역으로의 영향력 확대를 경계함과 동시에 새롭게 등장하고 있었던 노동자 계급의 도전과 저항에 대처해야 하는 박정희의 정치적 이해와 일치했다. 박정희는 한국인들을 정치 영역에서 소외시킴과 동시에 역사에서 영웅적인 지도자를 찾아내고 참 근대 지도자의 모습을 만들어 자신과 동일시하도록 만들었다.

한국의 역사에서 개인의 힘과 노력으로 역사 속 구조적 문제를 극복할 수 있었던 이들은 대체로 카리스마를 지닌 군사적 지도자들이었다. 무장들은 분열되고 나약했던 정치 지도자들과 달리 자신들만의 뚝심을 관철할 수 있는 존재로서, 실패할지도 모른다는 부정적인 여론을 극복하고 놀라운 인내력과 뛰어난 지도력 그리고 전술로 전쟁을 승리로 이끌었다(박노자, 2005b: 168). 박정희는 역사 속 나쁜 정치가 만들어 낸 사회문제 등은 국가와 국민을 위해 희생하고 헌신한 영웅 이순신 장군 같은 지도자에 의해서 극복되었다고 주장했다. 그의 글은 당시의 침체된 경제, 무능하고 부패한 정치, 게으르고 나태한 한국인들을 변화시킬 수 있는, 그래서 새 역사를 창조할 수 있는 무장 출신 지도자의 필요성으로 이어졌다.

박정희는 과감히 현실 문제를 해결하고 목표를 실현할 수 있는 유능한 지도자로 자신을 정립했다. 과거의 영웅 모습을 그리면서 새로운 역사 창조에 필요한 영웅 만들기가 필요했던 박정희는 강력한 국가에 헌신하는 지도자가 민족을 구할 영웅이 되는 것으로 독재의 정당성을 획득하고자 하였다.

역사 만들기 속 영웅은 혼자 힘으로 성장할 수 있는 능력 있는 모습에 더해서 정치 영역에서 벗어난 모습으로 그려졌다. 영웅은 정치 지도자가 아닌 희생하는 국가 지도자로 설정되었다. 박정희는 "국가 지도자와 정치 지도자 사이의 큰 차이는, 정치 지도자는 특정한 집단의 이익을 위해 일하지만, 국가 지도자는 국민 일반의 이익을 위해 일하는 지도자다"라고 주장했다. 박정희는 쿠데타 직후 저술한 『지도자의 길』에서 과거와 현재의 지도자 모습을 다음과 같이 그린다.

무릇 인간의 요구와 욕망은 한이 없는 것이며, 또한 아무리 뛰어난 지도자라 할지라도 그 역시 신이 아닌 인간인 이상 그의 능력에도 한계가 있는 까닭에 국민 하나하나의 요구를 빠짐없이 채워준다는 것은 도저히 불가능합니다. 그러므로 국민의 일반적이고 보편적이며 공통된 요구, 즉 냉정히 비판해서 그것이 모든 국민의 전체적 행복의 중심이 될 수 있는 그러한 요구를 될 수 있는 한 충분히 이루어 줄 수 있는 인간적인 지도자야말로 그 시대에 순응하는 지도자라 하겠습니다(박정희, 2005c[1961]: 18).

박정희는 국가나 정치 지도자가 노동자나 농민 같은 특정한 계급적 이해를 대변하는 것이 아니라 추상화된 집합적 국민 전체의 행복만 제공해 주어야 한다고 주장했다. 지도자가 노동자나 농민 혹은 약자인 국민의 요구를 들어주지 않는 것은 그가 무능하거나 나쁜 지도자라서가 아니라 노동자와 농민은 전체 국민의 특정한 집단이며 전체가 아니기 때문이었다.

과거의 지도자란 과거 신분에 의해서 지도자가 된 사람을 말하는 것이며 이런 사람은 국민의 요구를 들어줄 수 없는 까닭에 참된 지도자가 아니라고 주장한다. 박정희는 당시 윤보선과 같은 명망가 대중 정치인들에 비해서 보잘것없는 배경을 가지고 있었다. 그래서 성취 지위에 의하여 지도자가 된 사람을 참된 지도자로 그리려 했다. 신분에 의해서가 아니라 고난과 역경을 이겨 낸 어려움을 경험한 자로서 자신이 참된 지도자로서 자질을 갖추고 있다고 주장한 것이다.36) 박정희는 과거의 지도자에 대해서 다음과 같이 언급한다.

---

36) 박정희는 『지도자의 길』에서 지도자의 10가지 자격에 대해 몇 가지를 주장한다. 동지의식, 판단과 해결의 능력, 미리 아는 능력, 원칙에 충실한 양심적인 인물, 용단, 민주주의에 대한 신념, 목표에 대한 신념, 지도자 간의 단결, 성의와 정열, 신뢰감 등이다. 박정희는 이런 덕목을 갖춘 지도자의 지도를 받고, 민족갱생을 통해 한국인들을 새로운 시대에 알맞은 신인류로 만들어야 한다고 주장했다(박정희, 1961).

과거의 유명무실한 지도자들은 다만 선천적인 조건 때문에 지도자라는 지위를 더럽히고 있었으므로, 어떻게 해야만 국가 민족을 행복하게 해 줄 수 있겠느냐라는 올바른 지도자의 길을 스스로 연구 검토해보지도 않았고, 참된 지도자로서의 힘을 길러 보려는 노력도 하지 않았으며, 국민이 무엇을 원하는가를 올바르게 알아보려는 너그러움도 없이, 다만 제멋대로 전제적인 정치를 함으로써 국민을 강압적으로 이끌어 나갔을 뿐이었습니다. (…). 이 세기적인 군사혁명으로 상기한 바, 올바른 지도자의 길이 확립되었고, 사보다는 공을 위하여 헌신하는 참된 이 나라 이 땅의 지도자들이 그 확립된 지도자의 길을 우렁차게 실천하고 있는 바로 이때입니다. 이리하여 과거 조선 중엽 이래 최근 자유 민주 양당의 악정에 이르기까지 너무 오랫동안 민주적 복지를 누리지 못해 온 우리 동족도 이제야 아름다운 빛 속에서 인간다운 행복을 누릴 수 있는 굳건한 정치적 기초를 자랑하게 된 것입니다(박정희, 2005c[1961]: 20).

박정희는 희생하는 지도자의 모습으로 자신을 그리는 것을 잊지 않았다. 그는 유신 직전 1972년 10월 17일 비상계엄을 발표하였다. 작금의 정치 혼란의 책임을 정치가들의 집합소인 의회에 돌리고, 자신은 국가 지도자로서 이런 의회를 감당할 수 없으므로 박정희의 명령에 따르는 새로운 의회를 만들어야 함을 역설한다.

친애하는 국민 여러분!
나는 이번 비상조치의 불가피성을 다시금 강조하면서 오늘의 성급한 시비나 비방보다는 오히려 민족의 유구한 장래를 염두에 두고 내일의 냉엄한 비판을 바라는 바입니다. 나 개인은 조국 통일과 민족중흥의 제단 위에 이미 모든 것을 바쳤습니다. (…). 통일 조국의 영광 속에서 민주와 번영의 꽃을 영원토록 가꾸어 나아가십시다(박정희, 1972. 10-17)[37].

박정희는 무능한 의회의 정치 지도자들의 무능으로 국가 발전에 장

---

37) 박정희 연설문은 『한국 국민에게 고함』, 298쪽에 수록되어 있다.

애가 일어나 위기 상황에 대처하지 못한다고 비난하며 유신독재를 정당화하였다. 그는 정치 지도자는 국회의원과 같은 의회 지도자를 의미했고 무능과 분열의 상징을 지닌 국회의원은 카리스마적인 지도자를 필요로 하는 민족중흥을 위한 대한민국에는 적합하지 않다고 비난했다. 그러나 지난 10년 이상을 통치한 사람은 의회 지도자들이 아니라 박정희였다. 그런데도 의회 지도자들을 비난하고 자신만의 독재를 구축하기 위해서 자기 부정에 가까운 비난을 정치가들에게 가했다. 그리고 훌륭한 지도자는 국민에게 민족중흥과 같은 비전을 제시해야 했다. 그런데 대한민국에서 가장 권력이 있었던 지도자는 박정희였다. 그렇기에 그의 정치에 대한 비난은 자기 부정이었으며 자신의 권력을 유지하기 위해 국가를 사유화하기 위한 수사에 지나지 않은 것이었다. 그의 많은 연설에서 민족은 궁극적 목표이면서 지향점인 것처럼 보였으나 사실은 국가를 강화하기 위한 수단에 지나지 않았다. 궁극적 존재로서 민족은 국가에 연계될 때만 그 의미를 지닌다. 박정희는 연두 기자회견에서 민족과 국가의 관련성을 다음과 같이 주장한다.

> 민족과 국가라는 것은 이것은 영생하는 것입니다. 특히 하나의 민족이라는 것은 영원한 생명체입니다. 따라서 민족의 안태와 번영을 위해서는 그 민족의 후견인으로서 국가가 반드시 있어야 하겠습니다. 국가는 민족의 후견인입니다. 국가 없는 민족의 번영과 발전이라는 것은 있을 수 없는 것입니다. 일제시대에 우리가 나라 없는 민족이 되어서 얼마나 서러움을 받았습니까?(박정희 연두 기자회견, 1973. 1. 12)[38]

국가는 민족의 후견인이다. 민족이 강해지기 위해서는 국가가 강해져야 한다. 국가 없는 민족은 서러움을 느끼고 핍박받는다. 민족 이념은 국가의 시민 통합을 위해서 존재해야 했으며 민족중흥을 위한 국가 프로젝트에 동원되어야 할 국민을 만들 수 있는 도구였다(김동노,

---

[38] 황병주(2000), 160쪽 재인용.

2010: 333).39)

박정희에게 국가는 형식적으로는 서구의 국민국가를 넘어선 한 사회 내에서 그 어떤 존재보다 우위에 있는 헤겔의 프로이센 독일 제국과 같은 절대자로 여겨졌다. 이 인식 아래서 절대자인 국가의 지도자였던 박정희 권력이 절대적일 수 있었다. 국가는 민족 내부의 문제를 비롯한 사회의 문제들을 수정하고 보완하며 불완전하고 나약한 민족을 보호한다. 박정희의 국가관은 시민사회의 불완전성을 극복하여 역사 발전을 완성하는 주체로서 국가를 그렸다. 절대자인 국가를 이끄는 국가 지도자는 정치를 초월한 존재로 그려진다. 훌륭한 지도자란 야당의 정치적인 압력에 타협하지도 굴복하지도 않는 지도자여야 했다. 박정희는 이상적인 지도자상을 기존 질서를 완전히 초월하는 권력을 가진 존재에서 찾았다.

박정희는 개혁을 위해 참다운 지도자가 필요하고, 해당 지도자 통치 아래에는 자신의 역경을 극복하고자 애쓰는 위대한 국민이 있어야 한다고 주장했다. 인간개조는 이러한 맥락에서 시작되었다. 박정희는 『지도자의 길』에서 국민이 책임감 있고 정의로운 사람이 되어야 한다고 주장하였다. 자유민주주의를 근본으로 하지만 자유라는 미명으로 방종, 혼란, 무질서, 파괴 등을 답습하지 말아야 하며, 을지문덕, 김유신, 이순신 장군과 같은 영웅의 뒤를 따라야 한다는 것이다(박정희, 2005c[]1961: 27). 책임감과 능력으로 무장한 개인들이 위대한 지도자 아래 뭉칠 때 신 민족을 형성할 수 있다.

---

39) 민족의 요소들은 박정희에게 취사・선택되어 가장 영광스러운 존재로 남고 선택받지 못한 민족의 역사는 후에 독재에 대항하는 대응 민족주의 속에서 살아남는데, 학생운동들이 되살린 민중의 개념과 전통의 삶이 박정희가 되살린 박제된 민속촌과 전혀 다른 의미를 지니게 되는 것으로 등장했다(Lee, 2007: 189-192). 박정희식의 민족주의에 저항한 대응영역(counter public sphere)에서 민족의 요소를 살리면서 민중론이 등장하기도 했다.

3. 동원을 통한 국민 만들기와 근대적 인간 형성

박정희는 집권 과정과 독재를 정당화하기 위해 정치와 한국인의 정신을 비난했다. 박정희는 쿠데타 직후부터 한국 사회의 저발전과 퇴보의 원인을 한국인의 전근대적인 인간성에서 찾았다. 박정희는 가난의 책임을 개인들에게 전가하며 정치 지도자로서 경제정책 실패의 책임을 회피하려 하였다. 이에 따라서 박정희는 산업화와 경제발전뿐만 아니라 인간개조를 근대화에 포함하였다. 인간개조는 정신의 근대화 혹은 제2의 근대화라는 이름으로 추진되었는데, 조선이 식민지로 전락한 원인 중의 하나를 인간성의 퇴보에서 찾았던 식민지 시기 개량주의 개조론40)과 맥을 같이하는 것이었다.

1) 민족중흥을 위한 인간개조

박정희가 추구한 탈정치화된 경제적 '인간 만들기'를 위한 개조는 군사쿠데타가 일어난 1961년에 시작된다. 함석헌은 『사상계』 1961년 7월호에서 소위 '혁명정부'의 인간개조라는 말에 대해서 다음과 같이 비판했다.

> 이번 혁명으로 새로 나온 말은 "인간을 개조해야 한다." 하는 말이다. 4·19 때만 해도 "정신적인 운동으로까지 들어가야 한다." 하는 정도였으나 이번은 좀 더 분명해졌다. 이것은 나와야 할 것이 나온 것이다. 옳은 말이다. 인간이 달라져야 한다. 제도만 고쳐서 되는 것 아니요, 사람,

---

40) 『민족개조론』에서 이광수는 '개조'가 유행하는 1920년대에 조선 민족이 역사 발전 단계에서 쇠퇴할 것인가 아니면 새롭게 재탄생되어 발전할 것인가 하는 갈림길에 서 있으며, 개조를 통한 번영을 추구하도록 요구하였다. 이광수의 입장은 조선인이 변동의 주축이 되어야 한다는 것을 강조했는데 구조적 배경보다 개인적인 차원으로 한정한 점에서 개량주의적인 것으로 인정된다.

바로 그것이 달라져야 할 것은 물론이다. 그러나 여기서도 분명히 알 것은 인간개조는 강제로는 아니 된다. 사람이 다 성인이 아닌 이상, 민중이란 더구나 무지하고 타락된 것인 이상 어느 정도의 강제가 필요한 것은 사실이다. 정치는 결국 강제 없이는 아니 될 것이다. 그러나 그것으로 인간성이 달라지는 줄 알아서는 아니 된다.

'인간개조'에 대한 함석헌의 부분 동의는 신한국인을 만드는 개조 작업이 구한말 이후 한국 지식인들의 지속적 염원이었다는 점을 보여준다(최연식, 2007; 황병주, 2000; 박노자, 2005a). 박정희의 인간개조 목적은 농민과 노동자와 같은 피지배 한국인들을 정치에서 멀어지게 만들면서 동시에 근대화 작업에 필요한 인간형을 만드는 데 있었다. 박정희는 "근로를 무엇보다도 소중히 여기고 이 나라의 재건을 위해서 국민 한 사람 한 사람이 다 같이 국가에 이바지할 수 있는 인간으로 그리고 착한 마음과 양심 있는 국민으로 하루빨리 거듭나고 바뀌어야 한다(박정희, 2005c[1962]: 55)"라고 주장하면서 국가에 공헌하는 개인을 근대 인간의 기준으로 삼았다.

박정희에게 '국가에 이바지하는 개인'은 국가의 명령에 따라 일사불란하게 움직이는 집합적 국민이었다. 박정희가 중요시하게 했던 '기여'는 개인 상호 간에 발생하는 '교환'에도 중요한 역할을 한다. 한 개인이 상대방과 교환할 때, 그에게는 그가 기대하는 무엇인가를 충족해주어야만 한다는 전제가 있다. 상대방도 같은 원리로 교환에 참여한다. 이들은 마치 결사를 구성하는 사람들처럼 교환관계를 구성하고 교환에 참여하지 않은 이들은 같은 결사의 구성원으로 인정하지 않으려고 한다. 마치 같은 한국인들이라고 하더라도 경제성장에 이바지하지 않은 한국인들을 다른 나라 사람처럼 대우하며 차별하는 한국인들이 내세우는 논리와 마찬가지다.

민족자본을 마련해야 되겠다. 그렇다고 이것은 하루아침, 하루 저녁에 만들어지는 것이 아니니, 우리는 먼저 어떠한 대안을 세우고 가장 빠르고 확실히 이룰 방법을 마련한 다음 그대로 실행에 옮겨야 할 것이다. 이것이 바로 외원(外援) 즉, 외국에서 도움을 얻는 것과 외국 자본을 끌어들이는 일이다. 우리가 크게 뉘우치고 깨닫고 자유민주주의를 실현하기 위해서 민족적 단결을 드러내 보여주고 우리의 모든 힘을 재건에 쏟는다면, 우리와 우호 관계에 있는 여러 나라가 우리를 적극적으로 도와줄 것이다. 이때 우리는 우리 사회가 발전하는 데 적합하도록 자주성을 살리면서 외국의 원조와 외국 자본을 더욱 유리한 조건으로 받아들일 수 있을 것이다(박정희, 1962: 54).

가시적 경제성장은 쿠데타로 정권을 잡은 박정희가 정당성을 확보할 수 있는 주요한 통로였다. 외자 도입은 당시 자본 축적이 없었던 국내경제에 필요한 자원이었다. 안정적인 시장의 운영은 외자 도입과 외국인들의 투자에 영향을 미쳤다. 노동운동은 자발적이며 동시에 억압적 방식으로 통제되어야 했다. 박정희는 경제성장에 국민 동원의 필요성을 인식하고 있었다. 국민 동원은 노동 통제가 전제되어야 했다. 박정희는 경제성장을 위해 국민을 동원했고, 성장을 통해 정당성을 확보하여 정권 안보를 이루려고 했다(김준, 1999; 2006).

박정희는 동원의 기구로 이용하기 위해 관변단체를 만들었다. 1961년 6월 시작된 재건국민운동은 박정희가 시도한 비정치적 동원의 첫 작품이었다. 재건국민운동은 인간개조를 지향한 생활 변화 운동이자 농촌 변화 운동이었기에 그가 주장한 것처럼 비정치적인 동원이었다.41) 재건국민운동이 실패한 이후 비정치적 동원은 사회변화와 서로

---

41) 군사정권은 1961년 6월 11일 「재건국민운동에 관한 법률」을 제정하고 국가재건최고회의 직속 기관으로 재건국민운동 본부를 설치하였다. 이후 6월 30일 자로 재건국민운동 시·군·구·읍·면 촉진회 회칙과 리·동 촉진회 회칙이 제정, 시달되어 지구 조직 활동이 시작되었다. 목적은 용공사상의 배격, 내핍 생활의 여행(勵行), 근면정신의 고취, 생산 및 건설 의식의 증진, 국민도의 앙양, 정서 관념의 순화, 그리고 국민 체위 향상 등 7개 항을 내걸고 이에 기초한 여러 가지 사업을 추진한다는 것이었다(<사상계> 1962년 1월

다른 정치적 목적에 따라서 새마을운동, 학도호국단, 한국노총, 여성단체 등 다양한 사회 영역으로 확대되었다. 박정희는 늘 국민이 자각해서 위로부터의 명령 없이도 적극적으로 참여할 방안을 모색하려고 했는데 새마을운동가꾸기운동을 주창할 무렵 그가 알게 되었던 청도 한 마을의 한해 극복, 하사용 사례 등에서 적극적인 참여를 통해 결과를 바꾼 사람들과 마을을 알게 되었고 자극이 되는 것을 찾고자 했다.

박정희가 추구했던 민족중흥이라는 목적은 수사적이었다. 동원에 필요한 인간으로 만드는 것이 인간 정신 개조의 목적이었다. 박정희가 한국인들에게 제시한 인간개조의 목표는 사적 영역 안에서 자신의 능력을 계발하고 확장하여 개인의 이익을 추구하는 것이었다. 의존적이지 않고 경쟁력 있는 개인이 국가가 정해 준 영역 안에서 자신들의 이익을 추구하는 것, 그리고 그들의 이익의 합이 민족의 이익이라는 것, 민족의 이익은 민족중흥과 연결된다는 것을 제시함으로써 민족을 통해서 개인과 국가가 직접 연결되었다.

> 교수는 좋은 이론을 제공하고, 정치가는 적절한 시책과 국민을 계도하며, 학자는 민족 재생의 철학을 창조하고, 문화예술인은 건설의 의욕을 고조시키고, 모든 상공인은 각기 산업에 매진할 것이며, 농민·노동자는 땀을 흘리고, 학생은 검소한 기풍으로 일신하고, 군은 천금의 중량으로 늠름하고, 모든 공무원은 진실한 봉사자가 되어야만 우리도 '한강의 기적'을 이룩할 수가 있는 것이다(박정희, 2005c[1962]: 54).

박정희가 지배하는 국가가 제시하는 개인의 영역은 자신들의 직업적 경계 안에만 존재해야 했다. 국민은 사회분업을 통해 그들만의 영역 안에서 자신들의 특화된 경쟁력을 갖춰야만 했다. 양반 중심의 신분 질서는 기술인, 과학인, 경제인 등과 같은 전문적 능력을 갖춘 이

호). 재건국민운동이 실패했다는 것은 박정희가 새마을운동의 성공과 비교하기 위해서 직접 언급한 것이다.

들을 중심으로 하는 사회분업으로 대체되어야 했다. 기술직 중심의 분업을 추구한 박정희는 "기술직을 업신여기는 생각들이 퍼져서 여러 가지 중앙 관서의 기술에 종사하는 사람은 양반 이하의 사무원 취급밖에 받지 못했다"(박정희, 2005a[1962]: 51)라거나, "수공업에 종사하는 기술 사무원이나 종들을 '쟁이'라는 천한 이름으로 불러서 상공업이나 과학 기술을 업신여기는 생각이 퍼져 우리나라를 근대화하는데 암과 같은 존재가 되었다"라며 전근대적 사고방식을 비판했다. 박정희는 근대화에 필요한 인적 자원을 확보하기 위해 교육제도 변화를 추진하는 등 제도적 방식으로 과학 기술과 전문적인 실업 교육을 장려했다(문교부, 1988).42) 이런 비판은 일제가 조선인을 차별하기 위해 유교의 폐해를 비난하며 기술 교육을 강조했던 것과 일맥상통한다.

박정희가 시도한 인간 만들기의 근대화는 분업에 의한 계급의 기초에 터하고 계급의식을 지닌 노동자들이 아닌 전문 기술 집단 속의 개인 만들기였다. 박정희는 계급별 이익 추구는 사회의 분열을 초래하여 사회를 혼란스럽게 만든다고 보았기에 집단을 해체하고 개별화된 전문가 집단을 만들고자 전문화된 기술을 보급함과 동시에 해체된 개인을 전체로만 묶기 위해 민족의 이름으로 국민 통합 교육을 추구하였다(문교부, 1988: 243). 교육 부문에서 이데올로기 국가 장치를 활용하여 지배 도구로서의 민족이라는 상징을 생산했다. 교육의 목적은 민족주의 이념을 매개로 국민의 계급의식을 허물어 버리게 하고 모든 국민이 계급적 차이가 없는 한민족 구성원으로 정체성을 갖도록 하는, 허위의식을 만들어 내는 것이었다. 민족주의가 정권과 연계된 재벌에게는 성장의 기회를 더 많이 제공하고 노동자나 농민들에게는 통합이

---

42) 국가재건최고회의는 1961년 쿠데타 이후 네 가지의 문교 정책을 발표했는데, 첫째 간첩 침략 분쇄, 둘째 인간개조를 위한 정신혁명, 교육혁명, 교육행정 혁신, 셋째 빈곤 타파를 위한 생산기술 교육 강조와 과학기술 교육 및 실업 교육의 강화, 넷째 문화혁명으로서 민족문화 보존 및 강화 그리고 외국문화의 도입과 활용 등이었다. 그런데 이들 모두는 정신 개조와 인간개조를 위해서 활용된다(문교부, 1988: 242).

아닌 차별을 받게 하는 기능을 하여 통합의 이름으로 차별을 구조화하는 이데올로기 역할을 한 것이다(Bourdieu, 2014: 190). 박정희는 민족을 다음과 같이 정의한다.

> 민족이란 별것이 아니요, 하나의 커다란 가족-집안인 것이다. 혁명정부와 국민이 흉허물없는 한 덩어리, 한 몸이 되어서 저마다 맡은 일을 다 해 나가는 민족 단결이야말로 혁명 과업을 보람 있게 이룩하는 데 가장 빠른 지름길이다(박정희, 2005c[1961]: 57)[43].

> 민족 단결을 가로막고 방해하는 원인으로 다음의 세 가지를 들 수 있다. 첫째는 경제적 계급 이익이 맞서는 것이요, 둘째가 권력과 사리사욕에 사로잡힌 엉터리 정당의 조작적 분열 작용이요, 끝으로 가벌, 문벌, 지방벌, 학벌 등, 이치를 떠난 노릇과 어리석고 깨이지 못한 파벌 의식이다. (59)

박정희가 자주 사용한 민족 수사는 계급의 출현을 방지하고 일사불란한 국민 만들기였고 나아가 독재를 지속화하기 위한 하나의 수단이었다. 자본주의는 필연적으로 계급의 차이를 만든다. 그리고 계급은 누가 의도하는 대로 있다가도 없는 것이 아니다. 계급을 해체하니 존재하는 계급 대신 신분이 그 위에 자리 잡고 앉아 경제적 차이를 신분 차이로 만드는 한국식의 새로운 신분 사회가 등장했다. 이 과정에서 갈등은 필연적이지만 갈등을 관리하고 정치적으로 해결하기보다 민족의 이름으로 갈등을 억압하고 희생을 강요하였다. 집단의 이름으로 그러나 집단을 지배하는 자들의 이름으로 희생을 강요하고 그 희생 위에 개인 이기주의적인 집단주의 망령을 사회구조로 만들어 놓았다.

---

[43] 박정희 저술 표기 방식은 「혁명과업 완수를 위한 국민의 길」, 『나라가 위급할 때 어찌 목숨을 아끼리』 등이 2005년에 다시 출판되어 해당 연도로 표기하고 []로 원년도 기호를 표시하였다.

결사를 억제하고 정치참여도 억제하면서 박정희는 국민을 말 그대로 근로에만 전념하는 인간으로 만들려고 하였다. 박정희는 쿠데타 이후 다양하게 국민의 선거권을 대폭 축소하였다. 지방자치 제도가 무기한 연기되었으며, 선거구의 수가 줄어들었고, 비례대표가 등장하면서 직접선거보다는 간접선거의 기회가 확장되었다. 선거란 부패를 초래하는 나쁜 것이고, 의회는 분열을 조장하는 정치꾼들의 모임으로 폄하되었고 부정부패를 없애는 깨끗한 나라를 위한다는 명분으로 국민의 선거 참여 기회 제한은 정당화되었다.44) 그래서 희생을 강요받던 국민이 간접선거 방식으로 자신들의 희생을 피하거나 이익을 모색할 방법은 사라졌다.

이 과정에서 이데올로기가 작동하였다. 정치에 관심을 두지 않고 오로지 자신의 전문 기술을 연마하면서 저임금에도 만족해야 하는 노동자들을 만들고자 박정희는 민족중흥이라는 수사를 끊임없이 활용하였다. 정치를 비난하면서 대중의 정치참여를 배제하는 제도 장치를 마련하여 탈정치 구조를 재생산하였다. 민족 만들기, 역사 만들기 그리고 탈정치는 민족중흥의 이름으로 미화되었으며 그 속에서 개인들은 민족과 동일시되었다. 또한, 이러한 민족주의 정체성의 확산은 산업화에 따른 사회적 갈등을 치유하는 데 좋은 도구였다. 민족중흥을 제시하면서 박정희는 인간개조론과 민족주의를 활용하여 독재를 영구화하려고 하였다(김보현, 2006b; 박영신 1992).

2) 동원된 참여와 국민 의식 형성

박정희 집권기 등장한 국민 동원 운동은 정치적 동원뿐만 아니라

---

44) 그래서 박정희는 정치 과열을 이유로 1963년 1월 15일에 공포된 선거법에서 그 이전의 선거구 233개를 131개로 줄였다. 지역구 의원 131명과 비례대표 의원 44명을 포함하여 국회의원의 수는 233명에서 175명으로 줄어들었다(심지연·김민전, 2007: 214).

근대화를 목표로 하는 대규모 발전 사업을 포함하는 것이었다. 발전 사업 초기 개인들은 그 이전 가난 극복이라는 지극히 개인적인 차원에만 한정된 채로 동원에 참여하였다. 국가가 주도하는 사업에 참여하지 않았을 때 예상되는 불이익에 대한 두려움, 적극적으로 참여할 때 기대되는 이익 등 참여한 개인들에게는 다양한 참여의 원인이 있을 수 있었다. 그러나 동원된 국민이 운동에 참여하면서 이웃, 기초행정 단계의 공무원들, 심지어 운이 좋은 경우에는 높으신 분들과 수평적 상호작용을 할 수 있었다. 심지어 높으신 분들을 대상으로 자신들의 성공담을 이야기할 수 있었고 교육도 할 기회를 얻기도 하였다.

이 과정에서 참여자들은 사적 이익 추구와 민족중흥을 동일시할 기회를 얻었다. 이들의 마음속에서 손실 방지와 사적 이익 추구라는 개인적 동기와 민족이라는 상징체계의 중흥이 만났다. 개인들이 참여 이전에 가지고 있었던 주관인 동기들이 국가가 제공했던 민족중흥이라는 차원 높은 객관화 과정을 거치면서 참여자들에게 중요한 의미로 내재화되었으며 국민으로 재사회화되는 구조로서 자리 잡게 되었다 (Berger & Luckmann, 2013).45)

민족주의라는 허상을 실재라고 인식하게 만들어 내는 구조는 개인들이 일상에서 맺는 사회적 관계에 따른다. 개인들이 맺는 관계에 따라서 사람들은 자신의 주관적 인식을 민족중흥이라는 이데올로기 구조에 의지해서 정당성을 확보하자 했다. 그 이전 자신들이 가지고 있었던 주관적 이익 추구를 민족중흥의 길로 의식적으로 대체하면서 나와 민족을 동일시하고 그 구도 안에서 박정희의 독재를 용인했다. 박

---

45) 개인들은 주관적인 동기에서 출발하지만, (주관성조차도 사회화에 따라 객관적 토대를 가지고 있는) 타인과의 관계를 통해서 상호주관성을 통해 공유할 수 있는 사회규범을 획득한다(Berger & Luckmann, 2013: 40). 피터 버거는 개인들이 주관적 실재를 어떤 반복적 경험을 통해서 변형시키는데 이것을 개조(alternation)라고 불렀다(237). 개조가 재사회화를 거치면서 개인들에게 영향을 미칠 때, 사회적 조건의 타당성 구조가 중요하였다. 타당성 구조는 개인이 의존하는 타인과 맺는 관계에서 감정적 동일시를 포함한다.

정희가 비정치적 사업에서 사적 이익에 부합하도록 사업을 구성한 것처럼 참여자들도 그들의 집단의 이익과 자신들의 이익을 같게 보도록 집단 구성원들에게 강요하였다. 박정희 시기 민족주의 작동 원리는 개인들에게 비정치적인 개인적 이익 추구가 추상 존재인 민족의 이익과 부합한다는 동일시 구조를 만들어 내어 이기적 개인주의를 위해 집단주의가 도구로 활용될 가능성을 열어 두었다.

군사적 효율성에 익숙했던 박정희는 한정된 자원을 가성비 좋게 활용할 수 있도록 반관(半官) 단체나 관변단체를 만들어 이들이 대규모 동원 사업을 주도하도록 만들었다. 적은 비용으로 보다 많은 결과물을 원했던 박정희는 수탈을 통해서 자신의 친위대를 유지하고 그 친위대를 정권 안보에 이용한 고비용 구조의 이승만식 정치 동원보다는 다수를 자신의 지지자로 만들고 자발적 복종을 끌어낼 동원 체계를 수립하였다. 비정치성은 박정희가 추진했던 근대화 사업에서 핵심이었다. 김정렴은 "국가의 사업이 비정치적이어야 소위 말하는 순수성을 유지하여 더 많은 사람을 국가의 이름으로 동원할 수 있었다"(김정렴, 2006: 227).46) 라고 주장했다. 노동 영역에서 한국노총, 학교 영역에서 학도호국단, 그리고 성별로는 각종 주부(혹은 여성) 단체, 농업 분야에서 새마을운동 같은 것이었다. 각 영역에서 비정치적인 동원을 통해서 순응적인 국민을 만들어 해당 영역을 안정화함으로써 궁극적으로는 계급 갈등보다는 국민통합에 도움을 주면서 국가-자본 연합을 지탱할 수 있는 구조를 만드는 것이 박정희의 이익에 부합하는 것이었다.

새마을운동은 동원된 참여를 통해서 국민으로 재탄생하도록 만들었

---

46) 김정렴(227)에 따르면, 박정희는 새마을운동에 대한 국민 호응이 좋아지자 공화당 내에서 이것을 정치적으로 이용하려고 하였다는 보고를 듣고 정치적으로 이용하지 말라고 엄명을 내렸다고 한다. 그러나 사실 새마을운동으로 가장 정치적 지원을 받은 사람은 여당도 아닌 박정희 개인이었다. 지방에서는 여전히 공화당이 새마을운동과 지방 조직을 공화당의 정치적 목적에 활용하고 있었다(김영미, 2009: 218).

던 대규모 근대화 사업이었다. '잘살기 운동'으로 시작한 새마을운동은 내무부가 주무 부처로 등장한 1972년 점차 전국 단위를 넘어 기존 국가사업까지도 새마을사업 이름으로 확대되었고, 시간이 지나면서 소득 증가를 위한 운동의 역할보다 농민과 국민의 정신 개조에 역점을 두고 진행되었다(김정렴, 2006: 229).

> 이지러진 민족성을 고치고 건전한 복지 민주국가를 세우는 길은 없을까. 한마디로 말하면 거짓말하지 않고 무사주의, 안일주의의 생활 태도를 청산하여 근면한 생활인으로 '인간혁명'을 기하고 사회개혁을 통해서 '굶주리는 사람이 없는 나라', '잘사는 나라'로 만드는 길이 없을까 하고 여러모로 생각해보았다(박정희, 2005a[1961]: 11).

박정희가 야심차게 추진한 '농어촌소득증대 운동'과 같은 농촌경제 활성화 사업들이 실패하고 산업화로 인해 농촌의 황폐화가 진행되면서 정권 지지 기반이었던 농민층의 이탈이 예상되었다. 박정희는 농민을 동원하고 정신 개조 드라이브를 추진할 기회가 필요했다. 때마침 1969년 경북 청도의 한 마을이 혹서 피해를 극복한 사례를 알게 되었다. 박정희는 청도의 마을에서 영감을 얻어 농촌 환경 개선을 목표로 '새마을가꾸기사업'을 주창하게 된다.

첫해 '새마을가꾸기사업'에서 시멘트 300포대씩이 모든 마을에 지급되었고, 3만 6천여 마을 중 좋은 결과를 낸 1만 6천여 마을에 다음 해 시멘트 500포와 철근 500킬로그램씩이 지급되었다(김정렴, 2006: 225). 처음 진행되었던 '새마을가꾸기사업'의 동원 방식은 마을 환경 개선에서 가시적 성공을 낳았다. 이에 고무된 박정희는 새마을운동을 내무부 중심의 국가 동원 운동으로 만들어 본격적으로 추진하였다(문상석, 2010).[47] 농민들은 가난 극복을 목표로 공유하는 다른 농민들

---

47) 새마을운동은 '새마을가꾸기사업'과 달랐다. 특히 내무부가 본격적으로 개입한 이후 운동은 국가의 동원 운동으로 변화하고 중기 이후부터는 국가 이

과 함께 자신들이 이룩한 운동에 자극되었고 그것을 주창한 국가의 지도자를 민족의 지도자로 동일시하게 되었다. 초기 반신반의하면서 참여하는 과정에서 마을공동체가 움직였을 뿐만 아니라 참여한 이들이 마을 단위로 참여하고 공동 재산, 공동 일터를 공유하면서 환경 개선 사업에 성공하자 농민들은 단순히 피동적인 참여의 단계를 지나 주도적 참여를 하게 되었으며 그 속에서 자신들의 이익을 추구할 수 있게 되었다. 참여의 변화는 농민들의 의식 성장을 배경으로 한다. 자신의 주관성이 타당성을 확보하고 객관화된 구조로 작동하는 것을 가능하게 하여 자신의 이익이 공동체의 이익과 같다는 인식을 할 수 있게 됨을 의미했다.

국가는 개인의 노력만으로 부자가 된 소위 '독농가'를 치하하면서 개인적인 성공의 의미를 국가의 '성공'으로 제시하여, 개인과 민족이 동일시될 수 있는 통로를 만들었다. 독농가와 경북 청도의 사례는 박정희가 원했던 능력 있는 개인, 그러나 정치의식은 없는, 국가의 도움 없이 성공한 그런 사람들이고 마을이었다. 특히 당시 독농가들은 생존 문제를 넘어 농산물을 상품화하여 부를 축적할 수 있었던 근대적 자본주의 농민으로 전환된 사례였기에 박정희의 주목을 받았다. 박정희가 눈물짓게 만들어 유명했던 충북 지역의 하사용은 남의 머슴으로 출발하여 각고의 노력 끝에 성공한 독농가였다. 그의 일생은 박정희가 추구했던 이념형의 인간 모습에 가장 가까이 있었다.

내가 선구자라고 언론매체에서 알려지면서 면(面)에서 그리고 충청도에서 가장 성공한 사람이 되었다. 내가 생각하기에는 농장이 크고 작은 것을 평가하는 것이 아니라 국가가 바라는 것은 무엇인가? 무일푼 가지고 근검절약으로 어려움을 이겨내는 것이 중요하다. 자식도 움막에서 키웠다. 그리고 아이들을 묶어놓고 키웠다. 정부가 국민들을 너무 도와주는

넘 운동이 되어 버리면서 '잘살기 운동'이라기보다는 인간개조를 위한 운동이 된다(문상석, 2010).

것은 좋은 것은 아니다. 내가 생각하는 것은 도와주는 것은 나쁜 것이 아니다. 그러나 하려고 하는 의식이 있어야 하는 것이 중요하다. 개인이 성공해야 국가가 성공한다. 내가 부흥되면 집이 부흥되고 동네가 국가가 부흥된다. 의지하지 마라(하사용 인터뷰, 2006).

박정희는 새마을운동에 농민을 동원하면서 농촌 지역 농민들의 불만을 잠재우고 농민을 근대 농민으로 변화시켰다. 새마을운동에 참여했던 농민들은 정치는 썩은 것이고 비정치적인 것이 순수한 것이라 믿으면서 개인의 불행과 가난은 개인의 책임이라는 의식을 지니고 있었다. 새마을사업에 동원된 참여를 경험한 농민들은 박정희가 제시한 이념에 의해서 재사회화되고 개조되었다. 농민들이 대규모 동원 사업에 참여하면서 동일시한 사회구조는 민족 총화와 국가 발전을 내재한 민족주의 이념이었다.48)

민족주의는 언제나 우리를 타인과 가르고 국가 및 시장과 개인들의 직접적인 관계를 만들어 버렸다. 개인의 이익을 위한 결사 형성과 결사들의 결합을 통해 시민 형성의 기회가 민족주의 사고의 진행을 통해서 사라지게 되었다. 이로써 한국 사회에서는 국가 대 시민의 직접적 대항 구도가 만들어지고 국가의 시민에 대한 지배력이 강화되었다.

---

48) 민족 총화가 이데올로기를 넘어 규범이 된 데는 제도의 역할이 컸다. 박정희는 1968년 1월 15일 기자회견에서 정신 근대화란 의미로 '제2 경제'라는 용어를 사용했다. 정신 근대화는 산업화와 자본주의의 부작용을 정신 의식 확립으로 해소하고자 시도되었다. 근대화 시기 아노미 현상은 보편적으로 나타난다. 이 아노미의 극복에 새로운 이념이나 도덕 혹은 규범이 들어가는 것이 아니라 전통과 민족이라는 전근대적 이념체계가 도입된 것이다. 이를 위해 박정희는 민족 주체성 확립에 기여할 교육헌장의 제정을 추진토록 지시했고 교육부는 「국민교육헌장」을 제정하게 된다(문교부, 1988: 250). 박정희는 "근대화의 최종 목적은 바로 인간의 근대화에 있다고도 하겠다. 선진국에서의 근대화에는 경제 사회의 개혁에 앞서 모든 정신적 자세의 개혁을 일깨워주는 지도 이념이 있었다"라고 주장하면서 인간개조와 근대화를 동일선상에 놓고 규범화하였다(박정희 2005c[1971]: 208-09).

이 구조 아래서 행위자들이 개인적인 수준의 합리성에만 매몰되게 만들어, 시스템이 제공하는 이데올로기에도 영향받고 일상의 지배 및 경제구조를 지탱하는 역사적 블록에 참여하게 되었다. "민족주의가 번창하면 모두가 힘들어진다"라는 슈미드의 말의 울림이 있는 이유가 이것이다(Schmid, 2002).

제2장

새마을운동과 탈정치화된 농민의 성장

1. 시작: 인간개조와 역사적 우연성

새마을운동은 정부가 시멘트 과잉생산량을 해소하기 위해 1970년 10월부터 다음 해 6월까지 전국 3만 4,655개 마을에 시멘트 300~350포씩을 분배하면서 시작되었다. 새마을운동은 내무부(1981)와 새마을운동중앙회(1999)에 의하면, 1970년 4월 22일 전국 시도지사들이 부산에서 모인 자리(지방행정기관장 회의)에서 박정희 대통령이 1969년 청도의 한 마을을 둘러보면서 경험한 것을 이야기하고 '새마을가꾸기사업'을 주창한 데서 공식적으로 시작되었다(박진환, 2005). 같은 해 여름 공화당 후원회장을 하고 있었던 김성곤 쌍용그룹 회장이 시멘트 과잉생산 해소를 위한 정책을 박정희에게 호소함으로써 시멘트 배분이 구체적으로 준비되었다.

1) 새마을운동의 계보: 정신 개조와 국가 동원 운동들

새마을운동이 시멘트를 마을마다 배분한 새마을가꾸기사업에서 시작했다고 보는 시각은 정부와 학계 모두에서 공통된 것이다. "겨울 농한기에 농민들이 놀음으로 혹은 음주로 시간을 허비하는 것을 없애고 일을 하지 않고 보내는 계절을 없애기 위해서 겨울에 앞서 시멘트를 배분하였다"라는 것이다(박진환, 2005: 137). 새마을가꾸기사업은 잘 살기와 정신 개조를 목표로 시작한 운동이었다. 새마을운동의 계보에는 쿠데타 직후 시작한 재건국민운동, 60년대 중반 시작한 농어촌소득증대특별사업 등 소득 증대를 위한 국가 동원 계획들이 포함되었다. 동시에 근대화 이전부터 한국 지식인들이 변혁시키고자 한 대상이었던 나태한 전근대 개인을 버리고 근대 국민을 만들기 위한 정신 개조 운동이 그 뿌리에 있었다(박노자, 2005; 박진도·한도현, 1999). 정신 개조와 민족 개조는 근대화를 추진하기 위한 박정희의 숙원 사업이었다.

무슨 문제든지 하면 된다는 자신과 긍지보다는 모든 일을 운명으로 돌리고 체념하는 소극적인 태도가 우리에게 남아 있다. 힘들여 일하는 노동을 경시하며 일을 하지 않으면서 요행을 바라는 기회주의가 있다(박정희, 1971: 272).

박정희는 군사쿠데타를 혁명으로 칭하고 민족적 위기 속에서 민족의 각성과 개조가 필요하다고 주장했다(박정희, 2005a: 11)[49].

이지러진 민족성을 고치고 건전한 복지 민주국가를 세우는 길은 없을까. 한마디로 말하면 거짓말하지 않고 무사주의, 안일주의의 생활 태도를 청산하여 근면한 생활인으로 '인간혁명'을 기하고 사회개혁을 통해서 '굶주리는 사람이 없는 나라', '잘사는 나라'로 만드는 길이 없을까 하고 여러모로 생각해보았다(1962년 2월).

여기에 덧붙여 농촌을 재건하고 잘살게 하는 것은 오랫동안 박정희 개인에게 숙원 사업이기도 했다.[50] 박정희는 소득 증대와 환경 개선

---

[49] 박정희는 쿠데타 직후 『우리 민족이 나갈 길』을 저술하고 '인간개조의 민족적 과제'를 주창하면서 절대절명의 위기의 시기에 민족이 살 수 있는 유일한 길은 한국민의 인간개조에 있다고 주장한다.

을 위하여 1962년 재건국민운동을 시작했다. 당시 재건국민운동의 주요 목표는 농민의 자립정신 함양이었다. 노력을 통해 잘살게 한 마을에는 별을 부여하며 등급을 매겼다. 전남 보성군에서 새마을지도자로 봉사한 송○○은 1961년 군에서 제대한 후 자신의 마을을 다시 살리기 위해서 농촌 잘살기 운동에 뛰어들어 모범 사례가 되었다.

그 당시에는 농토도 부족해서 산지 개발해서 재배하는 사람들이 많았죠. 그래서 몸소 산지 개발도 하고 그런데다가 뭐도 심고 재배하고 그런 것도 많고. 농토 땅이 적으니깐 단위면적에 대비해서 고수익을 올리는 방법은 땅을 적게 잘 이용하는 방법이죠. 그런 거 연구하면서 필요한 작물들을 수입해서 땅을 넓히지 않고 그런 것도 했어요. 그 당시 청년회장을 맡아서 우리 마을을 전남에서 제일 우수 농촌 마을로 만들었습니다. 그 당시에는 조 우수 마을이 별 2개, 다음 마을에 별 1개 뭐 이런 식으로 별 마을로 해서 계급을 매겼었는데. (…) 땅에서 거름이 많이 나오니깐. 양잠도 했는데 그것도 전남에서 제일가는 집단 양잠 마을이 되었었죠. 그 당시만 해도 양잠 많이 했거든요(보성군 송○○, 65세).

자신의 힘으로 무엇인가를 이룬 농민의 존재는 박정희가 이후 계속해서 주장한 정신 개조의 모범 사례였다. 자립정신을 기르기 위한 정부의 재건국민운동은 부족한 자원과 경험 부족으로 실패하고 환경 개선 사업에 뛰어들었던 농민들에게 깊은 좌절만 남기고 실패를 하게 된다(유병용 외, 2001; 박정희, 2005). 재건국민운동이 실패했음에도 정부는 식량 증산과 자급자족을 위한 농촌 사업을 계속 추진했다. 이

---

50) 비록 당시 절대다수가 농민이었기 때문에 농민을 자신의 지지 세력으로 끌어들이기 위해서 농촌 건설에 매달렸다고 볼 수 있으나, 1970년대 유신과 더불어 나타난 새마을운동 시기에는 그 해석은 약간 무리가 있다. 그의 다양한 저술과 연설문으로 보았을 때, 단지 개인적으로 농촌 출신의 그에게 군사쿠데타 이후 자신에게 주어진 사명으로 농촌 근대화를 인식했던 것으로 보인다. 박진환은 당시 쿠데타 세력의 다수가 농촌 출신이어서 농촌의 개발에 의지가 있었다고 주장한다(박진환 2005: 48).

즈음에는 경제개발 5개년계획이 부분적인 성공을 거두면서 도시와 농촌 사이의 경제적 격차가 발생하였다.

> 공업화의 추진은 그 나름대로 결함도 없지 않았다. 공업 위주의 성장 정책은 도시와 농촌의 생활 정도의 차를 크게 만들었고 또한 상대적으로 일시 농업 부문의 침체를 가져왔던 것도 사실이다(박정희, 1971: 279).

박정희는 이런 공업화의 결과가 농촌의 황폐화로 귀결할 것이며 이것이 자신에게 정치적으로 불리하다는 것을 인식하고 있었다(박진도·한도현, 1999).

공업화와 경제개발로 인해서 나타난 도·농간의 격차는 1960년대 후반 들어서 심화되었다. 소득 격차를 줄이기 위한 시도로 '농어민소득증대특별사업'이 1968년 시작되었는데 이 운동은 농가가 쌀 이외의 다른 소득을 획득할 수 있도록 도와주는 사업이었다(박진환, 2005: 89). 잘살기 운동이라는 새마을운동은 이 운동의 연속선상에 있었다. 5개년으로 진행된 이 사업은 실제 1972년까지도 진행되고 있었다. 예를 들면 박정희는 재건국민운동 기간 있었던 돼지 파동에 대해서 언급하면서 소득증대특별사업의 성공을 위해서 많은 사람이 열심히 노력해야 한다는 것을 주장한다.51)

> 이런 것은 아마 정부가 잘못했을 것입니다. 가격에 대한 보장을 안 해주었다, 계획 생산을 하지 못했다, 이런 것은 우리가 깊이 반성하고 금년부터 시작하는 제2차 농어민 소득 증대 특별 사업 5개년 사업에 있어서는 이런 전철을 다시 밟지 않아야 되겠다는 것을 우리 모든 공무원과 농민, 농촌 지도자 여러분에게 당부합니다(1972. 5. 18. 박정희, 2005b: 282).

---

51) 이런 실패의 경험은 후에 새마을가꾸기사업이 박정희도 놀라울 정도로 성공하자 체계적이고 조직적인 지원을 위해서 정부 조직 체계까지 바꾸도록 만들었다.

새마을운동의 이런 계보는 그 이전의 국가 동원 사업에 참여했던 사람들의 기억에 남아 새마을운동의 시작에 대해서 서로 다른 기억을 갖도록 만들었다. 물론 그들이 언제 참여했는가 하는 것이 중요하지만, 재건국민운동 시절부터 참여한 사람은 그것을 새마을운동의 시작으로 받아들였고 후에 참여한 사람은 국가가 공식적으로 새마을 기구를 만든 이후를 새마을운동의 시작으로 본다. 즉, 새마을가꾸기사업은 아직 새마을운동이 아니라는 것이다. 다음은 새마을담당관으로 일하고 비서관을 거쳐 건국대학교 부총장까지 역임한 유태영의 증언이다.

건국대학교에 있을 때, 전화를 받고 청와대 들어가서 다섯 시간을 장·차관과 비서관과 얘기를 한 끝에 그 이튿날부터 근무한 거야. 그게 72년 2월인가 그래요. 그런 기록이 다 있다고 그래 가지고 그래서 내가 가니까 앉을 자리도 없어 그것을 미리 계획하고 만든 게 아니야 농촌 운동을, 농촌을 제대로 살려야 했는데 사람을 찾아라 해서 유태영을 찾으니까. 내가 대통령께 다섯 시간을 이야기한 후에 유태영 선생이 하라는 대로 하라 해서 그래서 방을 만들고 사람을 픽업해서 전직 군수를 들여놓고 농협조합 시작을 한 거여 모델이.

그러면서 새마을운동은 이때부터 시작되었다고 증언한다. 충청남도 태안군의 농촌 지도자 출신의 한 참여자는 다음과 같이 증언한다.

본래의 여기도 보니까. 재건 63년도에 재건국민운동 본부를 건립해서 시작했고 65년도에 중앙교육 개시했고 그래서 보면 내가 볼 때는 66년부터 새마을운동을 한 것으로 아는데 무슨 소리야?(소원면 소근리 고○○, 78세)

소원면의 다른 행정구역인 시목리의 지도자 출신은 새마을운동의 시작을 1973년으로 기억한다(소원면 시목리 윤○○, 77세). 면 소재지인 신덕리의 참여자만이 1971년이라고 정확히 기억했다. 오래전에 일어난 경험을 기억해 내는 것이 어려운 일이나, 소원면의 경우에 참여한 사람들끼리도 자신들의 마을에서 언제 새마을사업을 시작했는지에 대해서 서로 다르게 개인의 경험에만 의존하여 답변하였다.52) 초기 새마을운동 지도자 중에는 재건국민운동 시기부터 참여한 사람들이 있었다. 새마을운동이 새롭게 시작하려고 할 때, 그 이전에 재건국민운동을 경험했던 마을 사람 중에서 거부감이 있어 개량 사업에 참여하지 않기도 했다(유병용 외, 2001). 이렇게 볼 때, 새마을운동은 농촌의 근대화와 이를 위한 정신 개조라는 국가의 사업을 추진하는 과정에서 나타난 하나의 연속적인 사업이었다. 어쨌든 새마을운동은 국가가 처음부터 구체적으로 계획한 대규모 동원 운동은 아니었다.53) 중요한 것은 새마을가꾸기사업과 농촌 소득 운동은 비슷한 시기 겹치기도 한다. 새마을운동의 출현은 여러 요인이 겹치면서 우연히 등장했고 조직화된 국가 주도의 운동으로 변화되었다.

2) 정리되지 않는 논란

다양한 농촌 부흥 사업들의 연속선상에서 새마을운동을 파악하는 것 이외에 정리되지 않은 논란이 있다. 새마을운동의 참여자들 대다수에게 새마을운동이 성공한 운동으로 무엇에서 성공했는지에 대해 질문했을 때, 새마을운동이 성공했다고 자찬하는 대다수는 통일벼와 농촌 환경 개선 사업에 대한 성공의 경험과 확신이 있었다. 한국인들도 이 두 사업을 새마을운동의 결과로 등장한 것으로 이해하고 있다. 이 두 경험 모두 그 이전부터 정부가 추진하고 있었던 농촌 개발 프로그

---

52) 시멘트의 배분에 대해서는 모두 기억하고 있었다. 그것이 여러 차례 1971년인지를 질문했음에도 자신들의 기억을 바꾸려고 하지 않았다.
53) 이에 대해서 새마을운동과 농민의 의식 변화에 대해 전국 지역을 설문 조사한 임창주(1983: 8)는 새마을운동을 1960년대에 시작한 농촌 잘살기 운동으로 정의한다.

램에 속해 있었다. 식량 증산은 이미 1950년대부터 정부의 자급자족을 위한 가장 큰 계획 중의 하나였다. 주변 환경을 개선하는 것도 당시 농민들의 주된 희망 중의 하나였다.

① 새마을운동 기원 논쟁

새마을운동의 발생지에 대한 논란을 보면 이 운동이 언제 정확하게 출발했는지에 대해서 답을 줄 수 없음을 여실히 보여주었다. 새마을운동이 경북 청도군 신도리에서 발생했다고 하기도 하고 포항시 문성리에서 나왔다고도 한다. 초대 새마을 담당 비서관을 지낸 유태영은 대다수 증언을 통해 새마을운동의 기원은 포항시 문성동이라고 주장하는 반면, 1970년부터 1979년까지 대통령 경제 담당 특별보좌관을 지낸 박진환의 경우에는 새마을운동이 청도에서 발생하였음을 분명히 이야기한다. 과거 새마을운동과 현재 박정희기념사업회에 관여하고 있는 김수학은 청도의 마을이 그 기원이라고 주장한다. 발생 기원에 대해 당시 정책 입안자들조차도 같은 의견을 갖고 있지 않다. 아마도 처음 시작해서 1호 마을이 된 곳은 포항 문성동이지만 박정희가 시찰 갔다 우연히 보고 비슷한 방식으로 농촌 개발을 계획한 시점으로 따지면 청도가 기원으로 인식될 수 있다.

발생지에 대한 이견은 새마을운동이 가졌던 모호한 출발과 깊은 관련이 있다. 1960년대 후반 삼남 지방의 한해와 수해에 대책을 찾고 있을 때, 지방 순시를 나가 환경 개선 사업과 자발적으로 마을을 변화시켰던 청도의 농민들을 보고 한국인에게서 정신 개조의 가능성을 보았다.54) 이후 새마을가꾸기사업이 시작되고 나서 문성리 같은 경우에

---

54) 새마을가꾸기사업은 원래 농민들이 농사를 짓기 위해서 원하던 환경 개선 사업의 한 부분이었다. 1969년 농민들의 가장 큰 소망이기도 했던 마을 길 넓히고 교량 건설을 시작한 것에서 출발했다(황병주, 2000: 54). 황병주는 그의 글에서 이만갑, 『한국농촌사회의 구조와 변화』(1973: 314)를 참고하면서 농민들이 1960년대 후반 변화를 갈망하고 한편 수입을 늘리는 데 필요한 외부의 도움이 필요하였다고 기술한다. 따라서 이만갑의 연구에 기대어 국가

는 대통령으로부터 1호 마을이라는 칭호를 받았던 것이다. 그래서 문성리의 경우 새마을이라는 칭호를 처음 얻었기 때문에 새마을운동의 시작이라고 주장하고, 청도의 경우에는 새마을운동 시작이 되는 배경을 제공했기 때문에 서로 자신들이 새마을운동의 발생지라고 주장하는 것이다.

1961년 재건국민운동과 1960년대 후반 시작한 농어촌소득증대특별사업을 새마을운동으로 인식하고 있는 지역 참여자들과 발생의 기원조차 다르게 인식하는 정책 입안자들의 예에서 볼 때, 새마을운동은 어떤 특정한 시기에 시작된 것이 아니라고 할 수 있다. 따라서 새마을운동은 1970년 4월 지방 장관 회의가 직접적인 시작이 아니라 그 이전부터 여러 가지 정부 주도 운동들과 사업들이 결합하여 새롭게 나타난 국가 주도의 농촌 근대화 운동이라고 정의할 수 있다.55)

1972년부터 국가가 본격적으로 새마을운동을 추진한 것은 전혀 새로운 이데올로기 운동으로서 국민 만들기 운동이었다. 사실 새마을이란 말은 일제강점기부터 농촌 계몽에 나섰던 청년 지식인들에 의해서 먼저 사용되기도 하였다. 심지어 1950년대와 '60년대에도 강원도나 충청도에서 새마을이라는 용어가 마을 단위의 근대화의 일환으로 도입되었다고 볼 수 있었다. 새마을이란 농촌의 근대화에 대한 열망이 있었던 개화기 이후부터 지속적인 관심의 대상이었으며 역사적 연속성을 띠고 있었다(김영미, 2009). 새마을운동의 기원 논쟁은 무의미한

가 새마을운동의 주도권을 쥐고 시작했을 때 농민들은 높은 자발성을 띠고 따랐을 것이라고 설명한다.

55) 새마을운동은 1960년대 말 농민을 괴롭혔던 가뭄과 물난리를 극복하려고 했던 농민들과 자신들의 힘으로 주변 환경을 개선하였던 특정한 마을의 변화를 박정희가 목도하고 자신이 이전부터 가지고 있었던 정신 개조의 신념과 공통분모를 찾아내어 시작한 새마을가꾸기사업에서 나왔다. 작은 성공으로 가는 길은 이렇게 계획적이지 않으면서 박정희가 가지고 있었던 근대화에 대한 열정, 즉 인간개조 운동으로서 변화되어 추진되어갔다(박정희, 2005b).

것이지만 기원 논쟁이 일어난 것은 새마을이란 운동이 박정희 시기 농촌의 비약적 성장을 불러일으켰다는 신화적 믿음에서 비롯된 것일 수 있다. 국가에 의한 이데올로기화에 대응하는 국민의 대응으로 볼 수 있겠다.

② 통일벼의 등장과 식량 자급자족

먹고사는 문제는 통치자들에게 늘 골칫거리였다. 영화〈웰컴 투 동막골〉(2005)에서는 마을 이장의 리더십의 배경에 "잘 먹여야지"라는 대사가 나온다. 주민들을 잘 먹여 주는 것으로 한마디로 정리하는 대사가 나온다. 먹고사는 문제 해결은 통치의 안정성에 꼭 필요한 요소였다. "우리가 제대로 먹고살기 시작한 것이 새마을운동하고 나서부터다. 통일벼 때문에 식량 증산이 엄청나게 된 거야. 밥 먹을 거는 못되지만"(소원면 신덕리 김○○, 73세). 농업국가에서 주식으로 활용되는 식량의 자급자족은 시급히 꺼야 할 급한 불이었다.

토지 분배 정책을 진행하면서 한국 정부는 수확량 증대를 위해서 1950년대 중반부터 이미 식량 증산을 위한 신품종 개발과 기반시설을 확충하는 계획을 세우고 실행하고 있었다. 수해와 한해 방지 대책들은 식량 증산을 위한 필수 요소 중 하나였다. 한해 대책 중 주요 시책들은 저수지의 확대와 관정을 파고 지하수를 공급하는 것이었다. 수해 방지를 위해서는 다목적댐 등으로 4대강 유역을 개발하려고 하였다(박진환, 2005). 그 결과 1961년 농지의 54.6%만이 관개시설이 있는 안전 답이었고 불안전답이 25%, 천수답이 20.4% 분포였던 것이 1969년 안전 답 75.1%, 불안전답 13.2%, 천수답이 11.7%를 구성하였다. 이 변화는 새마을운동 이전에 이미 식량 증대를 위한 농업 기반시설 확충이 진행되고 있었던 것을 보여준다(박진환, 2005: 74).

통일벼는 새마을운동으로 농민들이 배고픔에서 벗어나는 데 크게 기여한 것으로 새마을운동의 상징적인 존재다. 신품종 개량을 위한 벼농사 생산 증대를 위한 노력은 1960년대부터 추진되었다. 정부는 식량 자급자족을 위한 품종 개량을 위해서 농촌진흥청 연구원과 관리원을 확대 충원하는 등 지속적인 노력을 기울였다.56) 1965년 필리핀에 있는 국제미작연구소의 협조를 받아 연구를 진행했고, 결과 1970년대 자포니카 품종과 인디카 품종과의 교잡으로 다수확 신품종인 통일벼를 개발했다. 정부의 노력에 따라 1972년 16%에 머무르던 통일벼 보급률은 1977년 55%로 증가했다. 이는 농민들에게 실질적인 수확량 증대를 제공해 주었다. 쌀 수확량 증대로 쌀을 팔아 획득된 농민의 소득도 증대하였다(박진환, 2005: 86~88). 소원면의 면접 참여자들은 통일벼의 생산으로 드디어 굶지 않게 되었음을 이야기하였다.

그러나 통일벼로 인한 굶주림으로부터의 해방은 실은 새마을운동의 결과가 아니라는 결론에 이를 수 있다. 즉, 새마을운동을 시작하기 이전에 이미 새마을운동의 상징인 통일벼가 개발되었다는 점, 본격적으로 시작하였을 당시인 1972년의 보급률 16%는 물론이고 도시의 소득을 뛰어넘었다는 1977년에도 보급률이 55%에 지나지 않았다는 것은 새마을운동으로 굶지 않게 되었다고 믿는 사람들의 믿음과는 다른 결과이다. 통일벼가 아닌 일반벼로 모내기했다며 농민의 논에 들어가 장화로 짓밟았던 속칭 '장화 부대'로 불린 공무원들의 노력에도 불구하고 전국에서 새마을운동이 최고조로 발전하고 있었던 시기에조차 절반의 농민만이 통일벼를 심었다는 것은 통일벼의 신화로 대표되는 식량 증산 그리고 이로 인한 굶주림으로부터의 해방이 새마을운동의 결과가 아니라는 사실을 보여주는 것들이다. 늘 그렇듯이 기억이란 현시대에 맞추어 과거를 변형하며 등장한다. 농민들의 새마을에 대한 기억이 자신들의 경험에 타인과의 상호작용, 그리고 언론에 의해 더해져 참여자들 본인의 경험과 다른 경험들이 결합하면서 재구성되어 사실

---

56) 1960~70년대 농촌진흥청의 연구직과 지도직 인력은 1960년 1,502명에서 1965년 7,143명, 1970년 6,995명, 1975년 8,444명으로 증가했다. 식량 증산을 위한 투자는 이미 새마을운동 이전에 시작되어 본격적인 궤도에 오른 것이었다(박진환, 2005: 85).

과 부합하지 않은 상태로 잔존하고 있었다.

그래도 새마을운동이 초래한 농민들의 변화는 중요한 의미를 지닌다. 국민으로 등장했더라도 자신들의 손으로 무엇인가를 이루었다는 것은 그래서 변화의 가능성을 스스로에게서 찾을 수 있었다. 새로 태어난 역량을 갖춘 농민(empowered peasants)들의 등장이다.

2. 실적과 정체성의 변화 그리고 자발적 협조

1) 시작, 성공 그리고 농민의 변화

1970년 당시 누구도 새마을가꾸기사업이 새마을운동으로 발전할 것이라고는 생각을 하지 못했다. 앞에서 이야기했듯이 박정희조차도 예상치 못할 정도로 놀라운 속도와 성과를 만들어 내면서 새마을가꾸기사업은 다음 해(1972)에 정부가 처음 배분했던 자원의 약 두 배에 해당하는 시멘트 500포와 철근 1천 톤을 전체 마을의 절반인 1만 6천여 개 마을에 다시 분배하였다. 이런 차별화된 지원은 마을 간의 경쟁을 유도함으로써 각 마을이 더욱 새마을가꾸기사업에 매진하도록 만들었다. 박정희는 연설에서 참여하지 않고 반납하거나 주변을 바꾸지 못한 마을을 '나쁜 마을'로 낙인찍고, 열심히 일해서 마을을 바꾼 곳은 '성공적 마을'로 구분하며 마을 사이 경쟁과 가시적인 성공을 이룬 마을에 차별적으로 지원하는 것을 정당화하였다.57) 새롭게 배분된 시

---

57) 김영미(2009)는 새마을운동의 발전 시기 농촌의 성씨에 기반을 둔 구조가 다른 마을과의 경쟁에서 이겨야만 하는 사회적 힘으로서 농민들에게 작용하였음을 이야기한다. 즉, 예를 들자면 새마을가꾸기사업에서의 성공적인 목표 달성이 밀양 박씨가 사는 집성촌과 파평 윤씨가 사는 집성촌 사이에서 자립마을 승격을 위한 대결로도 읽힐 수도 있었다. 이런 예를 통해 아직도 마을에서 영향력을 행사하던 집성촌 중심의 전통적인 가치관들이 작용하였다고도 볼 수 있다.

표 1. 주요 새마을사업 추진 현황(1971~1980)

사업명	단위	목표	실적	실적/목표(%)
마을 안길 확장	km	26,266	43,558	166
농로 개설	km	49,167	61,797	126
소교량 가설	개소	76,749	79,516	104
마을회관	동	35,608	37,012	104
창고 건설	동	34,665	22,143	64
주택 개량	동	544,000	225,000	42
취락 구조 개선	마을	—	2,747	—
하수구 시설	km	8,654	15,559	179
농어촌 전화(電化)	호	2,834,000	2,777,500	98
새마을공장	개소	950	717	75

멘트와 철근만으로 주변 환경을 개선하지 못하여 농민들은 필요한 현물과 현금을 부담하여 마을 주변의 도로를 넓히고 곧게 하는 작업을 하였다(오유석, 2002). 여기에 더하여 기초, 자조, 자립마을을 세분화해서 마을 승격을 훈장처럼 만들어 주고 이것을 착한 마을로 만들어 마을들끼리의 경쟁을 유도하였다. 새마을운동 참여자들 또한 자신들의 마을이 승격되었던 것에 대해 상당히 큰 자부심을 보였다. 그 결과 1973년까지 자조 및 자립마을은 전체 마을의 69%(자조 57%, 자립 12%)[58]를 차지하였다(내무부, 1981). 경쟁은 새마을가꾸기사업이 2년여 만에 눈에 띄는 성공을 거두게 되는 배경이었다.

표 1의 주요 사업 추진 현황은 새마을운동이 초기 목표보다 가시적으로 성공한 사실을 보여준다. 원래 농민들이 원했고 정부 또한 목표

---

[58] 자립마을로의 진입은 상대적으로 어려웠는데, 그 이유는 자립마을로 승격하기 위해서는 환경 개선뿐만 아니라 소득 증대도 증명해야 했기 때문에 대체로 자조마을까지 승격되는 경우가 많았다.

했던 농어촌 생활환경 개선 사업이나 농업 생산 기반을 조성하는 부분에서는 기대 이상의 성공이었다(황병주, 2000[59]; 고원, 2006).

새마을가꾸기사업에서 이룩한 가시적인 농촌의 변화는 운동에 참여한 농민이 자신들의 삶을 바꾸는 데 적극적으로 참여하게 만드는 계기를 제공하였다. 처음에 마을 안길을 넓히거나 농로를 확장하는데 큰 이견을 보이고 저항을 했던 농민들은 공동체의 타협과 공권력의 개입을 통해 적극적 협조로 참여했다(오유석, 2002).[60] 이러한 경험은 당시에도 지지를 받았을 뿐만 아니라 현재까지 올림픽과 더불어 가장 성공한 근대화 사업 중의 하나로 인식되면서 그때 참여한 사람들에게 큰 자부심으로 작용한다. 성공은 농민들을 독재정권을 지지하는 주요한 기반으로 만들었고 이후 전두환 정권에서도 새마을운동은 정권 차원에서 확대 운영되었다. 성공은 자의에 참여한 혹은 타의에 의해 강제로 참여한 농민을 가리지 않고 국가에 의해 대한민국의 국민으로 호명되고, 농민들은 국가의 호명을 내재화하여 국민 정체성 확립하였다. 여기에는 새마을이 건국 이래 가장 성공한 농촌 근대화 사업이라는 이데올로기의 외피가 마을 가꾸기와 통일벼로 굶주림에서 벗어난 농민의 경험과 결합하여 등장했다. 경험은 한정적으로 작동하였기에 새마을운동에 참여했던 사람들의 인터뷰에 의하면 지금까지도 새마을운동을 농업 환경 개선과 통일벼로 기억하고 그것이 자신들의 참여를 통해 만들어졌고 지금까지 이어진 것이라고 간주하는 것이다.

당시에 우리가 농로를 넓히지 않았다면 지금까지 아무도 그것을 해내지 못했을 것이다. 왜냐하면, 당시에는 우리가 헌신하면서 땅도 내놓았지 지금 누가 하라고 하면 할 것인가? (…) 지금까지 가장 보람되었던 것은

---

[59] 이만갑(1973)의 연구를 바탕으로 "1969년도 농촌 마을을 대상으로 한 조사에서 관에 희망하는 사업의 첫째 순위는 도로의 확장 및 개량이었고 다음이 교량 가설이었다"라고 한다(황병주, 2000: 54).
[60] 김대영(2004)은 처음 제창된 새마을가꾸기사업이 전국적인 운동으로 변환될 것이라고 믿었던 사람이 없었다는 점을 밝힌다.

내가 고생해서 신작로를 내서 지금 버스가 그 길로 지나다닐 때 그때 가장 보람을 느낀다. (…) 한 번은 일본 시골에 갔는데 정말 길이 좁고 울퉁불퉁하고 그런 데 반해서 우리나라 길은 일본에 비해서 넓다. 그때 했으니까 지금 우리가 좋은 환경에서 산다(소원면 참여자 고○○·77, 윤○○·77, 김○○·73).

실질적으로 새마을가꾸기사업에 투자된 농민 부담에서도 농민들은 국가의 도움 없이 자신들의 힘으로 이룩해 놓은 것에 대해서 상당히 큰 자부심을 형성하였다. 실제로 중화학공업 중심 정책에 국가의 자원을 몰입하여 투자하고 있었기 때문에 국가는 자원을 지원할 여유가 없었다(김영아, 2005). 표 2에서 보면, 새마을사업이 아닌 환경 개선 사업인 새마을가꾸기사업에서 농민의 부담은 정부의 지원액을 늘 초과했다. 정부의 지원이 일정 부분 확대되고 있었지만 절대 투입량으로 살펴보면 농민들의 부담은 증가하였다. 농민의 부담에 대해서 새마을지도자로서 자신의 마을 승격에 대해서 자부심을 가진 사람은 이렇게 말한다.

그때 국가에서 준 것은 세면[시멘트]뿐이다. 나머지 모래니 다른 거는 부락 자체에서 부담하게 했다. 우리 마을에서는 세면 천 포를 받았을 뿐 다른 모든 것은 부락에서 자력으로 해냈다(소원면 시목리 윤○○, 72세).

실제로 1983년 조사된 자료에 의하면 전기시설, 마을 진입로 설치, 마을 창고 및 회관 건설 같은 환경 개선 사업에 대해서 농민들은 모두 '보통이다'와 '잘되었다'라고 응답했다(임창주, 1983: 14). 스스로 자신들의 삶을 바꾸려고 한 마을도 정부의 지원은 없었으며 의지를 갖고 있었던 사람들에 의해서 발전했다. 이에 대해 〈오류리의 여인들〉이라는 영화의 실제 주인공인 정문자는 다음과 같이 증언한다.[61]

---

[61] 인용은 연탄보일러를 설치할 때 여성들이 금을 모아서 자금을 마련하고 노동력을 직접 투입해서 연탄보일러로 개조하는 과정에 대한 설명 부분이다.

너도나도 연탄불을 놓았다. 공동으로 하고 나중에 해 주면 되지 않나? 모은 것이 (금) 15돈이더라. 벽돌을 짓는데 여자들이 잘못하였다. 여자 40명이 붙어서 하니 나중에 만들고 나니 좋더라. 그때는 하나하나 신기하더라. 주택도 개량하였다. 그렇게 하니 남편들이 주변에서 무어라 했지만, 여자들이 꾀를 내었다. 뿌듯했다. 촌에서 왜 그랬냐고. 우리들이 많이 고민했다. 그래서 시부모들을 우리 편으로 만들자. 부모께서 돌아가시면 초하루 삭망으로 지낸다. 그런데 한 상만 지내자. 살아서 잘해 주자. 그리고 초하루 잘 차려입고 잘하자. 막걸리를 해 가지고 옷도 깨끗이 입고 마을에다가 여론함을 붙여 놨다. 부모와 싸우고 하는 그런 문제를 넣었다. 뜯어보면 부모에게 잘못한 사람이 나오더라. 그렇게 하니 효도가 나오더라. 정말로 노인네들에게 사랑과 호응을 받았다. 나중에는 남자들도 지역발전 협의회도 생겼다. 부녀회가 너무 잘되었다. (전북 임실군 정문자, 71세)

국가로부터 큰 도움 없이 자신들의 힘으로 모든 것을 해냈다는 의식은 스스로 자신들이 자신의 운명을 바꾸게 한다는 박정희의 취지에 딱 들어맞는 것이었으며 자신들의 정체성을 확립하게 되었다. 물론 시작은 국가로부터 동원된 것이었지만 "바꾸고 나니 좋았다"라는 평가는 농민들이 국가로부터 시작된 운동을 스스로 수동적으로 받아들이는 데서 벗어나 적극적으로 협력하게 되는 계기로 작용하였다(황병주, 2000). 이런 변화 속에서 농민들의 참여는 확대되고 국가나 정권에서 예상했던 것보다 훨씬 큰 결과를 만들어 내었다. 오유석(2002)은 이렇게 말한다.

이 모든 사업에서 정부로부터 토지 보상금은 지급되지 않았는데 이것은 정부가 1차와 2차 경제 개발계획으로 쏟아부은 기간산업 및 사회간접자본 비용과 비교할 때 국가가 위로부터 동원한 '새마을사업'이 아래로부터의 참여를 통한 무상의 '사회간접자본'을 만든 획기적인 결과였다.

표 2. 새마을가꾸기 연도별 사업 추진 실적[62]

구분 연도별	참여마을 계	참여마을 지원	참여마을 자진	참여 연인원	사업 건수	투자액 계	투자액 지원	투자액 주민부담
계	마을 331,099	185,403	145,696	천명 299,688	천건 7,234	백만원 638,211	78,729	559,482
'71	33,267	33,267	–	7,220	385	12,200	4,100	8,100
'72	22,768	16,600	6,168	32,000	320	27,375	3,312	24,063
'73	26,642	24,536	2,106	69,290	474	38,367	4,777	33,590
'74	33,531	17,500	16,031	22,570	209	30,396	4,837	25,559
'75	36,341	18,500	17,841	28,475	364	46,714	9,052	37,662
'76	36,227	15,000	21,227	24,436	368	47,489	7,843	39,646
'77	36,358	15,000	21,358	30,264	1,429	103,936	10,109	93,827
'78	35,133	15,000	20,133	28,863	1,909	101,499	10,163	91,336
'79	35,137	15,000	20,137	31,313	970	103,891	9,427	94,464
'80	35,695	15,000	20,695	25,237	806	126,344	15,109	111,235

오유석의 표현대로 국가는 최소한의 투자로 사회간접자본을 확보하였고, 더욱 중요한 것은 농민을 국가의 국민으로 만드는 데 성공했다. 농민들은 자포자기한 상태로 간신히 먹고살기만 하던 태도에서 벗어나 자신들이 미래를 위해서 무엇인가를 할 수 있음을 인식할 수 있었다. 자신들의 헌신과 참여를 통하여 이루어 낸 발전을 바라보는 농민들은 그 참여의 기억을 간직하면서 자신들의 정체성을 유지해 왔다.[63] 새마을운동은 다른 전통적인 지역 개발 운동과는 다른 결과를

---

[62] 내무부, 『새마을운동 10년사 資料編』(1980: 19). 표 안 자료는 한자를 한글로 변환하여 표기하였다.

[63] 자발적 참여인가 아니면 비자발적 참여인가는 크게 중요하지 않다. 당시에 자발적으로 참여했던 사람이든 혹은 비자발적으로 참여했던 사람이든지 모두 새마을운동이 성공적이었고 자신들의 희생 아래 이루어진 것으로 인식하

가져왔다. 그 배경에는 초기 '가시적 주민 욕구 사업의 성공으로 마을 사람들이 자신감을 고취하였고 이를 통해 더욱 마을 발전에 참여하게 되면서 농촌 개발 운동이 더 활성화되는 선순환 고리가 있었다 (Bandura, 1977; 새마을운동중앙회, 1999).

2) 국가의 개입: 새마을가꾸기사업에서 새마을운동으로

박정희는 오랫동안 농민이 가난한 것은 농민들 스스로 '잘살아 보자'라는 의지가 부족하고 농번기에 화투 같은 노름으로 세월을 보내고 자신의 어려움을 극복하지 않았기 때문이라고 비난했다.[64] 구조적 배경을 무시하고 개인에게 가난의 책임을 전적으로 돌리는 것은 국가의 정책 실패가 만든 농촌의 저발전을 덮으려는 목적도 있었다(김대영, 2004).[65] 눈에 보이는 성과를 만들지 못했던 농민들이나 부락 지도자들에게 가해졌던 국가에 의한 '나쁜 마을' 낙인은 압력으로 작동했다. 나쁜 마을 사람들은 과거의 구태의연한 사람들로서 새로운 사회의 부

고 그 인식에 바탕을 두고 자신들의 정체성을 유지하는 상태이기 때문이다.
64) 정문자는 남성들의 화투에 대해서 다음과 같이 증언한다. "우리 마을에서는 주부들이 가난하게 살았다. 난 가난하게 살았어도 무시는 당하지 않았다. 그런데 대부분 여자는 무시 받고 살았다. 여자로서 남편에서 사랑을 잘 못 받았다. 학대가 심했다. 긴긴 겨울 노름을 하며 남편이 지냈다. 지금은 연탄불도 있고 가스 불도 있지만, 그 당시에는 나무를 해 와야 했다. 내 차례가 되었을 때는 땀이 다 났다. 그래서 여자들에게 경제권을 주고 통장도 만들고 여자들이 의외로 단합이 잘 되더라. 여자들이 굉장히 힘들다. 노름판도 없어지고 술집도 어떻게 없어졌나? 술 먹다가 자금줄이 줄어드니 그렇게 되었다. 여자들은 남편이 밥을 먹어야 안심이 되었다. 남편이 안 오면 밥 먹으라 하면 남편들은 여자가 건방지다고 그래서 그런 것을 없애기 위해 회원들이 때로 모여 가서 무어라 하였다. 순순히 안 들었지만, 나중에는 듣더라."
65) 한편 국가의 책임 회피도 있겠지만 정신 개조를 통해 경쟁력을 갖춘 농민으로 전환하게 만들려는 사회진화론을 받아들였던 박정희의 목적이었을 수도 있다.

적응자나 탈락자라는 낙인이 주어졌다. 이는 사회적 낙인이 되었고 국가의 힘이 강력한 시대에 마을 지도자나 농민에게는 무엇인가 생존과 성공에 대한 큰 위협이었다. 그래서 새마을운동을 잘살기 운동으로 규정하면서 그것을 위해서 필수적인 정신 개조를 반드시 이루어 내야 하는 것이었다. 박정희는 새마을운동을 '정신 계발 운동', '정신 혁명 운동', 그리고 '행동 철학 운동'으로 규정한다(박정희, 2005b: 273). 성공한 마을과 나쁜 마을을 규정하는데 마을 지도자들은 대표자로서 낙인의 첫 번째 대상이 되거나 칭찬의 첫 번째 대상이 되었다.

새마을가꾸기사업의 시작과 더불어 나타난 가시적 성공은 박정희를 충분히 고무시켰다. 따라서 그는 이제부터 그 이전부터 자신이 가져온 근대화를 위한 정신 개조 사업에 본격적으로 매달리게 된다. 이를 위해서 행정과 전제적 권력 행사를 동시에 할 수 있는 내무부로 주관 부서를 바꾸는 것으로 시작했다. 내무부에 의한 새마을운동의 주관은 실제 새마을운동이 시작된 이후 몇 년이 지난 때에야 가능해졌다.66) 내무부가 농림부 혹은 다른 경제부처를 제치고 주관 부서가 된 것은 정신 개조를 위한 체계적이고 조직적인 운동으로 만들기 위해서 오랫동안 지방의 사무를 담당하던 내무부가 적격이었다는 이유에서였다.67)

정부는 1973년 1월 16일 대통령령 제6458호를 발표하고 내무부의 지방국 내에 새마을 지도과와 새마을 담당관 및 새마을 계획 분석관을 설치함으로써 처음 출범하게 되었다. 이에 따라 각 시·도와 시·군·구에도 새마을운동을 전담하는 과를 설치하였고 1 공무원 1 마을 전담 지도

---

66) 박정희가 추진했던 그 이전의 농촌 개발 운동과는 달리 농림부나 경제 관련 부처가 아닌 내무부가 그 주관으로 시작했다는 점에서 국책사업으로 볼 수 있다(황병주, 2000).
67) 박섭·이행(1997)은 새마을운동이 성공할 수 있었던 행정단위의 구조와 마을 구조가 이미 일본 식민지 시대 이후 국가에 의해서 완전히 통제되었다고 주장한다.

제를 실시하고, 관계 기관 간의 협의 조정을 위해 중앙과 지방 단위에 새마을 종합계획협의체를 구성하였다. 아울러 1973년부터 새마을 훈장을 신설하고 새마을 지도자증을 교부하고, 전국새마을 지도자대회를 개최하였다(새마을운동중앙회 1999: 35).

국가는 새마을운동 교육을 체계화하며 정신 개조를 시도하였다. 1972년 1월 농업협동조합중앙회의 농협대학 구내에 독농가 연수원이 발족하여 독농가 연수반을, 7월에는 새마을지도자들 교육을 시작하였다. 그리고 1973년에 새마을 지도자연수원으로 탈바꿈하였다(새마을운동중앙회 1999: 31). 애초에 새마을지도자 연수원에는 교육 체계가 없었으나 새마을운동과 그에 대한 교육이 필요해지자 정신 개조를 위한 교육의 장으로서 확장되었다. 새마을지도자연수원을 수료한 사람들의 직업은 농민에서부터 기업가, 노동자, 고위공직자 등 농업과 관련이 없는 직업군에까지 다양했다.

새마을지도자연수원의 경우 일단 입교하면 매일 5시 50분에 기상해서 간단한 국민체조와 운동 그리고 주변 청소를 비롯하여 아침 식사, 성공 사례 교육, 점심, 성공 사례 교육, 저녁 식사 후 집단토론을 거쳐 군대식 저녁 점호를 끝으로 10시 40분에 취침에 들어갔다. 연수생들은 외부와 단절된 채로 군대식 내무반에서 생활했으며 교육의 내용은 다양화되었지만 정신 교육이 매우 강조되었다(Jager, 2003: 88-89).

여성 지도자가 1기다. 고등학교 졸업 후 시집가서 연수를 받는 곳의 강사들이 모든 면이 좋았다. 때가 내가 뭐든지 하려고 했다. 강의를 감당할 수 없었다. 그때 이해가 잘 안 되었다. 다 끝나면 10시, 11시였다. 낮에 공부하고 정리를 하지 못하면 잠 못 갔다. 교과서를 보며 공부하고 열심히 했다. 열심히 공부하니 여러 가지 물어보더라. 교육생 최초로 성공 사례였다. 10분 15분 정도를 학생들 앞에서 할 수 있냐는 제의를 받았다. 교육을 받으면서 단상에서 동네의 이야기를 했다(전북 임실 정문자, 71세).

새마을지도자연수원의 1975년 설문조사에 의하면 1기 122명 중 121명이, 3기생들은 140명 중 140명 전원이 "영농기술 습득 면에서 보다는 정신자세 면에서 연수원의 교육 효과가 크다"고 응답했다(박진환, 2005: 149).

농민 지도자와 관료, 기업인, 교수 등이 교육연수를 함께 받으면서 오히려 농민들은 지위의 고하 없이 동등한 입장에서 자신들보다 높으신 분들과 생활하며 교육을 받게 되었으며 이를 통해 자신을 근대의 주체로서 여길 수 있는 계기가 되었다. 더구나 새마을운동 이전부터 각 지역에서 이미 개인적으로 성공한 사례를 마련하여 그 사례를 교육하는 것이 주된 프로그램이었던 독농가 교육에는 초등학교 교육도 제대로 받지 못했던 독농가들이 강사로 고위 관료, 교수, 기업인 등을 교육하기 위해 초빙되었는데, 독농가 교육 강사의 경험은 교육받지 못한 이들이 높은 양반들을 교육했다는 자부심을 형성하게 하여 높은 자기효능감을 쌓도록 만들었다.

새마을 교육은 정신 교육을 통한 연수생들의 정신 개조에 있었다. 이는 국가가 농촌 환경 가꾸기에서 도시 새마을운동, 공장 새마을운동 등 근면, 자조, 협동이라는 새마을정신으로 근대적인 인간을 만들어내는 것이 주된 목적이었음을 나타내주는 것이라고 할 수 있다.

3. 탈정치화된 농민의 성장과 역사적 블록 형성

우연성은 새마을운동의 출발과 성공 그리고 이후 경로 발전에서 중요한 설명 방법을 제공한다.

3선에 도전하고 싶었던 박정희에게 1960년대 말의 자연재해는 농촌에서, 산업화와 도시화로 인한 문제로는 도시에서 그리고 독재 구축에 대한 저항 등은 내부의 악재들이었다. 이런 환경에서 한해와 수해를 입은 삼남 지방 중 경상북도 청도군 신도마을에서 보여 준 한해

(가뭄) 피해 극복 사례는 인상적이었다.

새마을가꾸기사업의 계기가 된 과잉 생산된 시멘트를 만들던 회사는 쌍용시멘트였다. 공화당 후원회장인 김성곤 회장[68]의 요청으로 시멘트 해소 방안이 모색되고 있었다. 산업화로 도시는 성장하고 농촌의 인구가 유출되고 농촌의 민심이 악화되던 시기였다. 정치, 경제, 사회 등 모든 부문에서 발생하는 문제를 한 번에 해결할 수 있는 돌파구가 필요했던 박정희는 새마을가꾸기사업 추진을 제안하게 되었다.

새마을이 본격적으로 시행되면서 첫해 가시적으로 성과가 나오자 놀란 사람들은 마을 사람들만이 아니었다. 이들을 관리하던 공무원이나 박정희도 놀랐다. 눈에 띄는 성과를 1차와 2차에 걸쳐 내면서, 국가 주도의 새마을가꾸기사업을 새마을운동으로 본격화하였다. 새마을가꾸기사업이 새마을운동으로 변할 때, 사람들은 국가가 계획하고 설정한 대로 농촌 잘살기 운동으로서 새마을운동을 인식하였으며, 국가가 주도하였기 때문에 생존을 위해서 참여하였으며, 누군가는 정말 잘 살아 보기 위해서 운동에 참여했다. 그러나 정치적인 상황과 대통령 개인의 목적은 잘살기보다는 '새마을정신'이라는 이데올로기를 통해서 농민의 정신을 개조하는 사업으로 무게중심을 이동시키는 것이었음을 부정할 수 없다. 근대화와 산업화 시기에 농촌이 성장한다는 것은 자본주의 역사에서 일어날 수 없는, 성취하기 어려운 목표였다. 이런 상황에서 농촌의 근대화를 통해 먹고사는 데 급급했던 소규모의 자영농을 자본화된 농업시장에 알맞은 농업상품 생산자로 만들 필요가 있었고, 무엇보다 영구독재를 위한 정치적 후원자가 필요했던 박정희에게 우연히 발견한 정신 개조에 적합한 운동의 소재를 찾아낸 것은 행운이었다.

가성비를 추구했던 박정희는 국가의 다수 자원을 농촌이 아니라 공

---

[68] 김성곤은 삼선개헌 통과 후 공화당 4인방 중의 하나로, 오치성 내무부장관 해임안 가결로 중정에 끌려가서 고문을 받고 트레이드 마크인 카이젤 수염을 뽑혔다가 정치 무대에서 사라지고 곧이어 세상을 떴다.

업 발전에 투자하고 있었음에도 내무부라는 무소불위의 행정기구를 동원하여 새마을운동을 공장, 학교, 도시 등 전국적으로 확대하였다. 해외에 파견이라도 나가기 위해서는 새마을 교육 필증을 반드시 받아야 했을 정도로 새마을은 전 국민에게 주입되었다. 소득 증대 운동이나 잘살기 운동의 방식으로 서서히 한계를 보이고 있었다. 산업화된 사회에서 농촌 살리기는 구조적으로 어려운 과제였기 때문이었다. 새마을운동은 소득 증대 운동보다는 박정희가 만들고자 했던 탈정치화된 자본주의에 부합하는 근대적 인간형을 만들어 내기 위한 이데올로기 운동으로 추진되었다. 그러나 국가 동원의 이데올로기화된 운동이었고 정신 개조로 변화되었음에도, 만일 농민의 참여와 초기 성공의 기억이 없었다면 새마을운동은 불가능한 시도였다.

새마을운동에 참여했던 농민들의 소원은 처음부터 끝까지 농토를 소유하고 그것을 통해 부를 축적하는 것이었다. 일하는 국가 지도자 박정희가 농민을 새 민족을 위한 국민으로 호명하며 새롭고 전도유망한 장밋빛 미래로 제시했을 때, 농민들은 그 호명에 부응했다. 초기의 놀라운 성장은 다수의 농민이 '하면 된다'라는 박정희가 제시했던 신념을 받아들이고 자신의 것으로 내면화했다. 운동 초기 이룩한 업적에 놀란 농민들은 박정희가 새롭게 제시한 '근면, 자조, 협동'의 새마을정신을 내재화하였고 삶을 변화시킬 수 있었다. 이 과정에서 농민들은 자신들이 정당하게 참여해야 할 정치적 권리는 잊은 채로 국가 대 농민의 관계를 받아들이고 국민으로서 설정된 자신의 위치를 받아들였다.

국가는 무엇이며 어떠한 상황에 처하여 있는가도 알아야 한다. 그러나 그것만 가지고는 국가와 자기를 떼어 놓고 국가를 비판만 하게 되는 경향에 빠지기 쉽다. 지식 정도에 알맞은 애착심이 있어야 한다. 국가를 사랑하는 마음이 있어야 국가의 일이 바로 나의 일처럼 생각할 수가 있다. 국가의 개인을 그 목표와 가치의 측면에서 밀착시키는 것이 곧 정치

사회화요. 교육의 과제인 것이다(박정희, 1971: 287-288).

박정희는 한국 민주주의에서 자신이 염원하던 국가와 국민의 동일시화를 추진했고 이를 통해서 국가와 국민을 동시에 근대화시키려고 했다. 농민들은 초기 자발성을 상실하고 국가가 본격적으로 새마을운동을 시작한 1973년 이후에도 계속해서 새마을운동에 적극적으로 참여하였다. 현재까지 도시와 농촌에서 새마을회는 매우 강한 조직력을 보여준다(이수철, 2010: 99).69) 박정희 시기 지배집단이 형성되고 그 구조가 지속된 것은 농민을 역사적 블록70)에 포함할 수 있었기에 가능했다. 국가는 중화학 공업화 정책을 위해 농업을 희생하는 전략을 취할 수밖에 없었다.71) 농촌에 대한 지원과 자원 동원 역시 부실할 수밖에 없던 시기에 정치가 박정희는 숱한 수사(修辭)로 농촌 지역 근대화를 위한 지원을 약속하고 미래의 청사진을 제공하였다. 박정희에 대한 농민의 지지는 국가 중심 민족주의, 반공주의, 국가 개발주의, 경제 우선주의 등에 정당성을 제공하였다. 국가 전체를 위해 농민층에 희생을 강요한 국가 중심의 집단주의가 농민층을 포섭하며 역사적 블록을 형성하여 한국 사회에 구조화되었다.

박정희는 제2공화국의 무능과 부패로 인해 발생한 대한민국의 위기를 극복하기 위해서 쿠데타를 일으켰음을 상기시키고 국가와 민족의

---

69) 이수철에 의하면 성남시의 새마을회는 성남시 인구 100만 명 중에서 2천 명의 회원을 가지고 있으며 후원회원을 포함하면 3천 명에 이른다. 문화 의식 선진화, 쾌적한 환경 조성, 지역 활력 찾기, 서로 돕는 복지공동체 사업을 벌이면서 성남시에서 가장 왕성한 활동을 하는 정부 지원 단체이다.
70) 이탈리아 공산주의자 안토니오 그람시의 역사적 블록(historical bloc)은 지배집단과 피지배집단 사이의 공공연한 관계를 의미하며 피지배집단이 지배집단의 지배를 공공연하게 인정하고 받아들여 구조를 재생산하는 것을 일컫는다.
71) 새마을운동을 본격적으로 시행하는 1972년은 제3차 경제개발 5개년계획을 시작하는 해였다. 정부의 투자 가능한 자원은 모두 중화학공업 육성에 투입되었다(김형아, 2005: 237).

숙원인 근대화를 위해 자신이 희생하고 있음을 주장하면서 새마을운동이 지속되는 기간 내내 정치를 객관화시키고 이에 대한 불신을 일으켜, 농민들이 국가와 자신들을 동일시하게 하면서 정치와 멀어지게 만들었다. 박정희에게 정치가들이란 정쟁만을 일삼는 사람으로 민족분열의 원흉이었고, 이를 그대로 농민들에게 주입하고자 하였다. 이런 정치와 합당한 비판도 정쟁으로 만듦으로써 박정희는 농민들이 정치를 불신하도록 만들었다. 자신은 정치적인 것에서 일정한 거리를 유지한 채 국가의 근대화를 선도하는 사업을 이끄는 지도자로서 각인시켰다. 이를 통해서 박정희는 농민들로부터 지지를 이끄는 데 성공했다.

유신헌법에 대해서 인터뷰에 응한 당시 농민들은 다음과 같이 기억한다.

유신헌법에 대해서 상당히 국민을 설득했지. 우리는 유신헌법인 거는 유신헌법인거다 했지. 농민들이 뭐를 알아? 장기집권이라는 용어 자체도 장기집권이면 집권하는 거지 이거는 안된다, 그런 거는 거부적인 거는 농민들은 없었지(소원면 고○○, 77세).

그렇게 국민이 농민들이 국가관에 대해서 우리는 쪼달리고 못사는데 한이 맺힌 거에 대해서 잘 살게 해준다니까. 우리가 해준 거지 우리가 법적으로다가 유신헌법이 잘못됐다. 장기 독재가 잘못됐다. 이런 거는 생각을 하지 못했다. 군사독재를 했을망정 우리나라가 새마을운동을 하게 되어 이만큼 잘살게 된 거야(소원면 송현리 김○○,77세).

박 대통령이 서거했을 때는 전 국민이 실의에 빠졌었지. 지금 대통령 죽어도 절대 그런 거 없어(소원면 시목리 윤○○, 77세).

내 생각으로는 그 당시 그렇게 하지 않았으면 힘들었을 것이다. 지금을 보면 세상이 돌아가는 꼴을 보면, 민주주의도 좋고 인권도 중요하지만, 경제적인 여유가 중요하다. 어떤 이는 너무 빨리 민주주의가 왔다고 아쉬워한다(전북 임실군 정문자○○, 71세).

이들의 믿음은 총선과 대선에서 여당과 박정희에 대한 농촌의 지지를 이끌었다. 1973년 2월 27일 9대 총선에서 박정희 전국 지지율은 38.7%였다. 도시에서는 35.5%였던 반면 농촌에서는 40.1%였다. 1978년 12월 12일에 치러진 선거에서는 전국 지지율 31.7%, 도시 지지율 28.1%, 농촌에서는 33.8%였다(김대영, 2004: 179-180). 새마을운동의 시작, 그리고 도시, 공장, 학교까지 전개된 새마을운동의 이데올로기는 농민이 국가 발전이라는 목표에 동의하도록 이끌었으며, 경제발전의 혜택에서 소외된 농민들이 박정희 지지를 철회하지 않도록 만들었다. 도시는 야당이 농촌에서는 여당이 지지를 받는다는 의미를 가진 여촌야도(與村野都)라는 말이 계속 통하는 시대가 열렸다. 농민들의 독재정권에 대한 지지는 역대 국회의원 선거와 대통령 선거에서도 그대로 드러났다. 광주민주화운동을 진압하고 정권을 잡은 전두환의 11대 국회의원 선거 계획도 농촌 지역의 여당 성향을 전제하고 있다. 2명을 뽑는 당시 선거구는 야당 성향이 강한 도시에서는 야당 후보와 동반 당선되고 여당 지지가 강한 농촌 지역에서는 두 명의 후보 모두를 당선시키기 위해 신군부가 도입한 중선거구제였다(한국선거학회, 2010: 85-86). 전두환 정권 아래 새마을운동은 새마을운동중앙회라는 중앙조직을 만들어 내무부를 대신하여 새마을운동을 관리하였으며 고도로 중앙집권화된 형태로 확대 재편되었다.

4. 새마을운동과 탈정치화된 농민의 탄생

새마을운동의 평가는 여러 측면에서 가능할 것이다. 성공과 실패의 관점에서 보면 잘살기 운동으로서 새마을운동은 농촌·농민 부채가 꾸준히 증가하고 지속적인 이농 현상이 발생했다는 점에서 실패한 운동에 속할 것이다. 환경 개선 사업으로서 시골 구석구석까지 버스가 다니거나 개선된 가옥에서 사는 것, 경운기가 다닐 수 있는 넓은 길

등을 제외하고 농민들에게 남은 것은 늘어나는 부채였다. 하지만 새마을운동은 농촌 근대화 운동으로 농민들의 기억에 남아 있다. 실패한 운동이 성공한 운동으로 탈바꿈한 것은 독재자의 욕구와 농민의 자기 효능감 경험의 상호작용에 있었다. 박정희에게는 경제발전과 조국 근대화를 위해서 군인처럼 일사불란하게 움직이는 근대적 신민이 필요했고, 가난이 싫었던 농민들에게는 누군가의 도움 없이 자신의 힘으로 꿈을 이룰 기회가 필요했기 때문이었다(박정희, 1971).

그러나 이들의 성장은 역시 완전하지 못하고 반쪽짜리 성장에 머무르게 되었다. 반쪽짜리의 근대 주체의 성장은 자아실현이나 자기 존중이 아닌 명령과 순응에 초점이 맞추어져 있었고 정해진 길을 가는 방식이었다. 이런 근대화의 결과 방향을 설정하기 위한 준비는 시간 낭비이고, 목표는 엘리트가 세우고 다수는 효율적인 방식으로 목표를 달성에 한정하는 방식으로 수동적 한국인을 양산한 사업이기도 하였다. 농민들은 국가의 이름과 요구에 희생도 불사하는 존재로 탈바꿈하게 되었고 전투에서 잘 훈련된 병사와도 같이 되었다. 타인에 의해 이끌리는 존재로서 농민의 성장은 한국 현대사에서 왜곡된 인간상의 모습을 표출하였다.

21세기에 필요한 인간상은 박정희 잔재를 극복하고 박정희와 그의 이데올로그들이 만들어 낸 국민 담론에서 벗어나는 것과 동시에 반대 진영의 민중 논리에서도 벗어나는 것을 요구한다. 피해자 논리나 역사 주체로서 가해와 피해의 대응 혹은 대립, 국민과 시민의 대립과 대응에서 벗어날 필요에서다. 국민과 민중 모두 우리에게는 떼놓고 생각할 수 없을 정도로 중요한 객관화된 대상들이었다. 탈정치화된 반쪽짜리 근대적 개인에서 시민으로의 전환이 필요하지만, 시민의 출현은 도덕적 혹은 인본주의에 의한 지상명령이 아니다. 최종의 목적이 아니라 그 목적을 향해 나아가는 과정에서 자연히 생기는 단계가 시민이다. 그래서 시민을 만드는 데 앞서 '시민됨'을 구성하고 그것을 통해서 우리라는 공동체의 원형을 형성해야만 한다. 구체적인 방법은 '시민 만들기(the making of citizen)'이며 이 시민 만들기는 참여와 성공을 통한 새로운 자아 정체성의 확립, 그리고 다시 행동으로 나아가야 하는 과정에서 부수적으로 발생한다. 이는 다시 강화된 민주주의에 대한 신념으로 이어지고 자신들의 정체성을 민주화된 시민으로서 유지하게 만들고 참여하도록 만든다. 참여와 시민됨은 시민 형성과 시민 중심 사회로의 이동을 가능하게 한다. 민중, 국민, 시민 등의 개념에서 등장하는 개인들은 단순히 구조의 피해자가 아니라 구조를 만들어 내고 적극적으로 재생산하는 존재이다.

거대 담론은 분명 필요하며 우리에게 앞으로 나아갈 방향을 제시해 준다. 거대 담론이나 거대한 조직을 지향하는 시민운동은 소규모의 풀뿌리 운동을 제한했을 수 있다(권혁범, 2004). 의도적으로 풀뿌리를 제한하는 것이 아니라, 일상에서는 대의명분이나 정당화와 같은 것보다 편이나 이익 그리고 개인의 기호 등이 작동하기 때문이다. 그래서 작은 규모의 조직을 단위로 지역에서 활동하는 보수단체와의 대결에서 전통적인 시민운동이 이기기 어렵다. 박정희 시대 국가 프로젝트에 참여했던 인물들을 만나보면 가장 순수한 사람들이 새마을운동에 참여했던 사람들이다. 잊히고 있지만 계속 재생산되고 있으며, 1970년대와는 사뭇 다른 분위기의 사회 속에서 열심히 살아가고 있고, 국가로부터 가장 적은 지원을 받았지만 국가에 가장 크게 기여한 사람들이었다. 그들의 삶을 폄훼하고 싶지 않고 오히려 감사를 드리고 싶다. 그래도 그때와 다른, 국민을 벗어난 정치적이지만 공동체적이고, 개인주의적이지만 타인과 더불어 살아갈 수 있는 새로운 방향을 설정할 때 그들의 경험이 필요할 수 있다.

박정희 잔재를 제거하고 사회를 미래 지향적으로 변화시키기 위해서 지역이 중요한 이유는 지역에는 일상이 작동하고 현실적인 이유가 지배하기 때문이다. 새마을운동은 일상 속에서 작아 보였던 농민을 참여하도록 만들고 성공의 경험을 제공하여 그들의 존재를 크게 만듦으로써 성공적인 운동으로 포장되었다. 여기에는 농민들의 정체성 변화가 중앙에 자리 잡고 있다. 현대사회에 그대로 적용한다면, 스스로 변화할 기회를 주는 것이 필요하다. 그 기회는 작은 성공에서 비롯된다. 반두라의 자기효능감(self efficacy)이 지역과 일상에서 활용되는 중요한 요소인 이유가 여기 있다. 스스로가 움직이도록 도와주는 지혜와 방법이 필요하다. 미국 매사추세츠주의 보스턴시 더들리 스트리트(Dudley Street)의 사례는 엘리트와 지역 활동가들이 해야 할 일이 무엇인지를 보여 주는 놀라운 사례였다.72) 시민 형성을 향해서 나아가는 것은 시간이 필요한 작업이다. 국민 형성이 오래 걸린 것처럼, 박정희 잔재가 아직도 작동하는 것처럼, 오랜 기간 형성되고 축적되고 재생산된 것들은 하루아침에 사라지지 않는다. 눈에 보이지 않는다고 사라지는 것은 아니다. 한국 사회가 역사적 블록을 해소하고 지속 가능한 발전을 이루기 위해서 과거의 인간형은 변화되어야 하며 새마을 운동에서 보여 준 농민의 변화 과정에서 배울 점이 많다.

---

72) Robert D. Putnam 편저, Better Together 4장에는 'The Dudley Street'의 사례가 등장한다. 백인 마을이었다가 아프리카계 이주민들이 들어오면서 백인들이 빠져나가자 집과 차를 태워 보험금을 타고 살인을 저지르는 일이 빈번해져 범죄자 마을이 되었던 곳이, 활동가들이 청소하고 이웃들이 동참하고 시와 정부와 연계하여 지역 주민에게 활동할 수 있는 인프라를 주고 외곽에서만 지원한 엘리트들의 현명한 선택, 자발적으로 참여한 주민, 지원자들의 3박자가 제대로 맞아 도시가 점차 변화해 나간, 일명 '더들리 스트리트의 기적'이다.

제3장

학도호국단과 대학의 탈정치화

1. 탈정치화된 학생조직의 등장: 학도호국단에 대한 시각

한국 사회에서 학생들은 정치 권력을 휘두르는 사람들에게 늘 골칫거리였다. 한국 현대사에서 학생들은 정치 권력을 비판하며 현실정치에 참여하였다. 학생운동은 권위주의 정권에 대해 가장 격렬하게 저항했으며, 시스템(국가와 경제)의 영역에 의해서 식민화되지 않고 국가와 자본주의 경제에 대한 대응 영역(counter public sphere)으로서 위치 매김을 하면서 한국의 민주주의 발전에 크게 이바지했다. 해방 후 남한의 미군정과 북한의 소련 군정 기간에도 학생들은 저항했고 자신들의 관점에 따라서 새로운 사회를 세우려고 노력했다. 이승만 정권은 실제 학생들의 저항으로 붕괴하였다고 해도 과언이 아니다. 그리고 민주당의 제2공화국에서도 학생들의 저항은 집권자들에게는 골칫거리였다. 박정희를 비롯한 군부독재 정권 또한 학생들의 끊임없는 저항과 도전에 직면하였다(서중석, 1997).

따라서 학원 안정화는 권위주의 독재 정권에게는 선택이 아닌 생존을 위한 필수의 문제였다. 이에 독재정권을 지지하는 다양한 관변단체를 조직하여 정권을 위해 움직이도록 만들었다.[73] 이승만 정권 시기

---

[73] 서구에서 파시즘, 소련의 공산주의 그리고 일본의 군국주의 독재정권은 안정적인 권력 유지를 위해서 관변 단체(administered mass organizations, 이하

대한노총과 학도호국단은 관변단체로서 정권 유지를 위해 임무를 다하였다. 한국전쟁 이전 학도호국단은 실질적으로 전위당의 역할에 매진하여 좌익 청년단을 제거하는 데 활용되었고, 전후에는 정권을 수호하고 이승만을 보위하기 위한 관제 데모에 적극적으로 참여했다(정호기, 2008; 이재오, 1984). 1960년 이승만 정권의 몰락과 더불어 제2공화국에서는 학도호국단이 폐지되었다. 유신독재가 절정으로 치달던 1975년 중앙학도호국단 설치가 결정되고 이에 따라 대학교와 고등학교에서 학도호국단이 기존 학생회를 대체하면서 학도호국단은 박정희 정권 수호를 위한 '어용'74) 조직으로 인식되었다.

그러나 박정희 정권 시기 학도호국단은 탈정치화된 조직 만들기가 목적이었기 때문에, 정치적으로 동원되던 이승만 정권 시기의 학도호국단과 달랐다. 학도호국단은 국가가 직접 조직하고 정권에 의해 정권의 인물이 임명되고 물적 자원이 동원되는 구조가 아니었다. 학교 내 조직인 학생회를 국가가 원하는 방향으로 조직하고, 정권의 인물이 아닌 학생 집단 안에서 인물이 충원되고 유지되었으며, 비정치적 수단에 활용하여 정치적 목적을 달성하기 위해서 만들어진 조직이었다(Kasza, 1995: 24-25).75) 따라서 정권 수호를 위해 직접적인 방식으로 동원되는 관변단체의 특징과 학생을 위한 대학 조직의 특징을 모두 가지고 있었다. 이런 서로 다른 성격은 학도호국단이 모호한 특징을 가지게 하였다.

다른 관변단체와 마찬가지로 학도호국단은 학생들이 시위와 같은 정치적 비판에 직접 참여하지 않도록 만들어 교내에서 공부에 전념하

'AMOs')를 조직하여 대중을 동원하였다(Kasza, 1995: 1).
74) '어용'은 임금이 사용하는 것을 의미하고, 주로 정권의 허수아비 단체를 비난하기 위해서 반대편에 의해서 활용되었다(임송자, 2008).
75) 카자(Kazsa)의 정의는 공산당이나 파시즘의 일당 독재와 일본의 군국주의 제국주의 형태의 관변단체의 결합적 성격으로 박정희 시기 관변단체에 적용될 수 있다. 카자의 정의에 의하면 한국의 관변단체 구성은 대만의 일당 독재 아래 관변단체와는 다른 형태를 보이기도 하였다(김준, 1999).

는 등 미래를 위해 투자하도록 만들었거나, 학생들에게 학교 복지 서비스를 제공하도록 만드는 데 목적이 있었다. 그래서 학도호국단 활동에 참여했던 이들 중에서 학생회장과 일반 학과 단위 조직 활동에 참여했던 학생들의 인식이 달랐다. 기존 학생회에서 그대로 일했던 이들은 호국단이라고 불리든 안 불리든 학생회를 존속시켰다고 인식했고, 학도호국단의 '사단장'이 된 총학생회장들은 일반 학생 차원에서 학도호국단의 탈정치화된 경험을 재구성하고 있었다.

사회를 이루는 구성원들은 끊임없이 자신의 과거 경험을 정당화하면서 현재의 나를 발전시키려고 한다. 특히 과거 불행했던 기억이나 기억하고 싶지 않았던 기억을 현재에는 긍정적으로 바라보려고 노력하는 경향이 있다(Cohen et al., 2000). 과거의 경험은 그래서 매우 중요한 의미를 지닌다. 학도호국단 조직에 참여했던 학생 대표들은 사실 어용의 낙인과 독재 협력이라는 비난에 대하여 국가와 자신을 위한 행위로 정당화하려고 했으며 그를 통해서 낙인과 비난으로부터 회피하고자 했다.

이런 모호함은 박정희 시기 학도호국단 활동에 참여했던 학생들은 자신들의 역할과 기억을 새롭게 정의할 수 있는 공간을 마련해 주었다. 이런 공간의 존재는 학도호국단 활동에 참여했던 이들이 자신들은 국가에 의해서 동원되지 않았으며, 정치적으로 독재에 협력하지도 학생운동에 가담하지도 않는 순수 학생회 활동을 했다는 새로운 정체성 확립을 가능하게 하였다.[76] 그것은 정치와 국가를 분리하고 개인의

---

[76] 대한민국에서 현재는 군부독재를 극복하고 형식적 민주화를 이루어 낸 사회이기 때문에 독재에 협력했다는 사회적 낙인은 민주화된 시기를 살아가는 데 큰 역사적 짐이 될 수 있다. 그렇기 때문에 현재의 언어로써 과거의 경험을 재구성하여 정치에 개입하지 않으려고 했다는 탈정치화된 개인들의 정체성에 대한 정당화가 개인들의 응답 과정에서 나타났다. 카(Edward. H. Carr)에 의하면 사회학과 역사학의 발전을 위해서는 역사학이나 역사사회학의 방법이 필요하다. 틸리는 이런 카의 접근방법을 차용하여 사회학이 거대한 사회구조 변화의 흐름 안에서 개인들이 경험하는 일상의 변화를 연결하

삶과 정치를 분리한 탈정치화였다. 특정한 시대를 살았던 한 개인의 경험은 그가 속한 사회의 경험인 역사와 관계 속에서 파악될 수 있다는 밀스(C. Wright Mills)의 사회학적 상상력 개념은 학도호국단 조직 참여자들에 대한 폭넓은 이해를 제공한다. 피하고 싶은 과거의 경험을 현대의 시각에서 정당화하려는 태도와 연결할 수 있다. 참여자들이 탈정치화를 내재화한 것은 민주화된 현대의 시점과 자연스레 연결된다. 하나의 사례가 모든 다른 사례를 설명할 수는 없음에도 그 사례가 속한 시대에 흐르는 사회적 사실로서의 사회구조를 설명할 수 있다(Rueshemeyer, 2003).77) 이는 개별적인 것과 일반적인 것의 단순한 결합을 넘어서 사회구조에 터 하여 그 시대에 대한 이해를 시도하는 것이라고 할 수 있다(Tilly, 1981: 211). 즉, 개인의 경험과 한국의 근대사가 연결되는 고리로서 학도호국단에 대한 이해는 단순히 대한민국이 밟아온 근대의 발자취를 이해하고 그 속에서 현대의 의미를 찾아가는 것이다.

정권 수호 차원에서 학원 안정화 목적으로 동원된 학도호국단을 조명하면서 정권이 보여 준 정치 동원의 특징과 그것에 참여했던 개인들이 참여를 통해 형성한 비정치화된 정체성을 들여다보며 정권이 심고자 했던 국민 의식의 내면을 찾고자 한다. 비정치화된 개인들은 박정희가 정권의 안정과 대한민국의 근대화를 위해서 꾸준하게 추진한 국민 만들기의 시작이었음을 보여 준다(황병주, 2005). 나는 이것을 '칼의 사회학'이라고 한다. 음식을 만드는 도구인 칼을 강도가 사용하

는 방법론을 제시하였다(Tilly, 1981: 211-212).
77) 루셰마이어는 역사사회학의 방법에서 단 하나의 사례가 가설을 정하는 데만 아니라 이론적인 성취를 얻도록 도울 수 있다고 이야기한다. 그는 톰슨의 영국 노동자 계급 형성을 비판하면서 하나의 사례가 단지 그 지역에만 국한되지 않고 다양한 지역에서 통용될 수 있다는 것을 말한다. 이런 논의를 이 글로 확장한다면, 개인의 경험이 그가 속한 특수한 경험일 수도 있지만, 사회 구성원이기 때문에 사회 전반에 걸쳐서 일어난 경험일 수도 있다는 점을 지적할 수 있다.

면 강탈을 하는 목적으로 활용될 뿐 아니라 타인을 상해할 수 있는 도구이지만 좋은 요리사가 활용하면 맛있는 음식을 만드는 데 쓰임이 있다는 것이다. 즉, 방법이 나쁜 것이 아니라 나쁜 목적에 해당 방법을 사용하는 것이 문제이다. 헌신했던 이들이 나쁘게 그려지는 것은 그들의 활동을 통해서 정치적 이익을 추구하고자 했던 독재자의 존재 때문이었다. 물론 그 독재체제에 편승해서 이익을 얻고자 했던 개인들에 대해서 면죄부를 주자는 것이 아니다.[78]

---

78) 한국 사회는 독재와 민주화라는 역사의 굴곡을 경험한 세대들이 산업화와 민주화라는 이분법에 따라 서로 갈등을 경험하고 있다. 그래서 이승만, 박정희, 전두환으로 이어지는 독재정권 그리고 친일 정권이라는 부정적인 시각 탓에, 학생운동을 탄압하기 위해 만들어진 학도호국단에 대한 시각은 부정적일 수 있다. 학도호국단 조직에서 간부로 참여했던 이를 찾기는 매우 어려웠으며 찾아서 면접을 요청하였을 때도 거절을 하는 경우가 많았다. 박정희와 전두환 통치 시기 학도호국단은 어용이라는 사회적 낙인이 찍힌 상태였다. 대체로 학도호국단은 지금까지도 군사 조직이며 어용 조직으로만 인식되고 있다. 이 때문에 심층 면접을 위한 피면접자를 확보하는 것은 매우 어려웠다. 스노볼링 방법을 이용하였음에도 불구하고 매우 많은 면접 대상자들이 참여를 거부하였다. 사실 모든 학생회 간부들이 학도호국단의 소속으로 자동 변환되었던 1970년대 중반 학번을 제외하면 학도호국단 조직에 참여한 경력은 낙인으로 인식될 여지가 있기 때문이라고 생각한다. 학도호국단에 대해서 발표하면 당시 학생회 활동을 하다 자동으로 학도호국단으로 이름이 올랐던 플로어의 참여자들이 "자신들도 모르게 이름이 호국단 간부로 올라갔으며, 이름은 학도호국단이었지만 활동은 학생회 활동에 국한했다"라는 반론을 제기하기도 하였다. 면접 조사는 한국 사회가 관계의 사회라는 점에 착안하여 친분이 있는 사람을 연쇄적으로 찾는 스노볼링(snowballing) 방법을 이용하였다. 학도호국단 조사를 위해 스노볼링 표본 추출의 질적연구방법 중 현상학 방법론과 적합하다고 인식하여 현상학의 방법론에 의존하였다. 현상학의 방법은 연구자는 피면접자의 경험을 중요하게 생각하며 그들의 경험을 미리 재단하지 않고 그 경험을 있는 그대로 해석하려고 노력한다(Creswell, 1998; Crotty, 2003: 78). 피면접자가 경험한 것을 이해하려고 있는 그대로 노력하는 수준에서 적정한 표본의 수를 결정하였다. 참여자의 응답에서 비슷한 답이 나오기 시작하면 표본 추출을 멈추었다. 10명이면 표본의 수가 적정하고 비슷한 대답이 나오는 경우가 많아 이 숫자에서

이승만 정권 시기에 관변단체의 수장은 이승만이었다. 청년단, 학도호국단, 국민회 등 많은 관변단체를 조직하고 가장 높은 자리에 총재의 직위를 두어 이승만이 총재에 추대되었고, 단체들은 대통령 이승만의 하부조직으로 직접적인 연관성을 강조하였다(김영희, 2009). 박정희 정권에서 1975년에 학도호국단은 부활하였으나, 조직의 성격과 활동의 특징은 이승만 집권 시기와 달랐다. 총재 직위가 사라지고 문교부 장관이 직접 학도호국단을 지휘·통제하는 구조로 재편되었다. 중앙학도호국단의 단장은 문교부 장관이며 차관이 부단장이었다. 대통령이 직접 관변단체와 관련을 맺는 것이 아니라 교육을 담당하는 국무위원인 문교부 장관이 학도호국단을 지휘하는 구조였다. 정치적인 선동이나 동원이 아니라 '국가'가 학도호국단을 지휘하는 것이며 말 그대로 '배우면서 지키는' 조직임을 표방한 구조였다. 초대 문교부 장관이었던 안호상이나 「국민교육헌장」을 기초한 박종홍 모두 화랑이라는 존재를 유신과 새로운 한국 민족주의 정립에 활용하였다. '화랑'은 통일신라를 계승한 박정희가 학생들을 군사적으로 훈련하기 위해서 특별히 사랑한 전통의 용사들이었다(Oppenheim, 2008).

2. 학도호국단 재설치의 배경, 조직, 구조 그리고 변천사

이승만 정권은 좌익 학생운동을 분쇄하고 자신의 정치적 전위집단인 우익 청년운동을 지원하기 위하여 학도호국단을 창설하였다(중앙학도호국단, 1959: 74). 그리고 한국전쟁 이후 학도호국단은 대한노총과

이를 때 표본 수집을 멈춘다(Creswell, 1998: 112-113). 다시 말하면 한 피면접자가 다른 피면접자를 소개하는 방식이다. 스노볼링 방법의 단점은 특정 고등학교나 대학교 출신이 피면접자의 다수를 이룰 수 있다는 점이다. 이 방법은 통계적으로 유의미한 대표성을 주장할 수 없는 요인이 된다. 흥미로운 것은, 면접에 참여한 다수는 현재 교수 혹은 교사로 재직하거나 개인 사업을 한다는 점이었다.

더불어 이승만과 자유당 정권을 위한 전위당 집단으로서 역할에 충실했다.[79] 그러나 1960년 4월 시민혁명으로 이승만이 축출된 후 허정의 과도정부 아래서 곧바로 학도호국단은 폐지되었다. 박정희 정권은 군사쿠데타 직후에는 학도호국단을 부활시키지 않았다. 박정희는 전임 이승만과 달리 사회단체를 자신의 정치 현장에 동원하지 않으려고 했다(김준, 1996; 송호근, 2000).[80] 박정희가 정치적인 목적을 위해서 이들을 직접 동원하지 않았다는 것이지 정치적인 목적을 위해서 활용하지 않았다는 것은 아니지만, 박정희의 방식은 전임 이승만과는 반대였다. 대한노총의 뒤를 이은 한국노총을 만들 때도 박정희는 노동자 단체를 정치 행진과 자원 확보에 동원하는 대신 그들의 영역을 넘지 않도록 한계를 주는 방식으로 통제하고자 하였다. 박정희는 직접 동원하지 않는 '탈정치적 동원' 방식을 통해 사회단체 회원들을 묶어 둠으로써 정치적 도전을 미리 차단하여 사회를 안정화하고 자원을 경제에 집중하는 전략을 취한 것이었다. 사회단체들의 탈정치화는 중요한 목표였고, 비정치적으로 접근함으로써 대의명분을 확보하고 이데올로기 전투에서 우위를 점할 수 있었다. 한국에서 오랜 기간 정치에 대응하는 공적 영역을 구성했던 학생들을 탄압하고 관제 데모에 동원하는 것보다, 학생 집단을 침묵하게 하고 성장하는 경제에 인적 자원을 공급하기 위해서도 학원을 비정치적이고 탈정치화된 안정적 공간으로 만드는 것이 가장 중요한 정치적 목표가 되었다. 그때 떠올린 것이 학생운동의 중심축을 이루고 있던 학생조직을 무력화하는 군사 조직화의 끝판왕 학도호국단이다. 그 핵심 이데올로기를 제공한 사람들이 안

---

79) 연정은(2003: 36)은 이승만 정권기 학도호국단이 비민주적이며 하향 방식으로 운영된 관료제를 갖춘 조직이었고, 자유당 말기에는 어용 단체 노릇까지 하였다고 주장했다.

80) 이에 대해서는 당시 박정희는 "4월 혁명 이후 시민세력에 대한 두려움이 있었다는 시각"에서부터 "경제개발을 위해서 다양한 집단을 경제발전에 동원하기 위하여"라는 시각 등 다양한 시각이 있으나, 박정희가 탈정치라는 부분을 자신의 정치적인 목적에 활용한 것은 사실이었다.

호상과 박종홍이었다.

1) 호국단 재설치의 정치·역사적 배경

박정희는 군사쿠데타 이후 노동, 교육, 농민 등과 같은 사회 세력들을 탈정치화하여 자신의 권력 기반을 유지하고자 하였다(Moon, 2008). 일본과의 국교 정상화에 반대하는 학생 시위 및 박정희 독재에 대한 지속적인 저항에도 불구하고 학생에 대한 통제는 물리력에 의존하는 직접적인 방식보다는 인구 증가에 따라 중고등학교의 숫자는 늘리면서 대학의 정원은 묶어 두는 방식으로 학생들 사이의 경쟁을 강화하여 학생을 학교에만 머물게 하는 간접적인 정책을 우선 폈다. 이와 함께 고등학교와 대학 모두 인문계를 축소하고 실업 및 기술 교육 위주로 재편을 시도하였다.81) 학제 개편을 통한 경쟁 강화 방안 이외에도 이데올로기 주입을 통한 학생 통제에도 꾸준한 노력을 기울인다. 박정희는 군사교육과 「국민교육헌장」을 통하여 근대적인 시민이 아닌 국가의 지배에 동의하는 국민 만들기를 시도하였다(황병주, 2005). 그러나 다양한 시도에도 불구하고 유신 직후 잠시 주춤했던 저항이 1973년 겨울부터 본격적으로 진행되기 시작했고 그 진원지는 학교였다. 학생들의 저항에 대해서 살펴보면 다음과 같다.

1971년 10월 15일 위수령과 1972년 유신 선포 이후 1973년 5월 고려대 학생들의 시위까지 학생의 시위는 이례적으로 없었다(이재오,

---

81) 『교육부 50년사』(1998) 자료에 의하면 1963년 12월 6일 대학 정원 2만 명을 증원한 이후 학생들의 저항이 시작된 1964년 이후부터 도리어 「대학정원령」을 마련하여 1,900명을 감축하고, 1966년에는 대학 정원을 이공계 60%, 인문계 40% 비율로 강제조정하도록 조치했다. 1968년에는 「국민교육헌장」을 선포하고 1969년 1월 10일에는 학생 군사훈련 세부 계획을 시달했다. 또한 1969년 7월 16일에는 인문계와 실업계를 40 대 60 비율로 조정하는 중·고교 설립 인가 원칙을 확정하고, 11월 29일부터는 고교 이상에서 군사교육을 실시했다.

1984: 319).82) 1973년 10월 2일 서울대 문리대 학생 250명의 시위가 시작되었다. 그리고 4일과 5일, 이어 15일까지 서울대 학생들은 시한부 동맹휴학을 결의하고 연좌데모를 강행했다. 11월부터는 경북대, 전남대, 서울대, 한국신학대, 고려대 등 전국적으로 시위가 일어났다(325-328). 12월 13일 전국 대학 총장 회의에서는 학생들을 비판만 할 수 없다는 발언이 나왔다. 이런 시각은 정치권과 재야에까지 영향을 미쳤으며 학생들은 다음 해인 1974년을 민주 승리의 해로 정의하기도 했다(330).

이에 맞서 유신정권은 1974년 1월 발효된 긴급조치와 같은 제도적 통제 시스템을 도입해 반유신 저항운동을 제압하려고 하였다. 그러나 긴급조치가 선포된 뒤에도 1974년 3월부터 학생운동과 재야에서 서서히 유신에 대한 저항이 본격적으로 시작되었다. 이들의 저항은 학교에서 광범위하게 지지를 받기 시작했다. 1974년 4월 3일 발생한 전국민주청년학생총연맹(민청학련) 사건은 긴급조치로 학생운동을 억누르기 위한 정권의 전형적인 조작 사건이었다(330-337). 같은 날 긴급조치 제4호가 발효되고 이 조치로 인하여 약 2천 명이 체포되어 203명이 군법회의에서 실형을 선고받았다(박명림, 2008: 46).83) 이때 학생들과 함께 구속된 인물들은 윤보선 전 대통령, 지학순 주교, 김지하 시인, 사학과 김동길과 신학과 김찬국 교수 등이었다. 긴급조치는 사실상 기존의 억압 조치 모든 것을 뛰어넘는 강력한 수단이었다.

그러나 이런 초강수 억압 수단은 국내의 지속적이고 강력한 저항과 일본을 비롯한 국제사회의 압력에 의하여 도전을 받게 되었다. 그러자 1974년 박정희는 일시적인 유화 조처의 하나로 긴급조치를 해제하였

---

82) 그러나 박명림(2008: 45)은 실질적인 반유신 시위의 시작은 더 나중인 1973년 10월 2일 서울 문리대 학생들의 시위였다고 본다. 이재오(1984: 321)는 이때까지를 학생운동의 공백기로 표현하며 학습, 수련, 토론 등을 통해 학생운동의 질적 발전을 위한 휴지기였다고 주장하였다.

83) 박명림은 한국 기독교 사회 연구원의 1982년 글을 참조하였으며 이 글은 박명림의 글을 재참조하였다.

다.84) 1975년 2월 사형당한 8명을 제외하고 대부분은 형집행정지로 풀려나기 시작했다.85) 정권으로서는 학생운동과 재야 운동권의 활동이 더욱 강력해지는 것을 염려하지 않을 수 없게 되었다. 당시 저항의 분위기 확산과 1975년의 학교 분위기를 당시 대학교 1학년이었던 참여자는 아래와 같이 회고하였다.

> 대학교 때는 교련이 있었다. 교련 과목이 있었다. 대학에 들어갔을 때 학생회가 있었다. 학생회가 주도해서 데모했다. 75년 긴급조치 위반으로 구속된 학생들이 풀려나왔다. 입학하기 전에 문교부에서 다시 복교 복직을 허가하지 않았다. 그러나 학교에서 받아들였다. 연대하고 한신대는 거부하고 학생을 복교시키고 교수를 복직시켰다. 박대선 총장 심약한 사람인데도 정부의 명령을 거부했다. 신학과 김찬국 교수, 사학과의 김동길 교수 신입생 환영회에서 교수들을 보았다. 데모의 이슈는 복교·복직을 요구하는 데모에 참여했다. 기억이 생생한 거는 학생처장이 나와서 격려했다. 총장의 방침이 복교와 복직이었다. 노천강당에 모여서 집회하고 줄을 서서 행진했다(주○○, 58세).

1973년 12월 대학 총장 회의에서 나온 입장이나 학생들의 증언은 보수적인 교수집단조차 박정희 정권의 유신독재에 대해 부정적이었음을 보여 주는 사례일 것이다(이재오, 1984). 학생, 재야, 야당의 직접적인 반대와 저항 그리고 비공식적으로 퍼져 있던 저항 등 국내의 전반적인 도전에 직면한 박정희 정권이 국가안보라는 통제 전략을 사용

---

84) 박명림(2008: 48)은 일시적인 유화 조치는 도리어 저항의 폭발적 증가를 가져왔다고 이야기하며 1974년 10월 30일 전국 72개 대학 중 44개 대학이 휴강으로 문을 닫고 13개 대학에는 계고장이 발송되었다고 한다. 더구나 12월 25일에는 민주회복국민회의가 창립되어 반유신의 조직화가 있었다고 말한다.

85) 이때 일본인 기자인 다치가와 마사키는 유인태에게 준 돈 7,500원 때문에 체포되어 20년 형을 받았다. 다치가와의 체포와 유죄판결은 일본의 저항을 불러일으켰다. 일본의 항의에 다치가와는 10개월간 옥살이를 하고 풀려났다.

하기에 좋은, 베트남의 공산화라는 국제적인 사건이 발생했다. 1975년 3월 10일 휴전을 맺은 남베트남이 북베트남의 공격으로 시작된 전쟁에서 패하여 4월 30일 사이공이 함락된 사건이었다. 탈출하는 베트남 사람들로 가득한 미군 헬리콥터와 '보트피플' 사진은 두고두고 반공주의 선전에 활용되었다.[86] 이것은 정권에게는 사회의 저항 세력을 억압할 수 있는 아주 좋은 기회가 되었다. 반공주의를 활용한 전략이 정권 말기 산업화와 함께 북한 공산집단의 침략으로부터 국가와 민족을 수호할 방안으로 제시되었고 이에 국가와 민족의 수호를 위해 화랑도의 관창처럼 희생할 학생을 조직화하는 학도호국단이 재등장하게 되었다.

학생, 재야, 야당의 저항 그리고 닉슨 독트린 이후 미국과의 불화와 베트남의 공산화 등에서 기인한 정권의 위기의식은 박정희에게 제도적 수단을 찾도록 이끌었다. 그것은 학도호국단의 부활이었다. 이는 학생 저항을 봉쇄하고 학원을 안정화하는 것 없이 당시 유신의 생존이 불가능하다는 것을 박정희 정권이 인식하여 나타난 것이다(이재오, 1984). 이를 위해서 학도호국단을 설치하고 학생회 무력화, 일반 학생들을 대상으로 하는 온전히 순종적인 학생 만들기를 시도한 것이다. 학도호국단의 창설과 이데올로기화 작업은 단순히 대학에만 적용된 것은 아니다. 이데올로기적으로 「국민교육헌장」과 유신 이후 제3차 교육과정(1973~81)에서도 교육이 국가에 중요한 요소임을 강조하는

---

[86] 보수 진영은 베트남 패망으로 인한 베트남인 탈출 장면과 2021년 아프가니스탄의 미군 철수와 동시에 탈레반에 점령당한 현지 사진을 비교하면서 현재 대한민국의 진보 진영을 비판한다. 협상에만 의존하고 군대를 강하게 만드는 일은 게을리했다는 것인데, 베트남과 아프가니스탄은 경우가 다르다. 그리고 거꾸로, 외국 군대에 의존하여 나라를 지키려는 이들이 미군에 의존하는 이들이라는 점에서 보수 진영의 본의 아닌 자아비판으로 해석될 수 있다. 오랫동안 외세에 대항해서 자신들의 힘을 길러 온 이들과의 전쟁은 압도적인 우위나 이데올로기 싸움의 필요성을 드러내 준다는 점에서 현대에도 의미 있는 논쟁이다.

과정에서 교육 부분에 국가주의가 그대로 포함되어 있었고 구체적 각론의 하나로 학도호국단이 포함되었다.

교육은 이데올로기적 국가 장치의 중요한 부분이다. 그렇기에 교육 부문에 한정되지 않고 늘 사회 차원으로 확대되며, 대중매체는 같은 층위의 이데올로기 국가 장치로서 교육이 하는 기능을 확대한다. 신라 고도 경주 지역에서 학도호국단은 특별히 잘 활용되었다. 화랑과 결부된 각종 체육 행사 그리고 지역 공간의 재구조화, 상징물 설치 등이 나라를 구한 화랑처럼 북한 괴뢰를 제압하고 새로운 대한민국을 건설할 주체로 학생들이 전면에 나서는 작업을 하도록 이끌었다(Oppenheim, 2008). 학생의 국가 수호를 위한 준비 태세에 참여하는 홍보물로 남겨지고 뉴스 매체를 통해서 학생들을 순종적으로 만들었다.

국민 만들기의 작업은 학원에서 사회로, 농촌에서 도시로, 노동에서 일상으로 늘 확대되었고 행정기구, 이데올로기 국가 장치 등이 활용되었다. 그리고 상징을 만들어 대중의 지지를 받도록 만들었다. 늘 그렇듯이 다수의 사람이 당연하게 여기도록 만들어 사회구조가 지탱하는 역할을 하게 했다. 화랑도는 그렇듯 신라 천년을 지탱할 만큼 중요하고 적극적, 능동적이었던 반면 박정희의 화랑(학생)은 사실 수동적이고 정권에 저항하지 않고 전문가의 길을 걸으면서 학생의 복지에 관심을 두고 젊은 청춘을 즐기는 그런 사람이어야만 했다. 자본주의 시대 자신의 상품 가치를 최대한 끌어올리는 탈정치화된 사람이어야지, 독재정권에 저항하는 운동하는 사람이어서는 안 되었다.

2) 학도호국단의 이중적 기능: 군사 조직과 학생회 조직

학도호국단의 첫 번째 기능은 학생조직들을 군사 조직으로 대체하는 것이었다. 이는 기존 학생운동을 대규모로 조직하던 학생조직을 해체·대체하는 것을 의미했지, 기능을 완전히 없앨 수는 없었다. 군사

조직에 학생을 포함하여 학생들을 군인으로 만드는 것이 가능해졌다. 학도호국단은 1969년부터 교련 과목을 통한 학생의 '군인 만들기'의 끝판왕이었다. 교련의 시작은 교육과정 개편에서도 그대로 드러나 국가의 운명이 교육에서 시작된다는 믿음과 결부되어 학생은 중요한 교화 작업의 대상으로 전락시키며 군인으로 만들려고 시도하는 군사훈련을 제도화하였고 이에 더해 학교의 일상을 군인의 일상처럼 바꾸려는 원대한 목표를 학도호국단의 부활로 추구하게 되었다. '배우면서 지키자'라는 구호에서 보듯이 호국단의 주된 임무는 배움과 호국이라는 두 지상과제를 달성하는 것이었다. 표면적으로는 학생회 지도자들이 군사훈련을 받도록 의무화함으로써 군사제도를 학생들의 일상에 침투시키려는 거대한 시도였다. 그러나 군사훈련이나 학생을 군인으로 만드는 원대한 목표보다 일차적인 학도호국단의 기능은 학생운동을 주도하던 조직의 지도부를 군인으로 만들어 학생운동을 조직하는 동원 수단인 학생회를 무력화하는 것이었다.

학도호국단의 두 번째 기능은 좀 더 거시적인 목표를 달성하기 위한 것으로, 학생조직을 탈정치화하고 학생들을 정치로부터 멀어지게 만들어 학생들이 저항 대신 학업에 전념하고 지식을 통해 사회에 봉사하도록 하여 학원을 안정화하는 것이었다. 이 두 번째 기능은 독재에 협력하는 어용 학생회로 비난받던 학도호국단을 사회에 대한 봉사하는 선비정신을 지닌 학생 본연의 임무에 충실한 조직으로 만들어 비난을 피하기 위한 수단으로 이용되었다. 즉, 학생회 조직은 시위를 계획하고 실행하는 반정부 조직이 아니라 순수하게 배우는 조직, 학생 복지를 위해 일하는 조직으로 탈바꿈하게 되었다. 배우는 조직으로서 학도호국단은 학술대회를 주최하고 연사를 초청하여 학생들이 좀 더 큰 세계를 배우고 미래를 위해 도전하도록 유도했다. 다음은 학도호국단에서 훈련부장을 역임한 응답자의 증언이다.

훈련부장이란 게 원래는 전시에 동원 체제를 책임지고 있는 사람인데 그래서 훈련을 담당하는 거겠지. 그런데 실제로 무슨 그런 일이 있겠어요? 아까 얘기한 그거 검열 한 번 했던 거에 책임을 지고 있었고 그 외에 내가 훈련부장에게 주어진 일은 요즘으로 치면 세미나, 외부 세미나에 교내외의 저명하신 학자들 이런 분들을 초대해서 교내의 학술 세미나를 주관하는 것이 있었고 다음으로 축제나 이런 것의 일정 부분을 그때는 분업체계로 일정 부분을 나누어서 맡았고 이런 것이었죠(김○○, 58세).

학도호국단이 목표한 배움에로의 운동은 학생을 조직하여 학생운동에 참여할 기회를 제거함으로써 다시 학교 내에서의 기존 학생운동 조직의 약화를 초래하였다. 학도호국단 간부가 기존 학생회 간부였던 초기를 제외하고 계속해서 학도호국단 조직과 운동권 학생들 조직 사이 갈등이 존재하였다. 학도호국단의 존재만으로도 학생을 응집하여 조직화하지 못하였기 때문에 학생 사이 분열은 필연적이었다. 학생의 분열은 정권에 직접 이용되지 않았지만, 독재에 대한 저항 운동에 필수적이었던 학생 동원을 약화하였기에 정권에 도움이 되었다. 이른바 비 정치성의 정치적 결과다. 따라서 학도호국단의 조직은 기존의 학생 조직과 크게 다르지 않았고 사업도 기존의 학생회에서 다루던 것들을 그대로 이어받았다.

6개월 정도 지나고 하다 보니깐 체육대회 행사도 해야 하고 나름대로 학회비로 징수된 거 집행도 해야 하고 하다 보니깐 전체적인 지지는 못 받았지만 하는 기본적인 일(축제, 단과대 체육 행사, 과 지원 체육대회) 뭐 이런 거는 명맥을 유지했어요(선○○, 5세).

기존 학생회 조직에 당시의 시대적 상황을 반영하여 새마을운동부와 (군사) 훈련부가 추가되었을 뿐이었다. 1973년 이후에는 내무부의 개입으로 새마을운동이 전국적으로 확대되어 도시 새마을운동과 공장 새마을운동으로 확장되고 있었다. 새마을운동의 성공을 위해서 학도호국단은 길거리 청소, 시민의식 함양 캠페인 같은 도시 봉사활동, 농촌과 자매결연을 하고 여름에는 특히 농촌 봉사활동을 수행하였다. 여름방학 때의 농촌 봉사활동(농활)은 명목상 농촌을 위한 봉사였으나, 방학을 맞이하여 학생들이 학생운동에 참여하는 기회를 원천 봉쇄하기 위한 숨은 전술이었다.87) 농활의 이러한 성격은 학도호국단 사단장(총학생회장)이었던 참여자의 증언에서 확인되었다.

> 글쎄요. 어느 면에서 보면 아까 얘기했듯이 반정부투쟁을 해야 하는 시대적 상황 하에서 우리가 학생회를 유지해 나가려고 한다면 그것은 학생회 복지를 증진시키는 것이 훨씬 나은 것이 아닌가. 그런 생각을 했고, 그리고 또 당시에 그래도 그건 70년대잖아요? 70년대에 대학생들의 사회적인 책임이 반드시 정치투쟁에만 있다고 생각하지 않아서 그때는 농촌 봉사활동을 굉장히 강력하게, 농촌 봉사활동을 그래서 학교 단위 전체가 특정 지방에 내려가서 그때는 경북지역으로 갔었던 걸로 기억하는데 특정 지역에 내려가서 근 일주일 이상에 걸친 노력 봉사라 그럴까 계몽보다는 노력 봉사를 주로 했어요. 그러니까 같이 밭을 갈든가 집을 개장한다든가 하는 형식으로 그리고 여기 의과대학 치과대학 학생들이 같이 가서, 봉사하는 그러니까 우리 때 봉사활동은 어느 면에서 보면 계몽적인 게 아니고 우리가 스스로 같이 모범을 보임으로써 그들과 함께 생활할 수 있다. 뭐 그런 입장을 굉장히 취했다는 거죠(김○○, 6세).

이런 학도호국단의 역할과 활동은 정치적인 사건이 등장할 때 학생들이 정치적 사건에 휘말리는 것을 막고 학생 본연의 임무인 학업에 전념하도록 유도하는 기능을 했다. 그리고 지식인으로서 사회에 봉사하는 것이 정치적인 시위에 참여하는 것보다 더 나은 것이라고 단정

---

87) 학도호국단의 활동으로 부활한 여름 농활은 그러나 전두환 정권 시기 학생회가 부활하면서 학생들이 농촌 인구와 접촉할 기회를 제공했고 농촌 의식화에 이바지하도록 전유 되었다. 이를 통해서 학생운동은 1980년대 농촌에서도 그 영향력을 확대할 수 있었다.

하고 반정부 집회나 시위 대신 학술제, 학회, 견학 등 비정치적인 전문 영역에 학생들을 동원하였다. 학도호국단이 문화행사, 학교의 축제, 그리고 교내외 연합학술제를 개최한 것도 '정치적 목적을 달성하기 위한 비정치적 수단'의 연장선 위에 있었다. 이런 비정치화의 시도는 학도호국단원으로 참여하는 학생들에게도, 독재를 유지하고자 하는 정권에게도 부담을 덜어 주는 것이었다. 학도호국단의 역할은 1970년대 정국이 소용돌이에 빠지고 사회의 다른 영역에서 저항이 거세질 무렵에 중추적인 역할을 할 수 있었던 학생운동의 일시적인 침체에 일정 부분 역할을 하였다. 한 참여자의 증언을 통해서 확인할 수 있다.

> 학도호국단이 박정희 시절에 몇 년밖에 안 되지만 학생들을 잠잠하게 만드는 데 일조했다. 라는 것이죠. 의도적으로 만들었긴 하지만 상황적으로는 성공했다고 볼 수 있죠. 호국단의 등장으로 학생들 입장에서 공부를 더 할 수 있는 면학 분위기가 더 조성되었던 거예요. 학생들이 데모하면 휴교를 해야 하고 그런 상황이 벌어지는데 그런 상황이 한 번도 안 일어났어요. 그리고 호국단 활동 중에서 중요시되었던 게 학술 활동들이었어요.(이○○, 60세).

학도호국단의 등장은 그 자체가 정권을 위한 강력한 무기로서 학생운동을 탄압하는 도구였다기보다는 학생운동을 대규모로 조직할 수 있는 유용한 자원을 제거하는 역할을 주로 담당했다. 학도호국단이 가지고 있었던 구조적인 기능과 국가의 강력한 물리력은 대학 내에서 대규모 시위를 조직하는 것을 어렵게 만들었으며 조직화된 저항을 원천 봉쇄할 수 있었다. 증언에 따르면 1970년대 연세대학교 내에는 6개의 국가기구에서 정보 업무에 종사하는 요원이 파견되어 근무하면서 학생들을 감시했다고 한다. 국가의 억압기구는 감시하고 학교 내부의 호국단은 학생들의 관심을 그들의 미래로 돌리게 하는 기능을 담당하여 학생운동이 확대되고 재생산될 기회를 줄어들게 만드는 역할을 어느 정도 성공적으로 담당했다. 대학 학생조직 구조와 대학 내 억압기구의 존재는 학도호국단 참가자들이 어용이라는 동료들의 비난을 피할 수 있도록 도와주고 사회에 좀 더 순응하도록 유도하는 결과를 낳았다. 사회에 호응한다는 것은 사회의 흐름에 맞추어 자신의 미래를 결정하는 것으로, 산업화로 근대화가 본격적으로 진행되던 시기 대학생들의 역할은 미래 지식인으로서 새로운 사회에 필요한 지식을 배울 것이 요구되고 있었다. 사회의 변화에 순응하는 학생을 만드는 데 여러 요인이 결합하여 작동한 것이다. 학도호국단 참여자들은 사회에 순응하고 어용 비난을 회피함으로써 자신의 선택을 정당화하는 태도를 보여준다.

3. 자기 정당화: 순응과 어용으로부터의 회피

박정희 시대의 학도호국단은 법령으로 모든 학생을 구성원으로 하고 있었기 때문에 모든 학생이 호국단의 참여자였다. 여러 명의 논평에서도 드러나듯이 호국단에는 기존 학생운동권의 학생들 이름이 포함되어 있었다. 마찬가지로 다수의 학생이 포함되어 있어서 학도호국단 참여자들에 대한 일반화는 오류에 빠질 위험이 있다. 피면접자 중 학도호국단에서 학생회장을 역임한 사람들은 대체로 몇 가지 특징들을 공유했다. 우선 남성들 대부분은 복학생들로 이루어졌다. 호국단 간부 중에는 간혹 군간부후보생들(ROTC)도 있었다. 이들은 일반적으로 체제와 권위에 순응적인 태도를 보였다. 학생회장이었던 사단장(전문대 규모는 연대장)들은 거의 복학생들이었다. 복학생 중에서 주위의 덕망이 높거나 통솔력이 있는 학생들이, 학생들의 선출이 아니라 학교의 낙점을 받았다. 사단장으로 임명된 사람들에게는 학도호국단의 장학금이 지급되었으며 이런 장학금을 목적으로 참여한 이들도 있었다. 학도호국단 참여자들의 답변을 통해서 호국단원들의 특징 몇 가지를 발견할 수 있었다. 제도와 사회에 대한 순응, 그리고 탈정치화와 어용 이슈 탈피 시도였다. 특히 직접적인 방식의 동원과 순수 학생단체의 장으로서 자신의 상을 그리려는 시도가 대표적이다.

1) 참여자의 순응적 특징

순응은 면접에 응한 학도호국단 간부들에서 공통으로 나타난 특징이었다. 학교 당국, 사회, 선배 그리고 국가에 대한 순응, 제도에 대한 순응 등으로 나타났다. 당시 고등학교 호국단 간부로 참여했던 피면접자는 학교와 사회의 교육에 순응적이었던 자신을 증언한다.

> 저희들 기억으로 지금 돌이켜 생각해보면 제일 우리가 학교 교육을 그대로 받아들일 수밖에 없었죠. 초등학교에서는 실질적으로 농담이 아니라 북한에서 온 사람들은 뿔이 있다고 생각할 정도로 반공교육을 받았었고, 다음에 중학교 때는 잘 몰랐지만 유신이라는 것은 남북한이 대치상태였고 그때는 북한 사람들이 우리나라에 위해를 가했고 실질적으로 신문 기사에 나오는 것을 우리 눈으로 봐왔던 세대고. 어린 마음이었지만 이게 맞구나 하는 생각. 지금도 기억을 하는 것은 우리는 우유를 먹고 자란 사람이 아니고 숭늉이라는 게 있지. 우리에게 맞는 물, 우리나라에 맞는 민주주의 한국적 민족주의를 해야 하는 거 아니냐. 그래 교육을 받았기 때문에 교련이라든지 학도호국단이든지 하는 것을 그대로 옳다고 생각하고 받았다. 우리는 그런 교육을 받았던 사람들이다. 그때는 우리가 무슨 문제가 있었던 것은 아니고 지금 생각해도 마 그때는 그것이 맞다. 물론 살아오면서 변하기는 했지만 그 당시에는 그것이 맞다고 생각했다(김○○, 56세).

학도호국단원들은 먼저 학교에서 사단장, 연대장, 대대장으로 참여하기 전에 학교로부터 임명의 대상이 되었다. 교수 혹은 학교 당국으로부터 참여의 의사를 받은 뒤에 대체로 받아들였다고 한다. 그 이전에 다른 누구에게 먼저 제의를 했다가 본인에게 온 것인지 확인은 불가했으나 대체로 학교에서 권유했을 때 거절하지 못하고 받아들였다.

복학을 하고 1학기를 다니다가 방학 때 학과장 교수 선생님으로부터 나한테 전화가 왔어요. "좀 보자." 나는 뭐 무슨 교수님이 나를 특별히 보실 일이 없는데. 그러다가 학교 가서 학과장실에 가서 만나 뵈었더니 이번에 학생회가 반이 없어지고 자네가 그 당시 단과대 학생장(과대표)을 맡아 달라고 간곡히 부탁하셨죠. 그래서 2학년 때인가 3학년 때인가. 아마 3학년 때인 것 같아요. 그래서 선거를 해서 과 대표를 뽑는 그런 민주적인 건 없어지고 교수님들이 뽑았던 거 같아요. 그때는 서로가 안 하려고 했던 거 같아요. 하지만 복학생들을 중심으로 해서 어려운 시기에 제도가 이렇게 바뀌었기 때문에 어쩔 수 없이 맡아줘야겠다 해서 내가 3학년 때 학생회장 하면서 문과대 부학생회장을 한 거 같아요(선○○, 57세).

다른 면접 참여자도 자신의 호국단 임명에 대해서 비슷한 상황을 이야기한다. 학교 당국에서 먼저 학도호국단 학생회장과 간부들을 선택하고 연락을 취한 것이었다.

간부후보 1년 선배가 2학년 간부후보 중에서. 그러니까 그 당시 3학년 간부 후보생 중에 가장 성적이 좋은 나를 지목한 거야. 그래서 그냥 추천하니까 아마 총장이 임명했겠죠. 그렇게 임명이 됐고 대부분 복학생이었어요. 사단장도 복학생이었고 부사단장도 복학생이었고 대부분 대대장도 다 복학생이었어요(김○○, 58세).

선배들에 의해서 학도호국단 간부를 할 것을 요청받고 학교 당국의 임명을 받아 호국단 간부로 활동한 예도 있다. 즉, 대학교에서 출신 고등학교 선배들이 경쟁 고등학교 출신자가 간부로 임명되는 것을 막기 위해서 후배를 시켜 학도호국단 간부에 참여토록 한 경우다. 고등학교 졸업생들끼리 경쟁 관계가 학도호국단 참여에 영향을 미쳤다는 것은 학도호국단이 독재 대 민주주의의 문제를 넘어 일상의 문제로 이미 파고들었음을 의미한다. 학교라는 공간의 일상 삶에서 학생들의 복지에 영향을 미칠 수 있는 존재는 학생회였고 그 역할을 대신하는 것이 학도호국단이었기 때문이다. 학도호국단이 일상의 문제를 파고들수록 정치적인 관심도는 더욱 떨어지게 되었다. 한국 사회에서 완장과 그것이 가지는 중요성이 중간 단계에서 임의적으로 활용될 수 있는 환경이었기 때문인데, 저항만 하지 않으면 많은 것이 허용되던 시기였기 때문에 학도호국단이 오히려 교내의 학생 영역의 활동에 있어서는 상대적 자율성이 있었다고 볼 수 있다. 그래서 학도호국단 간부 자리가 경쟁의 대상으로 여겨지기도 한 것이다.

> 여학생회의 회장은 연대장이고 여자가 지방적인 특색도 있고 제가 3대 호국단 활동을 했던 거거든요. 이미 1대 2대가 있었어요. ○○지역이라는 특징 때문에 ○○여고하고 ○○여고가 경쟁을 했고 제가 ○○여고 출신이거든요. [앞] 2년을 우리여고 출신이 회장을 해서 세 번째에 우리여고 출신들이 넘겨주고 싶지 않아서 떠밀려서 하게 됐어요. 교지 편집장을 해서 1, 2학년 때 그러다 보니까 밀려가지고 엉겁결에 [선배들이] ○○여고에게 넘겨주기 어렵다. 그래서 우리가 더 해야 한다고 하니까 (…) (배○○, 57세).

어떤 학도호국단 간부는 어용이라는 비난에 부담을 느끼긴 했으나 학교와 학생을 위해서 봉사하는 것 그리고 학교에서 자신들에 대해서 인정해 준 것에 대한 보답으로 참여했다고 한다. 고등학교에 다닐 때 이미 학도호국단을 경험했던 이들은 대학교에서도 학도호국단에 대해 거부감이 없었다고 하며 그 당시 자신들의 모습을 모범생으로 정의했다. 당시에는 자신들이 학교에서 모범생이었으며 학교 당국과 지도하는 교사들에게 복종하는 것을 자랑스럽게 생각했다는 것이다. 그리고 학교에서 시키면 무조건 따라야 하는 것으로 받아들였다고 한다. 당시 교육 현장에서 선생님의 말씀을 임금과 부모님의 말씀처럼 따라야 한다는 사회적 힘이 강력하게 작동하고 있었기에 학교와 교수들과 같은 교육 주체들을 지배하던 교육부의 명령은 고스란히 학교의 명령 작동 체계 안에서 학생들에게 그대로 작동하고 있었다.

우리는 그 시절에 에프엠(FM)이었다. 언제나 규칙에 충실하고 좋은 모범이 되는 학생들이었다. 우리 학교는 그 당시 경남에서 가장 좋은 여학교였다. 우리는 항상 공부만 열심히 했다. 우리는 그저 시키는 대로 생각 없이 따랐다(김○○, 58세).

비슷한 경험을 당시 다른 지역의 고등학교 학생에게서 들을 수 있었다. 고등학교 2학년 때 학도호국단 발족식에서 여의도에서부터 시청 앞까지 행진했던 여고생의 경우에는 당시 학생들 모두 정부 혹은 학교에 대한 불만보다는 더운 여름에 행진 훈련으로 인한 고생에 대해 불만을 이야기했을 뿐이었다고 한다. 그는 학교생활에 대해서 다음과 같이 증언한다.

토사 있잖아요? 그걸 아스팔트에 있는 걸 치우라고 그때도 몸이 안 좋았는데 워낙 모범생이다 보니깐 열심히 했죠. 그때도 이걸 왜 해야 하나? 딴 사람이 하면 안 되나 했지만. 선생님이 시키시는 거니까 열심히 했던 거 같아요(탁○○, 55세).

학생들이 보여 준 구조화된 순응에는 많은 요인이 있을 수 있다. 1960년 4월 혁명에서 독재를 비판하고 자유를 위해 투쟁하던 고등학생들은 사라졌다. 중학생들도 이미 사라진 지 오래다. 학생들에게 정치적 자유나 사회적 정의는 더이상 중요하지 않았다. 그들에게는 기존 질서에 순종하는 것이 미덕이 된 것이다. 박정희가 도입한 고입과 대입 경쟁 체제는 학생들의 순종을 더욱 가속하였다. 처음 박정희가 도입했던 경쟁은 명문 고등학교에 입학하기 위한 고교 입시에 먼저 적용되었고 중학교 학급 내에서의 경쟁은 서로 공부를 열심히 하도록 만들었고 이후 대학 입시에서의 경쟁은 고등학교 교실에서 정치적 구호나 시위가 아닌 영어 단어 하나라도 더 외우도록 만드는 결과를 낳았다. 경쟁이 최고의 탈정치화를 낳는 수단이었다(Miller and Kanazawa, 2000).

해방과 한국전쟁 이후 학교와 학생 숫자는 계속 증가했다. 박정희 정권은 학생들을 단순히 억압적으로 누르려고 하였을 뿐만 아니라 다양한 제도적 장치를 통해 학생들을 순종적인 존재로 만들려고 노력했다. 국가는 대학의 수는 제한하고 기술대학이나 기술학교의 숫자만을 늘렸다. 늘어나는 학생의 수에 비해 들어갈 수 있는 대학이 많지 않으면 대학에 가기 위해 그만큼 고등학교 교실 내에서 경쟁이 심화될 것이라는 것을 예측하기는 어렵지 않다.

전통적으로 대학은 신분 상승의 주요한 도구로 인식되었다. 과거에 급제하여 집안을 가난에서 벗어나고 권력을 유지하여 집안을 일으키려 한 조선인들이나, 일제강점기에 국가시험에 합격하고 공무원으로 근무하여 권력과 경제적 보상을 누려 일본인과 비슷하게 새로운 조선인으로 서려고 했던 이들이 대학을 신분 상승을 위한 통로로 활용하고자 하였다. 이런 전통으로 국가에서 한 자리를 차지하는 것은 중요한 신분 상승의 도구로 인식되었다. 그렇기에 배움의 공간인 학교는 순응 여부에 따라 더 좋은 보상이 따르는 공간으로 인식되었다. 그러다 보니 학교에서 학생을 순응하게 만드는 구조가 생산과 재생산되었다.

교사와 학교 당국이 학생들 통제를 쉽게 하도록 만든 교실 시스템도 순응의 중요한 요인이었다. 교실 구조는 안에서 외부를 보지 못하도록 만들어졌으며 학생은 일어서야만 간신히 창문 밖을 볼 수 있다. 교장이나 교감 등 관리자들은 창문을 통해 서서 교실 안의 교사와 학생들을 감시할 수 있으나 내부의 학생과 교사들은 밖에서 감시하는 이를 확인하지 못한다. 일종의 감시탑과 같은 역할을 하는 것이다. 푸

코가 『감시와 처벌』에서 이야기한 파놉티콘(panopticon)은 죄수를 감시하는 감시탑으로 인한 정보의 비대칭, 즉 상대방은 나를 보지만 나는 상대방이 어디를 보는지 보고 있다는 사실조차 인식하지 못하는 비대칭 권력을 이야기할 때 활용된다. 근대 교육 시스템의 체계가 바로 이렇다. 스승과 마주 보며 대면 상호작용을 하며 교육받던 서당과 달리 학생들은 교실 안의 교사와 교실 밖 관리자의 감시를 동시에 받아야 했고, 교실 안의 교사조차 교실 밖의 감시자에 의해서 감시받을 수밖에 없는 구조였다.

교실 내 책상의 배치도 통제와 관리에 효율적이었다. 일렬로 줄 맞추어서 배열된 책상과 의자는 어느 각도에서도 학생들의 행동을 잘 지켜볼 수 있도록 했다. 교탁과 교단 위의 교사가 차지하던 위치도 마찬가지였다. 교사는 모든 학생이 무엇을 하는지 높은 곳에서 파악할 수 있었지만, 상대적으로 교탁에 가려진 교사의 모습을 고개를 숙이고 공부하는 학생들이 파악하기는 어려웠다. 이런 교실 구조는 학생들이 교사들의 감시에 순응하도록 만드는 결과를 낳았다.

일제에 의해 근대에 도입된 공공교육의 교실 구조와 대학이 차지하는 사회적 의미는 당시 학생들의 선택 순간(행동 기점)에 영향을 미치며 작동하는 사회구조였다. 1960년 전체 학교의 수는 6,252개에서 1965년 8,339개, 1970년 9,792개로 늘었으며 학도호국단 창설 당시에는 1만 939개의 학교가 있었다. 반면 고등교육기관의 수는 상대적으로 늘어나지 않았는데 1965년 전문대가 48개, 대학교가 70개에 이르렀으나, 1970년에는 전문대 65개, 대학교가 71개였다. 5년간 전문대의 수는 다소 증가하였으나 대학은 겨우 한 개 증가한 것이다. 대학에 입학하려는 학생 수가 많아졌음에도 도리어 1965년 12월 8일 「대학정원령」이 공포되어 정원이 1,900여 명 감축되었다(문교부, 1998).[88]

---

[88] 1966년 2월에는 대학 정원이 늘어나면 대학 총학장의 승인을 취소한다는 정부의 명령이 공포되었다(문교부, 1998). 대학 정원에 대한 정부의 통제 의지를 확실하게 보여 준 것이다.

대학 정원의 동결과 고등학생 수의 증가는 대입을 두고 학생 사이의 경쟁을 더욱 치열하게 만들었다. 명문대학교에 가기 위하여 명문 고등학교에 입학해야 했으며, 명문 고등학교에 입학하기 위하여 중학생들은 꾸준하게 과외와 학교 공부에 매달리게 되었다. 이런 시기에 학교의 정책에 순응하는 소위 말하는 에프엠이 등장한 것이다. 공부 잘하고 공부만 하고 교사들의 명령만 잘 듣는 학생들이 주류를 이루게 된 것이다. 박정희 정권 이후 늘어난 인구에 비해 학교 수가 줄어들고 명문중, 명문고, 명문대에 진입하기 위해 학생들 사이의 경쟁이 심해지면서 학생들의 집합행동의 동력이 약해져 해방 직후만 해도 사회운동에서 큰 역할을 했던 고등학교 학생들의 정치적 역량이 박정희 정권 시기에 대폭 감소하게 되었다. 중·고등학교 학생들의 조직화가 불가능해진 것이다.

사실 학도호국단의 역할보다는 박정희 정권 시기에 도입된 경쟁 시스템이 그들에게 운동 대신 공부에 전념하도록 만들었다. 학생들에게 공부 열심히 해서 훌륭한 사람이 된다는 이데올로기를 주입하고 근대 전문적 기술자로 성장한 장밋빛 미래를 보여 줌으로써 산업사회의 일꾼으로 학생의 정체성을 제고 하였다. 중학교를 고등학교에 입학하기 위한 통로로 만들었듯이, 고등학교를 대학을 위한 하나의 사설학원처럼 만듦으로써 정권은 학생을 경쟁하는 존재로 만들었다. 학생이 순응하도록 만드는 교실 구조와 맞물리면서 고등학교 학생은 입시를 위한 경쟁 속으로 내몰렸으며 정치성을 상실하게 되었다. 학생들이 넓은 공간에서 칸막이도 없이 온종일 교사와 학교 당국의 통제 아래 있는 교실 구조는 국가기구에 의한 고도의 감시성(high visibility)을 잘 보여 준다(Ibid.). 일본 제국주의 시대부터 입어 온 군복을 따라 만들어진 교복, 매주 반복되는 조회, 매스게임과 같은 체육활동 그리고 다양한 집단 활동 등이 일상생활 속에서 학생들을 군사문화에 스며들도록 만들었다. 개인 행위는 금지되었으며 모범생일수록 감시와 통제에 익숙하였고 자연스레 위계적인 관계를 내면화하였다(Ibid.).

학도호국단 회장으로 참여했던 사람들에게 군사정권은 해외 연수를 제공하기도 했는데 이 해외 연수를 자신의 발전 기회로 활용한 사례도 있었다. 국가가 제공하는 시장과 결합한 동맹 체제에 순응한 결과 경쟁력 있는 인재로 성장하는 것이 새로운 시대를 대비하는 것으로 인정받는 것이었다. 정치적인 문제에서 벗어나 자신의 길을 개척하는 전문적인 인간형이 박정희가 1961년 군사쿠데타 이후부터 만들려고 했던 모델이었다. 해외 연수는 그중의 하나였고 학도호국단 간부들에게 제공한 보상 중의 하나였다.

어느 면에서 보면 해외 연수를 시켜 준 게 학도호국단 사람들한테 말을 잘 듣게끔 하는 보너스 비슷한 거였을 텐데. 처음에는 나는 그렇게 생각하는데 그전에는. 그런데 그러한 일련의 시도가 많은 학생으로 하여금 세계가 어떻게 변하고 있는가 하는 것을 실제로 느끼게 만들었다는 거예요. 그래서 내가 어떻게 해야되는가 하는 것에 대한 자세를 다 가졌기 때문에. 그래서 대부분 사람이 좀 교수도 하고, 내가 생각할 때. 이런 얘기는 별로 좋지 않은데. 역대 총학생회 했던 사람들하고 학도호국단 했던 사람들 하고 비교를 해 보세요. 역대 총학생회 했던 사람들은 몇몇 소수를 빼고는 여전히 스스로 생산적인 활동은 별로 안 했어요. 상당히 그렇습니다. 그런데 학도호국단 출신들 이렇게 보면 자기 자신이 스스로 학교에 있던 사업을 하던 자기 스스로 이 사회를 살아가는 자세가 돼 있는 사람들이 아닌가. 전 그렇게 생각해요(김○○, 60세).

반공 교육과 교련과 같은 군사교육을 이미 실시하고 있었기 때문에 학생조직의 군사 조직화는 어렵지 않게 할 수 있었다. 1968년의 「국민교육헌장」은 학생들을 어떻게 국가의 국민으로 만들어야 하는지에 대한 청사진을 제시한 것이었다. 「국민교육헌장」이 보여 주는 국가와 민족의 관계는 박정희가 꾸준하게 그의 글들에서 주장한 것들이었다. 민족은 현대 한국인들이 보호해야 할 궁극적 목표이지만 홀로 설 수 없다. 그렇기에 민족을 보호하기 위해서는 국가를 강하게 만들어야 하며 국민에 의해서 강하게 만들어진 국가가 민족을 보위하여 새로운 민족을 만들고 영원무궁한 존재로 세울 수 있게 해야 한다.

민족을 절대적인 위치에 놓고 국가를 수단으로 놓은 것은 국가가 궁극의 목표이며 민족은 그것을 이루는 실질적인 존재라는 생각과 반대로 박정희는 민족을 궁극적 존재로 제시하고 국가를 수단으로 보이도록 한 것이다. 그런데 그는 국가주의자로서 국가만이 모든 것을 할 수 있다고 주장하곤 하였다. 이미 박정희의 민족주의는 국가주의를 위한 하나의 수단에 지나지 않았다고 이야기하였다. 이것은 조직에서 목적 전치의 전형적인 예이다.

목적 전치는 이미 여러 번 언급했듯 조직의 제일 목표와 부차적 목표인 생존의 관계가 전도되어 생존을 목표로 조직이 움직이는 현상을 의미한다. 조직은 특정한 목표를 달성하기 위해서 결성된다. 그런데 조직이 그 목적을 달성하기 위해서는 일차적인 목표 대신 생존이라는 부차적인 목적이 발생한다. 이때 조직 내 특정 집단이 조직의 궁극적 목표를 핑계로 조직이 생존해야 함을 주장하여, 조직을 생존 전략에 치우치도록 만들어 이익을 추구하는 부작용이 목적 전치이다(송복, 1990).

대표적인 예가 파킨슨의 법칙(Parkinson's law)에서 등장하는 영국 왕립 해군 군무원 조직의 비대 현상이었다. 1차 세계대전 이후 영국, 미국, 일본이 해군력을 줄이는 협정을 맺으면서 해군 함정과 인력들이 줄어들었음에도 해군성에 근무하는 공무원들의 수가 계속 증가하는 현상을 발견하고 그것의 원인을 조직의 생존 전략에서 찾아낸 것이 파킨슨이었다.

이런 목적 전치 현상이 박정희의 민족과 국가 관계에서 계속 등장했다. 민족과 국가의 관계에서 민족은 목표이지만 이를 위해 국가가 먼저 어떤 일을 해야 한다. 민족 수호와 번영을 위해 국가를 부강하게 만들어야 하는 의무가 있는 대한민국 국민이자 한민족 구성원들은 국가가 만들어 낸 각종 관변 운동에 필요한 자원 동원의 대상이 된다.

자원 동원의 대상이 되는 이들은 자기계발에 투자하면서 민족의 부활을 책임지는 국가의 위대한 신민인 국민이 된다. 박정희는 「국민교육헌장」에서 개인의 성공이 국가와 민족의 성공이라는 것을 주장하며 그것이 새 시대의 사명임을 학생들에게 주입하였다. 「국민교육헌장」은 독재와 반독재 혹은 민주 대 반민주라는 이분법이 아닌 국가 발전을 위한 것이고 민족이라는 궁극적 존재의 번영에 헌신하도록 유도하는 탈정치화된 인간 형성을 만드는 하나의 새로운 틀이었다(황병주, 2005).

박정희가 체제에 순응하도록 제도화한 것들은 교육 내용과 교육 방식 등이었는데, 교육 내용은 민족과 국가를 상정하고 개인의 성공과 국가와 민족의 번영을 동일시하도록 함으로써 개인과 국가 사이의 관계를 직접 연결하는 것에 반해, 교육 방식은 교육에서의 경쟁 심화였고 순응에 필요한 보상을 제시함으로써 학생들을 구조적 환경 속에서 통제하는 것이었다. 자신의 성공과 국가의 번영을 동일시하면서 학교 교육에서 경쟁에 익숙해져 있었던 학생들에게 학교와 국가의 명령은 당연히 따라야 하는 것이었다. 이런 교육 조건 아래서 개별 학생들, 특히 호국단의 간부로 임명될 조건을 갖추고 있었던 학생들은 순응적일 수밖에 없었다. 순응을 넘어서 국가가 제시하는 이념을 그대로 받아들여 투철한 국가관을 소유하게 되었다. 투철한 국가관을 소유한 응답자는 다음과 같이 말한다.

> 나는 근데 공부를 하게 되고 생각도 많이 변화했고 많이 깨치고 했는데. 외형적으로 볼 때 나는 학도호국단 간부 출신이었고 육군 장교 출신이고 국가관이 투철하죠. 국가관이 투철하다는 것은 우리로서는 나쁜 평가는 아닐 테니까(김○○, 58세).

이 증언처럼 응답자 중에는 현재까지도 학도호국단의 간부로 참여한 것이 투철한 국가관을 갖게 된 이유 중의 하나라고 인식하는 사례가 많았다. 이들이 학생회장이나 호국단의 간부가 되었을 때, 학생으로서 학생을 위한 정책들을 수립하고 집행하는 자율성은 분명히 존재했다. 이런 점에서 호국단은 국가가 직접 조직한 국가의 조직이 아니라 민간 조직이면서 국가의 이해와 자신들의 이해를 결합하여 만들어지고 운영되는 관변단체의 특징을 보여 준다. 그리고 학도호국단 참여자들은 박정희가 수없이 제창한 근대적인 인간관을 그대로 받아들이고 있었다. 박정희는 군사쿠데타 직후부터 집권 내내 인간개조와 근대적 인간형, 특히 전문 기술과 과학을 무기로 하는 신진 지식인의 필요성을 계속 이야기했다.

2) 어용 회피와 탈정치화

순응을 잘했던 학도호국단 간부 혹은 학생회장 경험자들에게서 공통으로 나타나는 것은 호국단의 비정치적 업무에 관한 것들이었다. 한국노총에 참여했던 지도자들도 마찬가지의 주장을 펼쳤다. 학도호국단 학생들은 학생회를 학업과 전문 기술 습득, 세계관 확대, 복지 및 행사 등에 초점을 두었다. 정기 학술대회 개최, 외부 인사 초청, 학생의 스포츠 활동 장려, 축제 등을 지속화하는 소위 순수 학생을 위한 정책들의 입안 및 수행에 업무의 초점이 있었다.

한편, 정치적으로 민감했던 시기에 비록 학교 내에 활동이 머물러 있었음에도 독재 권력이 주도한 국가조직에 몸을 담는 것은 학교 내뿐만 아니라 어용으로서 사회적인 낙인의 위험이 있었다. 해방 이후 일제강점기 식민지 잔재를 청산하지 못한 한국에서 독재와 민주주의 대립 시기에 이 어용 문제는 매우 민감한 사항이었다.

> 그런데 특별히 활동 내용이 학생회하고는 다르다고 생각하지 않아요. 그동안 월별로 강연회를 기획한다든가. 어떤 거를 기획하는 것을 어떤 틀을 따랐다. 무엇인가 차별화한 거를 제가 느끼기에는 단체를 모였을

때 군대 격식을 갖춰서 열을 지었다는 거, 중고등학교처럼 꼭 앞으로 서서 무엇인가 했다는 것 등. 그런데서 괴리가 자꾸 느껴지더라구요. 의식은 그렇지 않은데 형식을 맞춰야 하니까. 내용은 틀린 것 같지 않은데 제도나 형식이 다르다. 지나면서 보니까. 어용이다. 그런 것들이 제일 힘들었어요. 일은 일대로 하면서 운동권 중에서 비판을 받았기 때문에 내가 대학생으로서 떳떳한 일을 하는 것인가? 이런 생각이 제일 많이 괴로웠다. 임명을 받아서 수락한 것은 네가 그런 게 있지 않느냐?(배○○, 57세)

그리고 독재에 대한 끈질긴 저항으로 어렵게 성취된 형식 민주주의 시대에 과거 자신의 선택과 그로 인해서 만들어진 행위에 대한 사회적인 그리고 동료 학생들에 의한 어용의 낙인은 쉽게 받아들일 수 있는 것은 아니었기에 박정희 정권의 정치적 동원에 참여하였음을 증언한 응답자는 없었다. 응답자의 대부분은 정권에 의한 동원이 아니라 정치색을 없앤 학생회 임무에 충실했던 것을 증언하였다. 그리고 운동권이 아닌 일반 학생의 시각에 대해서도 끊임없이 증언을 시도하였다. 그리고 학도호국단의 일반 업무를 기존 학생회의 업무와 동일시하고, 정부의 주장처럼 군사조직처럼 움직였던 사실은 부정하였다.

그전 때까지는 그런 게(군사훈련 혹은 집체훈련) 있다고 그러던데 나는 그런 적이 없어요. 우리 때는 전혀 그런 것이 없었고, 학도호국단 체제 아래서 그러니까 이를테면 많은 사람이 그게 병영국가의 한 하부조직으로 생각을 하였는데, 사실은 그렇지 않았고, 초창기에는 그랬을지 모르는데 시간이 지나가면서 학교 당국하고 학도호국단을 맡은 사람들이 그러한 체제의 색깔을 많이 없애려는 노력을 많이 했다는 거예요. 그래서 예를 들자면 회장을 뽑을 때도 간선 형태로 가서 투표를 한다든가 이런 형식으로 하고, 이를테면 가장 강력하게 요구했던 것이 학도호국단이란 이름도 바꾸는 게 좋겠다. 그리고 사단장이니 대대장이니 하는 이름도 바꾸는 게 좋겠다. 라고 생각하고. 그것이 바뀌지 않았기 때문에 우리가 우리 나름대로 학생 대표다. 이런 이름을 사용했어요. 법적으로 없어지지 않으니까 우리는 문과대학 대표, 총학생회 대표 이런 식으로 사용했다(김○○, 60세).

대학에 학도호국단이 다시 만들어졌다고 해서 학생회가 완전히 사라진 것은 아니었다. 학도호국단은 학생회를 대체하여 학생회의 업무를 맡아서 진행하였다. 학도호국단과 학생회의 차이에 대하여 한 증언자는 다음과 같이 말한다.

어찌 보면 시대가 만들어 낸 거지만 학생 활동으로만 봐서는 총학생회라든지 학도호국단의 큰 차이는 없는데 차이를 보자면 단지 누가 뽑았느냐에 관한 것인 거 같아요. 그때 많이 쓰여졌던 어휘 중에 하나가 어용이 되었다 하는 건데요. 그렇게 나라에서 법을 바꿔서 꼭두각시 노릇을 한 거 아니냐 하는데 꼭두각시 노릇을 한 게 없거든요. 무엇을 시켰을 때 그게 아니라면 꼭두각시가 아니니깐 좀 현명하게 빠져나오고 했었는데 그런 건 진짜 지나간 이야기니깐 말하는 거지 그때는 비밀이었죠(이○○, 60세).

개인적인 차원에서 호국단 사단장(학생회장)과 간부들은 정부 정책에 협조해 달라는 기관원들의 요구를 거절하거나 친정부 시위를 주도해 달라고 하는 요구를 거절하였다. 이는 적극적인 저항이 아니라 개인적인 차원에서 할 수 있는 소극적인 거절이 주를 이루었다. 응답자들의 대부분 자신이 거절했던 정보기관원들의 요구에 대해서 언급한다.

가장 힘들었던 것은 70년대 당시에는 정부가 시행하는 시책에 대해서 지지해 줄 것을 요구하는 그런 것들이 꽤 있었어요. 그런 것들이 꽤 있었는데 우리는 그런 걸 한 번도 한 적이 없어요. 그게 제일 힘들었고 그것 때문에 많이 피해 다니고 그런 적이 있었어요(김○○, 60세).

서울의 한 대학교의 학생회장이었던 면접자는 기관원들과 식사하는 자리를 계속 피했다고 한다. 학교 내에 상주해 있었던 기관원들과의 관계가 가장 껄끄러운 자리였다고 증언한다. 이와는 다른 증언도 있다. 여성으로서 학도호국단의 간부를 역임한 증언자는 교내에 상주해 있던 기관원들의 도움이 컸다고 한다. 학생회 활동을 할 때 학교 행사를 위해서 자금을 모은다든가 행사를 기획할 때 그들의 금전적인 것이 아니라 행정적인 도움을 받아서 자신들의 행사를 치렀다.

개인적인 소극적 저항의 예를 들자면 1977년 한미 간의 관계는 최악으로 치달았다. 박정희 정권에 대한 미국의 청와대 도청 사건은 박동선 사건으로 미국과 이미 한바탕 사이가 벌어진 상태에서 나타났다. 그래서 당시 청와대는 각급 학도호국단 간부들이 미국 대사관 앞에서 관제 시위를 하도록 지시하였다. 정권으로서는 학생들의 지지를 얻음으로써 여론의 지지 또한 획득하고자 한 것이었다. 이에 따라서 학도호국단 사단장들과 간부들이 관제 데모를 어떻게 할 것인가를 숙의했다.

그래서 대학마다 중앙정보부를 통해서 미국 대사관 앞에서 항의 시위를 하라는 지시가 떨어졌어요. 그게 가을이었을 거예요. 왜냐하면 우리가 태릉 밭에 회의를 하러 갔으니까 그 사람들 몰래. 어떻게 할 거냐고 그래서 배를 먹다가 울었던 기억이 나. 그래서 몇 사람이 사단장하고 집행부의 몇 사람. 모든 대대장이 간 건 아니었고 내 기억에 몇 명이 됐는지는 모르겠어요. 그런데 우리가 관변 데모를 하지 않으면 불이익이 있을 거라는 위협을 많이 받았었거든요. 그래서 이걸 어떻게 할 거냐. 대책 회의를 하러 갔는데 그때 학도호국단 사단장은 우리 학교 대표니까 나가서는 안 된다. 그게 이제 중앙정보부에서 했던 얘기는 야~ 몇 사람이 가서 시위하고 사진만 찍고 경찰에 가서 얘기하면 다 풀어 줄 거라고 그랬었어요. 근데 이제 누구누구 나갈 건가. 사단장은 절대 안 된다. 여학생은 안 된다. 빼자. 그다음에 체육부장과 내가 ROTC였는데 혹시 하다가 ROTC는 금관모 딸지도 모른다. 너희 둘은 빠져라. 그래 결국은 한 사람이 자원했어요. 그 사람 이름이 사○○이란 사람이었고. 이과대학이었어요. 무슨 과인지는 기억이 안 나. 그 사람도 복학생이었는데 그 사람은 6개월 방위 출신이어서 나이가 우리랑 비슷했어요. 사○○이란 분이었는데. 그 양반이 그럼 자기가 하겠다고. 일인 시위를 했어요. 정해진 시간까지 일인 시위하고 사진 찍히고. 금방 풀려났는데. 나는 그날 저녁 모임에 못 갔는데. 풀리고 난 다음에 학도호국단 사단장이 이○○이었는데. 이○○ 선배랑 사○○랑 밤새도록 술 마시며 울었다고 그러더라(김○○, 58세).

당시 밤새 울었다는 사단장 이○○씨는 직접 당시의 상황에 대해서 다음과 같이 증언한다.

고대 대표하고 저하고는 계속 통화를 했어요. 어떻게 할 것인지에 대해서. 일단 마지막 날까지 가자고 했어요. 성균관대 학생들 나오고 서울대생들 나오고 말이 많았는데. 우리는 요리 피하고 조리 피하고 했죠. 할 거야 안 할 거야. 집회 끝나면 유인물을 쫙 뿌리면서 반미 데모를 하라 이거였어요. 정보기관에서요. 그렇게 설득하다가 안 되니깐 나가서 말 한마디만 하고 내려와라 했는데 그것도 안 했어요. 그래서 이걸 어떻게 빠져나가야 하는 것이냐. (…) 우리도 고민을 하다가 참모들이 그냥 희생을 하자고 했어요. 그래서 그냥 3명에서 가서 그냥 현수막 조그맣게 만들고 거리를 건너갔어요. 건너자마자 경찰들이 서로 데려갔었는데 가자마자 수고했다고 나가라는 형태로 그냥 끝난 거죠. 그러니깐 이게 기사로 나갈 수가 없는 거예요. 단지 그냥 정보기관 애들이 보고 자료로 만들 것만 만들어 주고 쓴 거고. 순수하게 저희 아이디어로 하고 끝난 거예요(이○○, 60세).

위의 증언에서 볼 때, 몇몇 학교의 학도호국단이 정부에 협력해서 미국 대사관 앞에서 시위한 것은 사실이다. 위의 학교는 다른 대학의 학도호국단과 달랐다. 이 점에서 자신을 다르게 이해하도록 하는 것이 작용했다. 물론 당시 그가 속한 학교가 분위기가 달랐던 것은 학교의 학생들이 숙의하는 과정에서 소극적인 저항을 하자는 의견이 대세를 이루었고 심지어 그가 속한 대학교의 학생처장 또한 지지해 주었던 데서 볼 수 있다. 이 학교의 학도호국단에서는 대사관 앞에서 현수막을 들고 시위를 하되 두 명만 나가서 사진 찍고 그것을 기관원에게 보고하는 것으로 결론을 내렸다. 사단장(학생회장)은 참여하지 않았고 겨우 두 명만의 시위는 정권의 화를 자초했다. 학생처장은 서대문경찰서로 임의동행 형식으로 잡혀가서 조사를 받고 하루 만에 풀려났다. 다른 간부들 또한 조사를 받았다. 사단장이었던 증언자는 빈 교수 연구실에서 숨어서 지냈는데 학과장이었던 교수님으로부터 밖에서 무슨 일이 벌어지더라도 나오지 말라는 언급을 받고 기관원들이 학과장의 연구실을 수없이 찾아왔을 때 그는 바로 옆에서 숨어 있었다. 그사이 기관원들은 그의 집과 주변 지인들까지 모두 조사했으나 그의 신병을 확보하는 데 실패하였다. 독재 권력의 강압적 지배가 강했던 시기 그리고 그 종반을 향해서 달리던 시기 독재정권의 명령을 수행하지 않는다는 것이 어떤 결과를 가져올지 그는 알고 있었다. 그래서 그의 결정에 대해서 그는 지금도 자랑스럽게 생각한다. 정권에 협조하지 않고 관제 데모를 거부했던 것들이 그가 학생회장(사단장)으로 학교와 학생을 위해서 일했던, 기억하고 싶은 사건이었다. 이는 어용 회피의 정체성을 가지는 데도 일조했다.

학도호국단은 학업에 전념하여 개인의 경쟁력을 쌓도록 유도하여 학생들의 정치적 관심을 개인의 안전한 미래와 학생으로서의 일상으로 관심으로 돌리는 역할에 충실했다. 학도호국단의 일원들도 자신들이 관제 데모나 국가의 명에 따라서 임무를 수행하는 동원된 학생회와는 거리를 두려고 노력했기 때문에 되도록 정치적이지 않은 일을 하였다. 비정치적인 과업 수행이 학도호국단의 존재 이유였다. 독재정치와 거리를 둔 호국단의 상대적인 자율성이 가능했던 배경에는 학도호국단이 정권에 의해 창설되었지만 직접 관리되지 않고 학생을 위해서 움직이는 학생조직을 표방했다는 점이다.

『동원 사회』를 저술한 카자(Gregory J. Kasza)에 따르면 관변단체

(administered mass organizations)들은 민간단체와 정부 조직의 중간 지대에 포함되어 있었는데 직접 관리되는 특징을 지니기도 했지만 대체로 상부의 조직 관리자들만 정부에 의해서 임명되고 나머지는 자율적으로 움직이면서 독재 정부의 의지를 관변단체를 통해 실현하도록 활용되는 구조를 가지고 있었다(Kasza, 1995). AMOs들은 독재 정부에서 필요한 인적 자원의 동원을 위해 주로 활용되었으며 대체로 직능 단체를 중심으로 해당 영역에서 갈등을 조정하고 구성원들을 통합하며 정권의 안정을 위해서 사회 안정의 역할도 수행하였다. 이승만 집권기에 직능 단체로 출발했으나 정치 단체로 변질되었던 관변단체들은 외형상 박정희 집권기에는 직능 단체로 자신들의 단체 안에서만 활동하고 아직 사회적으로 미성숙한 분야에서 나름대로 전문성을 확보하기 위해서 노력하곤 하는 기능을 담당했다.

관변단체는 정권이 설계하고 지원하고 있었음에도 내부의 작동 원리는 직능과 그에 따른 역할을 중심으로 자율성으로 움직이는 구조를 보여 주었다. 이에 따라 학도호국단 내에서도 참여하는 학생들에 의해서 의사결정이 이뤄지고 있었으며 비정치적인 영역에 관한 접근이 학도호국단의 존재 이유를 설명해 줄 수 있었다. 비정치성을 표방했다는 태생적 한계가 존재 이유가 되어 혼란스러웠던 1970년대와 '80년대에 학교라는 공간에서 참여자들의 정체성을 확립하는 데 기여한 것이다.

비정치적인 영역은 사회에서 정치의 영역을 제한하여 일상에서 정치가 작동하는 과정을 부정하게 하여 시민의 성장에 방해되는 요인이 되기도 하였다. 어쨌든 격변하던 시기 민주화라는 거대한 흐름으로 흘러가던 사회에서 그 반대편에 섰다는 낙인이 학도호국단 참가자들에게 부담을 준 것은 사실이었다. 그래서 모호한 경계를 가진 학도호국단 조직에서 활동한 참여자들은 내부적으로 박정희 독재체제와 거리를 둘 수 있고 자신들을 독재정권의 하수인이 아닌 학생과 학교를 위해 맡겨진 업무에 충실한 학교 내부의 존재였다라는 정체성을 확보할 수 있었다.

4. 의도하지 않은 결과의 장

1) 비 정치성의 정치성

랜달 콜린스(Randall Collins)는 계약이라는 합리적 행위에는 계약이 지켜질 것이라는 비합리적인 믿음이 포함되어 있음을 '합리성의 비합리적 기원'이라고 표현했다. 어떤 현상이든 그 현상의 원인에는 차원이 다른 요소가 포함될 수 있으며, 비정치적인 목표를 추구한다고 해서 정치적이지 않은 결과만 드러나는 것은 아니다. 개별 참여자들이 비정치적인 목표를 수행하기 위해서 노력했지만, 학도호국단은 그 이전의 학생회와 달리 선출된 학생의 대표가 운영한 것이 아니라 학교라는 체계에 의해서 임명된 존재들이었다. 그래서 그 이전 자유롭게 학생의 대표를 선출하고 그 조직을 통해 민주화라는 대한민국의 미래를 향해 움직이던 이들에게는 꼭두각시로 보였을지 모른다. 참여자들이 인정하든 하지 않든 학도호국단은 유신정권의 목적에 따라서 설립되었다. 학생들은 임명된 학도호국단이 개최하는 교내의 학술대회나 축제 등과 같은 행사에 참여는 하였지만, 학도호국단을 자신들을 대표하는 존재라고 인식하지 않았다.

그러나 이승만 정권 시기 직접적인 동원의 대상으로 관리되었던 학도호국단의 특성과 비교하면 박정희 시기 학도호국단 참여자들은 오히려 독재정권에 비협조적인 조직이었다. 그들은 자신들에게 주어진 학생회 활동을 그대로 수행했다. 거기에 더하여 학생회 조직을 유지하여, 학도호국단 이후 민주 학생회에 역할을 이양함으로써 학생회 조직의 연속성을 유지하는 데 역할을 하였다.

정치적으로는 박정희를 지지하지 않거나 박정희의 독재에 대해서 반대 의견을 가진 이들도 있었다. 물론 현재와 당시의 입장에 차이가 시간의 흐름에 따라 발생했을 수는 있다. 개인적으로 삼선개헌이나 유신독재를 지지하지 않았던 학도호국단 간부들도 있었다.

개인적으로 박정희에 대해서 생각해 보면 그 당시에서는 특별한 개념은 전혀 없었어요. 그런데 독재에 대한 건 못마땅하게 생각했어요. 기왕이면 국민이 원하는 방향으로 삼선개헌 같은 것도 그렇고, 그리고 장기집권 유신헌법도 그렇고…. 물론 체제 유지를 위해서 그랬지만 민주적으로 할 수 있었을 텐데 하는 생각이 들었어요(이○○, 60세).

박정희에 대해선 우선 권위주의 철권 통치를 한 것에 대해서 대단히 비판적인 입장에 있고, 그것은 학교 다닐 때나 지금이나 마찬가지이고, 그건 뭐 아주 용납할 수 없는 일이죠. 그러니까 삼선개헌 특히 유신체제를 도입한 것은 한국의 정치를 퇴행시킨 아주 권위주의 체제다. 그런 생각은 옛날이나 지금이나 똑같죠. 그건 누구나 똑같은 생각 아니겠어요? (김○○, 60세).

새마을운동에 참여했던 농민들이 국가의 사업을 자신의 관점에서 유리하게 활용하였던 것처럼 자신의 신념에 따라서 독재를 위한 정치적 명령을 거부하거나 소극적으로 참여하면서도 학도호국단 간부들에게 제공되는 보상을 받았다.[89] 개인의 합리성은 국가가 요구하는 과업을 하면서도 사적 이익을 추구하도록 만들었다. 자신의 신념과 다르더라도 개인의 이익에 따라서 자신이 어떤 집단을 선택하고 그 집단에 가입하여 집단의 자원으로 사적으로 활용하는 것이다. 박정희의 유신정권은 정권에 반대하는 데모의 도구로 사용되던 기존 학생회를 학도호국단으로 대체하였고, 포섭과 배제를 바탕으로 저항하지 않는 다

---

[89] 학도호국단 회장 출신(이○○, 62세)은 유신 시절에는 박정희에 대해서 부정적인 생각을 했으나 후에 산업화에 성공하고 경제가 발전하고 나서 현재에는 박정희가 했던 정책들에 대해서 동의한다고, 훌륭한 리더였다고 증언하기도 한다. "지금에 와서 대통령 사후에 80년대 90년대 거치고 지금 와서 보니깐, 그때의 60년대 70년대 장기집권하면서 경제개발 5개년계획을 실천해 나갔기 때문에 지금의 나라를 만들어진 거라고 생각을 하는 것이지 그 당시에는 아 그렇게 앞을 내다보고 실천한다는 생각은 못 했죠. 단지 하나의 이걸 [독재를 위한] 도구로서 사용한다라는 것에 집착했던 것이지."

수를 포섭의 대상으로 삼아 체제에 순응하는 개인으로 만들었고 저항하는 소수는 나쁜 학생으로 낙인하고 배제하는 전략을 구사했다. 동원과 탈동원의 경계를 모호하게 함으로써 참여하는 학생들에게는 어용이라는 비난을 회피하도록 유도하고 그 속에서 개인의 사적 이익을 추구하도록 만들었다. 비 정치성은 개인의 이익을 위해서 움직이는 학생을 만들어 학생운동이 단일 대오를 형성하여 저항하는 근본적인 힘을 무너뜨리는 역할을 하였다. 학생회가 주최하는 행사에 참여했던 학생들은 또한 친정권 혹은 반정부 행위 모두를 정치적인 것으로 여기게 되고 대학생들의 정치참여에 대해서 비판적으로 인식하도록 만들었다. 즉, 정치적인 소용돌이에 휘말리면 시간 낭비만 하고 무능하고 부패한다는 것이며 정치를 부정적으로 바라보게 만드는 효과도 가져왔다. 아예 학생을 정치의 영역에서 배제하여 민주화 운동의 선봉을 꺾어 버린 것이다.

   기존의 학생회가 호국단에 의해서 대체됨으로써 학생운동을 조직화하는 중요한 수단이 사라졌다. 권위주의 정부는 정부에 반대하는 사회단체를 무력화하고 국민을 동원하기 위해서 다양한 관변단체를 조직하였다. 비공식적 증언[90]에 따르면 학도호국단은 실은 기존 조직의 머리만 바꾼 아무런 힘이 없는 조직이었다. 기존 학생회 위원들이 참여하고 명칭만 학도호국단으로 바뀐 것이라는 주장도 있었다. 그러나 대표성이 없는 조직이 등장함으로도 주된 학생 저항운동이 약해졌다. 학도호국단의 등장으로 공식적으로 학생회 간부들이 학생들을 동원할 수 있는 공식적 수단이 사라지게 되었고 본격적인 탄압으로 학생운동은 지하로 숨어들어 갔다. 흩어진 개인들은 억압기구의 탄압에 약해졌다. 학생을 대표하지 않는 개별적인 저항운동의 리더들은 쉽게 다루어

---

[90] 정식으로 면접에는 참여하지 않았지만 자신의 경험을 증언한 1970년대와 '80년대 학번들이 있었고 그들의 증언에 따르면 학도호국단은 유명무실하고 실질적으로 그 이전부터 작용하던 방식대로 학생들이 움직였다고 한다. 그러나 이도 특수한 사례에 해당할 수 있다.

졌다. 특히 대학에 파견된 정보기관에서 먼저 정보를 수집하고 기관이 직접 개별적으로 학생들을 감시하고 통제하였기에 조직의 힘을 잃은 운동은 약할 수밖에 없었다. 실제로 학교 안에서 혹은 학생회가 조직하는 대규모의 학생 데모가 1975년 이후 사실상 자취를 감추게 되었고, 민주화 운동에 참여하는 학생들은 유인물을 제작하고 배포하거나 학내 동아리 등을 중심으로 활동하면서 저항의 지하화가 발생하였다(이재오, 1984; Lee 2005).[91]

비 정치성은 기존 학생회를 대신하여 학생 복지 단체로서 역할을 한 것으로 정당화하는 논리로 제시되었다.

> 학도호국단이 박정희 시절 몇 년밖에 안 되지만 학생들을 잠잠하게 만드는 데 일조했다는 것이죠. 의도적으로 만들었긴 하지만 상황적으로는 성공했다고 볼 수 있죠. 학생 입장에서는 공부를 더 할 수 있는 면학 분위기가 더 조성되었던 거예요. 학생들이 데모하면 휴교해야 하고 그런 [공부할 수 없는] 상황이 벌어지는데 그런 상황이 한 번도 안 일어났어요. 그리고 학도호국단 학술 활동들이 중요시되었어요(이○○, 60세).

평범한 학생들에게 면학 분위기를 조성하고 전문성을 기를 좋은 기회를 제공하는 과업 중심으로 학도호국단 조직을 이끌었다는 것은 비정치적인 특성을 강조하는 것이었다. 그리고 학도호국단이 중요하지 않았고 독재정권에 저항했던 대학생들의 열정까지 무력화할 만큼 강력한 것도 아니었다는 인식은 학도호국단 참여에 대한 면죄부를 줌과

---

[91] 이재오(1984: 350)는 학생운동이 1976년 12월까지 침체되어 있었던 것은 긴급조치 9호에 의한 탄압이 주된 이유라고 분석한다. 한편 학생운동이 공개적으로 활성화되지 못한 채 학내 서클이나 교회 서클을 통한 유인물 제작, 데모 기도 등의 소규모 운동 중심으로 이루어졌다고 주장한다. 본격적인 지하화는 전두환 시기에 발생하였고 박정희 시기는 지하화에 필요한 토대가 형성된 것이다(Lee, 2007). 박정희 사후 비록 학도호국단이 있었음에도 저항이 전국적으로 일어난 것을 볼 때, 과도한 해석일지 모르지만 대학생의 저항을 감소시켰다고 믿어지는 학도호국단의 효과는 허위관계였을 수도 있다.

동시에 자부심까지 느끼게 하는 것으로 작용했다. 새로운 시대에 알맞은 학생의 리더로서 학생에게 기회를 제공하는 역할을 했다는 것이다. 그런 의미에서 박정희에 의해서 만들어진 학도호국단은 대학생을 탈동원하고 탈정치화하여 독재정권에 저항하는 중요한 보급로를 끊는 역할을 할 것이란 기대를 잘 수행한 것이었다. 그런 의미에서 박정희식 탈 동원은 어찌 보면 매우 고도로 제작된 정치적 동원의 다른 표현이라고 할 수 있다. 마이클 만의 표현을 따르면, 국가는 하부구조권력이 약할 때 시민사회와 타협하게 되고, 국가가 시민사회에 국가의 의지를 침투시킬 수 있을 정도로 역량이 적당히 자란다면 국가는 학생을 직접 통제하고 관리할 것이나, 박정희 집권기 대한민국은 근대화를 막 시작했고 국가의 통제력이 강력한 억압력(despotic forces)에 의존하던 시기였기 때문에92) 학생조직을 직접 억압하고 통제하는 대신 학도호국단을 설치하여 비자발적으로 동원하는 방식으로 통제하고 관리하려고 했다(김대영, 2004).

참여에 대한 보상을 개인적으로 제시하여 집단이 아닌 개인의 이익 관점으로 학도호국단의 간부 지위를 여기도록 만들었으며, 새로운 시대의 비전과 미래 지식인의 역할을 하도록 이끌 수 있었다. 공무원이 되기 위한 시험 준비나 새로운 분야가 도입되던 시기 대기업에 입사하려고 했던 학생들에게 기존 학생회 중심의 독재 반대 운동으로 연이은 시위와 학교 폐쇄 등은 부정적으로 인식되었다. 학도호국단이 들어서면서 오히려 학교가 안정되기 시작하였고 독재자나 권위주의 정부를 위해 동원되지 않는 학도호국단에게 학생들의 암묵적 지지가 있었다. 억압이나 통제가 아닌 세련된 동원을 했기 때문에 참여자들의 부인에도 불구하고 학도호국단은 학원을 안정화함으로 해서 사회 영역으로부

---

92) 당시 박정희 국가를 하부구조력이 약한 국가로 보고 독재권력이 관변단체를 한쪽의 통제 혹은 동원을 위해서 사용한 것으로 바라보는 시각은 문상석(2008)과 대기업 및 사회 네트워크를 만들어 독재권력이 경제발전을 통한 정당성 확보를 시도하였다고 설명하는 김윤태(1999)에서 볼 수 있다.

터 격렬하게 도전받던 독재정권의 안정에 부분적으로 기능을 했다.

2) 개인의 합리적 선택과 불합리한 집합적 결과

박정희 시기 외로운 한국인을 만드는 구조는 개인들이 지독하게 도구적 합리성을 발전시키는 구조가 재생산되고 더욱 강화되는 과정에서 발생했다. 도구적 합리성이 이념형으로 드러나는 예가 '죄수의 딜레마' 사례이다. 범죄자 두 명이 체포되었을 때 경찰이 두 범죄자를 수사하는 과정에서 분리된 이들은 자신들에게 최대한 이익이 되는 방향으로 선택하게 되는데, 그때 범죄자들은 모두 부인을 하면 6개월만 수감 생활을 해야 하는 데 반해 모두 범죄를 자백하면 6년을 교도소에서 보내야만 한다. 얼핏 보면 개인들은 모두 부인해서 범죄자가 되지 않으려고 할 것 같지만, 여기에 범죄자들이 거부하지 못하는 조건이 붙는다. 내가 부인하고 다른 범죄자가 자백하면 자백한 사람은 풀려나고 나는 10년 형을 받게 된다는 사실이다. 서로 신뢰 관계가 없다는 조건과 사전에 이와 비슷한 경험을 하지 않았다는 전제가 달린 상태에서 드러나는 결과는 모두에게 불합리한, 모두 자백해서 둘 다 6년 형을 받는 것이다. 죄수의 딜레마는 개인의 합리성이 어떻게 해서 집합적으로 불합리한 결과를 가져오는가를 적나라하게 보여준다. 개인들이 협력하지 않고, 혹은 집합적으로 사고를 하는 대신 개인적인 이익에 매몰되다 보면, 전체의 측면에서 볼 때 불합리한 결과가 나타난다는 합리적 선택이론의 설명은 한국 사회 구성원이 잘 보여준다. 역사적으로 한국인들은 자신들의 선택이 만든 결과를 늘 개인 차원에 한정했고 집합적 결과를 애써 무시했었다. 출발은 2005년 게임이론으로 노벨 경제학상을 받은 토머스 셸링이 말한 것처럼 작은 동기였으나 사회적으로 나타난 것은 거대한 결과였다(Schelling, 1988)[93]. 그

---

[93] 셸링은 『작은 동기 커다란 결과』라는 저술에서 개인들이 선택하는 것은 매우 작고 사고한 동기지만 이것들이 집합적으로 합해질 경우 집합적 차원의

속에서 그 선택을 한 개인들은 달리는 경주마처럼 옆도 보지 못하고 친구도 없이 무한 달리기만 하다가 쓸쓸하게 말고기로 인생의 종착역에 서는 운명을 맞이할 수밖에 없었다.

우선, 학도호국단 참여자들은 자신들이 동원된 조직이 아니고 단순한 학생회 조직이었음을 강조했던 것은 이승만식의 동원이 아닌 박정희식의 새로운 동원이었음을 인식하는 데는 한계를 보인 것이다. 학도호국단이 정권 안보에 역할을 했다는 것은 당시 다양한 요인들과 연결되면서 작동한 것이었다. 거시적인 흐름을 이해하는 것은 학생에게 필요한 덕목이다. 그렇기에 비정치적인 접근방법과 탈 동원된 학도호국단은 실제 가시적인 협조를 안 했다고 해서 결과적으로 독재에 전혀 도움이 안 되었다고 주장할 수는 없다는 점을 이해해야 했다.

더 중요한 것은 정당화 과정에서 운동권과 비운동권을 나누고 집합적 합리성보다 개인의 합리성을 강조하여 분열된 개인을 만드는 이데올로기가 등장하였다는 점이다. 박정희를 이은 전두환 정권에서 졸업정원제가 도입되고 대학생 수가 많아져 경쟁이 본격화하면서 대학생들 사이의 탈정치화는 정치적인 문제가 아니라 경제적인 문제로 야기되었다. 그로 인해 학생은 데모하러 학교에 온 것이 아니라 공부하러 대학에 온 것이라는 명령 혹은 사회적 압력이 학생들과 사회와의 관계를 단절시켰고 학생 개인을 자신의 미래만을 위해 공부에 전념하는 존재로 만들고 동료들을 이익 추구의 수단으로 삼아 관계마저 파괴하여 파편화시켰다. 군부독재라는 시대의 암울한 상황을 타개해 나가려는 학생운동을 해야 한다는 일부 학생과, 학생은 공부해야 한다고 생각한 다른 편의 학생들로 나뉜 분열이 학교 내에서 존재했다. 소속 집단에 따라 서로를 비난했다. 정권과 그에 연계된 언론은 열심히 경쟁에 뛰어든 학생들을 '학생다움'이라는 표현을 써가며 비정치화라는 이름으로 정당화하였다. 다수의 학생이 정권과 시장의 이데올로기에 순종하게 만들어 자본과 국가의 연합에 순응하게 되었고, 급진적이고 후

거대한 결과가 나타난다는 것을 보여준다.

진적인 자본주의 시스템 안에서 정글과 같은 경쟁에 계속 뛰어 들어가게 되었다.

이런 분열은 사회에서 성공 제일주의와 개인주의 및 개인의 책임을 강조하는 것과 맞물려 한국인 개개인을 지배하는 하나의 한국적인 사회적 압력을 만들어 내었다. 신자유주의 이전 이미 한국 사회는 개인을 체계적으로 억압하여 개인들 자신이 속한 공동체로부터 그리고 사회집단으로부터 분리되어 파편으로 존재하도록 만드는 다양한 제도를 구축해 왔다. 이것은 박정희가 그토록 염원한 대한민국의 국민 만들기였다. 국민 만들기는 순종적인 근대적 시민을 만들어 경제성장도 유도하고 독재 권력도 공고히 하려는 목적에서 비롯되었지만 대응하는 한국인들은 자신을 위해 정권의 제도를 활용하고 집단을 제시하며 자신의 사적 이익 추구를 정당화하였다. 한국 사회에서 질서정연하게 움직이는 사람들은 사실 시끄럽고 혼란스러워 보이는 민주주의를 대신하는 권위주의적 국가의 명령에 충실히 따르는 것이 미덕임을 믿게 되었다. 독재자는 그런 순종적이면서 자신의 경제 영역에만 전념하는 경쟁력을 갖추는 이들이 필요했다. 근대 영국의 '최대 다수의 최대 행복'을 주장했던 제레미 벤담(Jeremy Bentham)이나 밀(James Mill) 같은 학자들에게 경쟁력 있는 개인들의 합이 영국 사회의 진보를 의미했다면, 근대 한국에서는 개인의 경쟁력 확보가 경제성장과 정치 질서의 안정에 기여한다는 생각이 독재자에게서 시작하여 시민들에게 확대되어 받아들여졌다. 한국 사회의 비 정치성의 정치성 혹은 탈정치의 정치화된 결과는 현재 우리 사회에까지 막대한 영향력을 발휘하고 있다. 한 정권에 의해서 시작된 개인들의 탈정치화 시도는 모든 영역에서 비정치성을 강화하였고 개인의 정치 무관심을 확대·재생산하였다.

학도호국단의 등장과 감시 체계의 강화는 산업화라는 선행조건들이 작동하던 기점에서 기존 학생회 중심의 학생 저항운동을 약화시켜, 이를 타개할 필요가 있었던 학생운동 세력들은 소규모 네트워크에 의존하며 지하로 숨어 들어가는 새로운 저항의 방법을 찾았다. 학생운동은 유인물 배포 및 시위 계획 등의 소규모 저항이 주를 이루었으며 1977년 3월 서울 법대생들의 시위까지 침묵을 이어갔다.94) 학도호국단 창설 원년인 1975년 이후 대규모 학생운동은 학교에서 멀어지고 소위 말하는 '서클' 중심의 학생운동으로 저항의 성격이 변환되었다. 물론 학생운동의 소규모화는 도리어 학생운동의 저변을 넓히고 학생운동이 다른 사회집단에 의한 저항운동과 연계됨으로써 장기적인 관점에서는 국가의 바람과는 반대로 저항운동을 확산하는 역할을 했다. 이후 학도호국단이 폐지되는 1983년 이후 학생운동은 체질을 강화하는 데 성공했으며 학생회를 중심으로 더욱 강력해진 저항운동의 핵으로 떠오를 수 있었다.

3) 탈정치와 비정치를 넘어서

학도호국단을 평가하는 대신 학도호국단을 둘러싼 선행조건과 이후 결과들을 분석하면, 학도호국단은 비정치적 목표를 세우고 비정치적인 방식으로 학생회를 운영하였으나 독재정권에 도움이 되는 의도하지 않은 결과를 초래한 것이 사실이다. 즉, 거대한 흐름 속에서 개인들의 선택이 거시적인 결과에 영향을 미칠 수 있는 것은 인간의 삶이 거미줄처럼 얽히고 소위 말하는 외부효과가 언제나 작동하기 때문이다. 『벤자민 버튼의 시간은 거꾸로 간다』에서 인간의 상호작용은 타인의 삶에 지대하게 영향을 끼친다. 일상에서 각 개인이 선택은 누군가를 다치게 하는 것이 아니라 자신의 삶을 살아가는 것에 초점을 두지만, 그들의 행위가 그들 모르게 다른 사람의 삶에 영향을 미치는 것을 이해하는 지혜가 필요하다. 그것이 비 정치성의 정치적 결과에 대

---

94) 그러나 이런 침묵은 학생회를 이끌던 민중운동권 학생들의 지하화, 소규모의 조직화로 이어졌고 내성을 강하게 훈련시키는 계기가 된다. 이는 후에 박정희 정권보다 더욱 강력하게 억압하는 전두환 정권 아래서 학생운동이 폭발적으로 증가하는 한 역사적 원인을 제공했다(Lee, 2005).

한 인식과 분석일 것이다.

　현대 한국 사회에서 '정치'라는 말은 매우 부정적으로 들린다. 신뢰도 조사를 해 보면 정치인은 가장 신뢰도가 낮은 집단에 속한다. 정치와 관련된 조직의 신뢰도 역시 매우 낮다. 이런 상황에서 개인들은 손쉽게 비정치적인 태도를 보이게 된다. 그럴 때 현재 지배집단들은 국민의 탈정치화로 기존 질서를 유지하며 자신들의 기득권을 확보하게 된다. 비정치적인 요인이 가장 정치적인 결과를 만들어 내는 것이다.

　나는 개인들의 비정치적인 행위와 선택이 가장 큰 정치적 결과를 만들어 낸다는 것을 학도호국단 사례에서 찾아보려 했다. 학도호국단 참여자를 비난하거나 옹호하려는 태도로부터 거리를 두려고 노력했다. 그분들의 의견을 존중하고 더 많은 이해를 할 수 있었다. 학도호국단은 젊어서 참여했고, 시간이 지난 현대에 기성세대가 된 그들의 경험을 이해하는 것은 현재를 분석하기에 필요한 부분이다.

　경험은 기억에 남아 현재의 자아의 행위와 선택에 영향을 미친다. 그리고 경험은 기억을 통해서 현재의 관점에 따라서 정당화되는데 이때 기억은 변형된다. 개인의 경험은 그래서 집합적 경험과 시간의 국면에서 연결된다. 현재의 나의 문제나 사회의 문제를 과거의 기억과 경험을 통해서 이해할 수 있는 것도 특정한 시점의 기억과 이후 특정한 시점에서 특정한 환경에 토대하여 현재의 삶과 연결되기 때문에 가능한 것이다(Cohen and Steeve, 2000). 그리고 경험은 그 이후 사회 속에서 자아의 다른 경험과 상호작용을 통해서 그 경험을 정당화하도록 이끈다. 많은 피를 흘리면서 학생과 재야 그리고 운동가들에 의해서 이룩된 민주화된 한국 사회 속에서 살아온, 그리고 살아가고 있는 과거 학도호국단 참여자들에게는 독재에 협력했다는 사회적 낙인은 사실 회피하고 싶은 것이었다. 그래서 이들은 순종적이었던 자신들의 모습을 다시 경험 속에서 다시 발견하고 당시 그래도 자율적인 조직에서 학생을 위한 정책을 펴나간 경험을 되살렸다. 그리고 이런 경험을 통해서 비정치적인 자아를 형성해 갔으며 이를 산업화와 경제

발전을 이룩한 한국 사회에 적용하여 정당화하였다.

그러나 이런 정당화 속에서 그들이 발견하지 못한 것은 개인을 넘어서는 거시적 차원에서 나타난 결과들이었다. 몇 사람은 자신들의 행위가 독재에 저항하는 학생운동에 일시적이나마 침체기를 가져왔다는 정치적 결과를 인정하고 있었지만 대부분 그것을 읽어 내지 못하고 개인적 차원에서, 학생 차원에서만 미시적으로 정당화를 시도했고 독재에 일정 부분 도움이 되었다는 거시적 결과를 인식하지 못한 것이다. 더욱이 자신들의 행위를 정당화하는 과정에서 시민이 아닌 국민의 탄생을 보여 주었으며, 자신들의 정당화가 한국 사회에서 현재 문제가 되는 공동체 의식이 결여된 이기적 존재로 파편화된 개인들의 등장과 관련이 있음을 이해하지 못했다. 그래서 정치를 통해서 해결할 수 있는 일상생활의 문제들이 가려지고 개인들은 이들을 해결하기 위해서 막대한 비용을 지출하게 된다.

한국 사회에서 국민은 국가와 긴장 관계를 형성하면서 자아와 사회를 동시에 바라보는 시민의식이 부족한 편이다. 국민은 국가와 시장이 제공해 주는 것을 수동적으로 받아들이고 내면화하게 된다. 사회가 치러야 할 비용은 점차 증가하고 개인들에게 그 비용이 전가된다. 개인은 늘 그 속에서 경쟁력을 갖추기 위해 노력해야 하고 자신의 경쟁력을 넘어 집단의 도움을 받을 수 있는 위치에 올라가야 한다. 일상에서 권력과 자본은 중요한 경쟁력의 요인이며 집단주의를 강요하는 배경이다. 개인은 자원(自願)의 관점으로 자신의 경쟁력을 쌓아 도구적이고 절차적으로 경쟁하며 획득하는 권력과 자본을 정당한 보상으로 간주한다. 그 과정에서 개인의 이기주의에 근거한 집단주의나 유사가족주의가 구조화되었다. 학도호국단은 개인에게 이기적인 개인으로 거듭나는 환경을 만들어 주었고 그것이 자신들의 임무임을 제시하였다. 그래서 탈정치화된 개인들은 자신의 정당성을 확보하고자 탈정치화를 더욱 가속화 하였고 개인의 일상에서 경쟁력에 의존하는 경쟁 관계가 더욱 중요시되었다. 그러나 제도의 힘은 강하고 제도를 만들고 자원을 배분하는 정치의 힘은 가장 중요하며 개별 행위자들이 명심해야 할 덕목이지만, 정치적인 것은 나쁘고 비생산적이라는 인식이 뿌리 깊게 한국인들의 마음에 내재화되어 있다. 따라서 정치화된 정체성의 확립이 필요하고 정치에 대한 새로운 인식이 제고되어야 하지만 현실에서는 점점 더 일상의 삶에 매몰되도록 만드는 환경에 터 해 사회구조가 작동한다.

지나치게 개인적인 합리성에 매몰된 성향을 보이는 것이 한국인들이다. 개인적 차원으로 해석하는 사회구조는 역사적으로 진행되어오던 것들과 현대 많은 사건을 경험하면서 누적되어 가장 개인에게 합리적이라는 결론에 이르게 했고 선택되어온 경로로 재생산되었다.

개인에게 자기효능감을 경험하게 해 주는 환경과 제도가 중요하며 무엇보다 정치의 개념과 국가가 무엇인지, 박정희가 왜곡한 국가와 민족은 무엇이었는지를 이해하는 것이 필요하다.

새마을운동, 학도호국단 조직 활동에 참여했던 이들은 비정치적인 개발을 목표로 하는 국가 운동에 참여하면서 그 속에서 자신의 이익을 확보할 수 있었다. 이익이라는 것은 누군가로부터 금전적인 이익이었다기보다 리더십을 배우고, 학생으로서 미래를 위해 생각할 수 있는 시간, 전문성을 배울 수 있었던 기회 등 지금 시각으로 보면 전혀 이익이 아니라 정말 개인의 성장을 위해서 노력했던 부분에서 확보된 것이었다. 새마을운동과 학도호국단 운동에 참여했던 이들은 말이 운동이었지 근대적인 인간으로 거듭나는 개인의 노력이 정말 필요했던 부분들에서였고 그것이 이익이 되는 과정이었다. 이 부분에서 당시 참여자들이 비록 독재를 심정적으로 거부했을지 몰라도 현재의 시점에서 박정희가 추진했던 것들이 현재의 자신들에게 이익이 되었다는 점을 인식하고 그 잔재를 계속 재생산하고 있는지도 모르겠다. 집합적 노력을 정치적이라고 비난하고 개인적인 경쟁으로 모든 것을 승부하도록 만들었고 이 과정에 만들어진 것이 비 정치성이었으며 한국인의 일상을 지배하는 중요한 덕목이 되었다. 이것이 국민 만들기의 핵심적인 요소였고 외로운 한국인을 양산하는 물질 중심의 사회구조이다.

제 3 부

국가와 시민

제1장 관계와 일상의 사회화
1. 사회화와 개조
2. 동원과 국민 형성
3. 한국인의 정체성: 국민 vs 시민

제2장 시민과 국가
1. 근대 국민국가
2. 근대 국민국가의 구조
3. 국가와 시민권

제1장

관계와 일상의 사회화

1. 사회화와 개조

한 개인이 태어나서 그 사회의 구성원으로 성장하는 데는 오랜 시간이 걸린다. 마찬가지로 시민을 만들어 가는 과정도 오랜 시간을 요구한다. 어떤 사람에 대한 평가는 그 한 개인의 추상적 정의에 기초한다. 그와 달리, 다른 사람을 관계로 파악하는 방식이 있다. 일례로 결혼하려는 사람은 그 사람의 부모를 보고 그 사람이 부모와 어떻게 관계를 맺는지를 봐야 한다고 한다. 겉으로 보기에 잠깐의 만남을 통해서 그 사람이 나에게 해 주는 것보다 그 사람을 만들어 온 부모의 일상 관계를 바라보라는 것이다. 그 사람이 누구인가는 그 사람이 맺고 있는 관계를 통해서 알 수 있는데, 이유는 관계가 그 사람의 성격을 결정하기 때문이다. "호부(虎父)에 견자(犬子) 없다"라는 말이 있다. 유래는 알 수 없으나 많이 사용한다. '견부견자(犬父犬子)'라는 말도 있다. 모두가 그 부모를 닮은 자손들이라는 의미다. 부모를 닮아 가면서 자녀들은 교육제도에 진입한다. 한국의 어린이들은 가족의 범위를 넘어서 어린이집, 유치원, 초등학교 그리고 단계별로 학원과 놀이방을 통해서 관계를 확대한다. 사회화 기관으로 알려진 또래집단은 갓난아기일 때부터 시작하며, 동기 문화를 이루면서 가장 오랜 기간 지속된다. 제도에 의해서 만들어지는 이런 다양한 관계 속에서 어린아이들은 서서히 자아를 형성한다. 이 과정이 일상에서 이뤄지는 사회화다. 사회화는 다양한 제도, 조직, 집단 등에 의해서 이뤄지며 일상이라는 곳에서 가시적이거나 비가시적으로 형성되는 관계에 따라서 진행된다(Maffesoli, 2016: 44)95).

사회화가 오랜 시간 새로운 구성원을 만드는 과정이듯이 시민이 형성되어 가는 과정도 오랜 기간 다양한 관계를 형성하면서 가능해진다. 우리는 '시민'을 생각하면 시민사회를 먼저 떠올리고 시민사회 하면 무엇인가 단선적이고 단기간에 이뤄지는 투쟁하는 실체를 그리는 경향이 있다. 이전과 다른 새로운 존재를 그린다. 시민은 그 이전과 다른 무엇을 변화시키는 것이다. 국민에서 시민으로의 변화는 매우 어렵다. 사람들을 국민으로 만든 일상은 사실 가장 변화하기 어렵고 새로운 규범이 뚫고 들어가기 가장 힘들기 때문이다(박재환, 2016: 25). 일상은 사소한 것이고 변화 없이 반복되는 지루한 것이라는 인식이 있지만 사실 개인을 지배하는 것이 바로 이런 일상이다. 일상은 그래서 사회화를 이루지만, 사회화된 자아에 변화를 주는 것은 일상에서 다른 것을 선택하는 것, 즉 개조(alternation)이다.96) 초기 사회화가 행위자 자신의 주관적 의지가 포함되지 않은 채 행위자가 '부지불식중'에 그렇게 길러졌다는 것을 의미한다면, 개조는 자신의 주체가 되

---

95) 마페졸리는 '일상생활의 사회학'을 "여러 종류의 기관(학교, 관청, 조직체 등)이나 여러 형태의 집합체(가족으로부터 결사체와 정당에 이르기까지), 또는 우리가 일이나 여가를 통해 경험하게 되는 다양한 상황에서 일어나는 순전히 기계적이지 않은 모든 것을 다루는 하나의 방법"이라고 정의한다. 마페졸리의 일상의 사회학은 눈에 보이지 않는 관계까지 포함하는 넓은 개념이다(2016: 44-45).

96) alternation은 주체에 의한 선택을 포함한다. 누군가에 의해서 사회화되는 것이 아니라 시민의 경우에는 관계를 형성하는 과정에서 자신이 직접 선택한 선택의 결과에 이르는 길을 개조라 표현하였다. 피터 버거의 『실재의 사회적 구성』을 번역한 하홍규는 alternation을 '개조'라 번역하였다. 시민은 스스로 자신이 지금까지 해 왔던 사회화의 과정을, 지향을 바꾸는 것을 포함한다. 『실재의 사회적 구성』 제3부 참조.

어 스스로 재사회화하는 것을 의미한다. 개인의 현재 상태에서 벗어나 일상에서 기존에 하던 대로 반복적으로 기존 질서를 재생산하는 대신, 새로운 길을 선택하고 새로운 관계를 맺는 것을 개조라고 이야기할 수 있다. 개조는 시민의 탄생에 도움이 될 수 있다.

국가와 자본주의 이데올로기에 의해 사회화된 일반화된 타자로서 움직이는 이가 국민이다. 시민은 바로 국민 위치에서 벗어나 객체화된 자아이자 주체로 재등장할 수 있는 존재이다. 기존 이데올로기를 내재한 상태에서 자신의 이익을 위해서 타인들과 관계를 맺고 결사체를 형성하고 그 결사체에 필요한 규범을 만들어 가면서 주체적인 자아로 성장하는 과정에서 시민이 탄생한다. 왜냐하면, 보편적인 자아 형성에 필요한 규범은 다양한 결사들이 공공영역에서 교류하면서 형성되고 규범 형성의 전 과정에 주체의 '의지'가 들어가 형성되기 때문이다. 결사, 규범, 그리고 공공영역은 시민 형성에 필요한 공간을 제공하는 시민사회의 요소이다. 시민사회는 주체의 의지가 포함될 수밖에 없고 개조란 타인이나 다른 존재(예를 들면 국가나 자본가)가 개인을 국민으로 개조하는 것이 아니라 행위자 스스로가 자신을 시민으로 만들어 가는 과정에 무한한 공간을 제공해 준다. 시민사회는 일상에서 개인들이 관계가 개인 이익과 공공선의 결합이라는 특정한 목표를 향해 맺어지고 작동하는 모든 것이 될 수 있다. 즉, 시민사회는 특정한 정의에 따라 규정되는 것이 아니라 결사, 규범, 그리고 공공사회가 만나 작동하는 공간이며 관계에 따라서 서로 다르게 정의될 수 있는 상대적인 개념이라고 할 수 있다.

국민과 시민이 상호 유기적으로 연결된 것처럼 일상은 시민사회가 되기도 하고 오히려 시민사회의 적인 역사적 블록이 작동하여 이데올로기화된 채 시민을 국가의 시민으로 규정하는 공간으로 작동하기도 하는 것이다.

1) 사회화와 사회구조

사회화는 인간들에게 사회의 습성을 가르친다. 개인들이 지닌 습관은 타고난 것이 아니라 개인들이 살아가면서 습득하고 자신들의 것으로 만들어 소유하는 것이다. 그리스인들은 습성을 제2의 천성이라고 불렀다 한다(Agamben, 2014: 48). 실존하는 어떤 것이든 존재론적으로 이해하는 것이 아니라 사회라는 틀에 의해 개인의 습성이 실존하는 것으로 이해한 것이다. 인간은 사회구조에 의해 영향을 받고, 행위는 사회구조를 재생산하며 사회를 형성하고 자신들을 재생산한다. 이런 과정을 통해서 개인들은 사회의 구성원이 되며 사회의 틀 안에서 개별 습성이 드러난다. 사회 속에서 개인들이 살면서 형성하는 정체성과 타인들이 그 개인을 인정하는 상호작용이 개인의 습성을 형성하는 것이다.

시민 형성도 비슷한 맥락에서 이해해야 한다. 사회구조와 행위의 상호작용에 초점을 맞추면서, 새로운 시민을 형성할 가능성에 대해 현재에 대한 비판적 인식을 기초로 일상에서 개인이 받는 인정과 함께 형성하는 정체성을 찾아볼 필요가 있다. 개인이 홀로 지니는 정체성과 타인과의 관계에서의 인정이 동시에 일어나는 일상이 중요하다. 시민사회는 개인이 사회화되는 일정한 공간이면서 동시에 개인이 하나의 정치적 주체로서 자신의 삶을 바꿀 수 있는 공간이기도 하다. 사회학 입문에서 배웠던 기존 사회화이론은 시민사회와 시민 형성에 관한 이론 정립의 기초가 된다.

사회구조와 행위자의 관계는 행위자들이 일상이라는 공간과 시간에서 타인과 맺는 관계를 통해서 드러난다. 사회구조 용어는 사회과학자뿐만 아니라 일반인들에게도 친숙한 일상의 용어가 되었다. 대체로 사회구조는 사회나 집단의 구성원들이 맺고 있는 사회관계들의 조직화된 체계를 일컫는다. 사회구조 안에서 개인들은 특정한 지위를 획득하고 점유하면서 타인과 관계를 형성한다. 이때 개인이 점하는 지위의 종류는 시간이 지나고 개인이 성장하면서 점점 늘어난다. 아이를 키워 보면 갓난아이가 키우기 더 쉽다고 말하거나, 이등병 군 생활이 병장보다 더 쉽다고 한다든지, 신입 직원이 선배 직원보다 혹은 하급자가 상급자보다 더 일하기 편하다고들 하는 것은 시간이 지나면서 담당하는 다양해지고 책임져야 할 역할이 증가하기 때문이다.

한편, 구조에 상응하는 개념인 행위는 인격(personality)을 구성하는 한 부분으로서 감정, 생각 등과 더불어 개인이 필요로 하는 욕구의 배열 중의 하나이다. 행위는 개인들이 선택하는 움직임의 가시성에 의해서 결정된다. 행위는 사회구조와 동떨어져서 이해할 수 없다. 개인들이 보여 주는 가시적 행위를 통해서 그 속에서 비가시적으로 작동하는 사회구조가 드러난다.

그런데 사회구조가 행위 안에서 드러나는 방식은 문화라는 매개의 개념이자 사회구조의 요소에 의해서 이뤄진다. 즉, 다양한 지위를 갖는 개인들에게는 그 지위에 맞는 행위가 요구되며 행동에는 책무가 따른다. 그런 것들이 대체로 문화라고 인식된다. 문화는 규범, 가치, 신념 등으로 제도화된 형태로 작동하는 방식이며 사회구조가 개인 차원에서 실현되도록 하는 도구이면서 동시에 개인들에게 영향을 미쳐 개인들이 사회구조를 강화하는 재생산의 관계에 편입되는 것을 강제한다. 문화는 따라서 한 사회 내에서와 다양한 사회 속에서 넓고 깊은 스펙트럼을 가지고 있다. 문화의 차원은 매우 다양하지만, 이 연구에서는 문화는 제도와 함께 사회구조의 요소로 개인들에게 영향을 행사하고 개인들의 선택에 따라 시간이 지나면서 당연하게 여겨지는 것으로 정의할 것이다.

문화에 대한 흔한 편견 중의 하나는 문화는 정신적인 것 혹은 이념, 가치, 규범 등과 같은 일종의 형이상학의 차원만이 포함된다고 여기는 것이다. 그러나 문화에는 물질문화와 정신문화 모두가 포함된다. 정신문화를 비물질문화(non-material culture)로 부르기도 한다. 물질문화는 정신문화의 토대가 된다. 원래 문화란 라틴어 'cultura(경작하다)'에서 파생된 개념이며, 경작이란 경제적 활동, 즉 개인들이 먹고사는 문제를 해결하기 위해서 취하는 행위이다. 먹고사는 문제는 일상에서 개별 행위자들의 일관된 관심사이다. 자본주의 사회에서 먹고사는 문제는 축적과 대를 이어 물려주려는 유산과 연결된다. 그만큼 행위자들이 인식하지 못하는 사이 그들의 머리와 심장을 지배한다. 그래서 문화가 무서운 것이다.

한국에서 사회구조의 깊은 구조는 바로 이런 문화의 요소에서 그대로 드러나 있다. 한국 사회의 가장 큰 문제도 결국에는 일상을 매개로 생산과 재생산이 지속되는 문화의 측면에 있다고 할 수 있다. 사회적으로 물의를 일으키는 사람들이 책임을 회피하려고 상투적으로 하는 말이 먹고살아야 한다는 것이다. 이런 변명이 받아들여지는 사회가 한국 사회이다. 정이 넘치는 사회라고 하지만, '법에 의한 지배'보다 사람이 관대하면 관대한 처벌이나 보상이 따르게 되는 구조이다. 그러다 보니 우리 사회에서는 누가 그 자리에 있느냐가 더 중요하며 지위 속에서 사적 개인들에게 더 넓은 자율성을 제공하는 사회구조가 작동한다.

사회구조와 행위자가 연결되는 다차원적 과정을 살펴보기 위해서는 구조와 행위가 연결되는 방법을 살펴볼 필요가 있다. 사회과학에서 연구의 방식은 행위와 구조를 한 축(세로축)으로 삼고 주관과 객관을 다른 한 축(가로축)으로 삼아서 범주화할 수 있다. 사회학 연구의 오류는 때로 서로 다른 층위를 혼용하는 데서 발생하기도 하며 이를 지적하고 행위에 대한 설명을 통해서 사회를 이해할 수 있는 기본적인 틀을 만들어 가는 것이 필요하다. 이때 행위는 단순히 한 개인의 분절적이고 비연속적인 행위가 아니라 사회화되어 나타나는 지극히 일반화되는 공통분모를 나타내는 것이다.

2) 합리적 계산과 계산의 토대로서 인식

생산 관계에 대한 분석은 맑스의 글에서 잘 드러난다. 그림 1은 인식론의 영역에서 유물론적 사고가 사회변동을 어떻게 설명하고 있는지를 보여준다.

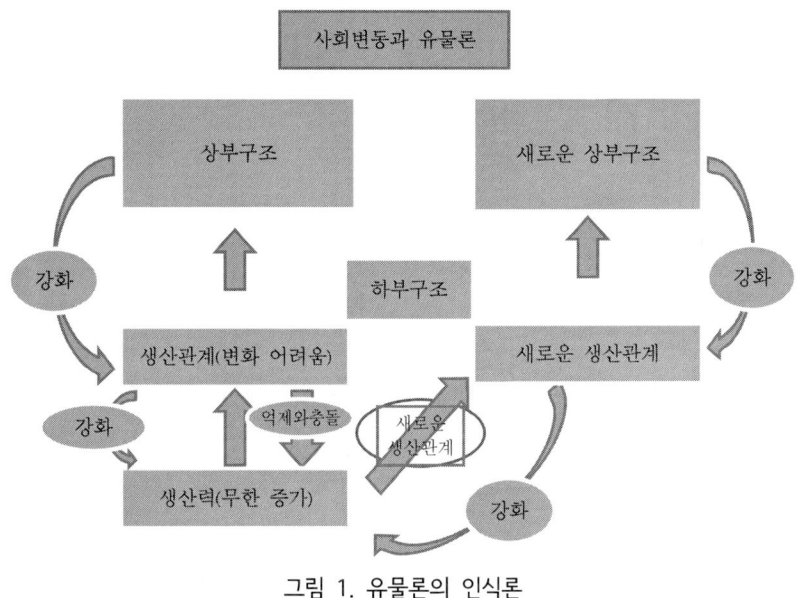

그림 1. 유물론의 인식론

1848년 『공산당 선언』에서 드러난 사적 유물론은 사회변동을 결정짓는 요인을 물적 토대에서 찾았다. 사회변동의 출발점은 무한대로 증가하는 생산력에 있다. 맑스에 따르면 생산력은 쉬지 않고 무한 증가하는 특성이 있다. 인류 역사상 생산력은 한 시기에도 감소하지 않았다. 생산력은 흑사병이 창궐해서 인구의 3분의 1 이상이 갑자기 사망한 잠시간을 제외하고 계속 물 흐르듯이 성장했다. 인간은 계속 증가하는 생산력을 유지하기 위한 생산 관계를 형성한다. 고대 노예제 시기 생산 관계는 주인과 노예 관계로 표현되었다. 자본주의 생산 관계는 자본가와 노동자의 관계다. 생산 관계는 인간들의 관계인 만큼 생산력보다 변화 속도가 느리다. 생산력과 생산관계는 생산양식을 구성하며 하부구조 혹은 토대라고 불린다. 생산 관계는 상부구조에 의해 제도화되어 문화와 정치 시스템에 의해 보호받는다. 그림 1에서 보듯이 상부구조는 생산 관계를 강화하는 역할을 하기 위해서 제도화된다. 상부구조에 포함된 제도들은 하부구조를 강화하기 위해서 만들어진 것이다. 이 구조를 "유물 혹은 물질이 인간의 의식을 결정한다"로 잘못 읽힌 것이다. 맑스는 물적 토대와 상부구조 사이의 상호작용을 이야기하였다. 물론 사적 유물론에 의하면 쟁기가 생산성 폭증을 가져와 계급을 초래하였다고 말하는 식으로 토대가 상부구조를 결정한다고 주장했으나 『공산당선언』 이후 맑스와 엥겔스 모두 상호작용의 중요성에 천착했다.[97]

  노예 제도나 봉건 제도가 경제 제도를 넘어 사회와 국가의 제도에 의해서 유지되었듯이 생산 관계는 하부구조를 넘어 상부구조에 영향을 미치며, 상부구조는 하부구조를 지탱할 구조를 의미한다. 사회변동은 토대에서 시작하지만 사실 토대 내의 긴장은 늘 지속한다. "오랜 습관은 죽지 않는다"라는 속담이 있듯이 인간들의 관계는 변화에 저항하려는 속성이 있다. 사회변동은 무한히 발전하는 생산력이 지지받지 않고 오히려 생산 관계와 충돌하는 상황에서 발생한다. 증가하는 생산력을 누르다 더이상 억제하지 못할 때 생산 관계와 생산력 사이에서 균열이 발생하고 결국 기존 생산 관계는 균열을 이기지 못하고 파괴되어 새로운 생산 관계에 의해서 대체된다. 그러면 기존의 생산 관계가 지탱하던 정치구조, 문화, 일상의 양식 등 대다수의 상부구조가 새로운 상부구조로 변동하게 된다. 이 과정이 뒤르켐이 말하는 아노미적 상황이 될 수 있다. 이 과정에서 확고히 상부구조까지 변동하지 못할 때 사회가 혼란스러워지고 중간 계급들이 득세할 수 있다. 생산력과 생산 관계는 생산양식을 구성하며 원시 공산제도, 고대 노예 제도, 중세 봉건 제도, 근대 자본주의 제도, 이후 공산주의 등 다양한

---

[97] John A. Huges(2018)의 『고전사회학의 이해』 제2장에 나오는 맑스의 토대와 상부구조 사이 관계 그리고 이데올로기와 자본주의 변화에 대한 논거 참조.

얼굴을 보여주는 제도로 변동했다. 생산력은 물질적인 수단과 인간의 노동력이 결합하여 만들고 생산 관계는 생산력에 근거해 맺는 모든 관계를 의미한다.

이런 맑스의 분석이 현대에도 유효한 것은 관계가 우리의 의식을 결정한다는, 그리고 존재가 우리의 의식을 결정한다는 거시적이고 추상적이면서 동시에 미시적인 분석을 포함하기 때문이다. 한국 사회의 특징과 박정희 잔재를 설명할 때 완장을 이야기하였다. 완장은 전형적인 존재를 의미하고 의식은 완장을 찬 사람의 의식과 완장을 바라보는 인간 의식의 변화를 설명해 주는 고리가 된다. 완장을 설명하는 것은 사실상 그 위의 지배구조를 설명하는 것과 동일시해야 하지만, 완장은 거시구조에서 가장 중요한 요인을 가리는 기능을 한다. 맑스의 유물론적 사관에 의하면 자본주의는 어떻게 발전했는가? 어쨌든 새로운 기술이나 기계가 변동을 초래했다는 것인데, 이를 역사에 적용해 보면 생산성은 기존의 생산 관계에 의한 방식대로 움직인다. 조선 후기 일본 농민의 생산에 비해, 조선 농민들의 생산성이 떨어진 것은 게을러서라는 시각이 있겠지만 사실은 사회구조적으로 생산 혁명을 통해 많이 생산하더라도 농민들에게 유익한 것이 없었기 때문에, 게으름을 피우는 농민이 형성되었다. 생산력 증대가 혁명적 수준까지 아니더라도 급격히 성장할 때 조선에서는 '광작'이라는 기법이 유행했다. 여러 농업 기법이 도입되면서 그 이전 많은 일손이 필요하던 것이 소수의 농민으로도 같은 규모의 농토를 경작할 수 있게 되었다. 그런데 생산성이 높아지니 문제가 생겼다. 바로 안정성이다. 광작으로 부유해진 농민이나 지주들이 직영을 높이고 소작농을 줄였다. 일자리가 과거 농업사회에서보다 다양화되고 많아진 현대에도 직업을 잃으면 새로운 직업을 구하기 어렵다. 하물며 과거 농경사회에서 경작할 농토를 잃는다는 건 굶어 죽거나, 도둑이 되거나, 유랑자가 될 수밖에 없다는 걸 의미했다. 높아진 생산성으로 농촌 생활이 불안정해지는 것은 단순히 한두 가정이 굶어 죽어서가 아니라 이웃과 의존적인 농업경제 구조에서 함께 구성했던 농촌 경제공동체(결국엔 정부)가 지급해야 할 비용이 증가했다. 그래서 조선 정부는 광작을 법으로 금지했다. 토대인 생산력이 정치 제도인 상부구조에 의해서 억제된 것이다.

현대에도 보수파들이 진보 정부를 비판할 때 정치가 경제를 억압해서 경제가 성장하지 못한다고 한다. 거꾸로 말하면 정치 제도는 경제 제도의 성장에 기여해야 한다는 말이고 이는 맑스가 말한 철저한 유물론적으로 정치 제도인 상부구조는 경제성장에 기여해야 한다는 것을 전제로 한 말이다. 보수파가 실제로는 맑스의 유물론을 숭배하는 것이라는 결과에 이를 수도 있다. 이런 인지 부조화가 발생하는 것은 앞에서 이야기하였다. 실제 인지 부조화의 사례는 그 인지 부조화를 일어나게 만드는 이데올로기가 사회적 토대 속에서 어떻게 작동하는지에 대한 천착이 없어서 그렇다. 그것을 이해하지 못하기 때문에 자신들이 무엇을 이야기하고 있는지도 인식하지 못하고 서로 충돌을 일으키는 말을 그대로 전하는 일이 반복된다. 유물론적 인식론은 말 그대로 물질적 구조의 변화에 맞추어 상부구조가 바뀌는 것이다. 사회학의 용어로 말하면 물질문화와 비물질문화 중 물질문화의 변화에 비물질문화가 적응해 나가는 과정으로 이해하는 방법상의 필요성이 객관성과 연결되는 사회학적 방법을 고려해야 한다.

인간들의 행위와 선택 이면에서는 그만큼 다양한 사회구조가 작동하는 방식이 있는데, 물적 토대를 근본적으로 무시할 수 없다. 물론 성인군자나 극단치에 해당하는 사람 중에서는 물적 토대와 상관없이 자유롭게 자신의 의지를 가질 수 있는 이들이 있을 수 있다. 하지만 보통의 행위자들, 즉 정규분포를 이루는 종 모양에 포함되는 개인들은 물적 토대와 떨어뜨려 생각할 수 없다. 한국에서 물질주의는 그런 의미에서 중요한 분석의 도구이자 그 물질주의가 태동하고 뿌리내리고 재생산되는 과정을 탐구해야 하는 연구의 목표가 되기도 한다.

분석에 있어 물적 토대를 무시할 수 없는 유물론적 접근의 유용성과 정신과 문화 그리고 자의적 선택의 결합이 한 사회를 어떻게 특징

짓는지를 살펴본다는 의미에서 비교는 좋은 방법이 될 수 있다. 유럽과 한국의 역사 차이를 간단한 비교를 통해 분석하자면, 유럽에서 생산 혁명은 농민이나 지주에 의해 일어나지 않았고 오히려 식량이 대규모로 재배되는 곳에서 그렇지 않은 곳으로의 이동으로부터 일어났다. 유럽의 식량 생산은 계속 늘어나다가 17세기 이후 본격적으로 증가했다(브로델, 2017: 163). 사실 식량 생산량이 큰 폭으로 증가하였다기보다 식량 부족이 있는 지역으로 생산된 식량의 이동이 많아졌다는 사실과 연결된다. 식량 생산은 유럽에서 중요한 문제였고 소규모 식량 생산지보다는 대규모로 밀을 생산하는 지역에서 유럽 내 다른 지역으로의 이동이 더 빈번했다. 브로델은 이를 자본주의 이전 교환관계 중심의 시장으로 설명한다. 시장의 성장은 자본주의 팽창을 불러일으켰다. 서구가 우리 한국과 다른 지점은 시장의 교역과 지역 내 정치 구조에 변화를 줄 수 있는 집단이 성장하고 있었다는 점이다. 그리고 그들은 자신들을 조직화하고 세력화하는 데 성공하고, 유·무혈의 혁명을 통해 자신들이 원하는 질서를 구축할 수 있었다.

사회를 구성하는 계급의 변화는 물적 변화 속에서 혁명적 정치변동으로 이어지는 서구의 역사 속에서 진행되었으나, 조선에서는 물적 변화가 정치적 굴레에 갇혀 성장하지 못하고 교역도 중국이나 일본과 부분적으로 이루어질 뿐 계급의 성장에는 미치지 못했기 때문에 계급 분화, 결속, 그리고 세력화 이후 새로운 세계에 대한 도전과 질서 구축을 실현할 수 없었다. 이런 역사를 설명하는 방식을 굳이 유물론인지 아닌지로 판단하기보다 어떤 경우에 물적 변화가 사회변화를 이끌고 정치질서가 어떻게 물적 변화를 추동할 수 있는지 사회학적으로 밝히는 작업이 필요하다.

합리성은 선행조건과 구조 안에서 선택해야 하는 개인들이 이익 추구 경향을 달성하는 과정에서 형성되었다. 그때 합리성의 토대가 되는 조건이 사회에서 제도화되는 과정에서 이데올로기와 이념이 만들어지고 문화로서 구조화된다. 우리는 인식론의 세계에서 살고 있어 가시적인 현실 속에서 이념을 구체화한다. 그 이념이 타인에게 작동하고 다시 자신을 속박하는 상황이 만들어져 구조가 개인의 내면 깊숙하게 뿌리를 내리는 사회화 과정에서 진행된다.

3) 개인 선택의 제도화와 구조적 압력으로의 변화

구조와 행위가 개인의 선택으로 강화되고 재생산되는 과정을 살펴볼 필요가 있다. 한국인이라면 당연히 박정희 시대를 겪으며 생각이 바뀌었는데, 결정적 요인이 무엇이었을까?

구한말과 식민지 조선에서 조선인을 연구하거나 관찰한 많은 이들이 조선인의 열등성을 이야기했다. 느리고 게으르고 더디 움직이며 식사만 길게 하고 말이 많은 조선인을 본 이들이 현대 '빨리빨리'를 이야기하는 한국인을 본다면 어떻게 생각할까? 한국인의 이러한 변화는 어떻게 시작되었을까? 사회구조와 행위 사이 일상이 개인에 대한 지배력을 행사하는 과정을 살피는 작업이 필요하다.

지식사회학은 실재(reality)의 사회적 구성을 분석하는 사회학의 한 분야이다(Burger and Lukemann, 1967). 지식사회학은 보편적 특성보다 한 지역의 특징과 지식을 연결하는 방식으로 토대라는 하부구조와 지식이라는 상부구조 사이를 연구하는 학문이다. 독일에서 시작한 지식사회학은 인류사에서 나타난 보편성의 문제를 한 지역의 특수성과 연결하는 방식으로 시작하였다. 이런 지식사회학의 연구 방법은 현대 사회 개인화가 점점 더 지속화되고 있는 시점에서 의미의 세계를 강조하는 주관적 행위자의 차원을 강조하면서도 보편적 토대라는 사회구조를 동시에 이해할 수 있게 해 주는 사회학적 방법이다. 일상은 지식사회학에서 중요한 연구의 대상이자 공간이 된다. 일상에 대한 사회학적 연구자인 클로드 자보가 일상이 가지는 사회학적 중요성을 '미시적 사회학에서 거시적 사회학으로' 확대 가능한 점을 밝힌 점에서 찾은 것은 어찌 보면 당연한 일인지도 모른다(박재환, 2016: 27). 버거와 루크만은 개인적 의미가 상호주관성을 통해서 객관화되는 과정을 설명한다. 이것이 일상에서 개인들이 맺는 관계의 핵심이 된다.

상호주관성과 상호주관적 세계를 구성하는 주관적 과정들과 의미들의 객관화 과정은 언어를 통해서 매개된다. 물론 주관성의 해석은 현상학적 방법을 통해서 이뤄지며, 본질이 아닌 바라보는 자, 분석하는 자의 경험과 주관성에 의해서 사물과 실재가 이해된다. 대괄호([ ])는 사물의 궁극적 본질을 판단하기를 중지하고 현상은 실재가 아닌 현상으로 고려된다는 의미이다.

> 일상생활의 실재는 이미 객관화되어 나타나며 그 실재는 무대에 나서기 전에 대상으로 지정되어 온 대상들의 질서에 의해서 구성된 것이다. 이런 의미에서 일상에서의 언어는 지속적으로 나에게 필수적인 객관화를 제공하고 객관화를 이해하게 해주고 일상생활을 나에게 의미 있게 만드는 질서를 사실로 상정한다(Berger and Lukemann, 2013: 43).[98]

행위자는 자아의 세계에서 타인과 상호작용을 하면서 사회가 만들어 낸 객관화의 기제 속에 포함됨과 동시에 자신의 주관성을 객관화시킨다. 언어, 의미, 지식과 행동 및 사고방식 등이 한 개인이 타인과 상호작용을 할 때, 구조화된 채로 개인의 의미를 객관화시킨다. 개인의 의미와 상호작용이 언어나 지식을 매개로 제도화되면서 개인에게는 비록 의미와 기억의 세계라 할지라도 개인이 가진 의미와 주관이 전달되는 방식이 객관화되고 타인과의 공통분모 위에 공유될 수 있다. 그런 의미에서 주관성은 객관성을 거쳐서 정당화된다. 이때 동감(sympathy)이 작동할 수 있다. 애덤 스미스는 『도덕 감정론』에서 동감의 중요성을 이야기하였다. 수백 년 전 스미스가 역설한 동감의 중요성은 현재에도 여전하다. 일상에서 정을 통해 사람들과의 관계를 강

---

[98] 이 부분에 대해서는 영어 원문을 그대로 싣는 것보다 번역된 글에서 인용문을 활용하는 것이 낫다고 판단하였고, 인용 글은 번역 문헌을 참고하였다.

화하고 개인적인 한을 기초로 자신의 어려움을 극복하고 새로운 밝은 미래를 창조하는 역동적 힘을 발산하는 한국인들에게 동감은 개인의 차원을 넘게 해 주는 집단의 유대를 강화하는 한 요소로 작동한다.

동감을 통해 유대관계를 확인한 이들은 유대관계가 작동하는 집단, 조직, 혹은 결사체에 대단한 애착을 형성한다. 1970년 11월 농어민소득증대특별사업 경진대회에서 성공 사례를 발표한 독농가 하사용은 자신의 이야기를 듣고 눈물을 흘리고 청와대로 초청한 박정희를 사후에도 잊지 못했다. 박정희의 삶을 자신의 삶과 동일시하고 그 당시의 삶을 유지하는 하사용은 박정희 사후에도 매년 10월 26일을 전후해 박정희 묘소를 참배하고 헌화한다고 한다.

우리는 일상에서는 표준화된 시간과 주관적 시간의 차이를 느끼는데 두 개의 서로 다른 시간이 개인에게 동일하게 작동하지 않아 주관성의 상호작용이 가능하게 된다. 표준화된 시간 속에서 통제받는 개개인들의 삶은 산업혁명이 가져온 장점이자 단점이다. 우리는 통제된 시간 속에서 살아가고 있다. 시간이 초, 분, 시간, 일, 월, 년 단위로 나뉘고 모든 사람은 하나의 시간 단위에 의해서 움직이고 행동을 선택해야 한다. 시간의 양은 타인과 나에게 동일하게 적용되도록 설계되어 있다. 아침, 점심, 저녁 등 하루 세끼도 마찬가지로 표준화된 시간에 의해서 설정되어 있고 우리가 팔아야 하는 노동력도 동일하게 제약받는다. 자신의 의지와 상관없이 누군가에 의해서 만들어진 표준화된 시간은 역으로 제한된 공간에 개인을 묶어 둔다.

그러나 시간의 주관성은 개인마다 사안마다 다르게 나타난다. 불교에서 말하는 찰나와 억겁의 시간을 사람마다 처한 환경에 따라 다르게 느끼는 것과 같은 이치다. 의식은 시간에 따라서 흘러가고 주관성은 시간에 의해서 조직화 된다. 경험하기 싫은 것을 경험할 때 시간이 잘 안 가는 것 같고 자신이 원하는 것을 할 때 시간이 너무 빨리 지나가는 것을 느끼는 것과 비슷하다. 개인이 느끼는 전혀 다른 시간과 그 의미는 의식과 연계되는 것이다. 공간은 제한적인 실재를 경험하게 하고 경험을 통해서 실재의 전이를 가져오게 한다. 의미구역이 변화하고 제한을 가하는 일이 일상 속에서 자연스레 일어난다. 결국, 시공간의 제약을 느끼는 인간들은 자신들의 행동, 상호작용, 의미 등을 제도화하여 영구화하려고 시도한다. 이때 지식과 언어가 중요한 역할을 한다. 서로를 부르는 언어는 그런 의미에서 사회화에 가장 필요한 도구가 된다.

어빙 고프만은 일상에서 자아 형성에 구조가 하는 역할 그리고 재생산에 관한 연구를 진행하였다. 그는 『일상생활에서의 자아의 표현(Presentation of Self in Everyday Life)』에서 자발적 자아인 'I'와 자아 내부의 사회적 자아인 'Me' 사이 긴장과 관계를 설명하면서 지극히 인간적인 자아와 사회화된 자아 사이의 근본적 차이는 연극 모형을 그리면서 실현한다고 설명했다(Ritzer, 2006: 221). 고프만은 자아란 소유자의 소유물이 아닌 상호작용의 산물이라고 전제한다. 배우와 관객 사이 상호작용의 산물로서 자아가 형성된다는 것이다. 자아는 연기 수행의 과정에서 발생하는 교란에 약하기 때문에 관객의 교란을 통제할 욕구를 행위자인 배우에게 강하게 드러내게 함으로써 관객이 배우의 연기를 침범하지 않도록 한다. 이때 행위자인 배우는 관객이 그에게 기대하는 연기를 함으로써 관객을 만족시킴과 동시에 관객이 상호작용을 깨지 못하도록 자신의 연기에 대한 확신을 보인다. 이것이 인상관리(impression management), 즉 특정한 하나의 인상을 유지해서 관객들이 그 연기를 받아들이도록 하는 일이다.

연극의 무대는 전면(front stage)과 후면(back stage)으로 구성된다. 무대 전면은 외관과 매너로 이루어진다. 외관은 연기자의 사회적 지위를 말해 주는 항목들이 포함되고 매너는 연기자가 주어진 상황에서 수행할 역할을 관객이 예측하도록 해 준다. 무대 전면은 매우 구조적으로 구성되어 있다. 구조적 특성은 특정한 순간마다 만들어지는 것이 아니라 제도화된 채로 예측되는 경향이 있다. 어떤 기존의 역할이 배우들에게 주어질 때 배우들은 이미 만들어진 구조 안에서 자신의 배역에 따라서 연기를 해야 한다. 따라서 배우들(행위자들)은 무대 위 일상을 움직이도록 하는 구조 속에서 자신들이 감추고 싶은 사항들을 감추려고 한다. 이는 배역과 무관한 일이다. 배역의 이상화된 연기를 일상을 살아가면서 하는 배우들은 자신들이 숨기고 싶은 것들이 드러나더라도 관객이 그 이상화된 배역을 해치지 않는 수준에서 받아들인다는 것을 알고, 이상적인 연기를 하는 배우(상호작용의 주체)와 관객(상호작용하는 대상으로서 극장, 즉 사회)이 채워지는 것이다.

연기가 구조화된다는 것은 관객과 배우의 거리가 항상 일정하게 유지된다는 것이다. 이를 통해 연기자는 관객으로부터 노력과 수고를 인정받고, 수반되는 감추고 싶은 고생을 피하고 연기에 대한 노력을 대접받고자 하는 것이다. 그런 의미에서 배우는 관객들이 배우를 신비화(mystification)하기를 원한다. 이는 개별 배우의 노력과 더불어 연기에 참여하는 다른 배우들과의 팀플레이에 달려 있다. 배우들은 무대에서 서로 의지하면서 마치 비밀결사처럼 비밀은 숨기고 각자의 배역을 통해서 연극이 드러내고자 하는 것을 관객들에게 전달하는 데 모든 초점을 맞추는 것이다.

이런 공개된 무대 전면과 달리, 무대 밖(무대 후면)은 관객들이 접근하지 못하는 영역이다. 구조적 억압에서 해방되는 공간에서 배역의 연기자들은 자신들의 본연의 모습이 드러나게 된다. 그러나 실제 인간의 삶은 무대 밖과 다르다. 무대 밖은 일상에서 벗어나지 못하고 상호작용에 따라서 무대 안이 될 수도, 무대 밖이 될 수도 있다. 교수 연구실에 학생이 찾아온다거나 자신만의 공간인 집안 자신의 방 안에 타인과 함께 있을 때 더욱 그러하다. 일상은 그런 의미에서 '쇼'를 위한 공간이 된다. 사실상 무대 밖과 무대 안의 구별이 없어진 일상에서 강제로 쇼에 참여하면서 한국인들은 자신의 존재 이유를 찾는다(김광기, 2017). 집단주의가 지배적인 것처럼 보이는 한국 사회라는 무대에서 자신이 얼마나 자신이 속한 집단에 충성스러운가를 보여 주어야만 생존할 수 있다. 한국에서 개인에게 집단은 '공동의 가치'로 드러나는

'쇼'의 일종이다. 그렇기에 한국과 같은 외형상 집단주의적인 사회에서 '이기적'이라는 낙인은 무서운 단어가 된다. 그렇지만 사람들과 맺는 관계 뒤편인 무대 후면에서는 철저하게 이기적인 자아가 움직인다. 집단을 활용하여 자신의 이기심을 추구하는 개인은 집단에서 권력을 소유한 자이고 집권자이기도 하다. 식민지 일본군 장교 출신의 박정희가 자신을 가장 민족주의적인 사람으로 보이도록 인상관리를 한 것은 민족을 팔아 자신의 권력을 유지하려고 한 이기심에서 비롯된 것이었다.99) 동기에 상관없이 집단주의 사회에서 개인의 인상관리는 매우 중요한 성공 요소다.

구조가 개인의 일상을 지배한다고 해서 행위자와 구조의 관계가 일방적인 것은 아니다. "우리는 사회화의 노예인가?(Are we prisoners of socialization?)"라는 질문이 늘 머릿속에서 떠나지 않는다. 그렇다면 구조와 행위자는 어떻게 연결 지을 수 있을까?

4) 행위자의 이중성과 제도와 문화의 사회구조

본 연구에서는 제도를 '특정 사회구조가 행위자에게 영향을 미치는 통로이면서 행위자들 간, 행위자와 사회구조 사이를 매개하는 것'으로 정의한다. 구조와 행위는 제도를 통해 연결되며 행위자와 구조의 중간지대인 접촉면(interface)을 구축한다. 구조는 가시적이지 않고 행위자의 선택에서 드러난다. 그 행위자가 어떤 구조에 의해서 영향을 받아 행동하게 되는 것이 사회의 거미줄이다. 그런 행위를 범주화하여 추상적 개념을 만드는 것이 개념화 과정이면서 궁극적으로는 이론으로 발

---

99) 김광기(2017: 189)는 한국 사회에서 개인들은 "비록 어떤 이가 인식하지 못하더라도 자신을 드러내는 것에 실패하지 않기 위해서 공동의 가치를 사용하고 있다"라고 진단한다. 집단주의 가치를 인식하지 않더라도 '우리'가 주는 사회적인 압박감은 개인들로 하여금 이기적이라는 소리를 듣지 않도록 만든다.

전한다. 이때 행위자가 사회구조에 의해서 영향을 받는 것은 제도와 문화라는 두 하위 개념에 의해서다. 물론 문화와 제도를 사회구조로 보는 학자들도 있다. 하나의 문화가 형성되기 위해서는 제도가 만들어지고 행위자들이 제도에 따라서 행동하는 것이 선행되어야 한다. 그것이 아무런 두려움 없이 당연한 것으로 여겨지는 순간에 이를 때 제도와 행위는 문화가 된다.

그렇기에 문화를 사회구조를 이루는 동전의 한 면이라고 한다면 제도는 구조라는 동전의 뒷면이 될 수 있다. 사회구조는 문화와 제도를 통해서 행위자들이 살아가는 일상에서 드러난다. 제도는 사회가 개인들의 욕구를 충족시켜 줄 수 있도록 하는 특정 방식들로 이루어져 있다. 제도는 때로 문화로도 인식되고는 있으나 강제력의 유무를 직접 느끼거나 인식하지 못한다는 점에서 문화와 제도는 다르게 분석될 수 있다. 그런 의미에서 환경 속에서 개인들은 행위를 선택할 때 의미와 상징에 초점을 둔다. 가시적으로 돈이라는 물질에 목표가 있더라도 그것은 추상적인 상징과 의미의 영역에 속하는 것이지 실제 세계를 다루는 것은 아니다. 문화의 영역에는 공식과 비공식 규칙뿐만 아니라 인간 행위에 의미를 부여하는 상징과 인지 등이 모두 포함되어 있다. 구조와 행위 간 상호작용에 필요한 매개체가 제도라고 한다면 문화란 사회구조와 행위자 간 상호작용의 매개체라고 할 수 있다.

개인은 문화와 제도를 통해서 구조와 대화하는 능동적 행위자이다. 개인은 수동적이거나 파편화되고 원자화된 존재로서만 존재하지 않고, 타인과 상호작용하면서 의미와 상징을 통해서 자신의 정체성을 확보하는 존재이면서, 동시에 자신의 이익을 추구하며 합리적으로 선택하는 사회적 존재이며, 상호작용의 결과 생산되고 강화되며 재생산되는 사회적 구성물이다. 국가의 동원 체제 아래서 시키는 대로만 하는 수동적 존재가 아니라 자신의 이익을 투영하여 국가의 사업을 통해서 꾸준하게 자신의 사회적 지위와 권력 그리고 금전적 이익을 추구하는 존재다. 독재의 희생자가 아니라 독재가 만들어 낸 사회질서에 적극적

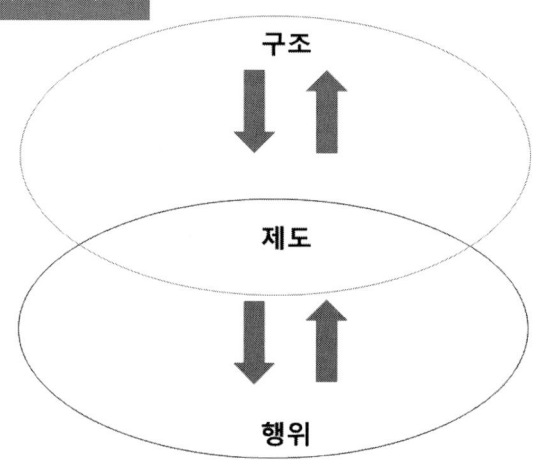

그림 3. 제도에 의한 구조와 행위

으로 협력하여 이익을 추구한 것이다. 그래서 개인은 한갓 구조의 희생자가 아니라 구조가 구성한 구성물로서 존재하는데, 이유는 제도를 설계할 때 개인이 경쟁하면서 적극적으로 나설 수밖에 없도록 하는 것이 중요하기 때문이다. 그 제도를 설계하는 지배집단의 이익 구조가 오히려 다수의 이익 구조보다 안정적으로 유지될 수 있도록 만듦에도, 그것을 인식하지 못하고 경쟁에 매몰되어 자신의 이익을 추구하다 보면 설계대로 움직이는 존재가 될 수밖에 없다. 즉, 개인은 상호작용을 통해서 자신을 둘러싼 환경을 이겨 내고 극복하려는 존재이기 때문에 그 계산을 넘어서는 제도가 설정되면 개인들은 그 속에서 움직이는 행위자로 머물 수밖에 없다. 이런 비판적 접근은 근대 자본주의 사회의 문화를 다룬 프랑크푸르트 학파[100]가 제시한 넓은 개념의 실증을

---

[100] 프랑크푸르트(암 마인) 대학교의 막스 호르크하이머, 테오도르 아도르노, 발터 베냐민 등 교수들(대다수가 유대인)이 자본주의의 새로운 지배 이데올로기로서 문화를 비판적으로 고찰하는 학풍의 그룹.

넘어선 비판의 의미이다(Turner, 2001). 이런 비판사회학의 입장에서 개인은 이중적이다. 고분고분하지 않게 구조나 제도를 활용하는 것처럼 보이지만 오히려 그것이 사회구조를 재생산하고 강화하는 데 기여하기 때문이다. 즉, 박정희 개인을 비판하면서도 박정희 프로젝트를 자신의 이익을 위해서 활용하였지만, 결국에는 그 프로젝트에 내재된 구조적 함정을 바라보지 못하고 그것을 그대로 인정하고 받아들이는 주체인 것이다. 외로운 한국인을 만드는 구조가 한국인이 자신의 이익을 추구하도록 만들어 더욱 외롭게 만드는 것을 찾아내기 어렵게 되는 것을 뜻한다.

개인의 인정과 수용에 있어 이익 극대화 추구 지향의 선택을 스스로 하게 되는 개인을 상정한다면, 개인이 선택하는 모든 행위의 근저에는 개인이 자발적으로 선택했다는 전제가 깔리게 된다. 이 지점이 이데올로기 분석이 필요한 부분이다. 개인이 선택적으로 행동을 취할 때 이것은 사회구조의 문제가 아닌 개인 자신의 문제로 환원된다. 개인에게 제한된 선택을 유도하는 사회구조를 도외시한 채 선택의 결과에 대한 책임을 개인에게 지움으로써 문화나 제도의 창조자로서 개인이 아닌 문화나 제도의 단순한 객체로서 혹은 사회구조의 객체로서 존재하는 개인만이 남게 되는 것이다. 이데올로기 분석은 사회구조가 개인에게 이데올로기를 강요하는 상호작용의 외피를 벗기도록 도와준다. 사실 개인을 이해하기 위해서는 개인이 경험하는 독특성 혹은 특수성이 개인이 처한 환경 속에서 객관적으로 작동하는 것을 고려해야 한다. 객관적 행위와 주관적인 의미를 지닌 행위자로서 개인의 외현화(externalization)를 고려해야 한다. 일상의 삶을 살아갈 때 개인은 자신의 주관적인 의식에서 출발한다. 그러나 사적 공간을 넘어 일상에서 타인과의 구조화된 상호작용을 통해 사회 구성원으로서 객관화 과정을 거치고 정당성을 확보하는 개인의 구조화가 진행된다. 이것이 사회화이고, 사회의 지속성을 설명해 주는 중요한 요소다. 사회화는 개인을 특정한 공간을 차지하고 있는 사회의 구성원으로 만들어 주는 것으로 다양한 제도의 합이면서 문화이고 개인들의 행위를 통해서 발현된다.

시민 형성과 그것을 통한 시민사회 형성의 가능성을 탐색하기 위해서는 제도의 변화를 추구하고 그것을 통해 국민의 시민화를 위한 선택을 강제하고 자발적 강제를 통해 문화의 구성을 이끄는 힘을 보아야 한다. 제도가 변해야 가치가 변하고 이후 사회가 변화한다는 제도적 시각과 문화가 바로 서야 제도가 성립되고 그것이 지속화되면서 사람들의 시각이 다시 변화한다는 문화 중심주의적 시각이 상호작용하면서 시민사회 형성으로 이어지는 문을 열 수 있다. 변화의 출발점은 제도의 변화에 있다.

2. 동원과 국민 형성

조선의 양반 중심 사회구조가 일제의 식민지로 전락하고 한국의 사회구조가 근대식으로 재편되는 과정에서 확대되기 시작한 집단주의는 산업화 시기에 들어서면서 한국인의 일상에 침투하며 본격화되었다. 박정희 동원 체제는 국민 탈정치화를 수단으로 경제성장과 사회 근대화를 통한 통치 기반을 확립하는 것이었다. 이 연구에서 박정희 잔재가 사회구조로 되었다고 해서 박정희를 신으로 만드는 오류를 범하는 것은 피해야 한다. 즉, 사회구조를 전면적으로 바꾸고 미래를 예측하여 한국을 성장시킨 위대한 반신반인의 인간 박정희가 아니라, 군사정변으로 집권하고 정권 재창출과 영구집권을 꾀한 합리적 정치가로, 그리고 사회변동 속에서 흐름을 찾아가는 과정에서 다른 한국인들처럼 생존과 번영을 위한 최대한의 합리적 수단을 찾아간 정치가로 해석하는 태도가 필요하다. 그렇지 않으면 박정희를 추종하는 이들이 원하는 대로 박정희를 신으로 만드는 오류를 범할 수 있다. 북한의 위협을 과장하는 과정에서 대한민국의 모든 문제를 북한이 일으킨 것으로 주장하며 북한을 만능의 신으로 만드는 경우가 많듯이, 박정희 잔재 청산에 필요하다고 해서 박정희가 현대 한국 사회의 모든 문제를 만든 장본인이라는 식의 비판에는 신중해야 한다.

역사사회학과 문화연구에서 1990년대 이후 성장한 사건사 연구는 박정희를 신격화하지 않으면서 한국 사회에서 박정희 잔재를 골라낼 수 있다. 하나의 구조는 혼자만으로 구성되지 않는다. 구조는 다층적이며, 사건들과 우연성에 의해서 강화되기도 하고 약해지기도 한다(Sewel, 1992; Sahlins 1981; 채오병·전희진, 2016). 심지어 하나의 구조가 파쇄되어 다른 구조에 의해서 대체되기도 한다. 하나의 원인만으로 그 사건의 결과를 구성하거나 만들지 못한다. 이러한 변화는 장기간에 걸쳐 나타난다. 박정희 잔재의 시작이 조선 시대이고 본격화된 것이 일제강점기라면 그것은 한국인들이 선택의 국면에서 취한 경로의 배경에 해당하고, 매 국면에서 개인들이 자신들에게 주어지는 수확체증(increasing returns)의 법칙을 따르면서 그 사건을 만들어 가는 것이다. 박정희와 한국인들의 상호작용이 제도를 매개로 드러나 현대 한국 사회에서 박정희 잔재가 계속하여 재생산되는 것이다.

구조를 다루는 과정에서는 구조에 해당하는 것들이 어떻게 활용되었는지도 다룰 필요가 있다. 한국의 민족주의와 국가 건설 연구에 사건사 연구 방법을 적용하면 한국 사회의 구조적 변화 과정을 드러낼 수 있다. 거시적 담론인 민족주의는 만들어진 것이며, 특정한 소수를 위해서 작동하지만, 대다수의 마음속에서 작동하여 특정 집단에 이익을 몰아 주는 역할을 한다. 이처럼 '소수를 위해 기능하지만, 실제는 다수에게서 작동하는' 이데올로기가 국가 연구에 필요한 이유는, 일종의 상부구조인 민족주의 만들기에서 해당 작업을 담당했던 이데올로그들의 역할이 아니라 대중이 살아온 일상이라는 틀에서 한국인들의 민족주의 수용과 변화 그리고 재생산을 다룰 수 있기 때문이다. 그런 의미에서 박정희의 민족주의가 국가를 중심으로 어떻게 한국인들에게 영향을 행사했는지 파악하는 작업이 필요하다.

민족주의 담론을 만들고 가장 많이 활용하여 정치적 이익을 얻은 이가 박정희일 것이다. 이승만 시대에는 '민족'이란 용어가 금기시되었던 반면에 박정희 시기에는 민족 담론이 많이 활용되었다. 그런데 박정희 민족주의의 핵심인 국가 중심 민족주의 이데올로기(state-centered nationalism Ideology)는 민족주의와 국민국가의 불일치 구조에 터를 잡고 있다. 집단주의의 근원으로서 민족주의와 국가주의의 정교화는 박정희 집권 시기에 출현하였다. 박정희는 한반도의 남쪽만을 위한 민족주의를 만들어 대한민국이라는 공화국의 애국주의와 일치시켰다. 한국에서 국민국가와 민족국가의 불일치는 대한민국 국민으로서 가지는 의식과 한민족의 일원이라는 민족의식이 일치하지 않고 분리되도록 만들었다. 그래서 민족을 이데올로그들이 자의적으로 해석할 여지를 남겼고, 이들이 민족을 활용하여 이익을 추구하는 것을 보고 대중도 민족과 같은 집단을 자의적으로 활용하여 이익을 추구하도록 만드는 구조적 환경을 제공했다.

한 민족이 두 개의 국가로 분리된 채 존재하면서 민족은 새롭게 정의되어야만 하는 환경에 부닥쳤다. 그 배경에 군인이었던 박정희가 있었다. 만주 군관학교와 일본 육사를 졸업한 일본 군인 마사오 다카키는 형 박상희가 1946년 추수 봉기 때 경찰에 살해된 이후 남로당에 포섭되어 공산주의자 행세를 했었다. 박정희는 그 이전의 민족주의 틀에서 보면 매국노요 친일파였고 민족을 부정하는 공산당원이었다. 그래서 박정희는 끊임없이 역사적 민족을 정면으로 부정했고 한민족 중심의 전통적인 인종적 민족주의에 대항했다. 그래서 그는 새로운 민족을 구성하기 위한 새로운 민족 창조를 열심히 전파했다. 그 수단으로 국민이 있었다. 박정희는 민족을 순수하고 이상적인 존재이자 민족의 중흥을 담당할 주체로 하는 대한민국이라는 국민국가를 선정하고, 국민국가의 국민으로 한국인을 정의하였다. 그리고 국민을 토대로 민족의 구성원으로서 국가에 충성하면서 자신의 부를 축적하도록 한국인들을 독려했다. 그 결과 국민이란 일본식 용어가 아무 거리낌 없이 지금까지 보편적인 용어로 한국인을 부르는 데 활용되고 있다.

한국 사람들은 왜 일본인이 만들어 낸 국민이라는 개념을 거리낌 없이 사용해왔는가? 일제 잔재를 이어간 이들이 일본이 만들어 낸 국가 중심의 국민 의식을 이식하고 민족의식을 대체하였기 때문이다. 한국인들이 형성한 국민 의식은 박정희가 주도한 경제발전기에 한국인들의 정체성에 영향을 미칠 수 있을 정도로 성장하기 시작하였다. 주로 산업화를 근대화라고 부르면서 국민을 동원하던 시기인 1960~70년대 학도호국단, 새마을운동, 한국노총, 여성운동 등 다양한 부문에서 국민이 동원되고 탈정치화되었다. 동원은 한국인들의 탈정치화에 크게 기여했고 독재를 정당화하면서 독재체제를 유지했는데 그 배경에는 경제성장을 통한 풍요가 있었다. 도덕이나 정의보다 물질주의적 축복이 중요한 판단의 근거가 되었다.

새마을운동은 박정희의 주창으로 인간개조 및 생활환경 바꾸기를 목표로 시작했다. 박정희는 국민의 의식이 바뀌어야만, 근대화가 가능하다고 믿었다. 박정희는 새마을운동을 통해서 농민들이 근대화된 생활에 익숙해지기를 원했다. 근면, 자조, 협동을 통해서 스스로 자신의 삶을 바꾸도록 만들고자 하였다. 농촌 개발과 인간개조를 목표로 하여 시작된 새마을운동을 지금도 가장 성공한 운동으로 믿도록 만들었다. 그 과정에서 농민은 자발적으로 자신을 위한 공동체 일에 참여하여 국민으로서 거듭나게 되었다.

학도호국단은 "배우면서 지키자"는 구호를 학교 내에 실현하고자 만들어진, 학생회를 대체한 단체였다. 대한의 학생으로서 학생회 활동을 정치 운동이 아닌 공부를 하는 학생회, 학생을 위한 학생회에 초점을 맞춘 탈정치화된 일에 한정했다. 독재를 지지한 어용 단체가 아닌 순수한 학생단체로서 학도호국단을 주장한다. 한편, 학도호국단의 등장으로 대학 내 대규모 시위는 줄었고 학생운동은 지하로 들어갔다. 학도호국단 참여자들은 박정희가 아닌 학생으로서 국가를 위한 일에 헌신했다고 믿는 국민으로서의 의식을 형성하게 되었다.

한국노총에 참여했던 이들은 경제성장기 착취의 대상이던 노동자 집단을 위해서 투쟁하기보다, 국가가 설정한 일정한 경계선 안에서 국가권력과 다투지 않고 노동자의 권익을 실현할 방법을 찾아내는 운동 방식을 선택했다. 비정치적인 방법으로 노조원들의 복지를 증대시키고자 하였다. 국가와 노동 지도자들 사이의 협력 관계는 노동자에게 국가가 제공해 주지 못하는 복지의 초기 형태들을 제공했다. 이런 협력 관계가 국가의 경제성장에 공헌했다고 믿는 국민 의식이 노동자들에게 형성되어 있었다. 여성운동은 산업화의 결과 새롭게 등장한 소비자 운동, 어머니 운동, 새마을운동 및 도시 여성운동 등에서 관 주도로 시작하였다. 대체로 탈정치화되어 새로운 사회, 근대적인 사고방식과 행동양식을 주도적으로 도입하려고 시도하였다. 그 과정에서 여성의 위치는 남성 중심 구조 아래서 보조적으로 구성되었다.

결론적으로 박정희 정권은 사회에서 탈정치 영역을 확대하여 개인들이 일 영역에만 자신을 매몰하게 만들었다. 그것이 자신을 성공하게 만들고 민족과 국가를 위하는 길이라고 믿게 했다. 그 결과 다양한 비정치적 현장 참여 기회를 확대해서 참여자들이 국민이 되게 하였다. 이때 국가주의 혹은 애국주의가 민족주의의 탈을 쓰고 등장하여 국가의 일을 한민족의 일인 것처럼 믿게 하였다. 그러면서 국가가 부르는 (호명) 대로 그대로 호응하면서 국민으로 거듭났다. 대한민국의 시민들은 그래서 지금까지 시민으로서 국가와 맞대응하는 것이 아니라 국민으로서 국가의 영역 안에 포섭되어 일상을 살아가고 있다. 이런 상태에서 국민은 자신들의 이익을 위해서 움직일 수 없고 오히려 희생을 강요받는데, 그런데 이들의 삶의 방식은 철저하게 이기적으로 귀결된다. 자신의 영역에서만 치열하게 살기를 강요받지만, 이들은 자신에게 강요하는 권력구조를 자신이 속한 집단에서 활용한다. 자신이 속한 집단에서 집단의 의지와 자신의 의지와 동일시하고 자신보다 권력이 낮은 사람에게 자신의 의지에 따라 움직이도록 만들어 모든 게 이기주의로 귀결되기 때문이었다. 실패와 성공도 내 책임이고, 나는 치열하게 경쟁하여 생존해야 하는 파편화된 개인이 되었다. 집합적 국민은 파편화된 개인이며 공동체의 파괴로 사회적 비용을 높이는 개인이다.

3. 한국인의 정체성: 국민 vs 시민

1) 정체성과 사회화

국가 중심의 근대화 과정에서 개별 한국인들은 자신을 보호해 주지 않는 국가와 사회로부터 자신을 보호하고 부를 축적하여 물질적인 축복을 얻으려고 노력했다. 한국인들에게 성공을 상징하는 물적 지표는 근대화 이후 다양하게 변화해 오고 있으나 대체로 아파트, 자동차, 명품 등 외형에서 드러나는 물적 성공의 지표가 드러난다. 세계화 시기 이후에는 인종과 언어가 드러난다. 그렇기에 늘 자신이 누구인가가 타인에게 드러난다. 사회계급적 위치가 드러나는 한국인들에게 지역 거주에 의한 차별(residential segregation)이 드러나지 않아 가시적 성공의 상징을 소유하려는 경향이 강하게 드러난다. 가시적 상징을 보여 줌으로써 자신이 사회에서 성공한 인물임을 증명하려고 한다.

한국인이 활용한 집단은 그들에게 물적 축복을 제공해 주는 존재였다. 그러나 그 집단에 이질적인 이방인이 중간에 구성원으로 들어온다면 그는 그 집단에 기여하는 바를 증명해야만 한다. 만약 물질이 많아 집단 구성원들에게 도움을 줄 수 있는 사람이라면 환영을 받을 것이다. 물질을 독점하려는 욕구는 어느 집단에서나 강할 것이다. 그러나 모든 것이 경쟁을 포함하고 승자가 경쟁의 결과물을 독점하는 공간이라면 이방인을 일단 배척하고 보는 욕구가 드러난다. 사회화되어 가면서 자신에게 고통을 가한 이를 증오하는 것보다 자신이 받은 고통을 자신의 자리에 오르려고 원하는 사람들은 똑같은 고통을 받아야 한다고 생각하는 이들이 '남 좋은 일 시켜 줄 수 없다'는 태도를 보이는 것은 놀랄 일이 아니다.

　산업화 시기 박정희는 남녀노소 다양한 계층의 한국인을 산업화와 근대화에 동원하였다. 새마을가꾸기사업이 성공하자 새마을운동으로 이름을 바꾸고 내무부가 주관하면서 농촌과 도시를 막론하고 전 국민을 새마을운동에 동원하였다. 각종 동원 조직들이 만들어지고 운동 프로젝트가 양산되었다. 저임금과 장시간 노동이 당연시되던 시기였고 배고픈 것보다 힘든 직장이 낫다는 인식이 지배적이었다. 이에 개인과 가족의 경제적 성장에 기여하면서 가족의 모든 구성원은 고통을 받았다. '잘살아 보세'라는 구호 아래 가장은 가족이 사용할 돈을 벌기 위해 밖으로 나서고, 어머니는 아이들과 남편을 위해 집안일과 음식을 전담하며 동시에 절약으로 돈을 모으고, 아이들은 학력을 높이기 위해 공부를 열심히 해야 하는 식으로 가족에서 분업이 일어나 구성원들에게 앞으로 달려갈 압력을 제공하였다. 모두가 가족의 이름으로 헌신과 희생을 강요받았지만, 가족의 유대관계는 점점 더 약화될 수밖에 없었다. 가족 내에서의 희생, 집단 내에서의 희생은 구성원들에게 당연히 요구되는 것이었다. 희생한 사람만이 가정(집단) 내에서 자신의 지분을 요구할 수 있다는 생각이 한국인의 의식 속에 뿌리를 내리고 사회적 압력으로 작동하면서 집단을 위한 구성원의 희생은 당연시되었고, 이방인이 집단의 성장 성과물에 접근하는 기회를 차단하기 위해서 타인들을 배제하는 것이 당연시되었다.

　한국 사회 이주민들의 가장 큰 의지는 한국 사람으로 인정받는 것이다. 인정에 필요한 것은 무엇인가? 한국 사회의 구성원들을 사회화하는 힘 중의 하나는 국민 의식과 정체성이다. 국민 정체성의 핵심은 국가와 사회에 기여할 수 있는 무엇인가를 행하여야 한다는 '기여', 혹은 '공헌', '헌신' 등을 포함한다. 베트남 출신 아내이자 며느리에게 요구되는 것은 아이를 낳아 시댁에 공헌하는 것이며 이것이 인정받는 지름길임을 이주 여성들이 깨닫게 되는 것이다(최대희, 2015: 240).[101] 아

---

[101] 결혼을 통해 한국으로 이주한 베트남 이주 여성들이 한국 사회에 적응하

무엇도 모르는, 말도 잘 못 하는 이주 여성이 한국 사회에서 인정을 받는 것은 다른 사회에서 주고받는 인정과 다르다. 마찬가지로 이주 노동자, 탈북민 등 다양한 이주민들에게 혹은 국내 저소득층이나 하층 계급 노동자들에게 사회가 요구하는 인정은 국가에 무엇을 이바지했는가, 혹은 앞으로 무엇으로 기여할 수 있는가에 달렸다. 이러한 인정의 상호관계는 사회구조 속에서 행위가 어떻게 일어나는지를 일상의 관점에서 파악할 필요성을 제기한다.

구조와 행위자의 상호작용이 일어나는 근본적 이유는 한 개인은 구조를 담지하고 그것에 터 해서 사회적 행위를 선택한다는 데 있다. 결국 다양한 도식으로 구조화 행위 그리고 주관과 객관이라는 논의를 진행할 수 있지만, 이 모두는 한 개인이라는 사회적 존재 안에 공존한다. 객관이라고 해서 단순히 주관적인 개인 행위자와 완전히 절연된 채로 존재하지 않는다. 이런 조건 아래서 개인은 전체 구조의 담지자이면서 동시에 구조와 다르게 개인만의 의미와 상징을 지닌 채 경험하면서 주관성을 객관화하고 그 과정에서 자신의 주관성이 일반적이거나 옳다고 느끼게 하는 정당화를 경험한다. 그것이 일상에서의 사회화 과정이면서 사회구조가 개인들에게 전해지고 움직이고 작동하는 과정이다. 사회구조와 행위를 이해하면서 현대 한국 사회에서 미래 한국 사회로 나아갈 때 가장 큰 도전은 아마 단일 문화에서 다문화로의 이전일 것이다.

결혼 이주민인 어머니들이 자녀들의 정체성을 고민하기보다는 다른 한국의 어머니들처럼 자녀들의 학업 성취도를 어떻게 높일 것인지에 대해 관심이 더 강한 것은 결국 이들이 일상에서 인정을 받기 위해서 자신들의 자녀들이 학교에서 한국인들과 대등하거나 나은 성취도를 보여야 한다고 생각하도록 만드는 사회구조 때문이다. 자녀의 학업 성취도가 높으면 부모로서 인정을 받게 되기 때문에 자신의 정체성을

는 가장 **빠른** 길이면서 포기할 수 없는 관문은 임신과 자녀 양육이라는 깨닫는 데는 얼마 걸리지 않는다고 한다.

고민하는 대신, 한국 사회에 적응(acculturation)하고 성공하는데 필요한 언어와 학업 성취도가 매우 중요한 요소이다.

한국 사회에서 국민 정체성에서 필요한 다른 요소는 '능력 있는 개인'이다. 능력 있는 개인은 타인의 도움이 필요하지 않고 오로지 나만의 노력으로 인생을 설계할 수 있는 사람이어야 한다. 그럴 때 국가에 의존하지 않고 스스로 자립하는 개인이 되는 것이다. 이런 국민 의식 속에서는 어려운 사람으로서 도움을 요청하는 이들은 '-충', 즉 벌레가 된다. 벌레란 타인의 노동에 기대어 사는 것으로 제거되어야 하며 사회에서 사라지게 만드는 것이 당연한 것이 된다. 이런 국민 의식이 일상에서 개인들의 상호주관적 만남을 통해서 의미 있게 그들의 마음 속에 자리 잡게 된다. 그리고 일상에서 다시 강화된 채로 타인에게 그 의미를 제공한다. 벌레라는 의미의 ~충이 유행하는 한국 사회는 약자는 타인의 에너지를 좀먹는 존재라는 생각이 들게 하고 제거의 대상으로 인식된다. 이런 의식은 현재 메리토크라시를 추종하며 신분 사회를 꿈꾸는 젊은 세대와 극우의 뜻과도 동일한 수준이다.

국민과 국민 의식은 대한민국이 성립되고 그 이전 조선인과 다른 한국인을 만들기 위해서 창조되었다. 한국전쟁과 독재를 경험하면서 산업화를 통한 근대화를 추진할 때, 인간개조를 둘러싼 많은 논의가 전개되었다. 박정희와 그의 이데올로그에 의해서 만들어진 국민 정체성이란 바로 경쟁력 획득을 통한 능력 있는 개인들을 상정하되, 이기적이지만 집합행동을 하지 않고 조직이나 집합의 이익을 고려하는 행위자를 전제로 하고 있었다. 이들은 어떤 결과도 개인의 능력 탓으로 돌렸으며, 성공하지 못한 행위자들에 대한 차별을 정당화하는 파편화된 인간성을 내포하고 있었다.

국민은 시민과 여러 차원에서 다르다. 국민에서 시민으로의 이동에는 타인에 대한 인정, 즉 누구를 우리와 같은 사람으로서 인정하는 것이 필요하다. 인정은 국민과 시민이 자신들의 정체성을 확보하고 동질성을 획득하여 통합에 도움 줄 아교의 역할을 한다. 그러나 인정이라는 것을 어떻게 획득하고, 국민 또는 시민의 정체성은 개인 구성원으로부터 어떻게 형성될 것인가? 국민과 시민의 구체적 차이는 추상적이긴 하지만 개인과 사회, 시민과 사회, 조직 등의 차원에서 접근할 수 있다.

다수의 국가에서처럼 문화는 문명(civilization)과 관습(customs) 사이 중간 어딘가에 위치 지을 수 있다. 문명 관점으로 문화를 볼 경우, 작은 단위의 하위문화를 가진 인종 집단이나 종족들로 구성된 미국이나 스위스 등과 같은 국가는 다국적이지 않은 국가가 되며, 문화를 집단 수준으로 낮추면, 다국적(multinational) 국가는 다양한 문화에 의해서 사회화된 시민들의 집합으로 구성되어 있다(Kymlicka, 1995: 18). 문화는 시민과 국민을 가르는 주요한 토대를 제공해 준다. 문화는 사람들이 사회구조를 행동과 사고의 양태로 표현할 때 일상생활에서 드러나기 때문이다.

시민과 국민은 우리 사회에서 비슷하면서 이중적인 언어라고 할 수 있다. 국민이란 한국의 역사적 산물이며, 이러한 연구의 역사성은 정치와 민족주의 이념에 대한 한국인의 인식과 연결된다. 국민은 민족과 국가의 한 부분으로 자기 정체성을 갖는다면 시민은 독립된 개인이 국가의 구성원이면서 통치자라는 시민 주권의 정체성에 기반한다. '참여'라는 차원에서 국민이 동원된(mobilized), 자기 이익 추구의(self-interested), 배타적 연결망(exclusive networks)의 특징을 보인다면, 시민은 자기 주도적(self-motivated), 공동체 지향적(community oriented), 사회적 자본(social capital) 중심의 특징을 내포한다.

시민권과 시민 형성 연구에 필요한 것은 시민사회에 대한 논의다. 시민사회는 결사체가 필요하다. 그러나 이익을 추구하는 개인들의 집합체나 연대체인 결사체만으로는 좋은 사회를 만들기 어렵다. 이익을 추구하는 결사체들이 서로 갈등을 일으키기 때문인데, 한국 사회에서 다양한 결사체들이 서로 다른 이유로 인해 갈등을 겪는 것이 좋은 예다. 따라서 시민사회의 결사체들이 공유할 수 있는 보편성에 기초한 규범과 가치가 필요하다. 필요조건으로서 규범에 기초한 시민사회 논의는 규범 생산 주체가 누구이어야 하는가의 문제와 보편성에 어떻게 도달할 것인지, 그것을 누가 결정할 것인지의 문제에 직면한다. 누가 어떻게 보편적 규범을 생산하고, 서로 다른 이익을 추구하는 결사체가 그 규범에 어떻게 예속될 것인지의 문제다. 이 문제의 해결 방안으로 시민사회에서 공공영역의 형성과 공공성이 대두된다. 공공성을 갖춘 공공영역에서 토론과 토의를 거쳐 시민사회에서 통용되고 누구나 인정하는 보편적 법칙, 즉 규범과 가치가 생산되고 작동할 수 있게 되는 것이다(Edwards, 2005). 결사체, 규범, 그리고 공공영역을 필수 요소로 하는 시민사회 속에서 시민들은 타인들과 숙의를 통해서 자신의 이익을 추구하면서도 보편성에 종속될 수 있다. 이 논의가 '배제의 국민성'과 다른 '시민'의 출현을 가능케 해 주는 조건을 제시해 준다는 것을 이 연구에서 명확히 하고자 한다.

그래서 국가의 테두리 안에서 제공되는 시민권의 획득은 투쟁과 갈등의 산물일 수도, 주어진 선물일 수도 있다. 서구와 비서구에서 시민권 획득 방법은 다르게 나타난다. 시민권의 내용과 범위도 다양하게 존재한다. 시민권 연구는 시민을 국가를 위해서 희생해야 하는 존재로 보지 않고, 시민의 공존과 번영을 통한 사회의 성장을 목적으로 해야 한다.

2) 정치교육과 인정 그리고 정체성

인정과 정체성의 연계는 다른 두 개의 수준에서 가능하다. 하나는 사적인 친밀한 영역에서, 둘째는 공공영역에서다. 정체성은 우리에게 매우 '의미 있는 타자(significant others)'와의 지속적인 갈등과 대화를 통해서 형성된다. 반면, 공공영역에서 인정의 담론은 '의미 있는 타자'와의 관계를 넘어선 좀 더 큰 역할을 둘러싸고 일어난다(Taylor, 1994: 37). 20세기 전반 전 세계적으로 탈집단화 및 개인주의화가 빠르게 진행되었다. 개인들은 탈전통적으로 변화되었을 뿐만 아니라 새로운 집단에 포함되기를 주저하였다. 그 결과 전 세계적으로 탈민주화와 탈정치화가 빠르게 가속화되었을 뿐 아니라 대중 인기 영합주의 정치가 발전하게 되었다(Tilly, 2007).

이런 개인화된 상황에서 탈전통적인 공동체의 건설 요구가 대두되었다. 탈전통적 공동체의 건설은 보편적 인권을 위한 지구촌 평화주의에 토대하여 개인에 대한 독립과 자유를 보장하면서 개성에 바탕을 두고 서로를 인정하는 것에서 출발할 수 있다(Honneth, 2009: 408). 보편성은 규범을 전제한다. 규범은 모든 사람에게 적용하기 때문에 보편성에 입각한 정치적 행위를 파생할 수 있다. 그러기 위해서는 각 사회의 문화적 가치가 다시 재정립되어야 한다. 그렇지만 규범은 누가 설정할 것인가? 무엇을 어떻게, 어느 선까지 규정할 것인가의 문제가 대두된다. 시민사회의 공공영역의 특성은 이를 가능케 해 준다. 그렇지만 시민사회라는 추상적인 공간이 공동체 건설에 도움이 될 가능성은 잘 보이지 않는다. 제도에서 시작해서 결사를 통해 무엇인가 규범을 만들어 가는 훈련을 받아야 한다. 아마도 정치교육이 중요한 출발점이 될 수 있다.

독일에서 시작된 정치교육(Politische Bildung)은 그런 의미에서 중요한, 그리고 새로운 방식의 사회적 자본을 확충하고 시민사회에서 공동체 건설을 수행하는 데 기여할 수 있다. 그런데 현재까지 정치교육에 대한 접근은 정치교육을 통한 민주 시민으로서의 의식과 자질 함양이라는 것만 목표인 듯 보인다(민주화운동기념사업회, 2008; 김왕식, 2008). 그러나 독일어 '정치교육'은 흔히 일방적인 가르침을 뜻하는 교육과 다르다. 독일어 Bildung은 단순히 교육(education)의 의미를 넘어서 정치적인 개별 행위자가 자신의 경험을 되돌아보고 자신을 판단하여 주체로서 남도록 한다는 의미라고 한다(홍은영・최치원, 2016: 295). 교육이라는 의미의 Bildung에서는 위계적으로 가르치는 자와 가르침을 받는 자가 나뉘지 않는다. 이런 기본적인 철학적 전제

위에서 개인들은 정치참여 교육을 받고 자신의 비판적 정체성을 갖는 자아로 성장시킬 수 있는 것이다.

독일의 정치교육이 진행되는 방식은 매우 일상적이다. 일상에서 시민들과 정치교육에 임하는 강사, 지원하는 연방 정치교육원 등은 상호 보완적 구조를 갖는다. 정치교육은 정치학과 교육학의 보완적 관계에서 출발하면서 궁극적으로는 '실천'을 강조한다(위의 글, 295). 정치교육은 주체 형성을 목표로 일상에서 실천을 통해 민주주의를 체화하는 것을 방식으로 삼는다. 누가 시키지도 않는데 일상에서 민주주의를 체험하는 것이다. 일상의 사회에서 정치교육의 기본적인 철학을 어떻게 제도화할 것인가는 독일과 다르겠으나 근본적인 차원에서 주체 형성과 참여 그리고 경험을 통해 서로를 인정하고 자신을 찾아볼 수 있게 만들어 주는 것이다.

예를 들자면 정치교육은 소규모이어야 한다. 다문화와 다문화의 정치성을 강조하는 정치교육이라면, 베트남 출신 이주민이 포함된 가정과 한국인 가정이 비슷한 경제적 지위에 있을 때, 이들이 저녁 모임을 정기적으로 가지면서 서로 다름에 대해 상호 소통하며, 나눔을 경험하고 그것을 통해서 서로의 이해를 높일 수 있는 것이다. 제도의 규모 면에서 소규모이고, 운영 면에서도 중앙의 제도화된 조직이 주제에 간섭하는 것이 아니라 스스로 큰 틀에서 제도적 장치를 위태롭게 하지 않는다면 개인적 차원의 변형은 용인될 수 있다.

비록 다양한 문화적 배경을 지닌 이들이 공존하는 것이 현대 다문화 사회라고는 하지만 우선 개인들이 사회화하고 받아들인 문화는 변화되기 어렵다. 서로에 대한 이해를 높일 기회를 확보하고, 이들을 하나의 기준으로 묶는 것이 아니라 이들의 다양함 위에 이들을 묶을 수 있는 거대한 보편적인 담론을 만들어 내야 한다. 그러기 위해서는 소규모 단위의 미시적 차원에서 사회적 자본을 확장할 필요가 있다. 이익을 위해서 경쟁하는 것이 아니라 공존을 위한 방법의 모색 차원에서 거대 담론과 보편성으로 방향성을 잡고 정치교육을 시도하는 것이다. 그럴 때 행위자들은 자신들의 고유 전통을 애서 잊으려 할 필요가 없다. 기존의 구성원들도 변화에 적응하기 위하여 막대한 에너지를 낭비할 필요가 없다.

한편 개인들이 한 사회의 구성원으로 만들어지는 데에는 거대한 담론의 출현 또한 필요하다. 즉, 사회적 인정이라는 목적을 달성하기 위해서 자유로운 개인들이 일상에서 인정을 체화할 수 있는 제도적 장치가 마련되어야 한다는 것이다. 이런 틀에서 볼 때 정치교육이라는 것이 학교에서부터 일상에 이르기까지 시민과 민주적인 주체 형성에 기여할 수 있는 작은 실천 단위로부터 거대한 단위로까지 체계적으로 조직화될 필요가 있는 것이다. 제도적 차원에서 한국적 정치교육의 등장은 구성원들 상호 간의 인정이라는 목적 달성에 필요한 일이다.

정치교육은 그런 의미에서 다문화 사회의 도래가 빠르게 진행되고 있는 한국적 상황에서 대비할 필요성이 대두되었다. 현대 다문화 시대라고 일컫고 있지만, 한국 사회에서는 서구와 달리 아직 다문화가 익숙한 개념이 아니다. 인구 비율에 비추어 볼 때 독일처럼 이주민이 20%에 이르거나 하지 않고 고작 3%도 안 되는 외국인들이 있을 뿐이다. 아직 다수의 한국인에게 다문화란 다양한 문화를 담지한 외국인들이 많아졌다는 것일 뿐 나와 관련된 일이 아니라고 생각할 수 있다.

그러나 다문화의 증가 속도와 더불어 한국 사회의 전통적 질서의 해체가 맞물리면서 사회가 심각한 아노미 상태에 빠질 수 있다. 한국인들이 전통적으로 의지하던 집단이 해체되고 개인주의화가 진행되면 될수록 개인들이 아노미 상황에 빠져들어 서로 독립적이지도 못하고 집단적이지도 못한 어정쩡한 사회로 구성되어 간다. 이런 상황에서 다문화 담지자들의 등장은 기존 질서에 충격을 가할 수 있다. 무엇보다도 국민 담론으로 편협한 사고를 갖게 된 이들이 다문화를 적대시하거나, 다문화 담지자들이 전통적인 편협한 민족주의적 집단주의를 먼저 사회화한다면, 사적 이익을 추구하고 그것에 매몰된 집단주의에 의한 사회갈등이 인종적 문화적 다양성에 의해서 촉발될 수 있다. 문화적, 인종적 다양성이 물질적 갈등으로 이어질 때, 국가의 지원을 놓고도 갈등을 일으킬 소지가 많다. 법적인 인정을 떠나서 국민으로서의 인정으로 이어질 수 없는 상황이 발생하는 것이다. 국민은 대체로 국가와 사회에 헌신해야 하는 이들이지만 외국인 시민들은 이미 경제성장을 이룬 한국에 와서 이익만 취해 가는 파렴치한이 될 수 있기 때문이다. 이런 구조를 깨뜨리고 새로운 통합의 사회로 나아가기 위해서는 각 시민은 서로의 가치를 대칭적으로 인정해 주면서 새롭게 만들어 가는 공동체의 구성원이 되어야 한다.

현재까지 한국 사회가 다른 국가나 사회와 다른 특징은 이주민들이나 외국인들이 대체로 단신으로 입국하는 경우가 많다는 것이다. 결혼 이민, 취업 이민 등 1인 외국인이 많은 것은 정치교육이 외국인들을 동화가 아니라 통합으로, 보편적 이념 위에 일상의 민주 시민으로서의 주체 형성으로 나아갈 수 있도록 제도화할 필요와 가능성을 보여준다.

복지국가를 향한 복지정책은 시민 출현과 시민사회 형성에 중요한 역할을 할 것이다. 사회적 권리는 복지국가의 출현과 동행했다. 그리고 복지는 평화로운 것이 아니라 늘 긴장과 갈등을 내포하며 강한 반목과 대립을 여실히 보여준다. 미래의 보편성과 그것을 확인하는 과정에서 복지가 역할을 할 것이다. 그러나 복지는 지금까지 효율성 차원에서만 다뤄졌고 오히려 탈정치화의 수단으로 이용되었다. 국가가 담당하지 못한 부분을 국가가 조직한 관변단체나 지역사회가 담당하게 함으로써 복지를 보편적인 것이 아닌 특수한 상황의 것으로 만들었다. 한국의 복지정책은 발전주의 국가 아래서 자원의 효율적 재분배를 목적으로 실행되었다(양재진, 2008). 그런 상태에서 자원의 배분 및 복지에 대한 국민의 인식은 경제적 이해관계와 연결된다. 그렇기에 복지정책의 입안을 두고도 사회적 논쟁이 가열되고 소모적인 이념 싸움으로 이어지게 된다. 따라서 시민권 그리고 시민 복지권의 확대는 사실상 전통적인 인식에서 벗어나 새로운 형태로 이어질 필요성이 있다.

국민을 대체할 시민의 출현은 급변하는 시대 한국의 생존에 필수 요건이며 시민 형성과 동시에 시민 형성을 위한 일상에서의 제도화가 선행되는 것이 필요하다. 근대는 계속 진보해 왔다. 우리 인간의 본성이라는 천사가 근대를 계속 발전시켰다(Pinker, 2014). 시민권의 확대로 등장한 복지권이 정치적 안정이나 경제성장이 아닌 새로운 영역에서 시민 형성에 그 역할을 할 것이다. 물론 시민권 확대 도입 과정에서는 통합이나 화합보다는 갈등이 앞설 것이다. 현재 한국 사회의 주류 분위기는 중간에 한국 사회에 들어온 이들은 복지 혜택을 받기에 앞서서 한국 사회를 위해 기여하기를 주문받을 것이기 때문이다. 모든 것이 도구인 한국 사회에서 이들이 도구적으로 기여 가능한 자임을 입증하지 않으면 인정받기는 어려울 것 같다.

제2장

시민과 국가

1. 근대 국민국가

 국가는 역사적으로 오랫동안 인류와 함께 존재해 왔다. 그런데 현재 우리가 알고 있는 국가는 흔히 '근대'라는 한정어가 붙어서 불린다. 근대 이전에 존재했던 제국, 왕국, 도시국가 등 다양한 정치 공동체, 정치 조직 등을 국가라고 부르기도 하지만 이것들은 현재의 국가와 확연히 다르다. 그런 국가들은 현재의 통용되는 하나의 보편적 존재로 그리기 어렵다. 추상성을 높여서 지배자, 통치자, 경제, 종교(이념), 제도 등으로 그린다면 과거의 국가 그림과 현재의 국가 그림은 차이가 난다. 핵심은 국가의 보편성에 있다고 할 수 있다.
 국가는 명확하게 그어진 경계선에 의해서 결정되는 배타적 영토, 분화된 행정기구, 중심성, 물리적 폭력의 독점과 법과 제도 수립에 필요한 배타적 권력 등의 요소에 기초하여 물리력과 하부구조권력을 동원하여 시민사회를 지배하는 행위자다. 제도와 조직의 총합으로서 인간 역사가 만들어 낸 가장 강력한 존재인 국가는 근대 조직 중 가장 합리적인 존재이면서도 가장 불합리하게 관료제의 폐해를 만들어 내기도 하는 역설적 존재다. 행위자의 차원이 강화된 측면이 있음에도 국가는 국가의 행위를 담당하는 정치와 관료들이 활동하는 공간으로서 작동한다. 시민사회와 다르게 움직이면서도 영향을 받는 추상적 존재이기도 하다. 그럼에도 국가를 구성하는 다양한 행위 주체들의 정치적 선택과 행위가 근대에 들어와서 형성되었고, 근대의 맥락에서 만들어지고 변형되고 제도화된다. 현재의 국가는 종교개혁, 전쟁, 자본주의, 과학적 지식 및 사상의 발달 등 다양한 변화 속에서 태동한 것이다.

근대 국민국가는 그 이전, 한 특정한 지배집단의 분화와 시민의 성장 그리고 자본주의와 과학기술, 학문의 발달이라는 조건에서 태동하고 성장했다. 이 과정에서 정치, 이데올로기, 경제, 군사 엘리트들이 정치 엘리트들에 자신들의 사회적 권력을 이양함으로써 근대 국민국가가 출현하였다. 경제, 이데올로기, 군사 엘리트들은 자신의 이익 극대화를 위한 선택으로 타협하고 이익을 나누는 일에 익숙하지 않으나, 정치 엘리트들은 다른 엘리트들이 갖고 있던 사회적 자원이 없는 관계로 타협과 이익 나누기를 중재할 수 있는 합리성을 갖게 된다. 이로써 중재를 통해 권력을 획득한 정치 엘리트들은 기타 사회 엘리트들과 달리 자신들의 이익 추구가 전체 사회 엘리트들의 일반 이해를 충족시켜 주는 것과 동일시될 수 있는 유일한 엘리트 집단들이었다.

근대 국민국가와 비슷한 시기 등장한 관료제는 국가기구를 넘어 사회 조직에까지 그 영역을 확대하였다. 관료는 국가의 영역에 속하면서도 사회의 사적 공간에도 포함된다. 그리고 사회적 자본을 형성하여 국가의 자율성을 높여 주기도 한다. 그러나 이런 특성 때문에 관료는 시장의 의지가 국가로 전달되는 국가기구 전용의 통로(channel)가 될 수 있다. 국가의 의지와 관료의 이해가 일치될 때인 국가 발전 형성 초기에는 관료가 시장의 이해관계로부터 절연되어 사적 이익 추구로부터 독립적일 수 있었다. 시장이 발달하면서 점차 시민사회로부터 분리되고 국가가 관료를 통로로 하여 시장의 이해관계에 의해서 움직일 때 국가와 시장은 시민사회를 위협하는 무서운 체계(시스템)가 된다.

이 시스템을 제어할 수 있는 것이 국민국가의 주체로 등장한 시민이다. 시민은 국가가 지속적인 전쟁에 참여하면서 추출해야 할 자원을 제공하여 국가를 지키는 과정에서 국가의 주권자로 등장하였다. 민주주의는 특정 세력이 독점하던 국가권력을 시민들이 나누어 가지게 되면서 발전하기 시작하였다. 현대 민주주의는 어떤 시민인가에 의해서 그 정도가 결정되고 시민사회에 의해서 끊임없이 영향을 받는 주권자로서 시민을 가능케 하는 제도다.

1) 전쟁과 정치

클라우제비츠는 전쟁을 힘을 강제하는 수단으로 정의한다. "전쟁은 우리의 의지를 구현하기 위해 적을 강요하는 폭력 행동이다" (클라우제비츠, 2016: 33).102) 전쟁이란 자신의 정치적 목적을 달성하기 위해서 정치적 지배자가 사용하는 힘이며 폭력적인 외교 수단의 하나이다. 클라우제비츠는 "물리적 폭력은 전쟁의 수단이고 적에게 의지를 강요하는 것은 전쟁 목적이다"라고 주장했다(34). 자고로 전쟁은 물리적 폭력과 힘을 휘두르는 것 모두를 포함하며 목적은 상대방을 제어하는 것이다. 그러나 근대 전쟁의 근본적 모습을 클라우제비츠는 정치에서 찾았다. 전쟁이란 정치의 수단이었기에 정치적 의도 없는 전쟁은 불가능하다고 클라우제비츠는 말한다(55). 클라우제비츠는 한마디로 한 번도 프랑스를 상대로 한 전투에서 이겨 본 적이 없는 장군이었다. 그러나 전쟁이 전투의 특성, 전쟁의 준비와 수행(전투 포함), 그리고 종결까지를 국가 단위로 분석하는 데에서는 천재적이었다. 전쟁이 한 국가의 총력전의 형태로 그 특성이 변화되는 미래를 예측한 것일지도 모른다. 클라우제비츠의 전쟁론은 과거 왕조시대 전쟁으로부터 근대 국가 탄생으로 이어지는 전환기에 나타났다.

유럽에서 근대 진입 시기에 쉴 새 없이 등장한 전쟁(16세기 전쟁이

---

102) 사실 Michael Howard와 Peter Paret의 영역은 "War is thus an act of force to compel our enemy to do our will"이라고 되어 있다. 즉, 폭력적 행위라기보다는 힘(force)을 수반하는 행위인 것이다.

없었던 해수는 16년, 17세기에는 17년, 18세기에는 25년)은 국가로 하여금 생존을 위한 국가의 동원 체제 체질 개선을 시도하게 하였다 (박상섭, 1996: 22). 시장이 발달하고 군사력이 강한 국민국가 형태가 자원 동원과 전쟁 대비에 유리해, 지속적인 전쟁 상태 속에서 생존에 유리하게 되었다. 한편 지속적 자원 추출에는 이에 대응하는 대가가 따랐는데 정치 엘리트들은 정치적 독점 권력을 시민들에게 지속적으로 이양하면서 국가가 독점해 왔던 정치 제도 등이 시민들에 이양되기 시작했다. 이 과정에서 정치 엘리트들의 합리성은 국가가 처한 내부의 조건과 외국과의 관계 등을 고려하여 성장하면서 국가를 지배할 수 있는 제도로 발현되었다.

학자마다 차이는 있지만 16세기, 아직 신성로마제국이 무너지지 않고 그나마 유지되던 시기 유럽에서 최소한 독립적인 정치 체제를 유지한, 현대식으로 말하자면 국가의 형태를 띤 지역이 500여 개 정도 되었다고 한다. 16세기 이전부터 독립적인 국가들의 형태가 나타나자 16세기 장 보댕은 주권론을 펼치면서 국가론을 주장하였다. 주권이 무엇인지에 대한 논의는 다양하다.[103] 이들의 공통적인 전제는 그 주권이 미치는 곳 안에서 국가 혹은 정치 공동체가 권력을 행사할 수 있다는 것이다. 그런 의미에서 유럽의 16세기는 그 이전의 국가와 다른 형태의 국가가 등장하기 시작한 것을 보여 주고 있다. 자신의 영토 내에서 자원을 추출하는, 이전보다 강하고 중앙집권화된 국가의 형태가 나타나는 것이 이 시기에 목도된 것이었다. 그것이 국제법적으로 인정받기 시작한 것은 30년 전쟁 이후였다(Tilly, 1975). 타국에 의한 한 국가의 주권 인정은 사실상 국제관계에서의 멤버십을 의미한다. 국가 내에서 자원 추출의 절대성과 내부의 폭력 수단을 독점할 수 있는 권력을 국가와 통치자에게 인정하는 것이었다. 30년 전쟁이 종결된

---

103) 보댕(Bodin, 2005)은 "주권은 국가의 절대적이며 영구적인 권력이다"라고 정의하였다. 나치에 부역한 정치학자 칼 슈미트(Schmitt, 2010)는 "주권은 예외 상태를 선포할 수 있는 권력을 의미한다"라고 주장하였다.

1648년 이후 옛 신성로마제국의 영토 내에서만 300개 이상의 주권국가가 등장하여, 20세기 초 유럽에 20여 개의 국가만이 남을 때까지 수없이 많은 전쟁이 발생하고, 많은 국가가 사라지고 몇 개의 국가로 통합되면서 국민국가 형태가 유럽에서 보편적인 체제로 등장하였다.

근대 국민국가의 형태로 수렴하는 과정에서 전쟁의 영향력은 지대했다. 전쟁의 특성은 자원을 필요로 한다는 것과 합리적인 전투와 전쟁이 아닌 효과적인 전쟁을 수행해야 한다는 것이다. 적의 무력을 해체하는 것을 목표로 하여 전쟁을 수행할 때, 적과의 전투 및 전쟁에서 승리한 자가 적을 무력화시켜 생존할 수 있다. 승리를 위해 전쟁은 적을 압도할 만큼의 인적·물적 자원을 필요로 한다. 자원 추출은 전쟁을 수행하는 국가의 가장 기본적인 능력이다. 그리고 전장에서의 전쟁 수행 능력, 즉 지휘관의 능력이 그다음에 필요하다. 그런 의미에서 유럽에서 전쟁이 일상화되는 16세기에 접어들면서 전쟁은 각 정치 공동체 내부에 강한 경제적 및 정치적 압박을 가하게 된다.

2) 전투 방식의 변화와 전쟁의 변화

고대 보병 중심의 전투에서 기마병 중심의 전투로 이동한 이후 기마병을 중심으로 하는 전투가 오랫동안 유지되었다. 고대 그리스와 로마 보병의 핵심은 시민들로 구성된 부대였다. 시민들은 정치적으로 투표에 참여할 수 있는 정치의 주체였다. 자신들의 국가를 지키며 국가의 시민으로서 참여하던 보병 중심의 전투 방식에서 기마병 중심의 전투로 무게중심이 이동하면서 정치 질서에서도 근본적인 변화가 일어났다. 보병에서 기마병으로 이동한 원인의 해석은 다양할 것이다. 그러나 기마병으로의 이행 결과 군대를 유지할 수 있는 곳과 비상시 군대가 필요한 곳 그리고 군대를 유지할 수 없는 곳의 차별이 생겨났다. 기마군의 전투에는 무장하는데 특히 비용이 많이 들기 때문이다. 전투 장비를 구입하고 유지하는 것은 개별 시민들이나 기사들의 몫이었다. 그러다 보니 부유한 사람만이 시민으로서 전쟁에 참여하고 부를 통해 막강한 무장을 갖추고 자신을 보호하면서 기사로서 몸 가치를 높일 수 있었다.

기마병이 되기 위해서는 먼저 기마 전투 기술을 배워야 한다. 장창(lance), 공격용 칼, 추구 및 사슬갑옷, 심지어 말 보호 장구 등이 기본적으로 필요했으며 육중한 말을 타고 공격해 오는 적으로부터 신체를 보호하기 위해서도 많은 보호 장구가 필요하게 되었다. 그뿐만 아니라 보호 장구 및 전투에 나갈 준비를 기병 혼자서 할 수 없으므로 종자도 필요했다. 종자를 둘 이상 두면서 막대한 장비를 갖출 수 있는 사람은 부유한 소수에 한정되었다. 전투에 참여함으로써 발생하는 기사들의 손실을 보상해 주거나 참전하는 선의에 대한 보답으로 기사들에게 제공해 줄 수 있는 금전적인 비용은 막대했다. 많은 기사를 유지할 수 있는 강력한 정치체가 당시에는 없었으며 오히려 분권화되고 있었다. 전투 방식은 대규모의 군대가 싸우는 것보다 소수의 기사 그리고 이를 뒷받침하는 궁수 및 보병에 의존적이었다. 전투 방식의 이러한 변화로 지방에서 무장한 엘리트 전투요원과 무장한 엘리트 기사를 돕는 비전투요원이 나뉘게 되었다.

중세의 전투 방식이 소규모로 진행되는 과정에서 전투에서 많은 수의 기마병을 양성하지 못하고 있었던 주변부의 왕이나 영주 등과 같은 정치 지도자들은 보병 중심의 새로운 전투 방식을 도입한다. 이 시기 총, 대포 등이 도입되면서 그전의 기사 같은 엘리트 전투요원들 중심의 소규모 전투 방식에서 서서히 대규모의 군대를 양성하는 방식으로 변화하기 시작하였다. 때마침 기마병에 대항하는 방식이 도입되기 시작하였다. 보병들은 장창, 총포, 대포를 중심으로 기마병에 대항하는 전술을 구사할 수 있도록 훈련받기 시작했다. 화승총은 활과 창 다루기, 승마 등보다 훨씬 훈련의 속도가 빨랐다. 단 며칠의 훈련으로도 총을 다루게 할 수 있었다. 시대의 변화가 누군가에게 유리하고 그 변화에 빨리 적응한 정치 엘리트들이 성공으로 한 걸음 더 나아갈 수 있었다. 인적 자원의 확보가 쉬워지고 더 많은 군대를 만드는 것이 가능해졌다. 비슷한 금액이면 소수의 기병보다 다수의 보병과 새로운 무기, 새로운 전술로 전쟁에서 우위를 점할 수 있게 되었다. 총포가 개량되면서 더 많은 군대, 더 많은 무기가 생산되기 시작했다.

전쟁을 수행하는 인적, 물적 자원을 추출하는 방식이 자본주의 발달, 산업과 기술의 발달에 따라 더욱 정교하게 제도화되기 시작했다. 때마침 일어난 종교개혁과 무역의 발달은 유럽 지역에서 다양한 전쟁 주체들이 서로의 이익을 위해서 무력 수단에 의해 자신들의 욕구를 충족시킬 방안에 집중하도록 유도했다. 근대 유럽에서 전쟁의 일상화는 이런 과정에서 자연스럽게 태동하였다. 전쟁의 일상화는 해당 정치 공동체의 생존에 크게 영향을 미쳤다. 무장을 어느 정도 수준으로 유지하면서 내적으로 자원을 추출하고 외적으로 전쟁과 전투에서 승리할 수 있는 정치 공동체가 생존에 유리했기 때문이다. 막대한 비용을 지불할 수 있는 규모 있는 한 지역의 국왕, 영주 등 정치 지도자들이 다른 경쟁자들과의 전쟁과 같은 무력 경쟁에서 승리할 수 있게 되었다.

13세기 이후 일어난 상업혁명의 결과 도시가 성장하고, 부를 축적한 이들로부터 자원을 추출할 수 있는 정치 지도자들을 중심으로 통치 지역을 넓힐 수 있었다. 사회변동 과정에서 군사력의 증대를 꾀할 수 있는 영주, 제후, 국왕들은 자신의 직속 영지를 확장하거나 공공 조세를 도입하는 등의 방식으로 자원을 추출했다. 해당 자원을 바탕으로 군사 복무 의무를 지우고 그들에게 금전적인 보상을 제시하면서 상비군을 도입하고 규모를 확장하면서 국왕의 자체 군사력을 키워 나갔다. 16세기 이후 본격적인 전쟁의 시기로 접어들면서 전쟁의 일상화는 단순히 전투에서 승리하는 것만으로 한 나라의 운명을 결정짓지 못한다는 것을 깨닫게 하였다. 일시적인 자원을 동원해 전투에서 승리하고 그 여세를 몰아 전쟁의 승패를 결정짓는 방식에서 벗어나 장기적으로 지속되는 전쟁에서 승리할 수 있는 자원 추출 방식과 전투 방식의 연계가 필수적이었기 때문이었다. 새롭게 등장한 무기들이 전투 방식을 바꾸고, 전투 방식이 바뀌면서 전쟁의 양상이 바뀌었기에 그 변동 속에서 생존에 필요한 군대 재편, 군제의 도입, 지속적인 자원 추출, 다양한 국가의 목적에 부합하는 방식을 수행하는 관료제화된 국가기구 수립 등이 요구되었다. 이에 대응하지 못한 왕국, 봉건 영주, 제후국들은 군사력을 확장하면서 전쟁에서 승리할 수 있는 국가들에 의해 포섭되거나 흡수되어 나갔다(박상섭, 1996: 38-41).[104]

근대로의 이전 시기 국민국가의 수립 과정에서 등장한 프랑스 혁명 그리고 20세기 러시아와 중국의 혁명은 전쟁이라는 외부 요인이 내부 요인들과 결합하여 사회혁명으로 이어질 수밖에 없는 구조를 만들어 냈음을 나타내는데, 그것이 발생한 가장 큰 요인은 총력전의 개념에서 비롯된 것이었다(Skocpol, 1979). 산업화, 자연과학의 발달 및 자본주의의 지속적 성장은 삼각 연결 고리를 이루어 국가로 하여금 더 많은 자원을 전쟁을 준비하는 데 사용하도록 강제하였다. 산업화된 무기는 각종 대포, 총포, 및 함선 등의 건조 등과 연계되었으며, 시간의 통제를 위한 교통 통신의 발달은 전쟁의 규모를 더욱 확대시켰다. 반면 1차 대전에서는 전·후방이 나뉜 상태에서 총력전(total war) 개념이 등장했다. 국가 경제와 국토 건설을 전쟁을 대비하는 방식으로 진행했다. 독일의 경우, 동부전선과 서부전선 사이 군사력 투입 비율을 정리하였는데 대체로 서부전선에 집중하고, 1차로 서부전선을 평정한 후 동부전선으로 군대를 돌리는 전략을 준비했다. 이를 위해서 동부와 서부를 연결하는 철도 시스템이 촘촘하게 만들어져 있었고 열차 시간표도 시간 단위로 편제되어 있었다(박상섭, 1996). 무기의 발달은 전투

---

[104] 영국은 13세기 이후부터 직접세와 관세의 비중이 높아졌던 반면, 프랑스는 지방 토호로부터의 채무와 직접세가 늘어났고, 독일이나 다른 국가들에서는 약탈적인 세금 착취가 진행되었다. 무역이 증대되고 수탈을 하는 방식에서 새로운 계층인 시민(부르주아)들에 대한 세금 착취가 시작되면서 새로운 형태의 자본화된 강압이 성장할 수 있는 계기를 마련하였다(Mann, 1986: 427-428).

의 방식을 바꾸었고 전쟁의 양상 자체를 변화시켰다. 이후 군인들이 싸우는 전방과 시민들이 살아가는 공간인 후방의 구분이 사라진 2차 세계대전 시기에는 총력전 양상이 한층 본격화되었다. 1차대전 시기에는 탱크, 대포, 독가스, 항공기 등이 전방에 투입되면서 전방의 전투가 치열했어도 전투가 벌어진 장소를 벗어난 후방은 안전했다. 그러나 총력전의 개념이 본격화되면서 후방도 전방과 동일하다는 인식이 지배적이었고 후방의 물자(logistics)를 제거해야 전쟁에서 승리한다는 공식이 대두되었다. 물자를 나르는 상선, 전쟁 물자를 생산하는 공장, 일반 공장, 시민들이 거주하는 도시 등 모두가 잠재적인 인적·물적 자원을 생산하는 장소로 공격의 대상이 되었다. 2차대전은 후방의 시민들도 공중의 폭격에 의해 생존의 위협이 제기되었던 시기였다. 전쟁 무기의 발달, 전투 방식의 변화 그리고 전쟁의 양상 변화는 국가의 정치 체제를 변화시키기에 충분한 결과를 만들어 내었다.

3) 전쟁과 새로운 정치 제도의 등장

전쟁과 국가 혹은 국민국가 형성에는 하나의 변수로 설명되지 않는 것들이 많다. 살린스(Sahlins, 1981)는 구조적 긴장과 외부의 충격에 구조가 변화와 새로운 구조의 등장으로 문화변동을 설명했다. 계속 반복되는 전쟁에서 출발하는 국가 형성 과정은 하나의 정치 제도가 어떤 자원 추출(resource mobilization) 제도에 적합한지 등의 내부적 요인과 외부의 다른 요인과 접했을 때 발생하는 긴장에 영향을 받으며 긴장 국면에서 구조가 완전하지 않은 상태에서 사건 연쇄적으로 발생할 수 있다. 즉, 정치 제도가 국민국가의 형태로 변화되어 가는 과정에서 새로운 전술, 전투 양식, 무기, 용병과 국민개병제 등의 제도들이 다른 국가들의 정치 체제에 영향을 미칠 수 있다. 반대도 가능하다. 서유럽 지역에서 수많은 왕국, 정치 조직들이 난무하던 시기 자원 추출 과정에서의 승자, 전쟁 기술 습득 및 유능한 전쟁 사령관의 유무

등이 증가하던 생산력의 토대와 맞물리면서 유럽의 국가 체계를 근대 국민국가의 체계로 변모시켰다. 무엇이 생존에 유리한가에 대한 정치 지도자들의 물음에 따라서 국가 제도는 새로운 것으로 대체되거나 기존의 구조가 약간의 변화만을 거치면서 재생산되기도 했다. 이런 국가의 변화 과정이 생존의 성패를 결정하여 유럽의 지도에 남거나 사라지는 결과를 만든 것이다.

스웰도 비슷한 시각에서 다양한 층위의 구조들이 서로 긴장하기 시작하면서 발생하는 사회구조 변화나 변동을 설명하였다. 자본주의라는 새로운 방식이 대두하고 정치체가 분권화된 공간에서 중앙집권화되어 가고 있던 시기, 새로운 무기의 등장과 이후 산업화, 늘어나는 전비와 인적 자원의 손실은 하나의 작은 단위 정치 공동체가 생존하기 어려운 구조를 만들어 냈다. 다층적인 구조들이 상호 연결된 상태에서 어느 하나의 구조에서 긴장이 발생하면서 긴장은 연쇄적으로 확대되어 사회에 영향을 미치고 사건이 연쇄적으로 일어나 구조가 변화하는 현상이 발생한 것이다(Sewel, 1996). 14세기 이후 등장한 새로운 정치체들, 자본주의, 16세기 후반의 종교개혁, 기술과 과학의 발달, 18세기의 산업화는 전쟁의 양상과 전투 방식 그리고 자원 조달 방식 등 모두에서 긴장과 균열을 일으켰다. 사건들이 연쇄적으로 일어나 구조가 파열되고 새로운 구조가 형성되기 시작한 것이다. 거시적 역사변동을 설명하는 이론들은 미시적인 과정에 대해서 많은 부분 설명하기 어려웠으나 1980년대 후반부터 새로운 설명 방식이 등장하면서 생략되었던 많은 과정이 설명되기 시작했다(채오병, 2009).

14세기부터 지역의 새로운 정치공동체나 정치조직들이 세를 확장하면서 전쟁이 벌어지게 된다. 프랑스 지역만 해도 노르망디, 나바르, 프로방스, 부르고뉴 왕국 등이 사라지고 프랑스 절대왕정이 서서히 강해지고 있었다. 이 시기 유럽에서 서서히 다양한 왕국을 통일하고 해당 지역을 지배하는 통일 왕국이 등장하기 시작했다. 16세기 중앙유럽과 동부유럽의 지각변동을 불러온 종교개혁은 새롭게 등장한 상업

자본주의의 발달과 연결되어 전쟁의 씨앗을 지속적으로 잉태하게 되었다. 이 시기 유럽의 국가들에서는 상업이 발달한 지역에서 소규모 용병 군대에 의존하는 도시 국가와, 국내 추출을 우선시하면서 강압적인 방식으로 세금을 쥐어짜면서 군대를 강화하는 지역으로 나누어 발전하기 시작하였다. 국가-강압 경로와 도시-자본의 경로가 서로의 지역에서 상업자본주의가 발달한 지역과 아직도 농업이 주를 이루는 지역 등과 연결이 되면서 강압이 축적된 곳과 자본이 축적된 곳이 서로 다르게 군대와 정치 체제가 발전하기 시작하였다(Tilly, 1992; Mann, 1986).

20세기 전쟁을 준비하면서 총력전 체계를 수립하는 국가 동원 체제 확립과 전 국토를 합리적이고 효율적으로 개발하려는 국토 개발 계획은 상호 연관적으로 진행되었다. 국토 개발은 근대 전쟁의 양상이 총력전으로 발전하기 시작한 20세기 들어 나타나기 시작했다. 전쟁을 수행하고 승리하여 생존에 필요한 물자와 인적 자원 추출을 극대화하는 것은 전쟁에서 승리하고 자신들의 정치 체제를 고착하는 데 절대적으로 필요한 것이었다. 국토 개발 계획은 전쟁을 준비하고 수행하는 과정에서 자원을 사회로부터 지속적이면서 안정적으로 추출하기 위하여 수립되었다.

근대 국민국가의 발전은 일상화된 전쟁 속에서 생존을 위한 정치 공동체의 노력의 일환으로 이뤄졌다고 할 수 있다(Tilly, 1975, 1992; 박상섭, 1996; 문상석, 2010). 그러나 전쟁이 일상화되었다고 하여 국가가 전면적인 전쟁을 통해서 모든 것을 걸고 치르는 전쟁이 일상화된 것은 아니었다. 그럼에도 각종 강력한 무기와 무장한 대규모 군대, 해외 식민지 개척을 위한 해군력의 증대 등은 지속적인 전쟁 수행 능력을 요구하게 되었다(박상섭, 1996).

강력한 군사력 건설은 군사비용을 요구했고, 전쟁 비용은 사회의 자원 추출을 통해서 충당되었다. 이렇게 근대 국민국가와 전쟁이 자본주의와 결합되었다. 자본주의와 국가가 전쟁 준비에 연결되는 것이 군사 지상주의(militarism)이다. 군사 지상주의의 등장은 국가가 생존과 성장을 위해서 전쟁을 구조화하면서 산업화를 추진하는 것에서 시작되었다(Mann, 1988: 128). 자본화된 강압을 성공적으로 이끈 국가들이 생존에 유리한 조건을 만들어 냈듯이 군사 지상주의와 산업화를 추구하면서 자본주의 경제구조에 의해서 뒷받침을 받은 나라들은 유럽에서도 성공할 수 있었다(Tilly, 1992; 박상섭, 1996; Mann, 1988).

그러나 총력전으로 치러진 1차 세계대전은 군사 지상주의로 준비된 국가들의 생존 가능성을 테스트하였다(시노하라 하지메, 2004: 276). 총력전의 중압을 이길 수 있는 국가는 생존했으나 그렇지 못한 러시아, 오스트리아·헝가리 제국 등과 국가는 혁명에 시달리거나 붕괴하기도 하였다. 1차 세계대전과 같은 총력전 시스템은 그 이전 군사 지상주의를 추구하던 국가들에게도 새로운 숙제를 안겨 주었다. 그것은 국가의 산업화와 전시 필요한 물자, 군대의 대규모 이동 등에 알맞은 전 국가 단위의 합리적 계획에 의한 것이었다.[105]

1차 세계대전과 2차 세계대전은 총력전이면서 전방과 후방이 나뉘지 않을 정도로 전국 단위로 모든 개인에게 영향을 미친 전쟁이었으나 결과는 크게 달랐다. 후자는 전쟁이 개별 국가들에 의해서 발생하였다고 보고 집단적 안보 체계, 집단적 경제개발 체계를 만들도록 유도했던 반면 전자는 패자들과 소외된 국가를 중심으로 패전의 원인을 진단하고 새롭게 국가를 합리적으로 재구조화하도록 유도했다. 전쟁 전 총력전을 준비했으나 일국의 수준에 머물러 패전이라는 멍에를 썼다고 생각한 독일은 '생존공간'이라는 지정학적 논의를 통해서 총력전

---

[105] 사실 무기를 생산할 수 있는 산업력에 바탕을 두고, 병력 동원을 위한 철도의 확충과 같은 전국적 단위의 인프라 확대 그리고 전쟁 계획 수립을 체계적으로 시도한 것은 1차 세계대전 이전의 독일이었다(박상섭, 1996: 269). 그러나 독일은 총력전을 버티지 못하고 수병들의 반란과 사회주의 세력의 저항으로 인한 내부 분열로 전쟁 막바지에 이탈하고 만다. 시노하라 하지메(2004: 272)는 파괴, 통합, 테스트라는 총력전의 3단계를 통해서 이를 극복한 이들과 실패한 이들을 구분한다.

체계를 확장하려 했고, 러시아는 사회주의 이념을 확산시킨다는 명목으로 일국의 전면적인 산업화와 근대화를 추진하였다. 국가의 전면적 개조에 뛰어든 국가들은 1차 세계대전의 실패를 사회 체제의 개조와 국토 개발 및 영토 보전이라는 방식으로 극복하려고 하였다.

국토에 대한 국가의 개입은 산업화와 근대화를 넘어서 국가의 건설이라는 차원으로 진행되었다. 한편, 새로이 식민지로부터 독립한 국가들은 2차 세계대전 이후 총력전 체계를 목도하면서 국가의 개입과 국토 개발의 지식을 습득할 수 있었다. 총력전 체제 수립이라는 목적을 달성하는 것은 국제기구에 의한 집단보호 혹은 국제적 네트워크에 의존하던 국가들에게는 새로운 국가 건설의 의제와 동일시될 수 있었다.

근대 국민국가의 전쟁, 혹은 클라우제비츠에 따르면 문명국의 전쟁은 "국민, 군대와 지휘관, 그리고 정부"라는 세 측면으로 이루어진다(클라우제비츠, 2016: 58). 전쟁 속에서 지속적으로 추출을 추진하던 정치 엘리트와 국가는 국민을 그 전면에 내세운다. 정치집단의 권력 유지가 아닌 국가의 구성원들이 국민으로서 살아남는 것임을 이해시켜야 했다. 국가와 국민을 운명공동체로 엮음으로 해서 국가는 국민을 군대에 모집하고 자원 추출을 통해 통제할 수 있도록 한다는 것이었다.

전쟁의 역사는 근대사회에 전쟁의 피해자들을 주역으로 등장시킨다. 총력전의 체제 아래서 군대에 징집되는 남성들은 국가로부터 국민 혹은 시민으로서 권리를 부여받을 수 있었다. 남성뿐만 아니라 여성들도 그 이전 사회에서 남성들만이 전유하던 영역에서 자신들의 능력을 과시할 수 있었다. 여성들은 남성들과 동등해질 수 있다는 것을 인식할 수 있었고 사회가 여성들을 바라보는 시각도 보호가 필요한 여성에서 남성과 동등한 인간인 여성으로 변화되기 시작하였다. 남성의 참정권이 보편적으로 부여되기 시작하면서 여성들에게도 참정권이 부여되는 것을 시작으로 여성에게도 국가의 시민권이 확대되기 시작한 것이다. 전쟁의 변화는 시민들에게 권리를 부여하면서 시민 중심의 보편적 국

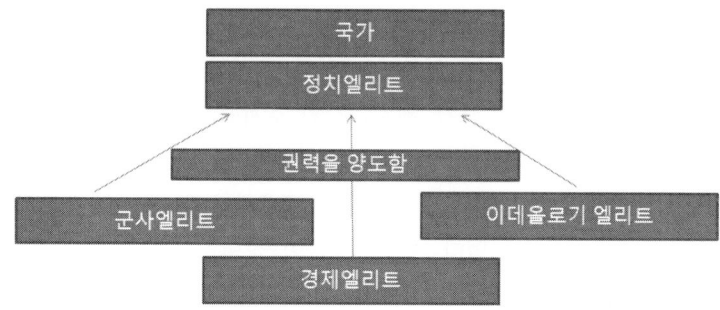

그림 4. 국민국가 태동기 엘리트 분화와 권력구조 형성

가가 등장하기 시작하는 토대를 제공했다.

2. 근대 국민국가의 구조

1) 근대 국민국가의 지배구조와 통치

근대 국민국가는 전근대 단일 지배집단의 다양한 지배 엘리트로의 분화, 시민의 성장, 자본주의, 과학기술과 학문의 발달이라는 조건 속에서 태동하고 성장했다. 단일 지배집단에서 정치, 이데올로기, 경제, 군사 엘리트들로 지배 엘리트가 분화되었으며, 사회 엘리트들이 정치 엘리트들에 자신들의 사회적 지배권력을 이양하면서 정치집단에 의한 근대적 국가 지배가 나타났다. 정치 엘리트를 제외한 사회 엘리트들은 자신의 이익 극대화를 추구하였기에 서로 타협하고 이익을 나누는 일에 익숙하지 않으나, 정치 엘리트들은 이들 엘리트들이 갖고 있는 사회적 자원이 없는 관계로 타협과 이익 나누기를 중재할 수 있는 합리성을 갖게 된다. 중재를 통해 권력의 정당성을 획득하는 정치 엘리트들은 기타 사회 엘리트들과 달리 자신들의 집단 이익 추구가 전체 사회 엘리트들의 일반 이해를 충족시켜 주는 것과 동일시될 수 있었기에 국가 운영 집단으로 등장할 수 있었다(Mann, 1988; Tilly, 1992, 1975).

중재력은 국가의 정치 엘리트에게 다른 여타 다른 엘리트보다 우위를 점할 수 있는 요소를 제공했다. 자신들의 사회적 기반이 없이 등장한 정치 엘리트들은 새로운 이념인 민족주의와 18세기 이후 보편화된 시민권 등의 이념을 무기로 해당 영토 안에서 거주하는 모든 행위 주체들의 이익을 보장해 줄 경우에만 자신들의 권력을 지킬 수 있었기 때문이다.

국가의 합리성은 바로 정치 엘리트들의 강요된 합리성 혹은 구조화된 합리성의 결과로 설명할 수 있다. 제도주의적인 국가 정의는 이런 합리성에 의해서 설명될 수 있다. 국가는 경계선이 명확한 영토(demarcated territory), 정부와 다른 국가 요소들의 분화된 행정(differentiated administration) 체제, 중앙에 모든 것이 모여드는 중심성(centrality), 그리고 폭력 수단의 독점(monopolization of violent physical means)이라는 4가지 제도적 요소로 이루어진다(Tilly, 1992: Mann, 1988). 이 제도적인 국가 정의에 따르면 현대 대다수의 국가 형태는 국민국가로 불릴 수 있다.

국가는 하나의 행위자이며 상대적인 자율성을 갖고 목적을 수립하고, 달성하기 위한 다양한 수단을 찾는 합리적 존재다. 위어와 스카치폴(Weir and Skocpol, 1985)은 정치 엘리트와 다른 사회 권력자들 사이 관계를 기초로 국가의 합리적인 선택이 일어나는 과정을 연구했다. 이들은 위기에 대응하는 국가의 방식은 국가 내부의 다양한 조건들의 결합 방식이 형성하는 정치지형에 따라서 서로 다르게 나타난다는 것을 설명했다.

정치 엘리트들의 합리성은 시민에 의한 '국가기구의 민주화'에 대한 설명에도 적용된다. 국가기구 민주화 과정은 시기적으로 엘리트 통합 단계, 시민 통합 단계, 그리고 노동자 통합 단계에서 권력 양보와 자원 추출에 대한 보상으로 이뤄지게 되었다. 근대에 지배 엘리트들이 여러 사회 엘리트로 분화하면서 정치 엘리트가 다른 사회 엘리트들로부터 권력을 양도받고 국가를 운영하게 되었다. 정치 엘리트를 제외한 다른 엘리트들은 합의와 동의를 통해 권력을 양도하여 지배자로 정치 엘리트를 세우게 되었다. 통치 엘리트들의 상호 의존성과 사회 통합을 통해 국가로서 생존할 수 있었다. 모두가 하나의 가치 아래 통합될 때 국가가 필요한 자원을 추출하고, 보호하고, 영토를 확장할 수 있었다. 통합은 권력을 양도받은 정치 엘리트가 독자적으로 완전한 자율성이 아닌 상대적으로 자율적일 때 가능했다. 피통치자 통합에도 같은 논리가 적용되었기에 정치 엘리트들은 피통치자들을 수월하게 통치하기 위해 이데올로기가 필요했다.

근대 국가가 수립되면서 다양한 배경을 가진 구성원을 하나의 유대 관계를 기초로 통합할 필요성이 대두되었다. 다양한 문화를 가진 지역을 하나의 국가 이름으로 통합하기 위해서는 그들에게 새로운 이념을 제시해 줄 필요가 있었다. 이때 등장한 민족주의는 누군가를 다른 사람으로 만들고 우리 편에 포함하기 위한 '경계선'이 필요했다. 국가의 경계선인 국경이라는 것이 더 명확하게 그려질 필요가 있었고 그 국경 안에서 모든 사람은 다른 사람이 아닌 '우리'로 구성되어야 했다. 국경 안에서 국가는 자원을 추출할 수 있다는 의미를 넘어 국경 안 사람들이 국경 밖의 사람들과 구별되는 새로운 정체성을 받아들이도록 만드는 중요한 역할을 하게 되었다(Thongchai, 1994). 국경의 중요성은 30년 전쟁 이후 체결된 최초의 국제 협약 격인 베스트팔렌조약(Peace of Westphalia, 1648)에 의해 국제적으로도 인정받기 시작했다.

정치 엘리트들의 합리성은 부르주아의 성장 과정과 밀접하게 연결된다. 근대 국가 태동기에 4개로 분화된 사회 엘리트들의 출현 배경에는 전근대로 통칭하던 시기 지배집단이 가졌던 모든 특권과 사회권력 독점에 대한 반발 및 근대에 새롭게 등장한 생산 체계가 있었다. 부르주아는 도시를 배경으로 성장하면서 자신들이 완벽하게 기회를 잡기 전에는 오히려 봉건 귀족의 신분제 체제 안에 포섭되기를 자처하였다(Poggi, 1978).106) 부르주아는 합리적인 방식으로 소위 말하는 '자본'의 확대재생산에 전력을 다할 수밖에 없었다. 무한대의 경쟁을 통해 성장해야만 하는 부르주아들에게는 통치하면서 이데올로기를 만들고 군사력을 유지할 만큼 충분한 시간이 없었다. 부르주아의 합리성은 기존 정치 및 경제 지배집단들과 맞서 승리하지 못할 때 그들과 협력하며 세력을 키우는 방식으로 성장 전략을 선택하도록 만들었다.

한편 경제력이 부족한 정치 엘리트의 생존 방식은 새로운 우군의 필요성을 증대시켰다. 근대 국가 형성기에 기존 정치 엘리트들의 생존 경쟁은 장기간의 전쟁을 일으켰다. 비록 노예, 봉건 농노, 농민과 노동자들이 당하는 착취의 수준은 아니었으나 부르주아들의 자산이 전쟁에 필요한 물자 동원의 대상이 될 수밖에 없었다. 비교적 자본주의 부르주아들이 성장하던 지역에서 국가들이 전쟁에서 승자가 되고 생존하게 되었다. 부르주아들이 국가의 전쟁 수행 능력에 도움을 주던 지역의 정치 엘리트들은 부르주아를 보호하면서 국가의 성장을 꾀려고 하였다. 부르주아를 보호하면서 자원을 수탁하기 위해서 수탈의 제도화가 일어나게 되었다. 자본화된 강제력이 강했던 영국과 프랑스 등에서 국민국가를 발전시킬 수 있었다(Tilly, 1992; 1975).107)

부르주아가 자신들의 이익을 유지하면서 동시에 권리를 확보할 수 있었던 배경에는 전비를 제공하면서 정치 엘리트들의 보증을 받았던 덕이다. 부르주아들은 국가의 자원 추출에 응하는 대신 기존 정치적 지배집단들도 마땅히 따를 수밖에 없도록 법에 기초한 제도적 추출 방식을 만들게 유도했다. 군사와 종교 엘리트의 역할은 상대적으로 축

---

106) Poggi는 도시를 배경으로 성장한 부르주아들이 봉건제 아래 신분 질서 속에서 봉건 정치질서와 조화를 이루는 정치 체제를 유지했다고 한다. 이것을 신분제 국가(Ständestaat) 질서라고 한다. 이 질서는 절대왕정의 출현으로 약화되다가 사라졌고 절대국가는 부르주아에 의해서 무너지게 되었다.
107) 자본화된 억압(capitalized coercion)은 부르주아의 성장과 국가의 군사력을 결합한 국가가 속한 지역을 상징한다(Tilly, 1992: 30).

소되었으나 새로운 질서에서 중요성은 인정되었다. 종교개혁은 지배집단의 분화와 상대적으로 자율적인 사회 엘리트들의 등장을 촉진하였다. 종교개혁은 프로테스탄트 부르주아 집단의 출현을 이끌었고 신교도 부르주아의 출현은 종교·경제·정치 질서 등의 재편 과정에서 30년 전쟁이라는 근대식 전쟁의 원인을 제공하기도 했다.

분화된 사회 엘리트들은 상호의존적인 상호관계를 형성할 때 국가의 주류로 부상하여 지배력을 행사할 수 있었다. 군사 엘리트들은 그 이전 자신의 노력으로 군대를 유지할 수 있었으나, 단순한 식량과 무기 조달 수준을 넘어선 대규모의 군사력과 무기 등의 장비가 필요하게 된 근대 전쟁에서는 독자적으로 무장하는 것이 불가능해졌다. 물자 '보급'과 군대의 사기(morale)가 필요하게 되자 보급(경제 엘리트 영역)과 이념(종교 엘리트 영역)을 제공해 줄 누군가가 필요하게 되었다. 종교 엘리트들도 신교와 구교가 분리되고 신교가 다양한 종파로 나뉘면서 무력을 가진 누군가로부터 보호를 받을 필요가 있었다. 장거리 무역을 통해 자본을 축적한 부르주아들은 무력을 가진 군사 엘리트로부터 보호받을 필요가 있었고 부의 축적에 대한 정당성을 제공해 줄 이념을 가진 종교 엘리트도 필요했다. 모든 새로운 질서 속에서 분화된 엘리트들은 상호 의존하면서 자신들의 지배력을 구축하게 되었다. 군사 엘리트들은 보급에서 경제 엘리트에, 군대의 사기에서 종교 엘리트에 의존했고, 경제 엘리트는 군사 엘리트에 의해서, 정당성에서 종교 엘리트에 의해서 도움받기를 원했다. 종교 엘리트들도 신교와 구교 그리고 서로 다른 종파로 갈등하게 되어 자신들을 위해 보호와 경제적 지원을 제공해 줄 이들이 필요했다. 이런 구조 속에서 서로에 대한 의존적 구조가 정치 엘리트의 권력구조가 되었다.

근대 태동기 종교개혁, 자본주의와 부르주아의 등장과 성장, 정치질서의 재편, 산업화 등 다양한 사회구조 층위들에서 발생한 긴장은 특정한 시점에서 사건의 연쇄를 일으키고 그것을 통해서 근대 국민국가가 발전하기 시작하였다. 한편 국민국가 안에서 구조적으로 형성된 집단 사이 의존 관계는 전쟁을 통해 권력이 시민들에게 조금씩 이양되면서 민주주의 태동의 밑바탕이 되었다. 동시에 지배 집단에게는 국민국가가 총력전의 체제에 돌입한 19세기 이후 다수를 무장할 때 발생할 수 있는 반란과 노동자들의 집단적 저항을 미리 방지하고 국민을 통합하기 위해서 지배 이데올로기가 필요하게 되었다.

2) 지배구조와 이데올로기

지배구조는 지배 이데올로기를 만들어 낸다. 이데올로기는 근본적으로 허위의식(false consciousness)이다. 실재하지 않으나 실재하는 힘으로서 존재하고 사람들에게 압력을 가한다. 행위자에게 가해지는 이데올로기의 압력은 모두에게 똑같은 무게로 다가오지 않는다. 이데올로기는 근본적으로 국가로부터 형성된다. 이데올로기적 국가 장치는 폭력에 의해서 작동하는 억압기구와 달리 일상에서 작동한다. 종교, 교육, 가족, 법, 정치구조, 대중매체, 문화예술, 심지어 노동조합까지 다양한 일상의 영역에서 작동한다(Althusser, 1972: 143). 근대 자본주의 시대 이데올로기는 자본주의적 이데올로기뿐 아니라 정치, 사회, 경제 모든 영역에서 기존 지배 질서를 재생산하는 데 사용된다.

문제는 기존 질서의 재생산 뒤에는 기존 질서를 대변하고 보호하는 국가가 있다는 점이다. 국가가 이데올로기를 재편하는 과정에서 국가의 권력은 하부구조 권력(infrastructural power)의 형태를 띤다(Mann, 1988: 26). 국가의 하부구조 권력이 증가하면 국가가 지역 내에서 통치하는 힘이 더욱 강화된다. 이 하부구조 권력이 증대되면 될수록 국가의 의지가 시민사회의 영역에 더욱 침투하는 것이 용이하기 때문이다(28).

이데올로기는 권위로 작동하기도 한다. 권위는 베버에 따르면 "내 의지를 다른 이에게 강제하는" 권력과 달리 자발적인 복종을 가능하게 하는 힘이다. 권위는 정당성에서 부여받는다. 정당성은 권위와 동전의 양면이라고 할 수 있다. 이 권위가 현대사회에서는 법적, 합리적으로 작동된다는 것은 이데올로기가 매우 정교화되었음을 의미한다. 이 권위의 다른 말은 '상징권력'이다. 상징권력은 부르디외가 계급 연구를 획기적으로 전환하면서 등장시킨 개념으로, 관계 중심적으로 이론과 실천을 융합하면서 그 이전 그의 아비투스(habitus), 장(field), 자본(capital) 등을 발전시킨 것이다. 이데올로기는 기능적 차원에서 '하부구조 권력', '상징권력', '권위' 등 다양한 용어로 그 모습을 드러낸다.

이데올로기는 여러 차원(dimension)에서 정의될 수 있다. 일상에서, 정치적으로, 종교적으로도 정의될 수 있다. 이데올로기를 누가 만들어내고 이데올로기 안에는 무엇이 내재되어 있는가를 살펴볼 필요가 있다. 이데올로기는 본질적으로 권력관계로 작동된다. 정치적인 차원에서 이데올로기가 만들어지지만 그것이 터 하는 것은 경제질서이며, 일상에서 인간들의 관계로 파생된다. 일상은 이데올로기가 사회구조와 더불어 개인들이 알지 못한 채 선택하도록 유도한다. 이때 이데올로기가 작동한다.

일상을 살아가면서 폭력 사건에서 피해자와 가해자가 나뉠 때 피해자에게 가해지는 사회적인 낙인이 있다. "맞을 짓을 했기 때문에 맞았다"라는 말은 피해자에게 가하는 가장 강력한 이데올로기 공격이다. 성폭력 피해자에게도 마찬가지다. "성폭력을 당할 행동을 했다"라는 것이다. 자신의 사회적 위치를 만드는 토대, 그 토대 위에서 상호작용하면서 '의미의 상호주관'을 경험하고 서로의 의식 체계 안으로 들어간다. 이 과정에서 주관적인 특성이 객관적인 외피를 입는다. 이데올로기가 일상을 지배할 때 서로 갈등하고 싸우게 된다. 다수가 갈등할 때 사회에서 공평하게 분배되어야 할 이익은 특정한 집단 혹은 소수 누군가의 이익으로 전유된다.

국가 이데올로기와 이념 이데올로기 사이 간극을 이야기하는 것으로, 2019년 동해상에서의 일본 초계기 조우 상황, 일명 '초계기 사건'

을 들 수 있다. 사건이 발생하자 일본에서는 아베 당시 총리까지 나서서 한국의 재발 방지를 촉구하면서 갈등이 본격적으로 시작되었다. 일본의 반응 혹은 의도에 대한 해석은 한국 때리기를 통해서 일본 내부에서 아베 정권에 대한 지지를 확보하려는 것이라는 데 대체로 일치하는 것 같다. 그런데 초계기 갈등을 바라보는 내부의 시각과 처리하는 방식은 한국과 일본에서 확연히 다르게 진행되었다. 한국의 주류 언론을 비롯해 정부에 비판적인 사람들은 강하게 대응하지 않는다는 자주적인 의견과 왜 미숙하게 대응해서 일본에게 비판거리를 제공하는가 하는 정부의 무능을 이야기하는 것이었다. 심지어 스스로 여성임을 밝힌 한 네이버 블로거는 자신이 군과 무기에 대해서 문외한인 것을 이야기하면서 왜 광개토대왕함이 추적 빔을 발사했는지 질문하는 글을 올렸다. 문제가 무엇인가라는 질문에 설왕설래 댓글이 달리기 시작했다. 대다수의 (무기 지식이 있는 남성들의) 댓글들은 광개토대왕함이 왜 거짓말을 하거나 이유도 없이 일본의 비위에 거슬리게 행동했는가 하는 내용으로 이어졌고 마찬가지로 일본에 핑계거리를 제공한 한국 정부의 무능을 비판하는 결론으로 흘렀다. 이에 한 방문자가 블로거의 의도를 비판하면서 마지막에 자신은 문재인 대통령을 지지하지 않지만, 한국이 일본과 중국 그리고 미국 등에 외교적으로 수세에 몰리는 것이 싫다는 말을 하면서 "왜 욕먹을 짓을 하는지 모르겠다"는 식으로 대응하였다. 정부나 대통령에 비판적인 사람들이 외부인 일본의 입장을 지지하면서 소위 "맞을 짓을 하지 말아야 한다"는 태도를 보인다는 것이다.

  1990년대 군대에서 구타 금지가 명령으로 시행되기 시작했다. 구타 신고가 들어오면 가해자인 폭행을 가한 상급 병사와 피해자인 하급 병사도 같이 처벌을 받았다. 같은 영창에 다녀와서 같은 내무반에서 그대로 생활하게 되었는데 그때 하급 군인을 처벌한 근거는 "맞을 짓을 해서"였다. 그런데 이 과정에서 맞을 짓을 했다는 논리, 나아가 성폭력을 당한 사람의 옷차림이 성폭력을 유발했다는 논리는 두 사람

사이, 즉 가해자와 피해자가 권력 관계없이 평등하다는 것을 전제로 하고 있다. 학교에서 학생이 선생님에게 맞았다고 했을 때 학생이 맞을 짓을 해서 때렸다는 논리가 공정한 논리로 입증되려면, 선생님이 맞을 짓을 했을 때 학생 입장에서 선생님을 구타할 수 있다는 논리가 되어야 한다. 그런데 만일 학생이 선생님을 때리면 "감히"가 나온다. 아버지가 아들을 때릴 때, 맞을 짓을 해서 처벌한다는 논리가 성립되려면 아버지가 잘못했을 때 아들이 아버지를 때려도 된다는 것을 의미한다. 그러나 이런 일은 발생하지 않는다. 둘 사이 권력관계가 존재하기 때문, 즉 관계가 평등하지 않기 때문이다. 루소가 이야기한 것처럼 둘 사이의 힘의 불평등한 분배가 둘 사이에서 맞아도 되는 자와 때려도 되는 자를 나누기 때문이다. 따라서 모든 국가의 제도 안에서 우리는 필히 권력관계를 상정해야 한다.

이데올로기는 그런 의미에서 권력을 포함하고 정치를 포함하는 것이다. 이것은 국가의 영역에만 머무르지 않고 모든 인간관계에서 작용한다. 그리고 인간을 평가하고 서로 다른 인간으로 정의하도록 만든다. 이데올로기는 특수성에 기반하지만 언제나 보편성을 지향한다고 한다. 보편성의 외피를 입고 특수성을 위해 기능하는 것은 모두를 그 이데올로기 안에 편입시키지만, 그 속에서 이익은 소수 집단으로 흘러가기 때문이다.

3. 국가와 시민권

1) 시민권과 시민

유럽에서 시민권의 확대는 부르주아의 권력 쟁취 과정에서 이해될 수 있다. 이후 19세기 지역마다, 작게는 해당 국가마다 시민권 발달의 경로가 다르게 발달했으나 아래로부터의 저항 및 요구와 위로부터의 합리적 선택이 결합하여 과거 국가와 사회의 제도 속에 속박되었던 개인들이 해방되었을 뿐만 아니라 국가의 주인으로서 등장할 수 있는 수준으로 발전해 온 것은 틀림이 없다(Mann, 1988). 시민권은 인간답게 살 수 있는 권리가 하나의 경계로 형성된 영토 안에서 국가에 의해서 보호받는 것을 의미한다.

이 연구에서는 국가와 시민권 등에 대한 기존 서구 사회과학 이론에 충실하면서 우리 사회에 적용 가능한 중범위(middle range)이론틀을 정립하고자 한다(Merton, 1967). 중범위 이론 정립은 한국의 특수성과 보편성의 범주 안에서 제도의 매개 과정을 포함할 것이다. 거시적 흐름과 미시적 개인들의 행동양식의 변화 과정을 제도 변화로 매개하면서 시민사회, 국민국가, 민족주의, 자원봉사와 시민권에 대한 새로운 역사적 정의가 생산될 것이다. 새로운 이론 정립은 기존 이론에 대한 고찰에서 출발한다. 국민국가, 민족주의 그리고 시민사회에 대한 이론이 논의될 예정이다. 머튼의 중범위 이론은 일상에서 일어나는 미시적인 차원과 전 사회를 아우르는 포괄적인 이론 사이 일종의 역할설정 이론(role-set theory)으로 설명된다(Merton, 1967: 42-43). 제도란 바로 이런 중범위 이론에 해당한다. 구조와 개인 행위자를 일상에서 연결해 주고 그것이 직접적으로 개별 행위자들에게 다양한 역할을 제공함으로써 사회적 위치를 끊임없이 확인해 주면서 사회화시키고 구조화시키는 것이다.

시민권에 대한 기존 연구는 제도 확립의 국가 단위 시민권, 제도의 한계를 넘어선 세계시민권, 다른 이에 대한 인정과 개인들의 정체성 논의, 계급과 문화 연구 등 다양한 주제와 범위를 통해서 진행되었다. 시민권 연구는 국가 단위 혹은 지역 단위 차원에서 급격한 사회변동에 따른 인적 자원의 이동과 연결되어 있었다. 2차 세계대전 이후, 1990년대 EU의 등장과 같은 흐름, 2000년대 세계화 흐름 이후 등과 같이 대규모의 변동이 각국에 영향을 미치거나 지역 단위의 정치 공동체가 출현하거나 기존의 정치 공동체가 붕괴되는 과정에서 다양한 학문 분야들에서 시민권 연구가 중점적으로 다루어지기 시작했다.

시민권은 근대 국민국가 형성 과정에서 새로 편입된 지역과 지역민을 어떻게 통합할 것인가, 그리고 기존의 국가 구성원들을 무장시킬 이후 안정적으로 그들을 관리할 수 있는가, 국가 구성원들로부터 국가에 필요한 물적 자원을 어떻게 추출할 것인가 하는 문제의식에서 나타났다. 이런 문제의식은 통합 원리로서 내셔널리즘 만들기로 이어지게 되었다. 국가들은 내셔널리즘을 무기로 주류 문화를 하나의 준거로 삼아 다양한 배경을 지닌 지역 거주자들을 하나의 사회 문화로 통합하려고 했으며 그 결과 내셔널리즘을 통해서 국내 계급구조와 정치 토대를 안정화하는 데 기여하고 통합 시민을 형성할 수 있었다. 근대 민족주의와 시민권의 핵심은 국가의 정치 구조와 제도에 터하고 있었기에 통합의 역할을 할 수 있었다. 국가가 제도를 만들어 시민의 권리와 의무를 제시하면서 '우리는 하나'라는 내셔널리즘 의식을 형성하도록 함으로써 개인들은 국민으로서 의식이 형성되고 해당 사회의 구성원으로서 타인을 인정하는 사회적 인정이 발생한 것이다.

한편 근대 국민국가의 형성기가 지나면서 개척된 식민지에서 노예들이 유입되고 자본주의가 확장되면서 인구 이동이 그 이전보다 자유로워지면서 다른 사회의 문화 양식에 의해서 사회화된, 그래서 기존의 내셔널리즘에 의해 통합시키기 어려운 구성원들이 늘어나기 시작했다. 더욱이 1990년대를 전후로 세계화, 유럽에서의 정치 공동체의 출현, 다른 지역의 전통적 정치공동체의 붕괴는 다양한 국가의 시민과 서로 다른 문화 담지자들의 이동이라는 결과를 만들어 내었다. 따라서 그 이전 근대 국민국가의 태동기에 시작되었던 내셔널리즘 국가 이데올로기를 넘어서는 새로운 통합 모델의 필요성이 제기되었다. 특히 2000년대 들어오면서 아랍의 민주화가 진행되고 종파 전쟁이 급격해지면서 전 세계에서 아프리카와 중동에서의 인구 유출이 진행되고 테러리즘과 결합한 종교 갈등이 각 지역과 국가의 시민권에 대한 인식의 전환을 요구하게 되었다.

시민권은 국가와 시민 사이의 관계를 법적으로 설정하는 것을 포함할 뿐만 아니라 시민의 정체성과 국가 및 사회 사이의 연계까지 포함한다. 전통적으로 시민권 연구의 초점을 국가와 시민 그리고 정체성을 시민권에 두었고, 사회적 인정과 통합에 필요한 재사회화의 대상으로 기존 대다수 국민을 포함하는 것은 논의되지 않았다. 사회변동이 진행되면 각 사회는 기존 사회통합의 가치를 잃어 가면서 아노미 상태에 빠지게 된다. 내셔널리즘의 쇠퇴는 새로운 형태의 내셔널리즘을 형성하거나 새로운 형태의 통합에 필요한 사회적 사실로 이어질 수 있었다. 유럽에서 전통적 이데올로기인 내셔널리즘을 넘어선 형태의 새로운 시민권의 재정의가 필요하게 된 것은 비단 유입된 구성원 때문만이 아니다. 기존의 대다수 시민의 시민까지 포함하고 이들을 묶어 줄 수 있는 새로운 가치체계와 정체성까지 포함해야 했다. 계급, 민족을 넘어선 새로운 행위 단위로서 시민을 형성할 필요성이 대두되는 지점이다.

시민권을 다시 정립할 때 시작하는 출발선은 가난으로부터의 생존이 된다. 갤브레이스의 『풍요로운 사회』108)에는 구조적·외부적 요인에 의해서 가난할 수밖에 없는 많은 시민이 등장한다. 엘리아스에 의하면 부르주아는 이전부터 우리와 나를 구분하는 방법을 노동자들에게 제시했다. 부르주아들에게는 나와 우리의 균형이 존재하지만, 노동자와 사회적 약자들에게는 '나'라는 개인주의적 자아만 존재한다. 이는 부르주아 중심의 정치질서를 만들어 내고 노동자들을 정치로부터 소외시키는 구조적인 시도가 저변에 놓여 있기에 형성되고 뿌리를 내리고 구조화되어 나타난 현상이다. 따라서 시민권 논의는 구조적이면

---

108) Galbraith(1998: 236)는 개인적 속성의 가난(case poverty)과 집합적 혹은 지역적 특성의 가난(insular poverty)을 구분하였다. 전자가 개별 개인의 능력으로 인한 가난에 초점을 맞추었다면 후자는 해당 지역의 외생적 환경에 의한 가난에 초점을 맞추어 개인적 의사나 능력에 상관없이 가난에 빠지는 사회적 현상을 일컫는다.

서 외부적인 요인에 의해서 가난한 이들을 시민으로서 어떻게 포섭하고 그들로 하여금 인간답게 살게 할 수 있는가를 논의하는 장으로 이어지게 되는, 소위 말하는 경제적 기회의 확장과 그로부터 사회적 인정 그리고 개인 정체성의 확립으로 이어지는 통합 모델의 필요성까지 확장되어야 한다. 이것이 현대 사회에서 전 세계적으로 발생하는 갈등을 해결하기 위한 시민 형성의 필요성이다. 시민권 확립을 통해서 시민 형성을 제도화하는 것이 일상에서의 시민 만들기를 가능케 하기 때문이다.

이 연구는 시민권의 논의는 일정한 영토, 계급 및 계층 구조, 문화의 다양성과 통합 등과 같은 논의에 기초하는 일국적 사항임을 가정한다. 이를 토대로 해당 국민국가의 영토 안에 존재하는 다양한 이들에게 어떻게 시민권을 확장시킬 수 있는지를 논하는 것을 제시하고자 한다. 시민권에 전통적인 시민들뿐만 아니라 '다문화' 구성원까지 포함하여 새로운 국가의 구성원을 새롭게 형성할 수 있도록 하는 논의를 촉발하고자 한다. 현대 한국 사회에서 외국인 등록자가 200만 명과 결혼 이주민, 탈북자까지 모두 합해도 한국 사회 구성원의 2% 정도밖에 되지 않는다. 일상에서 얼핏 많아 보이지만 실제 다른 국가들에서처럼 외국인들이 많지 않은 것이 사실이다. 이런 상황에서 소수의 외부자들을 위해서 사회의 인정 구조와 정체성을 바꾸려는 시도에는 큰 메아리가 없게 된다. 따라서 사회적 인정, 정체성, 그리고 국가의 제도는 기존 한국인들을 대상으로 시작하면서 사회변동에 대처하는 시민 형성과 동일선상에서 이해되어야 한다. 그럴 때만 시민권 연구는 사회변동에 대처하면서 새로운 국가와 시민 형성의 가능성을 탐색하는 연구가 될 것이다.

2) 시민권과 국가에 대한 전통적 시각들

시민권 연구에서는 전통적으로 국가와 시민 사이의 연결이 주를 이루었으나, 차츰 사회적 인정, 개인의 정체성, 국가의 제도가 어떻게 시민권 형성에 기여하는 방향으로 연구의 초점이 이동하고 있다. 이 연구는 제도, 인정, 정체성을 시민권의 상호관계를 통해 인식하고 연구할 필요성을 제시하고자 한다.

시민권은 근대 국가의 출현과 함께 태동했고 발전해 왔으며 도전받고 있다. 마샬(T. H. Marshall)이 시민권의 사회적 권리에 대해서 주장한 바와 같이 시민권은 근대화 함께 성장해 왔다. 시민권은 두 의미를 내포하고 있다. 하나는 제도적인 제한과 규제, 다른 하나는 내가 속한 곳은 어디인가라는 질문에 답할 수 있는 정체성이다. 제도와 정체성이라는 두 의미를 내포한 시민권은 국가와 시민으로 이루어진 것처럼 보이지만 시민권의 형성에서 현재까지의 궤적은 자본주의 경제 체제가 만들어 낸 다양한 생산 주체들의 성장에 있었다(Somers, 1993: 588).[109] 국가가 자본주의 생산 주체들을 국가의 시민으로 만들고 그들로부터 자원을 추출하려 한 방식은 시민권의 확장과 민주주의라는 정치 체제의 성장 발전과 연결된다. 시장과 국가의 성장 속에서 개인들은 시민으로서 민주주의 정체 속에서 자신들의 권리를 확장할 기회를 획득했다.

시민의 등장과 시민권의 확립 배경에 국가의 성장이 있다는 것은 국가 형성기 시민들과 국가 사이 동원과 타협의 산물로 인식할 수 있다. 여기에는 권리의 제도화라는 서구의 독특한 역사가 숨어 있다. 시민들은 일상화된 전쟁 속에서 국가와 타협하면서 동원에 동의하고 정치적 권리를 획득하였다(Tilly, 1975: 35). 그러나 이런 정치 권리의 발전은 보편성을 띠게 되었는데 모든 사람이 권리를 획득할 수 있다는 것은 그 이전 지주, 영주, 귀족 등의 권리를 폐지한 것을 의미했다. 즉, 근대 국민국가의 성장은 시민권 발달의 기초를 제공했는데 그

---

[109] 소머스는 시민권에 대한 사회학의 접근에서 시민권은 지위이며, 전쟁과 국가 건설의 과정을 거치면서 발전해 왔다고 보았다. 자본주의와 국가 사이 연계는 다양한 주체 형성을 통해서 가능했다고 바라보았다.

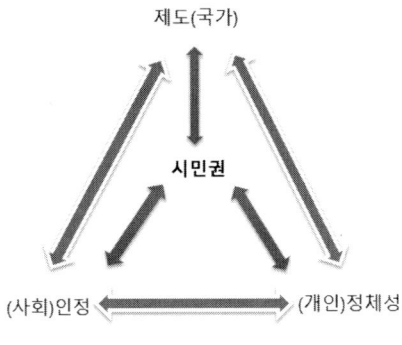

그림 5. 시민권의 삼각 상호작용

것은 특정한 집단만이 누리던 특권을 폐지하고 누구나 누릴 수 있는 자유권(civil rights)110), 정치권(political rights)이 발전하였음을 의미한다.

시민권을 국가의 주된 서비스로 발전시킨 학자는 마샬이다. 그는 시민권의 발달은 자유권, 정치권 그리고 사회권(social rights)으로의 발달 궤적을 보여준다고 주장했다. 그에 따르면 사회의 발달과 자본주의 및 정치 제도의 발전으로 인해서 밑으로부터 나타난 요구로부터 이런 권리들이 발달하여 시민권의 발달로 이어졌다는 것이다. 18세기 성장한 시민권의 초기에는 개인의 자유를 천부인권으로 인식하고 발전시켰는데 주로 자유권, 언론의 자유, 사고와 신념의 자유, 법 앞에 평등, 사적 소유권 등이 발전하여 개인을 국가나 제도의 억압으로부터 해방시켰다. 정치시민권(political citizenship)을 통해 19세기 영국을 비롯하여 많은 시민이 자신의 지역에서 의회 등 대의기구 구성원들을 결정하는 투표권을 획득하였다. 근대 특정 정치 엘리트에 의해 독점되

---

110) 마샬이 정의한 시민권의 초기 형태인 civil rights는 시민권이겠지만, 의미상으로 당시 서부유럽에서 일어나고 있던 자유주의적 권리의 특징을 그대로 보여준다는 면에서 자유권으로 해석하는 것이 옳다고 보인다. 이 글에서는 초기 시민들이 정치 권력자들로부터 자신을 보호하기 위해서 주장하였던 천부인권이 현재의 자유권에 해당한다고 전제하고 글을 이끌어 나간다.

었던 권리가 서서히 시민들에게 이양되기 시작한 것이다. 사회권은 20세기 발전한 것으로 인간답게 살 권리, 즉 사회에서 요구하는 기준에 따라서 모든 개인이 복지와 안전의 혜택을 받아야 하는 권리에 대한 의식이 싹텄고 이것이 사회권으로 정립된 것이다.

틸리는 시민권이란 해당 지역에서 정치 엘리트와 시민들 사이의 권력관계에서 양보와 자원 추출의 목적에 협의하면서 발전한 것으로 설명한다. 마이클 만은 마샬의 시민권 이론에 대해 시민권의 발달은 아래로부터 진행된 것이 아니라 위로부터 주어진 것이라고 비판한다(Mann, 1987). 그는 마샬의 이론이 진화론적이고 영국의 경우에만 해당하는 것이라고 비판하면서 5개의 발전 모델을 제시하고 6개의 대응이론(counter thesis)의 요소로 새롭게 자신만의 시민권 발달 이론을 제시한다. 오랫동안 진행된 갈등 속에서 국가의 지배집단은 피지배자들에게 자신들의 권력을 이양한다는 것이 그의 이론의 핵심이다.

6개의 이론은 영국식 모델을 비롯하여 각각 다른 시민권 발전 모델을 보여주고 있다. 영국식은 마샬처럼 아래로부터의 저항의 산물이 아니라 지배집단의 자유주의 전략 모델이다. 그 외 다른 국가에서는 개혁주의, 권위주의, 파시즘, 권위주의 사회주의 모델 등이 나타난다.

두 번째는 모든 시민권 모델은 계급 갈등을 다루고 처리하는 방식에서 지배집단의 대응이 다르게 나타난 경우라고 할 수 있다.

세 번째는 군사, 경제 계급, 이데올로기, 정치 지배집단들이 자신들의 권리를 어떻게 유지하면서 지배할 것인가 하는 목적에 부합하는 사회 환경의 변화에 따라서 자신들의 전략적 변화를 추구했다는 것이다.

네 번째는 지배집단이 전략적으로 행동할 수 있는 공간을 제시하는 사회구조의 존재다. 계급구조, 경제구조, 문화, 그리고 노동자 계급과 부르주아 등의 갈등구조 등이 지배집단이 어떻게 시민권의 형성에 영향을 미치는 결정을 하였는지에 대한 근거를 제시한다.

다섯째, 해당 사회에 지배적인 전통의 유·무가 있다. 전통이란 것이 유지되고 변형되고 혹은 사라지는 공간에서 시민권의 형태는 다르게 나타났다.

여섯째, 시민권은 주변 환경의 지역 정치 상황과 연결된다. 전쟁이나 타국과 연결되는 시점에서 내부의 효율적 통치구조뿐만 아니라 주변 지역의 시민권이 어떻게 형성되었는가도 시민권 발달의 경로를 탐색하는 데 중요한 요소가 된다. 마이클 만의 시민권에 대한 시각은 철저하게 지배집단이라는 행위자와 산업화 정도, 자본주의 발달 정도, 노동계급의 유무, 심지어 지역 정치까지 포함하는 사회구조에서 행위자와 구조 관점에서 파악하고 있다.

시민권을 사회적 권리까지 포함하는 것으로 정의하는 유럽의 경험을 넘어 라틴아메리카의 독특한 환경 아래 시민권을 사회정책 및 복지와 연결을 시도한 사람은 브라이언 로버츠이다. 라틴아메리카의 산업화 과정에서 민족, 인종, 계급과 노동자들의 분화를 통해서 나타나기 시작한 다양성의 촉진이 새로운 시민권의 정립과 다양한 사회 속의 담당자들에 대한 적용을 가능케 하는 부분이었다(Roberts, 1996: 2005). 로버츠에 따르면, 도시 혹은 국가 안 다양한 집단의 존재는 다양한 이해관계를 만들어 내고 이런 이해관계에 의해서 쉽게 국가의 분열 정책으로도 도시민과 국민의 분열을 가져올 수 있다. 왜냐하면, 한 집단에 관련된 정책을 만든다면, 다른 사회집단은 그 집단과 갈등에 빠질 수밖에 없고, 집단 간 연대는 어려워지고 국가는 분열된 피지배층으로 해서 자신의 이해 기반의 공공화(publicity)를 이룰 수 있다. 이를테면 계급에 의지한다면, 포함할 이와 제외할 이를 나누는 문제에 직면하게 된다. 그러나 시민권의 개념으로 접근하면 무상급식을 국가가 제공해 주는 서비스로 인식할 수 있다. 국가의 개입으로 계급적 갈등은 해소될 수 있다. 이를 통해서 선거권이 확대될 수 있다. 투표권을 비롯하여 자신의 삶을 스스로 결정하고 국가에 대해서 요구할 수 있는 권리가 등장한 것이다. 이런 것으로 보았을 때, 선거권의 확대는 사회 갈등을 초래하기보다는 갈등의 해소를 위한 강력한 도구가 될 수 있다.

다문화 시기 시민권에 대한 논의에서는 정체성에 관한 문화적 시민권 논의 그리고 문화를 넘어서는 실천적 의미의 공간 시민권에 관한 논의 등이 진행되었다. 이들은 국가시민권, 전 지구적 시민권, 로컬 시민권 등의 구분을 통해서 기존 국가시민권이 제공하지 못한 다문화 주체들을 위한 새로운 개념의 다층적 시민권을 제시하고자 하였다(장세용, 2015: 63). 그러나 문화적, 공간적 등과 같은 새로운 시민권의 정의는 시민권이란 근본적으로 국가와 연계되어 있다는 것을 부정하고 국가를 단편적 공간 혹은 억압적 지배자로 상정하는 오류를 범할 뿐만 아니라 인간의 보편성과 시민권을 동일시하게 적용하여 시민권의 확대 과정에서 나타날 수 있는 특정한 지역에서의 비용, 에너지 소비, 갈등 등의 상황을 애써 무시하게 된다. 그런 의미에서 시민권 논의는 일국적이어야만 한다.

시민권은 기본적으로 국가의 영토 안에서 일어나는, 국가 영토 안에 있는 누구나에게 제공되는, 국가의 시민들이 누리는 특권이다. 자유권이나 정치권이 사회권으로 확대되는 것은 바로 귀족들의 특권을 폐지한 근대 시민권의 발전 흐름이 자본주의 아래 빈부격차로 인해 정치권과 자유권까지 위협받는 상황을 극복하고 국가의 성장을 이끄는 과정에서 나타난 것이다. 이때 빈곤과 불평등은 국가의 구성원들로부터 민주정치를 약화시켜 탈민주주의화를 진행시키기 때문에 근대 정치 독점이 민주화되면서 발전해 온 국민국가의 존재 이유를 부정하게 되었다.[111]

한편, 사회권이 유럽처럼 순차적 경로를 밟아 성장하지 않은 지역에서는 사회권이 위로부터의 개혁 과정 혹은 민주정체의 등장과 더불어 나타났다. 그러나 사회권이 덜 발달된 상태에서 진행되어 온 자본

---

[111] 틸리(Tilly, 2005: 1999)는 정치의 영역(political boundaries)라는 용어를 통해서 빈부격차와 불평등의 수혜자(beneficiaries)들이 민주주의 체제를 위협하여 민주화의 역행을 이끄는 20세기 반동을 비판하였다.

주의 발달에 따른 세계화 추세는 국민국가의 국경을 엷어지게 하는 것처럼 보이게 만들었다. 그것은 인적 자원의 자유로운 이동을 이끌었다. 자본과 상품의 원활한 이동에 비해서 인적 자원의 이동은 사실상 제한되었다. 근대 유럽 제국들이 식민지 노예를 불러들인 것과 비슷한 이유로 자발적-반강제적인 방식을 통해서 사람들은 자신들이 터전이라고 생각했던 울타리를 넘어서게 되었다. 특히 종교적, 정치적 박해를 피해서 이동하는 망명자들(asylum seekers)의 존재는 해당 사회에서 갈등을 지속화시키게 된다(Habermas, 1995: 256). 이런 상황에서 근대의 시민권은 새로운 도전을 받게 된다. 과연 이민자들이나 외부 인사들에게도 보편적 특권을 부여해야 하는가, 그렇다면 보편적 특권은 무엇이어야 하는가 하는 물음을 자신에게 제기할 수 있다.

시민권이 지니는 보편성은 그 시민권이 발전해 온 특정한 지역을 기반으로 하는 국가와 시민사회의 역사적 형성 과정에 터하고 그 사회의 사회구조와 행위가 어떻게 구조화되었는지가 결합되면서 언제나 진행형으로 이뤄진다. 보편성과 지역의 특수성이 만나면서 한 사회의 독특한 시민권이 형성되는 것이다(Mann, 1988; Somers, 1993). 특수성과 보편성이 만나는 지점은 국민국가의 형성 과정에서 서로 발전해 온 시민과 국민국가 사이의 제도적 관계, 이 관계에 기초하여 성장한 시민의 정치적 정체성 등이 해당 사회의 문화적 특성을 고루 보여 주는 공간을 형성한다.

시민권은 세계화 시대에 새로운 도전에 직면해 있다. 세계화는 자본주의의 확장과 상품화의 발전에 따라서 재화와 용역의 자유로운 이동에 따라서 인적 자원의 이동이 일국 내에서의 시민권이 도전받게 하고, 이념 대결 이후 종교와 전쟁으로 인한 난민의 증가로 해당 사회에 새로운 인적 구성을 만들어 다문화 시민권의 개념이 등장하는 도전을 일으킨다. 인적 자원과 난민의 증가는 각국의 시민권에 대한 도전을 일으켜 시민권에 대한 인식의 변화가 일어나기 시작했다. 이 과정에서 시민권 연구가 진일보했다. 대체로 인적 자원의 이동과 민족주의 정체성의 변화 가능성, 난민과 새로운 시민의 유입으로 인한 기존 시민들과의 갈등 상황, 다문화 지원 과정에서 해당 시민들과의 갈등 등, 변화와 도전은 모두 일국의 국가 영토 안에서 발생하였다. 비록 EU나 미국 등에서 다양한 분포를 보이고 있음에도 불구하고 서구에서 시민권의 확대 과정에서 일어난 갈등과 분열 양상 그리고 사회 통합으로의 전진 등은 결국 일정한 영토를 보유한 국가 안에서 일어났다는 점에서 국가와 시민권 사이의 배제와 포섭의 관계는 시민권 논의에 있어서 근본적이다.

세계화 시대 국민국가는 약화되고 있는가? 국가가 모든 것을 독점하고 통제할 수 있는 시기는 지났다. 다양한 국제조직과 국가 간 조약, 심지어 EU와 같은 지역 단위의 통합된 공동체의 등장 등을 볼 때, 한 국가의 주어진 영토 내에서의 모든 권력 독점 시기는 지났고 새로운 형태의 국가권력 조정이 일어났다. 영국이 국경 통제권의 확보를 위해서 EU 탈퇴를 결정한 브렉시트(Brexit)는 20세기 국민국가의 국경 통제를 비롯한 독립된 국가 단위로서 역할과 기능 상실을 극복하기 위한 영국인들의 모험에서 일어났다고 할 수 있다.

시민권의 확대 발전에는 근대 국민국가의 성장이 중요한 역할을 하였다. 국가 내에서의 계급구조 그리고 정치적 조건들이 서로 다른 조합을 이루면서 시민권의 확대에 영향을 미친 것이다. 그런데 20세기 후반부터 자본주의의 발달로 인해 가장 이동이 어려웠던 인적 자원의 이동이 원활하게 진행되었다. 직업을 위해서 국경을 넘어가는 일이 보편적 현상이 되었다. 시민권에서 중요한 것은 비록 국가가 세계화 시대 서로 얽히고설킨 자본주의 통합 속에서도 그 피해의 단위는 일국의 국민국가 수준에서 일어난다는 것과 일국의 정치와 경제가 단일 국가를 넘어서면서 인적 자원에 대한 통제 혹은 관리의 차원에서 완전한 세계 통합은 불가능하다는 것이 드러났다. 국가의 시민으로서 지위, 권리, 의무, 정체성, 인정 등이 연결될 때, 새로운 국가의 시민이 등장할 수 있다. 보편성에 터하고 그 지역의 특수성과 결합하였으나 자신의 출신 배경이 되는 인종과 문화를 배격하거나 지우지 않고 새로운 문화로 융화되어 발전할 수 있는 그런 시민권이 등장하는 것이다.

 본 연구를 위한 개념을 일차적으로 정리하면 다음과 같다.
 문화: 사람들이 사회구조 속에서 자신들이 사회화된 방식을 표현하는 것으로 일반적 성격을 띠고 있다.
 제도: 특정한 영역에서의 행동양식과 사고방식에 영향을 미치는 힘을 일컬으며 문화와도 동일시될 수 있다. 이 연구에서는 그러나 문화가 일반적이라면 제도는 특수한 상황과 조건과 연계됨을 지적한다.
 인정: 인정의 주체는 개인이 아니라 타인이 된다. 타인을 어떻게 인정하는가 하는 것은 철저하게 사회화의 산물이다.
 정체성: 정체성은 개인이 타인과의 상호작용을 통해서 인정을 받든 받지 않든 가질 수 있는 사회 속의 자아라고 정의된다.
 시민권: 한 국민국가의 공식적 구성원임을 인정하고 동시에 국가로부터 국가 서비스를 받고, 국가의 의무 수행이 가능하게 만드는 법적 권리.

3) 전통사회에서의 시민권과 국가 인식

 "가난 구제는 나라도 못 한다"라는 말이 있다. 가난에 찌든 개인들은 국가의 도움보다는 개인의 노력으로 구제해야 한다, 혹은 아무리 노력해도 가난은 극복할 수 없다는 체념 등 다양한 의미가 들어 있다. 신에 의지해 모든 것을 해결하려는 현실주의적 종교관이 뿌리를 내린 것일 수도 있다.
 이처럼 국가의 능력을 의심하는 듯한 말과 반대로, 국가의 능력이 얼마나 강했을까 하는 생각이 드는 전통적인 문화 자료들이 많았다.

『장화홍련전』은 강한 국가가 어떻게 사회에 지배력을 행사했는지를 이해하는 단초를 제공한다. 평안도 철산 좌수 배무룡은 부인 장씨와 살았으나 자녀가 없었다. 선녀 태몽을 꾼 장씨가 장화와 홍련을 연달아 낳았다. 그러나 장씨가 병으로 타계하자 배좌수는 후사를 생각해 허씨라는 여인을 재취로 들였다. 허씨가 아들을 낳았다. 계모와 아들들은 장화와 홍련을 모략하고 학대하였다. 장화가 연못에 빠져 죽고, 홍련도 같은 연못에 빠져 죽게 되었다. 원한을 풀지 못한 두 사람의 혼령은 자신들의 억울함을 풀기 위해 철산 부사의 관아에 찾아가지만, 밤중에 나타난 두 자매의 혼령을 본 부사들은 크게 놀라 죽었다. 부사들이 잇달아 죽어 나가자 철산 고을은 황폐해졌고 조정의 근심도 날로 커졌다. 이때 정동우라는 대담한 젊은이가 철산 부사로 자원하였다. 그리고 장화와 홍련이 나타났으나 정동우는 놀라지 않고 자매들의 사연을 들은 다음 사건을 재조사하고 사실을 확인한 후 허씨 모자를 엄벌로 다스리고 연못에서 장화와 홍련의 시신을 거두어 묻어 주었다.

오랫동안 사랑받은 TV 시리즈 〈전설의 고향〉도 있다. 이 시리즈의 전반적인 특징은 국가를 상징하는 '관(官)'이 의로운 제3자의 성격을 지닌다는 것이다. 서양의 귀신이 스스로 복수를 한다면 우리의 귀신은 국가의 힘을 빌려 자신의 한을 풀고자 한다. 현실 중심주의적인 한국의 전통적 사고방식의 영향을 받았다고 추측할 수 있는 이런 모습은 매우 많은 설화에서 등장한다.

한국 사회의 현세와 물질 중심주의는 종교 행태에서 두드러지게 나타난다. 오랜 기간 무속과 도교의 영향을 받은 상태에서 유교, 불교, 천주교, 심지어 기독교까지 갈등과 긴장 관계를 형성했으나 국가를 매개로 현세주의를 보여 주었다. 브로델이 『물질문명과 자본주의』에서 주장한 물질문명, 시장경제, 그리고 자본주의의 층위는 우리 사회에서 물질문명(현세주의), 개인 이기주의(자유로운 교환), 집단주의의 층위로 교체하여 이해할 수 있다. 현실 물질문명이 우리 사회 모든 현상의 근원이 된다는 것이다. 집단주의적인 것 같지만 사실 그 집단주의를 이끄는 힘은 개인 이기주의다. 내가 집단보다 우선하기 때문에 집단을 위해서 희생하기보다는 집단 안에서 무엇인가 이익을 추구한다는 것이다. 그런 이기주의의 근본은 사실상 현실에서의 구복주의이다. 이익을 얻어 물질적인 차원에서 풍요를 누리는 것이 한국 사회구조의 세 가지 깊은 층위라고 할 수 있다. 그런 이 사회에서 국가의 힘이 종교의 힘을 누르는 것은 당연하게 보인다. 현실에서 가장 권력이 센 집단이 국가이기 때문이다. 그런 국가관이 전통 의식과 문화 속에서 구조화되어 있는 것을 볼 수 있다.

무당이 굿할 때 사용하는 의복은 조선 시대 무장들이 입던 관복이고, 사용하는 무기는 환도와 당파(삼지창) 모양을 하고 있다.112) 왜 무당이 관복을 입고 환도와 당파를 들고 귀신을 쫓아낼까? 무관과 무기는 국가의 무력을 상징한다. 일반 백성은 국가의 폭력 앞에 무력하다. 그런데 귀신까지도 국가의 폭력을 무서워한다는 것이다. 〈전설의 고향〉이나 조선 시대 일상을 살펴보면 국가가 일상을 지배하면서 이데올로기적으로 깊숙이 침투해 있음을 알 수 있다. (학자마다 의견이 다를 수 있지만) 조선 시대는 국가가 강력했다. 그것이 왕권이 강한 것이냐 양반이 강한 것이냐는 다른 해석이 가능하지만 국가의 지배력이 강력했다는 것은 16세기 이미 붕괴한 조선 시스템이 왜란을 겪고도 유지될 수 있었던 것, 그리고 조선 후기 붕괴했어야 할 것 같은 왕조가 200년 이상이나 더 유지되었던 사실 등에서 유추할 수 있다.

조선 시대는 양반이 향약을 중심으로 지방을 지배하고 그 권력을 통해서 중앙의 권력을 분배하고 권력을 유지하려고 시도한 양반 중심의 사회였으나 사실 양반의 권위와 권력은 국가를 매개로 가능했다.

---

112) 사실 당파라고 하는 삼지창은 우리의 고유 무기가 아니라 임진왜란 때 명나라 군대에 의해서 들여온 것이다. 일상적인 무기도 아니고 척예광이라는 장군이 개발한 진법에 알맞은 무기로, 왜군과 왜구의 침입을 좌절시킨 후에 왜군에 대항하기 위해서 도입되었다. 그게 효율적이었기 때문에 일반적인 것처럼 보이지만 보통은 삼지창인 당파보다 창 자루에 둥근 칼 모양이 달린 환도가 주로 사용되었다.

정당성은 국가로부터 나왔고 그 기구를 사적으로 지배하고자 한 것이 양반들이었다. 국가와 사회 사이의 권력관계가 현대사회처럼 매우 밀접하게 얽혔던 것이 조선 시대의 특징이었다. 유학에서는 왕과 사대부 중심의 '왕도정치'를 이상향으로 삼아 백성을 지배하는 것이었다(이황직, 2017).

시민권과 이데올로기의 작동을 살펴보자면, 조선 후기로 접어들고 망조가 들면서 농민 반란(민란)이 빈번하게 일어날 때, 농민들의 주요 보복 목표는 관청이었다. 그런데 조선의 근본 문제는 양반들이 세금을 내지 않는 구조에서 비롯되었다. 국가의 압력이 강하다 보니 조선 후기 많은 상인, 부농들이 자본을 축적하고 조직화하는 대신 양반족보를 사서 개인적으로 양반이 되는 길, 즉 신분 세탁을 하는 선택을 하게 되었다. 양반들이 세금을 내지 않는 사회구조 속에서 양반과 국가권력이 공고하면 부자 농민이나 상인들이 힘을 합해서 양반 중심의 국가권력을 타도하지 않고 개인적으로 해결책을 찾았다. 세금을 주로 내던 부자들이 막대한 부를 이용해 양반이 되는 길을 선택한 것이다. 구조를 바꾸는 것이 아니라 구조에 영합하여 자신들의 이익을 보장하려고 시도한 결과였다. 그러다 보니 세금을 낼 수 있는 백성들의 수는 줄어들 수밖에 없었다. 국가의 예산은 충족되어야 했기 때문에 양반 대신 농민을 대상으로 하는 착취의 강도는 높아져만 갔다. 그런 구조적인 상태에서 국가의 착취 강화로 국가에 대한 반감이 수령과 해당 관청으로 향했다. 국가의 무능으로 농민의 증오 대상은 양반이 아닌 국가의 지방관을 향했다. 근본적 질서를 바꾸고자 하는 대신 질서를 수행하는 국가기관을 증오하고 수장을 교체하려고 했다는 점에 변화 대신 대체를 통해 현재 질서를 유지하려고 했던 조선 시대의 행동양식이 엿보인다.

제 4 부

좌절된 시민사회 형성

제1장 시민사회 의미의 변화와 구성요소
1. 시민사회를 인식하는 틀의 변화
2. 시민사회의 구성

제2장 자발적 시민사회 형성의 좌절과 변경된 경로
1. 국가 의존성의 등장과 군사쿠데타
2. 근대 국민국가 형성과 군사쿠데타
3. 국가기구의 재편과 독재체제 확립
4. 인간개조와 대한민국 국민 형성
5. 국민국가의 등장과 시민사회의 약화

제3장 역사적 블록의 형성 I: 저널리즘의 한국적 역할
1. 국가와 시장에 배태된 저널리즘
2. 전통 저널리즘의 성장 구조
3. 전통 저널리즘의 위기 도래
4. 개인주의 증가와 시민 지향의 네트워크화
5. 배태된 언론에서 시민의 플랫폼으로:
   문제 해결자로서 언론의 역할 기대

제4장 역사적 블록의 형성 II: 물질주의 종교의 한국적 특성
1. 한국 종교의 국가중심주의와 무색무취의 종교 특성
2. 종교 물신주의의 역사적 고찰
3. 국가에 배태된 물질 지향의 종교에 대한 역사적 고찰
4. 세속화와 물질주의 국가의 역할
5. 종교와 시민사회 형성의 가능성

제5장 좋은 사회와 규범: 보편성과 정의
1. 공동체 없는 개인주의
2. 보편성과 정의

제1장

시민사회 의미의 변화와 구성요소

1. 시민사회를 인식하는 틀의 변화

 양반 사회를 시민사회라고 볼 수 있을까? 지역을 장악하고 중앙의 이데올로기에 영향을 미친 조선 시대 사대부들이 시민사회를 구성했다고 말할 수 있을까? 다양한 반론이 있을 수 있겠으나, 조선 양반 사회는 시민사회가 아니다. 양반 자체가 지배집단을 구성하고 지역의 사족들이 국가를 이루는 중요한 자원이었기 때문이다. 조선의 왕과 양반들은 권력을 나누어 가진 권력 집단이었다. 조선 후기 효종과 효종비 인선왕후 사후 시어머니 자의대비가 어떤 상복을 얼마간이나 입는가를 두고 벌인 예송논쟁의 핵심 의제는 '왕이 사대부인가'였다. 왕도 유학을 숭상하는 사대부 중의 하나라는 서인들의 시각은 당시 서인들이 왕을 바라보는 중요한 틀이었다. 즉, 왕도 우리와 같이 사대부이므로 사대부의 예법을 따라야 한다는 것이었다. 왕의 나라가 아닌 사대부의 나라를 만들려고 한 당시 서인들의 시각을 엿볼 수 있다. 이런 시각을 토대로 사대부들이 추구했던 유학의 이념에 따라 조선의 양반들은 아래로부터 지역을 장악하고 자신들 사이 토론과 논쟁을 통해 국가에 영향을 미쳤으나 시민사회를 구성한 사람들이라고 보지 않는다.

 논란에도 불구하고 시민사회를 국가라는 거울을 제시하고 그에 반대되는 공간이자 내용으로 바라보는 이 연구에서 제시하는 시민사회의 근본적 정의는 개인의 삶을 통제하고 규제하는 제도를 만들고 구조적으로 억압하는 국가와 시장에 대응하는 개념으로 제시한다. 시민사회를 정의하기는 매우 어렵지만, 시민사회가 근대에 태동한 개념임을 제시하고 근대의 어떤 특성이 시민사회를 구성하게 하였는지를 다루면서 미래 시민사회를 논하고자 한다. 시민사회를 구성하는 가장 중요한 요소는 시민의 존재다. 국가를 정의할 때 시민을 이야기하였다. 시민사회는 시민성을 소유한 사람들이 '인간관계의 기하학(a geometry of human relations)'을 세우는 일반적 시도로 인정받아 왔다(Ehrenberg, 2008: 15). 에렌버그는 그리스와 로마 시대 시민들에 의한 시민사회로 시작하고 있지만 실상 시민사회는 근대에 출현했다고 주장했다.

시민사회에 대한 근대적 이론은 시민들이 모여서 사회계약을 통해 국가를 형성한다고 이야기한 홉스의 『리바이어던』에서 출발하였다. 근대 시민사회는 새로운 신분을 지니고 등장한 부르주아 출현과 직접 연결된다. 부르주아들이 이익을 추구하기 위해서 맺었던 결사, 그리고 탄압에 저항하기 위해서 끌어들였던 인권이라는 보편적 규범 등이 부르주아들이 모여서 만들어 내었던 공공영역에서 형성되고 이를 토대로 자신들의 입맛에 맞는 국가를 구성하려고 시도한 역사에서 근대 시민사회가 태동하였다. 국가에 종속되는 시민(초기에는 신민)이 시민으로 진화하는 데는 사, 규범, 공공영역의 삼각으로 구성요소가 필요했다. 마이클 에드워즈는 시민사회를 결사하는 삶의 체계, 조화롭고 협상으로 이어지는 좋은 사회, 사람들의 공공영역으로 구성하였다(Edwards, 2005). 한편 결사, 규범 그리고 공공영역으로 구성된 시민사회는 이 요소들이 시민들의 상호작용을 통해 소통되어야만 시민사회를 형성할 수 있다.

시민사회는 제도적으로 볼 때, 이익에 의한 결사를 시작점으로 한다. 시민사회는 '시민이 만들어지고 살아가는 사회'이다. 시민이 없다면 시민사회는 없다. 닭이 먼저인가 달걀이 먼저인가 논쟁과 비슷하다. 그러나 논리적으로 볼 때, 시민사회가 먼저 존재해야 시민이 존재할 수 있다. 시민의 형성은 단기간 하나의 사건에 의해서 결정되는 것이 아니라 장기간의 참여와 고민이 어우러지면서 형성되는 진행형이다. 시민의 형성은 어찌 보면 오래된 인간의 희망이면서 현실에 있지 않은 유토피아의 요소인 셈이다. 시민사회는 시민처럼 '구성'되는 것들이다. 시민사회의 세 요소가 있다고 해서 시민이 자동으로 만들어지는 것은 아니다. 시민은 시민사회 안에서 끊임없이 관계를 맺어가면서 그 사회에서 가장 일치하기 쉬운 것에서부터 협상을 통해서 서로 이익을 조율해 나가면서 성장한다. 그것이 3요소의 유기적 연계다. 그리고 시민사회는 시민의 형성과 함께 동시에 성장한다. 시민사회의 세 구성요소에는 시민이 포함되어 있다. 시민 없이는 결사도, 규범도, 공공영역도 없기 때문이다.

근대의 개념과 시민사회의 구성요소가 어떻게 변화하면서 층위를 이루었는지를 자본주의와 국민국가의 성장 속에서 다루어야만 한다. 전통적으로 홉스 이후 시민사회 개념의 변화를 다루면서 한국적 시민사회 형성을 논하고자 한다.

2) 시민사회에 대한 인식의 변화

시민사회는 자본주의나 국민국가처럼 근대에 태동한 근대의 산물이다. 근대는 신으로부터의 해방을 외치는 인간들의 두려움에서 출발하였다. 17세기 영국의 지식인 밀튼(John Milton)의 『실낙원』에서 다루어지듯이 평온하고 안전하고 풍요로웠던 신의 창조 공간이었던 에덴동산에서 쫓겨난 인간들은 두려움 속에 살 수밖에 없었다. 홉스는 신이라는 사고의 근원이 사라지면서 이성을 신의 자리에 올려 두려고 했던 인간들 사이의, 근대 시민사회 형성의 토대가 되는 사회계약을 처음으로 이야기하였다. 『리바이어던』에서 홉스는 개인의 이성, 욕구, 희망, 계산 등 모든 것이 균일하게 주어져 있다고 전제하였다. 홉스는 욕구가 똑같고, 균일한 욕구를 충족시킬 수 있는 방식에 대한 계산도 똑같고, 그 방법을 선택했을 때의 결과가 예측 가능한 전쟁의 일상화가 나타난다는 것을 인간들은 이성이 있기에 알 수 있었다고 인식했다. 『리바이어던』의 부제가 '국가(Commonwealth)의 형성과 권력'이다. 크롬웰(Oliver Cromwell)이 처음 사용했다고 알려진 Commonwealth는 영어의 공통의라는 의미를 가진 common과 부를 의미하는 wealth가 만나서 국가를 의미한다는 말 자체가 신선했다. 국가는 시민 공동의 이익을 보장해 준다는 내용을 내포하고 있다. 이기적인 개인을 통제하여 공통의 이익 즉 공공선을 추구할 수 있는 존재라는 의미의 국가에 대한 인식은 시민들이 이익을 추구하는 합리성을 가진 존재라는 것을 전제하였다. 사람들은 취하는 방법, 목적, 선택과 뒤따르는 행동 등에서 평등하기에 선택은 같은 부정적인 결과로 이어진다. 그것이 '만인에 대한 만인의 투쟁(war of everyone against everyone)'이다. 전쟁이 일상화되면서 모두가 똑같이 생존에 대한 희망과 죽음에 대한 공포를 느끼게 된다. 희망과 공포를 똑같게 느끼는 인간들이기에 인간들은 생존의 욕구를 강하게 느끼고 그래서 죽음에서 벗어나기 위해 사회계약을 맺어, 자신들의 권리를 통치자인 왕에게 양도한다. 양도한 권리는 다시 찾을 수 없을 뿐만 아니라 왕은 계약의 당사자가 아니기 때문에 계약을 파기할 수도 없이 시민들은 왕의 통제에 따라야 한다. 결국, 국가는 만인의 복을 구현하는 것이 아니라 개인들이 국가에 종속되는 결과를 가져온다. 시민들의 욕망이 넘쳐 갈등 상황이 지속되고 그걸 회피하고 생존하려는 노력의 결과 고통받을 권리밖에 없는 존재로 지배받는 상황이 만들어진 것이다. 홉스의 논의에는 인간이란 존재에 회의를 가할 수 있는 전제가 포함되어 있었다.

 홉스의 시민사회론을 보다 시민 친화적으로 정리한 것이 로크의 『통치론』이다. 홉스의 자연상태가 투쟁의 장이었다면 로크의 자연상태는 평화와 공존의 장이었다. 개인들은 자산을 증식시키고 자신이 행복하게 삶을 누릴 수 있는 존재였다. 그러나 여러 내외의 요인으로 자산을 지키기 온전히 지키기 어렵게 되면서 보다 안전한 정치공동체(political community)가 인간들에게는 필요했다. 홉스의 자연상태에는 도덕과 종교적 선악이 없었으나 로크는 정치가 도덕이고 종교적인 역할을 한다고 보았다. 이성은 신의 선물이며 자연법과 그것의 정당성을 인정할 수 있도록 하는 것으로 정의되었다. 로크의 자연법 가정에서 자연법의 이중적인 특징은 공권력을 요구한다. 자연법에 따른 평화로운 상태에서는 누구도 우월하지 않기에 공권력이 없다. 따라서 권리침해가 일어날 수 있는 불완전한 상태를 드러내 위험에 빠질 수밖에 없다는 것이 로크의 생각이었다. 여기에 자연법을 위반하는 악한이 등장하기에 공권력의 필요를 이야기했다. 그러나 로크는 권력과 자연법을 구조적으로 변화시키는 것이 아니라 집행기관을 둠으로써 평화 상태로 해결하려고 했다. 로크는 입법권과 행정권을 나누어 집행권이 정부로 넘어간다고 보았다. 주권은 입법권과 행정권으로 나뉘게 되고 사회계약은 인민의 권리가 신탁된 것이다. 신탁이란 맡긴 사람이 언제든 찾아올 수 있는 것이다. 신탁한 만큼만 권력을 행사할 수 있는 것도 신탁에 포함되어 있다.

　로크는 당시 영국 자본가들의 합리적 모습에 의해서 소유권과 화폐경제의 발달을 정당화하고 이를 지지하는 정치공동체에 의한 정부 구성에 초점을 두었다. 사회계약은 신탁(trust)이고, 신탁자는 인민이면서 공동체, 수탁자 정부, 수혜자는 공동체이다. 이때 신탁된 권력을 남용하거나 게으름을 피우는 행위(懈怠)는 정부의 해체까지 가져오는 중죄에 해당하여 정부를 해산할 수 있다. 계약의 당사자는 신탁자와 수탁자이기 때문에 신탁자에게 권리가 있다. 공동체는 당사자가 아니고 단지 수혜자이다. 따라서 국가는 의무만 있고 권리는 시민들에게 있다는 것이 로크의 견해였다.

　로크의 시민사회가 철저하게 시민들의 사유재산 보호와 관련하여 자유를 해석하고 시민의 권리를 이야기했다면, 루소의 『사회계약론』은 자연상태 속에서 불평등한 구조가 시민사회에서 불안정하게 형성되고 법으로 사유재산과 불평등이 유지된다고 보았다. 루소는 공공성을 확보하기 위해서 사회계약을 맺어 개인들이 일반의지를 형성할 수 있어야 한다고 보았다. 일반의지는 수의 총체적 합이 아닌 공공선에 가장 적합한 시민들의 이성적 의지를 의미했다. 루소는 일반의지에 의해서 정부를 형성하여 사회 불평등을 해소하고 사회 속에서 자연과의 공존 및 평화를 이룰 수 있다고 보았다. 루소의 시민사회에서 시민들은 모든 것을 완전히 위임하거나 위탁하지 않고 일반의지를 형성하여 자신이 스스로 통치자가 되는 민주주의 방식을 유지할 수 있다. 루소의 일반의지의 방법은 결국 개인의 본성에 반하지 않는, 그러면서 사회를 유지하고 자유의지와 평등을 실현하는 힘을 일반의지의 형성에서 찾았다. 개인은 계약을 통해서 일반의지를 구성하지만, 계약은 자신이 가진 것 이상의 공공성을 자신의 것으로(사유화가 아님) 만들 수 있기에 개인의 영역은 더 넓어지고 공공선은 확장될 수 있다. 루소의 일반의지와 공공선에 의한 접근은 현대 시민사회에서 규범 그리고 공공영역의 접근방식으로 유용하다. 내가 가진 전체에서 일정한 양만큼의 권리를 시민사회에서 제공하여 일반의지를 구성하고 일반의지에 의해서 내가 제공한 양보다 훨씬 많은 양의 권리를 행사할 수 있는 것이다.

시민사회를 시민의 자발성과 합리성 그리고 이성에 의해 지배받는 새로운 세상의 인간 질서라고 믿었던 18세기 계몽주의 학자들과 달리 19세기 학자들은 시민사회를 보편성에 입각한 것이 아니라 특수한 형태의 사회적 특성으로 정의하고 분석하였다. 대표적인 이가 헤겔이다. 헤겔은 시민사회를 인간의 이성에 의해서 서로 존중하고 존중받는 인간들이 아니라 인간들이 자신이 욕망이 있으며 그것을 실현하기 위해서 타인을 수단으로 사용할 수 있다는 '전면적 상호 의존적인 욕망 체계'로 정의하였다. 인륜의 출발인 가족의 분화로 형성되는 시민사회는 개인들이 개인의 특수한 이익을 추구하면서 맺는 결사, 경제 체제 등으로 대변된다. 그러한 시민사회는 따라서 의존적이고 약하며 불완전한 존재다. 영속적이지 않기 때문에 시민사회는 국가라는 절대자에 의해서 온전하게 되고 국가의 보호를 받아야 한다. 이것이 국가의 절대성의 배경이 된다. 이때 국가의 시민은 부르주아 시민이 아닌 일종의 '공민(citoyen)'이 된다. 국가 안에서 개인들이 삶은 객관적 정신인 국가에 의해 보편적 삶을 영위하는 존재로 거듭나야 한다. 특수한 개인이 시민사회 속에서 국가라는 절대자에 의해 보편성을 확보하여 충실한 국민이 되는 것이다. 비유하자면 시민에서 국민으로 변화되는 것이고 박정희의 논리로 본다면 민족이라는 궁극적 존재를 구성하는 한 민족의 구성원들은 민족이 약한 존재이고 국가의 보호를 받아야 하기에 국민이 되어야 했다. 늘 싸우고 불안정한 시민사회도 국가에 의해서 보호를 받아야 했다.

헤겔 이후의 시민사회는 맑스에 의한 부르주아 시민사회의 혁명성으로 이어진다. 맑스는 『공산당선언』에서 두 차원에서 부르주아의 혁명성을 이야기한다. 첫째는 부르주아가 전근대의 신분제를 파괴했다는 것이다. 부르주아들은 자유로운 임금노동자를 만들고 자신들의 이익을 위해서 신분에 의한 질서를 파괴하여 인간을 전근대적 속박에서 해방하였다. 두 번째는 절대적 빈곤, 즉 생산성의 속박에서 벗어났다는 것이다. 맑스 당시 100년 동안 부르주아가 이룬 생산성의 혁명성은 그이전 수천 년 동안 이어져 온 저생산성의 굴레에서 인간을 해방하였다고 주장했다. 그러나 부르주아의 시민성은 철저하게 부르주아의 독점적 지배와 이어지고 경제적인 토대(하부구조)에 의해서 상부구조인 국가, 사회, 문화, 가족 등 모든 것이 결정된다고 보았다. 부르주아의 혁명성은 부르주아 중심의 근대 체제를 만드는 데 필요한 필수 요소였다. 맑스의 시민사회는 보편적인 것이 아니라 보편적인 노동자 중심의 질서에 저항하는 특수한 질서였고, 시민사회가 국가를 지배하면서 국가를 '부르주아의 집행위원회' 수준으로 전락시켰다. 헤겔의 논의를 뒤집은 맑스는 헤겔의 시도가 부르주아의 질서를 유지하려는 노력이라고 폄훼하였다.

맑스의 시민사회 개념은 그람시에 의해서 보강되었다. 그람시는 국가는 외피고 시민사회가 진정으로 국가와 사회를 지탱하는 힘을 보유한다고 보았다. 러시아에서 공산주의 혁명이 성공했던 반면 공산주의가 강했던 독일이나 이탈리아에서 오히려 파시즘이 성립되는 것을 바라봤던 그람시는 왜 서유럽에서 공산주의 혁명이 일어나지 않았는지를 헤게모니의 개념과 역사적 블록을 들어 설명했다. 국가의 틀을 무너뜨리는 것을 전격전의 개념으로, 시민사회에서 헤게모니에 대항하고 역사적 블록을 해체하기 위한 투쟁하는 것을 진지전의 개념으로 설명하였다. 헤게모니는 시민사회에서 부르주아의 의지가 국가 안에서 모든 계급을 초월해 실현되는 데 이데올로기적으로 기능하였다. 현대사회에서 시민사회 안에서의 헤게모니 투쟁 혹은 이데올로기 투쟁이 필요한 이유는 기존 부르주아-국가-시민들의 연결이 공고하여 다수가 역사적 블록 안에서 움직일 수밖에 없기 때문이다. 한국 사회에서 헤게모니 개념은 상징권력 개념과 마찬가지로 다수가 당연하게 받아들이는 것을 극복하고 새로운 질서를 구축하는 데 필요하다.

맑스주의 시각이 시민사회 연구에 필요한 이유는 바로 현대사회에서 개인들이 자발적으로 복종하는 그 가치에 대한 분석에 있다고 할 수 있다. 역사적 블록을 해체하면서 이데올로기 투쟁을 하기 위해서 시민사회에서 가장 먼저 그리고 언제나 갖추어야 할 필요조건은 결사체이고 보편성에 대한 투쟁이다. 그러기 위해서 공공영역이 필요하다. 공공영역은 결국 시민사회에서 의미가 상호주관적으로 연결되어 객관화 체계를 구축하는 일상에서 이뤄져야 한다.

2. 시민사회의 구성

1) 시민사회의 구성

일상이라는 공간에서는 사회화가 의미를 교환하는 행위자들 사이에서 일어난다. 사회화될 때 사회구조를 받아들인 행위자들은 소통하며 규범과 가치를 내면화한다. 시민사회에서는 기존 질서를 유지해 주는 사회화된 규범에서 벗어나 새로운 것을 선택하고 내면화하는 개조(alternation)가 일어난다. 그런 의미에서 시민사회 형성의 필요조건이 공공영역이다. 개조는 주관적 의미를 객관화하고 정당성을 확보한 이들이 다시 내면화하는 과정을 거치면서 행위자들이 능동적으로 소통의 결과를 받아들이는 것을 의미한다(Berger and Luckmann, 2013: 237). 시민사회에서 공공영역이 규범의 보편성 확보에 기능할 수 있는 것은 의미를 교환하며 객관화하고 내재화하는 과정에서 휴머니즘이라는 보편성을 향해 나아가는 선택을 할 수 있도록 공간을 마련해주기 때문이다.

하버마스(Habermas, 1987)의 연구는 근대 시민사회가 형성되면서 작동했던 공공영역이 작동하지 못한 채 국가와 시장의 결합체인 체계(system)에 의해 생활세계가 식민화되었음을 보여 주었다. 근대 공공영역의 등장에 역할을 했던 다양한 의사소통이 가능했던 결사의 방식이 현대사회에서 요구되는 것은 자본주의가 전과 다른 새로운 생산체계를 구축하고 지구촌화된 상태에서 인간들이 더욱 공고화된 체계에 의해서 식민화되기 때문이다. 이런 식민화 상태는 오히려 그 이전의 소규모 공동체가 공고한 시스템을 해체할 수 있는 역공간도 마련했다. 마치 자본주의가 노동자를 양산하여 자본주의 체제에 위협을 가했던 것처럼 다양하게 만들어진 소규모의 결사들이 공고한 후기 자본주의 체계에 위협을 가할 수 있기 때문이다.

물론 이것은 희망이다. 현대는 체계에 의해 우리 개인들의 생활세계가 식민화되어 결사체에 의해 지속적인 집단 갈등이 규범을 상실하게 만들어 너무나 많은 이데올로기가 범람하고 있다. 결사체들이 많아지면 사회가 통합되기보다 반대로 혼란이 더 많아질 수밖에 없다. 규범의 상대화를 비롯한 특수이익이 보편이익을 침해하며 마치 보편적인 것처럼 작동하는 것은 시스템을 장악하는 집단의 이데올로기가 보편화되고 있기 때문이다. 일상에서의 이데올로기화의 주된 출발점은 국가의 이데올로기 장치 중 미디어, 그리고 이념적으로는 집단주의의 표상으로 작동하는 민족주의다. 이들은 폐쇄성을 기반으로 자기 이익 중심과 집단주의를 표방하면서 개인의 자유를 침해하고 다양한 이데올로기를 만들어 개인의 차이를 집단의 차이로, 그리고 성향의 차이를 다름이나 다양성이 아닌 옳고 그름으로 만들어 수직적인 구조 속에 포섭하여 인간의 차이를 신분의 차이로 만들어 버리는 경향을 보인다. 한국에서 종교는 물질주의적인 역사가 있다. 물질주의적 역사는 국가에 배태된 채 다양한 종교의 특성을 혼합한 한국적 종교의 발전 역사와 발을 맞추어 왔다. 한국인들은 신의 이름보다 신의 이름을 빌어 물질의 축복을 구한다. 종교의 목표가 신이 아니라 자신들이 축적하고 즐겨야 할 물질에 있다. 이런 물질주의적 종교관은 국가와 연결지어 설명할 수 있다. 그러다 보니 종교가 시민사회를 식민화하는 중요한 도구가 되어 있다.

 시민사회 영역에 속하면서도 국가 이데올로기 전달자로 기능하는 것이 종교와 미디어다. 한국에서 종교와 미디어는 국가와 자본에 의해 잠식당하면서도 자신들만의 정체성을 확보하기 위해 노력하기보다 자본에 기생해서 성장을 추구했다. 한국에서 미디어의 몰(沒)사회적 시스템에 의한 중독과 종교의 탈공동체화의 역할에 천착해야 한다. 종교도 국가와 연결되어 구성원들에게 끊임없이 물질주의적 행복관을 제시하면서 기복신앙을 키워 현세에서 권력과 자본을 향한 욕망 실현에 정당화를 제공하였다. 종교와 미디어가 시민사회의 특성을 유지하기 위해서는 국가의 중심성에서 떨어져나와 지역과 연계되어 소규모의 열린 공동체를 구성해야 한다. 그러나 한국의 역사에서 국가는 끊임없이 종교와 미디어를 시민의 품속에 두지 않았다. 근대 시기 시민사회에 필요한 부분이기에 부정될 수 없으며 시민사회 영역에서 공공영역으로서 기능할 수 있도록 다뤄져야 한다.

 시민사회의 구성요소는 결사, 보편성과 규범 그리고 공공영역이다. 규범과 보편성이 작동하기 어려운 구조는 일상이 식민화되었기 때문이고 국가의존도가 높은 한국 사회에서 자율적 공간은 점차 줄어들었다. 이에 따라서 시민사회의 구성요소에 필요한 전제인 미디어, 종교가 어떻게 파편화된 개인을 만들고 시장과 국가에 의존적이게 구성되었는지를 고찰해야 한다. 그리고 보편성을 가르는 기준을 다루어야 한다. 한국에서의 보편성은 철저하게 19세기의 국가와 민족 이념에 근거한다. 근대의 시민 개념에서 동떨어져 있다. 국가를 다루는 이념을 좀 더 고찰하여 시민은커녕 결사조차도 하지 못하는 개인 이기주의적 개체화되고 파편화된 한국인을 만드는 정치와 탈정치의 개념을 좀 더 다루어야 한다. 특수화된 정치의 개념이 어떻게 보편적인 시민의 개념과 일치할 수 있을지를 다룰 필요가 있다. 서구의 정치 개념을 한국에 적용하면서 좌절된 시민 형성을 다룰 예정이다. 박정희 군사쿠데타와 전두환의 쿠데타는 한국 사회를 다른 방향으로 이끌 수 있었던 기회를 차단했다. 종교와 미디어가 식민화된 채로 시장과 국가에 배태되어 성장하도록 유도하여 결사조차도 제대로 하지 못하고 보편적 규범 대신 자신의 이기심이 보편적이라는 보편과 특수의 관계를 늘 혼동하는 한국인들의 정신 구조의 원인을 다루었다.

2) 정치의 개념 변화

정치란 사회적 재화를 나누는 기능을 함과 동시에 도덕과 가치를 규정하여 개개인의 활동에 영향을 미치는 힘을 가지는 제도이면서 영역(arena)이다. 그러나 이 개념을 이해하고 정치로부터 시민 만들기를 시도한 적은 없는 것 같다. 자원을 동원하기 위해 시민들은 결사하고 그 결사를 통해 목적을 달성하는 것 그러나 결사의 규모는 작고 자원은 적기 때문에 결사 사이 연결 그리고 결사보다 상층의 조직과 연계가 필요하다. 정치는 이때 작동한다. 궁극적 목표를 달성하는 것도 정치 이들이 소통하고 연계하는 것도 정치라고 할 수 있다. 짐멜의 결사나 베버의 패거리(party) 개념을 적용해서 정치적 행위에 참여하는 것에서 시작한다.

  그러나 사실 동서양을 막론하고 정치는 긍정보다는 부정적으로 사람들에게 인식되었다. 정치가는 부패와 무능을 상징하고 자신의 이기심을 위해서 다른 이들의 목숨도 파리 목숨처럼 생각한다고 여겨졌다. 그러나 다른 한편, 정치가는 끊임없이 환경에 적응하면서 그 속에서 행위를 선택하는 개인들에게 합리적인 행동하도록 유도하기도 한다. 소위 리더십을 이야기할 때 정치는 빠지지 않는 단골이다. 그럼에도 사람들은 정치에 대해서는 부정적인 생각을 많이 가지고 있다. 어떤 사람이 '정치적이다'라고 하면 그 사람은 시류를 타서 다른 사람과 충돌하는 것 없이 교활하게 자신의 이익만을 따지는 사람이라는 낙인이 된다. 그 사람에 대해서는 신뢰를 보이지 않고 일정한 거리를 두게 된다. 대개 성공한 사람에 대해서 부정적으로 이야기하거나 자신이 싫어하는 사람에 대해서 딱히 비난하거나 욕할 수 없을 때 '정치적인 인간'이라고 낙인찍어 버린다. 무엇보다도 정치가들이 부패하고 무능한 집단이며 자신만 아는 이기적 집단이라는 것은 사람들이 대체로 동의한다.

  현대에만 정치를 부정적으로 다룬 것은 아니다. 고전에서도 심지어 가장 풍요롭고 정치가 기능을 제대로 하던 요순시대에도 정치는 부정적이었다. '허유세이(許由洗耳)'라는 고사가 있다. 허유는 패택(沛澤)에 사는 은자(隱者)로 정직하며 의리가 있었다. 하루는 요(堯)임금이 허유를 찾아와 선위(禪位)를 제안한다. 허유는 '월조대포(越俎代庖)'[113]가 불가함을 말하고 기산(箕山)의 영수(潁水) 근처로 숨는다. 요

---

[113] 『장자·소유요』에 요와 허유의 대화가 나온다. 요가 "일월이 밝은데 횃불을 계속 태우면 그 빛이 헛되지 않겠는가? 비가 내리는데 여전히 물을 대고 있으면 그 물은 소용없지 않겠는가? 그러니 천하를 맡아 주시오"라고 하자 허유는 "그대는 돌아가시오. 내게 천하란 아무 소용없소. 요리사가 음식을 잘못 만든다고 할지라도 시동이나 신주가 술단지와 고기그릇을 들고 그를 대신할 수는 없는 것이오"라고 말했다. 여기서 나온 '월조지혐(越俎之嫌)' 혹은 '월조대포(越俎代庖)'는 자신의 직분을 넘어 남의 일에 간섭하는 것을 꺼

가 다시 찾아가 구주(九州)의 장이라도 맡아 달라고 하자 허유는 이번에도 거절하고 영수 물에 귀를 씻었다. 이때 소부(巢父)라는 이가 소에 물을 먹이러 왔다가 귀를 씻는 허유를 보고 연유를 묻고는, "더러운 귀 씻은 물을 내 소에게 먹일 수 없다" 하고 상류로 올라가 물을 먹였다.

허유와 소부 고사는 역사상 가장 태평성대였다는 요·순(堯舜) 시대에도 정치와 관련된 것은 혐오스러운 것이었다. 이런 부정적 태도는 유지되어 현대 조사에서도 잘 드러난다. 세계 가치관 조사에 따르면(2012년) 한국인들은 정치에 대한 매우 낮은 신뢰를 보여 주고 있다. 정치의 주요 행위자인 정당에 대한 신뢰도는 26.1%, 의회에 대한 신뢰는 25.5%, 중앙정부에 대한 신뢰는 49.5%로 유엔(68.3%), APEC (56.7%) 등보다 훨씬 낮은 신뢰도를 보여 주었다(문상석, 2012: 170).[114] 2017년 2월 엠브레인의 조사(2월 조사)에 따르면 한국의 정치에 대해서 80% 이상이 부정적으로 답했다.

정치는 무엇이기에 이토록 혐오를 받아 왔는가? 정치에 대해서 부정적인 인식이 자리를 잡은 것은 정치권력을 행사하는 정치가에 대한 반감 혹은 비호감 등이 작용한 결과라고 할 수 있다. 정치라는 말 대신 정치권력이라는 더 정확한 표현으로 정치 혐오 혹은 무관심을 설명할 수 있다. 그럼 정치는 정말로 혐오의 대상인가? 한국에서 정치를 혐오의 대상으로 만든 것은 박정희와 이데올로그들이었다. 군사쿠데타의 정당성을 확보하는 길은 경제성장과 더불어 군인이 정치에 참여하게 만든 정치가들의 책임으로 돌리는 것이어야만 했다. 박정희는 18년 집권 내내 정치가들에 대한 불신을 키웠다. 자신이 집권했던 10년을 부정하며 유신헌법을 공포할 때에도 정치를 발목을 잡는 성장에 장애가 되는 부정부패의 원흉으로 무능의 원흉으로 비난했다.

프랑스 혁명 이후 프랑스 사회는 정치적 불안에 시달렸다. 정치가

린다는 뜻이다.
114) 세계가치조사 2010년 자료를 참고하였다.

들의 무능은 군사 엘리트들의 성장을 이끌었다. 대표적인 예가 구스타프 르봉(Charles-Marie Gustave Le Bon)이 저술한 『군중론』에 등장하는 죠르쥬 블랑제(Georges Ernest Jean-Marie Boulanger) 장군이다. 나폴레옹 3세가 프로이센과 전쟁에서 패배하고 프로이센 황제 즉위식이 베르사이유 궁전에서 열리는 것을 지켜본 프랑스 국민들은 군대를 개혁해서 프로이센과 다시 전쟁을 벌이려 긴장을 촉발하다 해임된 죠르쥬 블랑제 장군을 폭발적으로 지지했다. 이유는 정치에 대한 불신이었고 정치가들의 무능이었다. 군인이 많았고 군사쿠데타라는 말도 만들어 낸 프랑스의 근현대 역사는 군인들이 많았던 이유는 정치가 제 기능을 하지 못해서였다. 마찬가지로 정치가 제 기능을 하지 못하면 혼란을 극복할 영웅이나 카리스마를 갖춘 지도자를 요구한다.

박정희는 바로 이런 상황에서 정치를 멀리하고 군사 지도자로서 카리스마를 갖춘 지도자의 역할을 강조하며 역사를 활용하여 민족의식에 영웅을 넣으면서 영웅처럼 만들고 프랑스의 르봉이 분석했던 것처럼 국민을 군중으로 만들어 통치하려고 하였다. 정치와 탈정치는 시민이 아닌 국민 탄생의 과정을 설명하는데 핵심이고 시민과 시민사회의 형성 분석에 필요 요소이다.

그렇다면 왜 고대 이래로 정치에 대한 혐오 혹은 무관심이 구조화되어 대다수의 사회 구성원들이 정치를 나와 관련 없는 동떨어진 것이라고 인식하게 되었는가를 살펴보아야 한다. 정치라는 것은 소수에 집중되어 왔다. 그런 소수의 독점이 깨지게 된 것은 근대 자본주의 발전에 따라서 등장하게 된 민주주의 정치제도에 의해서였다. 민주주의 제도는 근대 서유럽의 독특한 역사에서 자본주의 발달과 국가의 자원 추출 과정에서 시민들과의 타협의 산물로서 조금씩 진보해 왔다. 전쟁이 일상화된 유럽에서 국가는 전쟁을 수행하는 데 필수적인 두 자원인 물적·인적 자원을 동원하면서 그 동원을 제도화하여 국가가 전쟁을 수행할 수 있도록 만들었다. 특히 자원 동원에 성공하고 자원 추출을 성공적으로 이끈 국가들만이 적자생존의 정글이었던 근대 초 유럽에서 생존에 성공할 수 있었다.

3) 정치의 개념

정치(政治, politics)는 자원을 배분하는 힘을 소유하여 자원을 배분할 수 있는 능력을 포함한다고 정의했다. 이는 현대사회에서 조직의 최고봉인 국가의 영역에 속한다. 국가는 어떻게 움직이는가? 국가는 권력을 획득한 자들에 의해서 의사가 결정되며 결정된 의사는 국가의 관료기구에 의해서 수행된다. 이때 권력을 획득하기 위해서 경쟁하는 것이 정당정치이고 정당정치에 의해서 결정된 의사가 구체적으로 만들어지고 수행되는 것은 의회와 행정부 그리고 이를 관리하는 사법부로 나뉜다. 그렇다면 정치는 권력을 획득하는 과정이 아닌 권력을 수행하는 것을 의미한다. 기존에 정치는 권력을 획득하고 유지하는 과정에 초점을 두었다. 그렇기에 권력 획득과 유지에 필요했던 선택들이 만든 사회적 결과들로 인해 정치에 대한 불신이 지속했다.

정치라는 한자어는 수천 년 전에 만들어졌음에도 불구하고 현대 국민국가의 정치 현실과 매우 밀접하게 연결된 것이 흥미롭다. 현대 국민국가의 특성 중 하나는 물리적 폭력 수단을 독점하고 이를 그 국가의 피지배자들에게 행사할 수 있는 유일한 존재라는 점에 있다. 그런데 오래전에 만들어진 정자라는 단어가 현대 국민국가의 개념과 닿아 있는 것이다. 정치의 '정(政)'자는 정사(政事)를 의미한다. '政'은 바를 정(正)자와 채찍 복(攴)자가 합쳐져서 만들어졌다. 그리고 '치(治)'자는 '다스리다'라는 뜻을 지녔다. 결국 정치(政治)라는 단어에는 '잘못된 것을 채찍질하여 올바르게 고치고 다스린다'라는 뜻이 있다(진영재, 2010: 3). 채찍질하는 폭력을 행사하는 존재로 올바름을 판단하는 기준은 국가가 만든다. 앞 장에서 이야기한 대로 국가는 폭력 수단을 독점하고 이데올로기를 만들어 통치한다. 정치란 국가를 다스리면서 행하는 모든 것을 포함한다. 이데올로기 창출과 폭력 행사는 정치 행위에 포함되는 것이다.

이스턴에 따르면 정치는 사회적 가치를 배분할 수 있는 권위를 가진 것이라고 한다. 어느 사회든 그 사회에서 가장 중요한 사회적 가치를 누가 어떻게 배분할 것인가를 관철할 힘을 가진 사람들은 그 사회를 지배하고 그 사회를 유지하는 힘을 가진 지배집단이 된다. 맑스가 독일 이데올로기에서 그 시대 사회의 지배 이데올로기가 지배집단의 이데올로기라고 표현한 것은 이런 국가의 기능을 이야기한 것이다. 그것은 사회 구성원 개개인들에게 그 사회에 복종하도록 가르치는 사회화를 통제할 힘을 지니게 되기 때문이다. 국가와 이데올로기가 종교를 매개로 연결되는 것은 흔한 일이다. 조선의 유교와 유럽의 개신교, 이스라엘의 유대교, 이슬람 등이 이에 따른다고 할 수 있다.

이스턴의 정치 개념과 정반대로 정의하는 이는 슈미트다. 슈미트에 따르면 정치란 적과 동지를 구분하는 행위다. 정치에서는 아들과 아버지가 싸우고 서로 죽이기까지 한다. 조선에서 영조가 자신의 아들 사도세자를 죽이게 되는 계기는 사도세자는 소론과 남인과 친분을 쌓았던 반면에 아버지인 영조는 비록 탕평책을 펼쳤음에도 불구하고 서인 중 노론파에 의존했기 때문이다. 노론이었던 자신의 정치적 후원자들과의 의존적 관계로 인해 공공연히 도전하는 아들을 죽이게 된 것이다. 중국의 다른 유명한 예로 『사기·오자서 열전』에는 오자서가 왜 자신의 조국 초나라를 등지게 되었는지에 대한 이야기가 있다. 이와 달리 정치가 투쟁과 통합의 기능을 동시에 할 수 있다고 보는 이가 있다. 뒤베르제에 따르면 정치는 그 사회를 통합하기도 하고 투쟁하도록 하기도 하는 양면적인 존재다.

정치학은 권력을 다루는 학문이다. 권력과 관련된 현상들을 구체적으로 다룬다. 반면 정치사회학은 권력과 권력관계 그리고 권력구조가 만들어 내는 다른 사회적 현상에 초점을 맞춘다. 그리고 그것이 사회구조와 어떻게 연계가 되는지 관계를 파악한다. 동떨어진 제도나 권력을 파악하는 것보다 정치, 권력 그리고 사회를 동시에 바라보는 것이다. 이는 사회학이 개인들의 사회적 행위의 원인과 결과를 파악하고 연구하는 학문이라는 점과 다르지 않다. 사회 구성원들의 정체성 형성에 필요한 관계를 맺는 구조에 관한 질문과 답변을 정치구조나 일상에서의 권력관계에 의해 만들어지는 결과를 분석하는 정치 사회학적 접근이 필요하다. 베버가 party라는 개념을 정당이 아닌 능동적이고 역동적 개념을 포함한 사회 조직으로 정의한 것도 이와 같은 정치 사회학적 접근이다.

사회학자가 왜 정치에 관심을 가지는가? 그 답은 정치 사회학적으로 정의하는데 그치는 것이 아니라 정치가 가진 사회적 기능을 탐구하기를 원하기 때문이다. 정치는 '자원 배분'이라는 사회적 기능을 수행한다. 자원을 배분할 수 있는 권력을 획득하는 권력투쟁이 정치의 역사를 채우고 있다. 그런 정치의 정의와 권력의 현상은 사회구조와 행위에 의해 영향을 받는다. 현재 세계의 국제정치 및 관계 또한 주요한 정치 요소이면서 행위자이다. 그러나 이 연구는 우선 국내의 구조와 행위에 대해서 초점을 맞추어 정치를 분석한다. 정치는 제도를 양산하는 국가, 사회의 규범과 가치 등을 양산해 내는 시민사회, 국가의 지배를 받으면서 동시에 지배의 원천인 시민(개인) 등의 세 차원 모두에서 작동한다. 여기에서 자원을 배분하는 힘을 의미하는 정치가 층위에 따라 차원에 따라 작동하지만 자원 배분의 성격에는 변함이 없다. 기존의 정치 연구는 대체로 상부구조의 지배자, 지배구조, 자본주의 등 거시 분석에 초점을 맞추거나 시민사회 등과 같은 저항 담론 및 대응 영역에 초점을 맞추었다. 그러나 이 연구는 미시적 차원을 지향하여 연구 초점을 맞춘다. 즉 집단의 대표가 자신의 이익을 위해서 집단을 활용하는 것도 정치이며 중간 매개자인 완장을 찬 이들이 상부의 권력을 팔아 자신보다 낮은 직급의 노동자를 착취하고 집단의 이익을 전용하는 과정에서도 정치가 작동한다. 정치가 비뚤어지게 인식되는 것도 이 과정에서 작동하는 이데올로기의 개입에 의해서다. 그래서 정치가 작동하는 세 차원 모두를 잘 살펴보고 이들이 어떻게 상호 연결이 되는지를 찾아야 한다.

정치란 개인의 행위자성(agency)과 구조(structure) 사이를 매개해 주는 제도(institutions)의 양산을 담당하는 국가 영역에서 시작한다. 그러나 이런 국가 영역은 개인들에 의한, 개인들을 위한, 개인들의 국가라는 민주주의 원칙에 의해서 움직인다. 시민사회 속에서 개인들은 자신들의 서로 다른 합리성을 체험하고 체화한다. 사회화는 정치구조와 제도에 깊이 영향을 미치기 때문에 매우 중요한 일상의 정치 요소를 제공해 준다. 이러한 사회학적 요소와 정치 요소의 결합은 사회학자가 정치를 연구하게 만든다. 이 연구에서 정치는 사회학자에게 매력적인 부분을 포함하고 있음이 제기될 것이다.

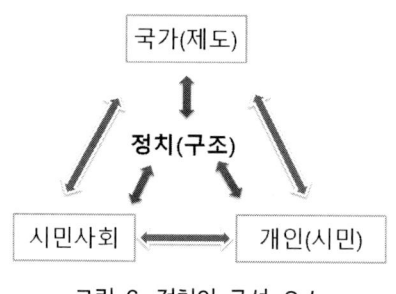

그림 6. 정치의 구성 요소

정치구조와 제도의 중요성은 말할 것도 없다. 그럼에도 개인과 시민성에 연구가 집중될 필요성이 있다. 촛불혁명으로 인한 정권의 퇴진과 새로운 정부의 수립이라는 긍정적인 결과가 있는 반면, 우익 대중인기영합주의(populism)의 결과로 브렉시트나 트럼프의 당선도 있다. 민족주의와 결합한 파시즘의 역사도 개인의 중요성을 더해 준다. 개인 연구는 개인의 합리성 연구에 연결된다. 레퍼토리 사회운동 이론 역시 개인에 초점을 둔다. 흩어졌다가도 이슈가 되면 함께 모이는 현대 운동 참여자들이 특성은 기존의 시민과 시민운동 연구와 결이 다르다.

개인들이 정치에 대한 혐오나 선입견이 있다면 다음과 같은 흔한 생각들이 때로 선거에 적용되기도 한다. 가뜩이나 마음에 들지 않고 내 삶이 더 중요하다고 생각하는 사람들이 선거 날에 투표하지 않고 일하러 가거나 혼자 있거나 여행을 가는 현상이 그것이다. 투표한다고 바꿀 수 있는 것이 아니라는 생각과 더불어, '해 봐야 그 사람이 그 사람이다'라는 자기 정당화가 일어난다. 첫 번째는 합리적 선택이론의 결과이지만 이것이 두 번째 정치적 무관심 혹은 혐오와 연결되면서 자신의 의무를 소홀히 하는 것을 정당화한다. 탈정치화된 개인들이 존재하고 그들이 민주주의를 움직이게 만들면 그것은 민주주의라기보다 탈민주주의에 해당한다고 할 수 있다. 만일 개인주의가 극단화되면 그것은 극단적 집단주의로 흐를 수 있을 것이다.

4) 탈정치

현대사회에서는 산업의 발달과 이에 따른 생산 관계가 변화하면서 전통적인 공동체의 해체가 가속하고 개인주의가 만연해지고 개인의 이기주의가 득세한다. 이런 시점에서 정치 영역에서는 집합에 속하지 않은 군중을 이루는 개인들의 이해에 초점을 맞추는 대중 영합주의(populism)가 득세한다. 미국의 트럼프, 영국의 브렉시트는 대중영합주의의 극한 예라고 할 수 있다. 이런 현상은 정치가 기능하지 못하고 탈정치화된 대중들이 정치 현장에 참여하면서 기성 정치 시스템에서 신뢰를 거둬들이고 파괴한 데서 시작되었다. 과거 탈정치화는 독재자가 다수를 정치적 참여로부터 멀어지게 만드는 것에 연구의 초점이 있었다면 현대에는 자발적으로 정치로부터 멀어지고 눈앞에 펼쳐져 있는 자신의 이익에 매몰되어 집합적 인간성을 잃어버리고 파편화된 개인의 이익만을 추구하는 과정에 초점을 둔다.

현대의 탈정치화는 개인, 시민사회, 국가가 연결되어 진행된다. 탈정치화는 먼저 개인을 계급에서 탈피하게 만든다. 계급 의식이 없으면 개인의 최대한 이익이 되는 합리적 선택에 매몰될 수밖에 없다. 마치 근현대 시기 한국인들이 공동체로부터 이탈하여 최대한 개인주의적 방식으로 위기를 돌파하려고 했던 것처럼 개인들이 정치적 행위로부터 멀어지도록 만들어 이익을 추구하게 만드는 것이다. 정치 질서에 눈을 감으면서 어느 쪽과도 선의의 관계를 유지하고자 자원 배분보다 자원 배분 과정에서 떨어지는 떡고물을 확보해야 하기에 그들의 선택이 비정치적으로 보이게 만들려고 시도한다. 탈정치는 비정치성의 정치적 동기와 결과를 포함하는 광의의 개념이라고 할 수 있다. 비정치성이 탈정치화와 차원이 다르게 작동하기 때문에 동일한 개념은 아니다. 비정치성은 정치적이지 않은 것이 개인의 선택과 전체의 합에 의해서 정치적인 결과를 만들어 내는 것을 말한다. 정치에 무관심이나 정치 혐오가 있는 경우 투표를 하지 않을 때 혹은 정치성을 배제할 때, 정치에 있어 특수한 집단만이 이익을 얻는 정치적 결과가 나타날 수 있다. 이것은 비정치적인 것의 정치성이다. 탈정치화는 정치로부터 거리를 두는 것을 의미하고 단순히 심정적인 거리두기가 아니라 정치 참여로부터도 멀어지는 것을 의미한다. 주인이 주인의 자격을 포기하는 것이 아니라 주인 자격을 갖지 못하도록 만들어진 상태에서 그 주인의 자격을 포기하는 것이 탈정치화이다.

　탈정치화는 국가 제도가 민주화되는 시기에 출현한 계급들이 탈계급적 상황에 의해서 투표하면서 다수가 정치에서 멀어지고 정치를 혐오하거나 정치에서 소외되는 현상을 말한다. 그러나 탈정치는 다수의 국민을 정치적이지 않도록 혹은 정치에서 소외되도록 만드는 역동성을 포함한다. 즉, 행위자이면서 주권자인 국민 개개인을 탈정치화시켜서 원자화된 인간으로 만드는 것을 탈정치화라고 부를 수 있다. 이런 점에서 보면 민주주의 시대에 역행한다고 할 수 있는 개념이다. 찰스 틸리는 탈정치화는 탈민주화로 이어지고 탈민주화는 다시 탈정치화를 촉진한다고 주장했다(Tilly, 2006). 개인을 원자화된 존재로 만든다는 것은 개인들이 사회적으로 타인과 계급적 이해를 공유할 가능성이 차단되는 것을 말한다. 개개인은 자신이 사회에서 소유하고 있는 비슷한 경제적 조건을 소유한 개인들과 함께할 수 있는 의식을 발달시키지 못하여 타인의 계급적 이해를 동일시하는 데 실패하게 된다. 그리하여 자신의 개인적 사적 이익을 추구할 수밖에 없어 치열한 경쟁에만 내몰리는 구조 속에서 계속 탈정치화된다.

　탈정치화의 목적은 독재자나 재벌이 국가권력을 독점하거나 경제적 독점을 유지하는 정치적 결과를 만들어 내는 데 초점이 있다. 현재 시스템을 집권하고 있는 세력이 다수의 국민을 정치에서 소외시키기 위해서 탈정치화를 시도하고 다수는 탈정치화를 내면화하여 사회화되는 과정이 반복된다. 19세기 이데올로기 시대 서구의 국가에서 이데올로기를 양산했듯이 현대 한국 사회에서 산업화와 자본주의 발달로 인해서 계급이 출현할 조건이 만들어졌음에도 불구하고 국가는 민족주의를 동원하여 계급의식을 형성하지 못하도록 만들려고 시도했다. 민족주의 의식을 확산시키고 한국인을 계급이 아닌 탈정치화된 개인으로 만들어 국민을 형성하려고 시도했다. 국가와 국가의 이데올로기 장치들이 탈정치화를 시도하고 국민은 이를 통해서 사회화되고 국가가 제시하는 이념형의 인간과 자신을 동일시하게 되었다.

　탈정치화가 일어나는 공간은 개인들이 타인과 상호작용하는 일상이다. 정치화의 공간이면서 동시에 시민사회가 국가를 민주화하는 데 역할을 하는 장소도 개인의 일상을 구성하는 관계가 만들어지는 일상을 토대로 한다. 일상이 공간이 타인과 결사를 맺고 보편적인 규범을 내재화하는 수준에 이를 때 시민사회로서 역할을 할 수 있다. 시민사회가 무엇인지에 대한 논쟁에서 자발적 결사체 중심의 시민사회를 주장하는 토크빌주의 시각이 이와 비슷하다. 토크빌주의에서 이야기하는 자발적 결사체 중심 시민사회에 관한 이론에서는 시민들이 자발적 결사체를 형성하려고 하는 이유를 제시한다. 자발적 결사체는 이익 혹은 신념을 공유하는 개인들이 만든다. 그런 점에서 계급의식을 가지고 자발적 결사체를 결성하며 이를 통한 이익 실현을 추구하는 개인들은 계급적 이해 기반을 공유한다. 이 계급적 이해를 중시하는 시각은 긍정적으로 보면 계급 내에서의 유대관계와 계급을 초월하여 다른 결사, 조직, 광범위한 정치 집단과도 연대를 추구하게 만든다. 이 과정에서 시민사회가 형성될 수 있는 조건이 만들어진다. 그런 점에서 계급의식은 토크빌주의의 결사체 중심 시민사회론이나 맑스주의의 계급 중심의 시민사회론에 모두 포함된다고 할 수 있다. 계급을 넘어선 연대는 계급을 해체하는 것이 아니라 자신의 계급에 기초하는 것이다. 국가민족주의 이데올로기를 만들어 낸 박정희와 그의 사람들은 계급을 해체하여 시민들을 민족의 구성원인 국민으로 만들려고 시도했다. 시끄럽다는 이유로 가장 먼저 결사의 권리를 빼앗고 돌려주지 않았다.

이 연구의 출발점은 시민들이 가지고 있는 정치 개념과 의미가 정치와 다른 것에 있어, 이를 수정해야 한다는 것에 있다. 내 일상을 중요하게 바꿀 제도를 정치가 만들고 내 자산을 배분할 힘도 가지고 있는 것이 정치이기에 도구적으로 정치를 이해하고 그것을 위해 결사를 통해 자기효능감을 쌓을 수 있어야 한다는 점을 밝히고자 한다. 탈정치화는 개인에게 가장 위험한 선택이고 동시에 지배 세력들이 19세기 중반 이후 꾸준하게 이데올로기 작업을 통해 추진해 온 일이라는 점을 밝히고자 한다. 박정희는 한국인들이 만들 수 있는 시민사회의 토대가 되는 것들을 군사쿠데타 이후 금지하였다. 박정희가 만든 한국적 사회구조는 탈정치화를 근본으로 하여 시민사회 형성이 좌절된 상태에서 한쪽만 고도로 성장하였다. 그래서 한국인들은 늘 혼자고 늘 외롭다.

제2장

자발적 시민사회 형성의 좌절과 변경된 경로

1. 국가 의존성의 등장과 군사쿠데타

찰스 틸리(Tilly, 1992: 15)의 유명한 "전쟁은 국가를 만들고, 국가는 전쟁을 만든다"라는 말은 한국 사회에서 국가와 전쟁 사이 관계를 이해할 수 있는 이론적 틀을 제공한다. 과거 한국전쟁을 계기로 국가의 제도가 성장하고 국가 내 폭력 수단을 독점하는 국가의 역량이 폭발적으로 증가하여 국민국가의 틀이 만들어졌다면, 현재의 국가는 북에 의한 남침 경험과 남북 대치 상황을 토대로 끊임없이 미래의 전쟁을 만들어 가면서 국가의 지배력을 높이고 있기에, 틸리의 주장은 현대 한국 사회에서 국가의 역할을 이해하는 데 도움을 준다.

지배집단들이 '안보 장사'를 통해서 자신들의 국가 통치의 정당성을 확보하려고 시도하는 현상은 사실상 정당하지 못한 방법을 통해서 권력을 획득하고 유지하려 한 집단에 의해서 본격적으로 시작되었다. 이승만도 남북한 간의 긴장과 갈등을 통해 이익을 구하였으나, 국가중심주의 이데올로기보다 자신의 카리스마를 활용하여 독재를 유지하는 방편으로 북한을 활용하였지, 국가를 내세우며 그 뒤에 숨어 통치하지 않았다. 실제 국가중심주의와 시민사회 박멸은 박정희의 군사쿠데타에 뿌리를 두고 있다. 쿠데타로 권력을 잡은 이후 18년이라는 긴 시간은 박정희가 군정 체제에서 구상하고 시작한 제도들이 뿌리를 내려 사회

구조화되기에 충분한 시간이었다. 박정희에게는 다른 지도자들과 달리 독재를 통해서 한국 사회를 자신이 원하는 방향으로 끌고 갈 수 있는 충분한 시간이 있었다. 그런 의미에서 박정희 집권 초기 군정 체제가 가지는 의미는 크다고 할 수 있다.

군사정권은 쿠데타의 성공으로 권력을 잡자마자 군사혁명위원회를 통치기구인 국가재건최고회의로 탈바꿈시켰다. 1961년 6월 6일 국가재건최고회의령 제42호에 의해서 만들어진 국가재건최고회의는 국회의 권한을 수행하고 예산안의 의결, 대통령의 권한 대행, 행정에 관한 의결 권한, 내각 조직 권한, 내각의 사직 의결 권한, 지방자치단체의 장을 임명할 수 있는 권한, 사법에 관한 통제, 즉 대법원 조직 및 임명에 관한 권한과 법관의 임명 권한까지 포함하여 무한대로 국가권력을 휘두를 수 있었다. 국가재건최고회의는 통치에만 머무르지 않고 미래 한국의 국가 제도를 만들고 인간개조를 통해 한국인들을 새로운 근대 민족으로 만들려고 시도하였다.

표면적으로 박정희와 쿠데타 세력들은 안보 장사를 명목이 아니라 구악 청산과 새로운 사회 건설을 목표로 활용하였다. 그들이 내세운 새로운 국가 건설은 초기에는 장준하 같은 비판적 지식인들을 포함해 한국인들에게 환영을 받았다. 군부는 당시 정치인들이 제공해 주지 못한 미래에 대한 비전을 제시해 주었다. 그것이 가능했던 것은 그들이 군대라는 특정한 집단에서 교육받은 대로 효율·효과적인 방법을 통해서 국가의 능력 성장을 통한 국민 욕구를 충족시킬 수 있는 능력도 갖추고 있었기 때문이었다(Janowitz, 1964: 28). 이들은 가장 선진적인 미국 유학을 통해 미국의 후원도 받는 전문 집단으로 성장한 유일한 조직이었다. 그러나 부패구조는 개혁되지 않고 오히려 구조적으로 강화되었던 반면, 부패의 피해자였던 시민과 사회에 대한 억압적 개혁 조치가 실행되면서 위로부터의 개혁이 정당화되고 국가가 모든 것이 중심이 되는 국가중심주의적인 관계가 더욱 강화되었다. 절차적 정당성을 확보하지 못했던 이들에게 경제성장이라는 대안적인 선물을 국민에게 제공해 주는 작업은 시간을 요구했다. 이에 신흥 권력 집단이 된 군부에 군대식 효율성은 중요한 도구였다.

쿠데타 세력은 효율과 능력의 이름으로 그 이전 제1, 제2공화국의 행정기구를 포함하는 국가 제도들을 과감하게 변화시켰다. 그러나 과감한 변화로 새롭게 나타난 국가 제도들은 기존의 지배질서를 무너뜨리지 않는 선에서 국가의 효율성만 강조하고 국가 중심의 근대화 추진 체계를 만들기 위한 주요한 수단이었다(한상범, 2001). 기존 질서를 무너뜨리지 않아야 했기 때문에 쿠데타 집권세력은 그 이전부터 진행되어 온 국가의 실패를 한국인과 사회의 책임으로 환원하여 부패 척결이라는 미명으로 정신 개조 운동을 시작하였다. 일단 만들어진 국가 제도 중에서 국가억압기구들은 그대로 유지되어 독재체제 구축과 산업화를 통한 경제성장에도 필요했다. 집권세력의 안보 장사는 산업화 과정에서 배제된 노동자나 농민을 통제하기 위한 중요한 수단이었다. 이승만 정권 시절 대립적으로 인식되던 반공주의와 민족주의가 박정희 정권에서는 같은 방향의 개념으로 재등장하였고 빈번하게 사용되는 수사였다.

박정희 군사쿠데타와 군정 체제가 반공주의와 민족주의를 통해서 새롭게 국민과 민족을 만들려고 시도하면서 시민사회가 자발적으로 사회의 주체로서 등장하는 대신 국가에 의존적인 국민이 만들어져 시민사회는 태동부터 어려워졌다. 쿠데타는 현재 대한민국 국가기구와 제도 형성에도 지대한 영향을 미쳤을 뿐 아니라 외로운 한국인을 만드는 사회구조를 재구조화하여 지금까지 한국인의 국민 의식에 영향을 미치고 있다. 식민지 이후 미국의 군부가 격렬하게 저항하던 일본인들이 너무나 순종적이었다고 생각한 것과 대조적으로 조선인들에 대해서는 시끄럽고 불만으로 가득한 저항적인 민족이라고 인식했다. 그래서 미국인들은 일본이 활용했던 억압적 통치기구 및 각 제도를 그대로 잔존시켰다. 한국전쟁을 통해 국가가 물리적 폭력 수단의 독점과 중앙집중적 행정력의 형성하면서 과대성장국가로 성장한 반면에,

한국인들이 자발적으로 국가를 운영할 수 있는 시민으로 성장할 가능성은 점차로 줄어들었다. 독재에 저항하며 시민사회를 형성할 기회는 제2공화국의 무능과 정치인들의 부패 그리고 이어진 군부 쿠데타로 인해 사라졌다.

2. 근대 국민국가 형성과 군사쿠데타

1) 위로부터의 개혁의 시작과 의미

근대 국민국가는 한 영토 안에 존재하는 정치공동체로 다른 국가와 명확한 경계선을 가지고, 분화된 행정 체제를 갖추며, 중심성을 지니고, 사회에서 무력을 독점하고 형식적으로 법을 제정하여 시민을 통치하는 권력을 지닌 유일한 존재이다(Tilly, 1992; Mann, 1988; 문상석, 2010). 역사사회학 연구에서 국민국가는 제도주의적인 정의에 머물렀는데, 제도주의 시각은 국민국가를 이루는 주요한 요소인 국민의 정체성에 관한 설명을 제대로 할 수 없었다.

국민의 정체성은 근대 국민국가가 시도한 국민 만들기의 중요한 작업의 결과로 등장했다. 프랑스에서 시작한 민족주의가 민족을 부정했던 공산주의권 국가들에서도 강하게 등장하여 그들이 직면했던 생존의 위협에서 빠져나올 기회를 제공할 정도로 20세기는 민족주의의 세기였다.[115] 제도주의적 접근은 역할과 형성에 초점을 맞추기 때문에 합리적인 존재로서 국가이자 제도를 다루며, 국가를 이루고 있는 구성원 개개인들이 가진 정체성을 다룰 여지가 없다. 그러기에 식민지를 경험한 한국인들 사이에 강하게 유지되고 있던 인종민족주의(ethnic centered nationalism)와 그것을 통한 국가 형성을 설명하기

---

115) 여기에서 민족주의는 애국주의와 동일한 개념으로 내셔널리즘이라고 칭하 겠다.

어렵다.

민족 정체성은 국민 형성에 중요한 기능을 한다. 역사사회학의 제도 설명과 정체성을 다루는 설명을 이해하면서 한국에서 시민사회 형성을 방해한 새 민족 건설과 국민 형성의 과정을 다루어야 한다. 이 연구에서는 근대 국민국가를 민주적으로 또는 독재로 정의하는 구분에 초점을 맞추는 것이 아니라 명확한 경계선으로 확정된 영토, 그 안에서 국가가 가진 중심성과 분화된 행정기구를 통해 무력을 독점하고 국민의식을 공유하도록 하는 목적을 달성하기 위해 집권세력이 무엇을 했는지를 살펴 시민사회 형성 가능성을 역추적할 것이다.

박정희에 관한 연구들은 정치적으로는 독재정치 체제, 경제적으로는 산업화와 경제성장을 위한 정책을 다루다가 최근에는 독재체제를 지탱한 요인에 대한 탐색을 다루고 있다. 이는 박정희가 쿠데타 직후부터 강력하게 주장한 인간개조와 연결되며, 그 결과 대중독재와 국민 형성이 등장했다. 일제강점기의 강력한 국가중심주의가 지배하던 일상의 지배구조를 박정희 시기와 연결 짓기는 어렵다. 그럼에도 박정희가 추진한 다양한 정책의 배경, 특히 인간개조를 위해 다양한 사회 분야에서 추진한 근대화 프로젝트들은 국민 만들기와 외로운 한국인을 만드는 사회구조 형성에 기여했다. 조선인의 과거를 지우고 새로운 민족을 만들어 일본의 2등 국민을 구성하려 한 일제처럼 박정희는 민주주의 대신 국가에 충성하는 신민을 만들기 위해서 노력했다. 그것이 자신의 독재를 영구화하려는 목적에 가장 부합할 수 있었던 것이고, 개인적으로 사회진화론을 받아들이고 조선인이라고 차별받던 자신을 열등하게 생각하여, 의지가 박약한 한국인을 개조하여 자신이 한국 역사의 영웅으로 그려지고 싶었기 때문일 것이다.

군사쿠데타는 억압력이 강한 국가의 탄생에 영향을 미쳤으면서 동시에 불법도 좋은 기능을 하면 필요하다는 논리가 한국인들에게 각인된 사건이었다. 기존 쿠데타에 대한 논의는 주로 한국 군부 성장 과정과 박정희를 연결하는 차원에서 다루어졌다(한용원, 1990, 1997; 노영기, 2004; 유호열, 1997). 박정희 시기 국가의 성장과 경제성장을 연결한 발전국가 이론도 박정희 시기 연구의 주요한 부분이다(김윤태, 1997; 이병천, 2007). 박정희 시기 국민 형성에 초점을 둔 국민 만들기와 대중독재론 등은 당시의 국가와 사회(개별 한국인들) 사이의 관계를 발전적으로 연구한 결과들이었다(임지현, 2005; 김보현, 2006a 황병주, 2000). 시민들을 새마을운동이나 근대화, 경제성장 등과 같은 거시적 국가정책에 동원함으로써 그것에 참여한 시민을 국민으로 재탄생하도록 하는 데 주요한 이념을 제공해 주었다는 연구들이 진행되어 왔다(김동노, 2009; 김준, 2006; 오유석, 2001).

군사쿠데타는 구질서 해체와 새로운 사회 건설을 위한 제도적 차원의 개혁과 연결하여 다루어진다. 모리스 아귈롱(1998)은 쿠데타란 용어가 등장하게 된 프랑스 혁명과 나폴레옹의 사례를 통해 쿠데타의 근대적 의미를 찾고자 했다. 아귈롱은 나폴레옹, 루이 나폴레옹, 드골의 쿠데타를 비교하면서, 쿠데타가 혁명의 진보에 역행하는 것이면서도 미래를 위한 설계가 될 수도 있다고 주장한다. 불법적인 쿠데타를 통해서 정권을 잡은 나폴레옹은 프랑스 혁명의 이념을 확산시켰지만 그 확산의 방법은 중앙집권적이며 권위주의적이었고, 따라서 퇴행적이고 불법적이었다. 한국의 국가 형성이 권위주의적이고 퇴행적으로 진행될 수밖에 없었던 근본적인 이유는 불법적 권력 찬탈에서 시작되었음을 아귈롱의 연구를 통해서 잘 이해할 수 있다.

위로부터의 개혁을 추진한 국가와 그 속에서 지배층이 안보 장사를 할 수밖에 없었던 지배구조의 재생산에 관한 연구는 엘렌 트림버거(Trimberger, 1978)에서 찾아볼 수 있다. 트림버거는 『위로부터의 혁명』에서 일본, 터키, 이집트, 페루에서 사회계급으로부터 상대적으로 자율적이었던 국가와 국가 관료들이 위로부터의 혁명적 사회변동을 이끈 방식을 서술한다. 국가와 국가 관료들은 혁명적 사회변동의 과정에서 다수의 대중을 탈정치화하여 국가, 자본, 관료의 지배연합 축을 형성하였고, 이는 퇴행적인 자본주의와 국가주의 등장에 일조하였다.

그들만의 지배 체제에 정당성을 부여하기 위해서 지배집단들은 국가에 의해서 만들어진 반공주의 같은 특정한 이념을 내세웠다. 그리고 외부와의 전쟁을 준비하거나 실제 전쟁에 참여하면서 국가는 끊임없이 엘리트 중심의 지배 체제를 구축하였다. 그것을 진보 혹은 새로운 사회 건설을 위한 길이라고 주장하였다. 아귈롱과 트림버거의 연구들은 쿠데타 세력이 자신들의 권력의 정당화를 위해서 무엇을 하였는지, 그리고 그 정당화의 과정에서 국가 건설은 어떻게 진행되었는지를 보여준다.

역사사회학에서 정의하는 국민국가의 틀은 그 이전과 달리 박정희 정권 시기 나타난 대한민국의 제도적 특징을 이해하는 데 도움을 준다. 국민의식 형성이나 국민 정체성에 관한 연구는 당시 박정희가 추진하고자 한 인간개조와 닿아 있다. 서구에서 근대 국민국가가 시민화(civilization)[116]의 과정을 통해 시민이 형성되고 시민사회 구성으로 이어졌다면 한국에서는 군사쿠데타로 인해 국가권력의 시민화 기회가 차단되어 국가 의존도가 높은 국민으로 발전 경로가 변화된 것이다. 한국에서도 국가기구의 시민화와 민주화에 대한 논의를 촉발하기를 기대한다.

2) 군사쿠데타와 5·16 쿠데타의 배경

쿠데타는 정치적·이념적 질서의 차원에서 진보의 방향에 역행하는 것을 목적으로 한다. 반면 혁명은 진보·인류, 민중의 복지, 계몽사상 등을 의미하는 진보를 지향하는 것이므로 전통적 상태로의 복귀를 지향하지 않는다(아귈롱, 1998: 14).

---

[116] 시민화에 대해서는 제3부에서 근대 국민국가 수립 시에 서구에서 전쟁이 일상화되어 국가가 시민들로부터 인적·물적 자원을 동원할 때 시민들과 협의하면서 국가권력을 조금씩 시민들에게 부여하며 국가기구를 시민들의 손에 넘기는 과정을 의미하는 것으로 다루었다.

1961년 5월 16일에 일어난 박정희의 군사정변은 혁명이 아니었으나 당시 사회와 정치적 요인들로 인해 군사쿠데타가 혁명이 되었다. 초기에 비판적 지식인들을 포함하는 많은 한국인이 5·16 쿠데타를 군사혁명으로 이해하고 환영하였다. 참가한 군인은 말할 것도 없고 일반 시민뿐만 아니라 심지어 장준하 같은 지식인들, 제2공화국에서 신파에 밀린 구파의 윤보선 대통령도 쿠데타 같은 급진적 방식을 통한 사회 개조를 받아들이고 있었다. 쿠데타가 지지받은 이유는 한국 사회가 평범한 수단으로는 고쳐지지 않을 것이라는 무력감 때문이었다.117)

다른 사회현상과 마찬가지로 군사쿠데타는 촉발 요인과 유인 요인 등 여러 요인이 맞물려 역동성을 가질 때 일어난다(한용원, 1993: 209-210). 경로의존 과정에서처럼 여러 요인과 경로 변경이 가능한 여러 국면에서 서로 다른 행위자들의 선택으로 연결되어 군사쿠데타가 발생한다.118) 사실 사회 불안으로 인해 체제 위기가 오고 이것을 극복하고자 국가의 보위를 위해 쿠데타가 발생하였다는 것은 표면상의 드러난 이유이고, 보다 근본으로 당시 군 내부의 구조에 있다.119) 쿠데타의 직접적인 요인은 직접 동원하는 군 내부에 있고, 표면상의 이유는 그에 대한 정당화를 위한 변명에 지나지 않기 때문이다. 2차 세계대전 이후 신생 국가들에서 민주주의 제도 확립 시기 나타난 사회적 혼란은 쿠데타를 위한 필요조건이었다. 사회 혼란이 일어나면 군

---

117) 이 무력감은 함석헌이 "5·16 어떻게 정의할 것인가?"(『사상계』 1961년 7월호)에서 쿠데타를 비판하면서도 당시 사회의 현실을 비판한 데서 읽을 수 있다. 또한 장준하의 『사상계』 6월호 "권두언"에서 쿠데타를 "혁명"으로 언급한 것에서 찾아볼 수 있다.
118) 경로의존 방법에서 나무 구조로 변해 나가는 과정의 설명을 보면 이해하기 쉽다.
119) 1960년대 많은 신생 국가들에서 등장한 쿠데타들은 민주적 제도들의 확립을 시도하던 시기에 해당 체제들의 붕괴 과정에서 일어났다. 그러나 일당 독재가 지배하던 시기에는 상대적으로 쿠데타가 빈번하게 발생하지 않았다(Janowitz, 1964: 29).

내・외부에서 기존 사회에 대한 비판과 새로운 국가 건설을 주장하는 혁명적 사고들이 등장하기 시작한다.120) 쿠데타의 성공에 가장 필요한 군 내부 원인은 파벌주의였다. 군부의 파벌과 당시 사회적 혼란 그리고 그것에 대처하지 못한 정권의 무능이 군사쿠데타를 만들어 낸 것이다.

이 장에서는 군부의 이해관계에서 파생된 파벌주의로 대표되는 촉발 요인(push factors)과 당시 민주당 정권의 무능으로 대표되는 유인 요인(pull factors)에 대해서 지적하고자 한다.

촉발 요인

5・16 군사쿠데타의 촉발 요인은 주로 군부 내의 이해관계에 의해 결정되며, 네 가지로 나누어 볼 수 있다.

첫째, 군부 내의 출신에 따른 파벌주의가 있었다.

둘째, 진급 적체가 심화되었다.

셋째, 장면 정권의 10만 감군(減軍) 계획으로 인한 장교들의 미래 이익 손실에 대한 불안감이 있었다.

넷째, 군 내부의 기피인물 예편 계획이 있었다.

사실 박정희도 1961년 5월 말로 전역이 예정되어 있었다. 5・16 쿠데타는 한국전쟁을 겪으면서 양적으로 팽창한 군에서, 파벌에 의해서 형성된 집단들이 진급 적체로 인한 구조적 차별과 부패에 대해서 불만을 품었고 실제 불이익이 다가오자 이에 대한 저항으로 일어났다 (한용원, 1997: 48). 출신에 따른 파벌주의는 한국군의 창군 과정에서 시작하였다. 한국군 창군 과정에서 식민지와 해방 과정에서 발생한 출

---

120) 함석헌도 1961년 『사상계』 7월호에서 당시 유명한 '인간개조'에 대해서 말하면서 인간이 바뀌어야 하고 달라져야 함을 이야기하였다. 그리고 함석헌은 수술에 빗대어 군사쿠데타를 정의했다. 당시의 상황이 군사쿠데타를 혁명과 동일시할 수 있는 조건을 마련해 준 것이다.

신·연고별 30여 집단들이 이합집산을 거듭하던 중 조선국방경비대가 출범하자 군에 입대하였다. 미군정이 1945년 12월 5일 군사영어학교를 설립하자 이 학교 출신들을 중심으로 군내 배타적 집단이 형성되었다. 광복군 출신들이 거의 지원하지 않은 것과 달리 일본군, 만주군 출신들이 군사영어학교에 입교하면서 이들이 주류를 이루게 되었다.[121]

조선경비대와 군사영어학교 등을 중심으로 형성된 파벌은 한국전쟁을 거치면서 일본군 출신, 만주군 출신, 중국군 및 광복군 출신, 이북 출신, 광복군 출신들이 교육한 후세대 청년단 출신 등으로 분화한다. 출신을 강조하는 파벌의 형성은 한국 사회에 고질적으로 자리 잡은 집단주의의 영향이었다. 누군가의 줄에 기대어 나의 이익 극대화를 추진한 것이다. 경로 의존성에서 수확체증의 법칙은 한국 군부에서도 중요한 것이었다. 박정희가 숙군(肅軍) 과정에서 공산주의자로서 처형되지 않았던 것도 만주군관학교 출신들의 배려 덕분이었다. 여기에 더해 정치가들도 군부가 나뉘어 경쟁하도록 만들어 충성하도록 만들려고 하였다. 이승만이 군을 정치집단의 보조 세력으로 활용하기 위한 분리지배 통치술을 펴면서 경쟁은 더욱 강화되었다. 평안도 출신들이 만든 서북파 백선엽, 함경도 동북파 정일권, 충청도의 중부파 이형근[122]이 참모총장과 합참의장을 돌아가면서 맡을 정도로 파벌에 의한 자리 나눠 먹기가 보편적이었다(한용원, 1993: 113).

군내 파벌도 조선 양반의 당파처럼 출신 지역과 교육기관에 따라서 나뉘었지만, 파벌이 형성되고 강화된 가장 강력한 요인은 역시 이해관

---

[121] 군사영어학교 졸업생 110명 중 일본군 출신이 87명(일본 육사 13명, 일본군 학병 출신 68명, 일본군 지원병 출신 6명)이었고, 만주군 출신은 21명이었으며, 광복군 출신은 2명이었다(한용원, 1993: 104-105).

[122] 이형근은 충남 대전 출신으로 일본 육사를 졸업한 정규 일본군 출신이면서 대한민국 군번 1번이었고 도미 유학생 1호였다. 그러나 그는 육군참모총장은 못 하고 합참의장만 하게 되었는데 그 이유는 이승만이 총애한 특무대장 김창룡의 견제 때문이었다고 한다(도진순·노영기, 2004: 68).

계였다. 많은 군인이 돈과 승진을 원했기 때문에 군부와 정치권의 밀착 관계가 형성되었다. 군대 내부에서 승진을 위한 뇌물 고리가 구조화된 상태에서, 군부는 미국으로부터 들여온 지원금 4억 달러를 군부가 직접 수령하면서 해당 지원금을 노리는 자유당으로부터 끊임없이 상납금 요구를 받게 되었다(박태순·김동춘, 1991: 140).123) 승진에 뇌물이 필요했던 것은 진급 적체 때문이었다. 진급 적체의 가장 큰 원인은 한국전쟁 직전 10만이던 군의 규모가 전쟁을 거치면서 60만을 넘어섰고 그에 따라서 장교의 수도 급격히 팽창했기 때문이다. 정부 수립 이전 경비사 출신들은 1기부터 6기까지 약 1,254명, 정부 수립 후 육사 출신은 7기부터 10기까지 3,708명이었다. 여기에 군영 출신과 특별임관자를 제외하고도 전쟁 전 인원이 4,962명이었다(한용원, 1997: 49). 정군파(整軍派)의 핵심이었던 김종필을 비롯한 육사 8기생과 군사영어학교 출신 장군들은 평균연령 차이가 2~3세였으나 승진 격차는 20~30년으로 벌어졌다. 구체적으로는 경비사 5기생이 대령을 7~8년 만에 달았으나, 육사 8기생은 소령까지 진급하는 데 4년, 소령에서 중령으로 진급하는 데 8년이 걸렸다(한용원, 1993: 212). 진급 적체에 불만을 품은 장교들이 육사 8기생들이었고 이들이 쿠데타의 주 세력을 구성했다.

군 지도부가 파벌 싸움, 부정부패 독재정권과 연결되었다고 비난하며 불만을 품은 세력들이 박정희를 필두로 주류 만주군 출신에서 배제된 집단과 김종필을 비롯한 8기생을 중심으로 하는 장교들이 연합하여 정군파를 형성하였다.124) 이런 상황에서 상층부의 군인들이 정

---

123) 박태순과 김동춘은 자유당 시절 군은 국가 예산의 40%를 사용하고 있었고 한국 정부를 거치지 않은 채 미국으로부터 4억 달러 이상의 무기와 물자를 직접 원조받고 있었기 때문에 이승만 독재에 중요한 정치자금 공급원이었으며, 이로 인해서 부정부패와 불법이 자행되어 타락의 온상이 되었다고 한다.

124) 스칼라피노(1960: 127)는 한국 군부에서 정치 개입 의지를 갖고 있었던 이들이 주로 농촌 출신의 하급 장교들로서 가장 똑똑한 사람들이었으며 그 이

치적으로 자유당 정권을 위해서 3·15 부정선거에 참여하면서 부정부패의 온상으로 등장하여 정군운동에 영향을 미치게 된다(도진순·노영기, 2004: 68; 노영기, 2004: 117; 한용원, 1993: 173~174).

진급 적체와 구조적 부패의 사슬에 불만이 있던 정군파 장교들에게 장면 민주당 정부의 감군 계획은 쿠데타의 불쏘시개였다. 구조적 요인과 선행 조건들이 만나는 특정한 국면에서 행위자들은 자신들의 이익에 가장 효과적인 수단을 선택한다. 이로써 사건이 발생하고 경로가 구성되기 시작하는 것이다. 장면은 정부 출범 이틀 만인 1960년 8월 27일 국회 연설에서 1961년 상반기 5만 명, 하반기 5만 명 등 12월까지 장교 1,500명을 포함한 10만 명 감군을 결정하는데, 여기에 정군파의 수장인 박정희가 포함되자 이들은 쿠데타를 실행하기로 결의하였다.125)

유인 요인

쿠데타 유인 요인으로 정치적 지배집단의 분열, 무능한 정부, 사회경제적 위기, 그리고 약한 시민사회 등이 거론된다.

정치적 지배집단의 분열, 부패, 무능은 성숙하지 않은 상태에서 독재를 방지한다고 의원내각제를 채택했던 제2공화국 장면 정부의 전매특허였다. 심지어 쿠데타 정보를 입수하고도 그대로 방치할 정도로 정권은 국가안보에 무능했으며, 경제적 저발전 상태와 경제난은 한국 사회 내 불만을 고조시켰다. 그리고 시민사회의 미성숙은 각종 시위와

유는 가난했던 당시 특별한 재능을 갖고 있던 영재들이 일반대학에 가지 못하고 고등교육 받기 위해서 군 학교에 입학했기 때문이라고 한다. 그는 이들이 특권층을 이룬 상층부에 대해서 불만이 있었다고 보았다.

125) 정군파의 쿠데타 목적은 기본적으로 부정부패에 빠진 군부와 무능하고 분열된 정치권을 정화하기 위함이었으나, 부패가 가장 심했던 일당 독재 자유당 정권이 아닌 민주당을 전복의 대상으로 삼았다는 점, 그리고 자신들이 퇴진을 주장했던 군사영어학교 출신의 송요찬을 내각 수반으로 삼았던 점 등으로 미루어 군부 내 권력 다툼이 쿠데타의 근본적 원인이었다고 본다.

집회, 폭력 거리 행진을 폭증시켰고, 시민사회 내에서 각 이익집단 사이의 대결 구도가 심각할 지경이었다. 이에 많은 한국인이 제2공화국을 변혁의 리더가 아닌 변혁의 대상으로 느낄 정도로 민주당 정부의 집권은 심각한 수준이었다.126)

정치적 불안정은 이미 제2공화국의 태동부터 예견되어 있었다. 민주당은 성격이 다른 이질적인 집단들로 구성되어 있었다. 민주당은 일제강점기 친일파 중심으로 만들어진 한민당을 계승하고 재산과 학식이 있는 지주 집안을 배경으로 일본과 미국 등 해외에서 교육을 받은 사람들로 구성되어 있었다. 구파에는 신익희, 조병옥, 김준연, 윤보선, 유진산 등 명망가들이 많이 있었으며, 신파는 관료와 법조인 출신들이 주류를 이루고 있었다. 이승만 정권이 몰락하고 1960년 7월 29일 총선을 앞두고 언론인과 정치인들은 대통령 후보와 총리 후보 그리고 국회의원 입후보자를 자파 사람들로 공천하기 위해서 치열하게 파벌 싸움을 하고 있었다. 총선에서 민주당이 3분의 2선을 넘어 민의원 233명 중 158명(신파 75명, 구파 83명), 참의원 58명 중 22명(신파 10명, 구파 12명)을 당선시켰다. 이어진 대통령 선거에서 민주당은 신·구파의 합의에 따라 윤보선을 당선시켰다. 그러나 윤보선이 자파의 김도연을 국무총리로 지명하면서 신파와 구파 사이에 총리와 각료 인준을 놓고 파벌 다툼이 시작되었다. 신파와 구파는 의사당 내에서 난투극을 벌이기도 하고 외부에서도 갈등을 겪다가 구파가 9월 22일 신당 발족을 선언하였고, 신파는 23일 민주당으로 원내교섭단체를 등록하였다(한용원, 1993: 187-188). 이러한 파벌 다툼으로 인해 장면 정권은 9개월 동안 3차례나 개각을 해야 했다.

---

126) 장준하(1961)는 당시 한국 사회의 깊고 넓은 모순과 불안정성이 혁명적 변혁이 필요할 정도로 심각하였기 때문에 군사쿠데타를 혁명이라고 부르면서 지지를 표현했다. 그러나 『사상계』 7월호가 나오면서 장준하는 군사쿠데타 자체가 아닌 한국 사회의 혁명적 사회변동의 필요성을 지지했고, 궁극적으로 군사정부가 아닌 문민정부에 의한 산업화와 근대화를 추구한 사실이 드러났다.

장면 정부의 무능은 민주당의 분당으로 인해 작은 정당 정부가 된데서 시작했다. 파벌 갈등은 서로의 뇌물과 부정 선거자금 등 부정부패의 민낯을 드러냈고, 부패를 비난하며 벌이는 진흙탕 싸움은 민주당이 이승만의 자유당과 다를 것 없는 부패 정당이라는 시민의 인식을 형성하였다. 경제개발 5개년계획을 수립하였음에도 미국의 경제 원조가 줄어들자 추진할 동력을 상실하였고 이를 수행할 만한 정부 역량도 갖추지 못하는 등 총체적 난국에 빠지게 되었다.127) 4·19 이후 부정축재자를 처리하는 과정에서 1950년대 약탈경제 아래 정치권과 연결되어 부패 고리를 형성했던 많은 기업의 영수들이 체포되거나 조사를 받게 되면서 경제활동이 위축되었다. 같은 해 250만 명이라는 대규모의 실업자가 발생하였고 환율이 650대 1에서 1,300대 1로 급격히 인상되면서 물가가 급등하여 국민경제가 악화되어 국민의 삶이 피폐해졌다. 국민의 다수를 이루던 농민들은 생산량의 대폭적 증가 없이 고리채를 부담해야 했으며, 그나마 있던 것도 입도선매로 팔아서 기근이 심했다. 농민 몰락으로 이농 현상이 가속화되었고, 도시빈민이 증대되었다. 경제와 사회정책의 대실패는 장면 정부를 국민으로부터 멀어지게 만들었다(한용원, 1997: 54~55).

군사쿠데타와 관련해 장면 정부의 가장 큰 무능은 군부에 대한 통제력을 상실했다는 것이었다. 장면 총리는 이승만 정부에서 외무부 장관 허정이 임시정부를 구성하고 4개월간 무난히 통치한 노하우를 모두 거절했다. 특히 허정이 임명하여 군부의 불만을 잠재우고 쿠데타 세력을 일시에 침묵하게 하는 데 있어 능력을 보여 준 이종찬을 국방부 장관에서 해임하고 그 자리에 정치적 배려로 민관 우위 논리를 들

---

127) 장면 정부에 대해서 미국이 가지고 있던 시각도 무능에 기울어져 있었다. 1961년 3월 초 미 국제협력처(International Cooperation Administration, ICA) 한국지부의 기술자문 팔리(H. Farley)는 장면 정부의 무능과 부패를 비판하며 한국에 대해서 매우 비관적인 전망을 하여 케네디 행정부를 당황하게 하였다(김일영, 2001: 318). 이러한 정권 평가는 후에 케네디 정부가 군사정권을 인정하는 계기가 된다.

어 현석호를 임명하였다(한용원, 1993: 117). 현석호는 정치인으로서 군부에는 문외한이었다. 그에게는 적절한 군부 통제 수단이 없었다. 왜냐하면, 장면 정부는 이승만이 가지고 있었던 경찰과 군의 정보 분야와 통제기구들을 독재 협력 기구라고 생각하고 해체하거나 무력화시켰기 때문이다(216). 통치와 이념을 구분하지 못한 채, 집권 후에도 재야나 야당으로 있을 때처럼 생각하고 행동한 것이다.

정치가였던 현석호 장관은 군부 내 하극상에 대해서 군인보다 안이한 판단을 하였다. 부정부패자를 단속해야 한다며 상층부를 위협하는 등 군의 위계질서를 위협하는 발언을 많이 해 온 김종필을 비롯한 정군파 장교들이 현석호 장관을 직접 만나 정군에 관한 건의를 하려 한 것을 시작으로, 1960년 9월 20일 미국의 파마 장군이 방한하여 정군 반대를 발표하자 중령과 대령급 장교단은 파마 성명을 공개적으로 비판하면서 하극상을 일으켰다.[128] 이런 하극상의 처리도 미온적이었다. 장교단 16명이 체포되었으나 김복동 대령만 유죄판결을 받았고 나머지는 풀려났다. 김복동은 탄원서를 제출하였는데 이를 통해 김종필, 석정선, 김형욱 등이 배후 교사한 사실이 드러났음에도 김종필과 석정선만 구속되었고, 심지어 그들은 구속 후 4일 만에 석방과 동시에 예비역으로 편입되었다(204). 군내 위계를 대수롭지 않게 생각하는 경향은 정실인사에서도 드러난다. 장면은 장도영을 동향 사람이라는 이유로 그를 총애하여 참모총장에 임명했는데, 장도영은 장면에게 박정희 세력의 쿠데타를 손쉽게 통제할 수 있다고 보고하였다. 장면은 이를 그대로 믿어 쿠데타에 대한 대비책을 세우지 않았다[129].

---

[128] 파마 장군과 최영희 연합참모총장의 공동성명은 정군파 장교들이 파마 성명을 주권 침해라고 규탄하고 함께 성명에 참여한 최영희의 용퇴를 촉구하는 하극상 사건을 촉발하였다(한용원, 1993: 204).

[129] 쿠데타에 대한 직접적인 정보와 일관되게 박정희가 그 핵심이었다는 사실을 장면 정권은 알고 있었으나 장도영의 확언과 미국에 대한 헛된 믿음으로 쿠데타를 진압하기는커녕 그냥 내버려 두게 된다(박태순·김동춘, 1991: 143).

여러 차례 쿠데타가 계획되고 연기되었으나 장면은 쿠데타를 진압하거나 대비할 능력이 없었다. 쿠데타 세력은 4·19 1주년인 1961년 4월 19일 많은 소요가 있을 예정으로 보고 안정 유지를 이유로 거사를 계획했으나 당일 시위가 평온하게 진행되어 자동으로 수포로 돌아갔고, 다시 5월 12일로 거사를 예정했으나 쿠데타에 참여할 예정이던 공수단이 훈련으로 출동하고 이종태 대령의 거사 정보 누설로 중지되었다. 5월 16일 거사에서도 30사단장 이상국 준장이 이갑영 대령으로부터 쿠데타 계획의 전모를 알아 서울지구 방첩대장 이철희 준장에게 알려주었으나 장도영 총장이 미온적으로 대처하고 박정희를 그대로 둠으로써 박정희의 쿠데타 병력이 부대를 출발하도록 방치했다(216). 군사쿠데타가 일어나자 장면은 갈멜 수도원으로 피신했다. 쿠데타를 진압하려는 시도들도 총리의 부재와 구파 윤보선 대통령의 반대로 쿠데타를 진압할 수 없었다. 믿었던 미국은 3일 뒤 쿠데타를 인정하기에 이르렀으며 대통령이었던 윤보선은 쿠데타 세력의 비상조치인 계엄령을 추인했고 후에 대통령에 있으면서 군사위원회가 공포한 법안에 서명하였다. 쿠데타는 정군파 장교와 박정희가 유능해서 성공한 것이 아니라 장면 정부가 무능했고 민주당의 다른 구파들의 탐욕이 있었기에 성공했다.

우리가 4·19 이후 자꾸 장난처럼 일어나는 데모 보고 하지 말라 반대한 것은 그 때문이다. 그러면 그럴수록 그다음에 나오는 것은 더 힘한 것이 될 것이므로 한 말이었다. 그래 인제 그것을 알았으므로 이번이 마지막이라는 것이다. 내려갔을수록 다시 하는 사람은 더 힘이 드는 법이다. 이번 혁명은 그 힘든 것이 학생혁명의 유가 아닐 것이다. 때려서까지 아니 들으면 가두는 수밖에 없다. 그러므로 이번은 갇히는 것이다(함석헌, 1961: 40).

5·16 쿠데타 이후 함석헌은 미숙한 시민사회에 대해 한마디를 던졌다. 장준하도 당시 한국 사회의 미성숙을 지적했다. 미성숙한 시민

사회는 자신들의 저항으로 이승만 독재가 사라진 것에 큰 성취감을 느낀 나머지 각종 사회 현안에 깊숙이 개입하면서 많은 데모와 갈등을 일으켰다. 이로 인해 사회불안이 야기되었다. 사회불안은 안보 위기로 인식되어 군사쿠데타에 정당성을 제공해 주었다.

시민사회의 미성숙은 데모의 일상화에서 나타났다. 데모의 일상화는 중대한 사회문제로 인식되곤 하였다. 당시 데모의 주 내용을 차지하는 것은 정치와 연결된 것들이었다. 국회 해산 요구, 석방된 정치범의 복권 요구, 민주당 분당 반대, 부정선거 원흉에 대한 10·8 판결 불복 등 정치적 구호를 담은 데모들이 많았다. 경제적으로는 환율 인상 반대, 임금 인상 요구, 세제 개편 반대, 도시빈민의 식량과 취업 요구 등이었고 사회적으로는 교원노조 결성 불허에 항거하는 데모, 교장 배척, 무능 교수 사퇴 요구, 무허가 판잣집 철거 반대 등의 데모들이 사회 곳곳에서 일어났다. 4·19혁명 이후 군사쿠데타가 일어나기 전까지 총 1,836회에 연인원 96만 명이 참여했으며 민주당이 1961년 3월 데모규제법과 반공임시특별법의 제정을 추진하려고 했으나 30여 개 혁신단체가 '2대 악법' 반대 데모를 전개하고 전국학생연맹은 남북 학생회담 및 학생 교류 촉구 데모까지 벌이고 있었다(한용원, 1997: 55).

데모로 야기된 사회와 정치의 불안정은 당대 한국 사회를 혼란의 시대로 몰아갔다. 민주당이라는 보수정당이 정권을 획득했음에도 제2공화국에서는 혁신정당과 혁신 및 개혁을 위한 단체들이 수없이 많이 생겨났다. 사회대중당, 한국 사회당, 사회혁신당과 같은 혁신당이 창당되고, 소수이긴 하지만 원내로 진입하기도 하였다. 그리고 이런 정당은 다시 사회운동을 위한 단체를 창설하거나 지원했다. 그리고 혁신계의 교원노조를 포함한 노동조합이 621개에서 821개로 30% 정도 증가했으며 노동조합원도 2만 5천 명 정도로 10% 증대되었다(한용원, 1993: 191). 노동쟁의는 1957년 49회, 1959년 95회이던 것이 제2공화국이 들어서고는 225회로 대폭 증가했으며 1960년에 노동자들은

315개의 신규 노동조합을 만들었다. 노동쟁의 대다수는 길거리 데모를 포함하고 있었다(Koo, 2001: 26).

각종 길거리 시위와 노동운동 그리고 다양한 사회단체의 활동보다 가장 큰 체제의 위협은 통일 문제와 민족 문제에서 발생하였다. 이는 대한민국의 체제에 대한 근본적인 위협으로 인식되어 쿠데타 세력에 가장 좋은 빌미를 제공해 주었다. 1961년 4월 19일 〈조선일보〉 사설 "4·19혁명 1년의 회고"는 당시 한국 사회의 통일 움직임에 대해서 경고하고 있다.

> 통일정책에 대하여 아무런 새 방안이 제시되지 못하였다. 그 때문에 민간에는 적지 않은 잡음이 나타났다. 막연한 통일 속성설이 떠도는가 하면 일부 학생과 국민 중에는 자유 민주제도를 위태롭게 할 통일방안까지 내놓게 된 것이다. 수많은 국민이 실업하고 판자집에서 기거하며 기아의 계속과 자살의 속출을 보게 될 때, 우리는 무엇인가 참신한 정책이 실천되기를 갈망하여 마지 않았던 것이다. 이 민생문제를 진정으로 또 능률 있게 해결하지 않으면 안 될 것이다.

당시 진보정당과 학생은 중립화 통일론을 주장했는데 〈동아일보〉는 이에 대한 비판적인 기사를 싣고 있다.

> 우리의 신중한 관심의 대상이 되는 것은 한국 중립화 이론이 많은 학생의 지지를 받고 있다는 사실이다. 한국 중립화론은 이상론이다. 그러나 우리는 이러한 이상론이 오늘의 현실에 비추어서 어디까지나 희망적인 이상론에 불과하고 현실적인 실현 타당성이 없는 환상에 가까운 이론이라고 단정하지 않을 수 없는 것을 슬프게 생각한다(1960. 9. 29 사설 "환상적 중립화 통일론을 경고한다").

당시 장면 정부의 무능과 사회에서 진보세력의 활동 증가 그리고 나아가 중립화 통일론을 비롯한 급진적인 통일 담론의 증가는 쿠데타 세력에게 좋은 기회를 제공하였다. 통일 운동은 반공주의를 국시로 만들었고 나아가 국가가 통일 논의를 독점하면서 안보 장사에 국가기구가 뛰어드는 구실이 되었다.130)

3. 국가기구의 재편과 독재체제 확립

권력욕이 쿠데타를 이끌었으나 쿠데타를 소위 혁명적인 것으로 바꾼 것은 당시의 사회적 조건들이었다. 쿠데타 세력이 거사 후 자신들의 행위의 정당성을 제공하기 위해서 유인 요인의 혁명적 변동에 초점을 두었기 때문이다. 먼저 장면 정권 아래서 무능한 존재로 전락한 국가기구를 강화하려 시도했다. 제도주의 국가이론에서 강한 국가란 억압력이 강한 국가이다. 곧 시민사회에 대한 침투력이 강한 하부구조 권력이 강한 국가여야 한다는 생각과 일치한다.

강한 국가 만들기는 주로 통제를 담당할 억압적 국가기구를 만드는 것에서 시작했다.131)

1) 행정기구 개혁과 배제를 위한 제도 확립

군정은 행정기구를 효율적인 조직으로 재편하여 근대화와 산업화의

---

130) 박정희의 좌익 경력에 대한 미국의 의심 때문에 혁명공약의 1번을 반공으로 삼았다는 분석도 있으나, 당시 장면 정부 아래서 진행되어 온 급진적인 통일 논의는 쿠데타 세력으로 하여금 정권이 아닌 체제의 위기를 인식하게 하였다고 볼 수 있다. 이는 후에 인간개조에 반공주의가 필수 요소로 인식되도록 만드는 계기가 되었다.
131) 서구의 근대화 과정에서 등장한 국민국가가 자원의 국내 추출을 위해서 시민들과 타협하며 등장하였다면, 한국에서는 자원을 내부로부터가 아닌 외부로부터 추출하면서 성장한 결과 시민사회와 같은 국가 내부와 타협하기보다는 내부를 억압하며 자신의 의지를 실현하는 방식을 발전시켰다(Tilly, 1992, 제7장 참조).

초석을 쌓으려고 시도하였다. 그리고 시민의 참여를 근본적으로 배제하여 탈정치화의 제도를 마련하고자 했다. 전문성 구축은 공무원이나 시민 모두 갖추어야 할 근대적 덕목이었고 이는 정치와 절연되어야만 하는 것이었다.

박정희는 『민족의 저력』(1971)에서 행정기구 재편의 이유와 과정에 대해 다음과 같이 말한다.

> 집권 직후부터 낙후된 행정 체제에 대하여 우리는 크게 손을 대기 시작했다. 개편 과정에서 보수적 저항에 직면하기도 하였으나, 다행히 군에서 습득한 행정관리 기술이 활용되어, 이 면에 있어서 비교적 자신 있게 처리해 나갈 수 있었다. 그러나 무엇보다도 중요하게 생각된 것은 일제 강점기부터 물려받은 다분히 통제 위주의 체제를 보다 발전적이며 능률적인 것으로 전환하는 일이었다(박정희, 2005c: 162).

『혁명 1년간의 업적』에서는 5·16 군사쿠데타를 혁명으로 지칭하며 자신들의 과업을 위해서 행정기구 개편을 추진 과정을 자세하게 다룬다. 불합리한 국가 행정기구를 개편함으로써 효율적이며 합리적인 집행 체제를 구축하려고 하였다고 한다(공보부, 1962: 54). 자료에 의하면 군정은 건설부, 외자부(外資部), 해무청(海務廳)을 각각 폐지하고 기획통제관실을 내각 수반 직속으로 두고 행정 각 부처의 정책과 기획을 심사 분석·조정하도록 했다. 경제기획원을 두고 국민경제의 효율적 운영을 위한 종합경제계획 수립을 추진하였다. 조달청을 새로 만들어 정부 소요 내·외자를 단일 구입함으로써 국가재정을 절약하였다. 조달청은 외자부의 폐지로 새롭게 등장한 것이었다. 국토건설청은 장기 경제개발계획을 위한 국토 및 자연자원 보전, 이용, 개발, 개선 사업을 위해서 만들어졌다. 상이군경과 전몰 유가족의 원호사업을 위하여 두었던 군사원호청을 다시 원호처로 개편하였다. 행정관리국은 행정관리 제도를 쇄신하여 행정의 경영화, 능률화를 기하려고 추진하였다. 농촌 지도 체계의 일원화 방안으로 종전의 농사원, 농림부 지역사회개발국, 농림부, 훈련원을 통합하여 농촌진흥청을 설치하고 각도 농촌진흥원 지부에 농촌지도소를 설치하였다. 공무원의 질적 향상을 위한 종전에 명목에만 그쳤던 공무원훈련원을 개편 강화하여 중앙공무원교육원을 설립하고 연간 22기 교육을 실시하게 하였다.

제도적인 행정기구 개편은 효율과 능률을 중요시한 결과인데 특이한 것은 경제 부문에서 종합적인 계획을 통해서 시장에 개입하여 경제성장을 이끌려고 했다는 점이다. 이런 제도적인 도입은 행정기구에서 근무하고 있던 많은 공무원에 대한 교육과 더불어 해고, 통제 및 훈련이 필요한 데서 기인한다. 한국군사혁명사편찬위원회에 의하면 군사정부는 쿠데타 직후 공무원 감원 기본 방침을 세우는데, 총원 20만 명을 기준으로 하여 초과 인원(당시 총공무원 수는 240,989명) 4만 989명을 해고하기 위해서 대상자를 선정했는데 1961년 6월 당시 선정 대상자는 15만 6,581명이었다(한국군사혁명사편찬위원회, 1963: 129). 곧이어 국가재건최고회의는 6,900명의 공무원을 해고하였는데 이 중에서 6,700명은 군복무 기피자들이었다고 하며 200여 명은 축첩을 한 사람들이었다. 중앙정보부는 1,863명을 추가로 고발하고 주요 공무원 및 공기관 직원 4만 1,712명을 조사했다고 한다(김형아, 2005: 129-130). 박정희는 1961년 12월 18일 공무원에 대한 강도 높은 조사와 해고 이후「공무원에게 고함」을 선포하고 국가를 위한 공무원으로 거듭나기를 명령하고 처우 개선을 약속한다(한국군사혁명사편찬위원회, 1963: 138). 그리고 직업공무원제의 도입을 추진하면서 국가공무원 제도를 1963년 도입하였다.[132] 공무원 개편은 행정기구의

---

132) 박정희는 1963년 4월 17일 기존『국가공무원법』을 폐지하고 다시 제정하고 공무원의 정치적 중립과 지위 보장을 추진한다. 그리고 쿠데타 이후부터 공무원의 숙청과 더불어 공무원을 위한 제도를 도입한다. 공무원 경쟁시험제, 인사기록 체계화, 공무원 처우 개선 등 다양한 방식으로 공무원의 임용 및 승진 제도를 도입하고 처우를 개선하였다(공보부, 1962: 56-57).

개편과 더불어 매우 중요한 것이었다.

　나는 또한 행정의 효율화를 촉진하기 위하여, 기획, 심사, 분석 및 통제 업무의 중요성에 착안하여 이 제도를 행정부 전반에 도입했다. 이와 같이 하여 체제 발전과 효율화를 기할 수 있는 방향으로 행정기구의 개편을 보았으나 무엇보다도 중요한 것은 사람 문제였다. 따라서 나는 일반적 공리에 따라, 5·16 직후 전문성이 요구되는 일부 경제 부처를 제외하고 상부층 인사의 과감한 교체를 단행하였다. 그와 동시에, 전 공무원에 대해서 많은 예산을 투입하여 새로운 이념과 발전 지향성, 관리 기술을 갖추도록 하는 철저한 교육을 실시하기 위한 공무원 교육 훈련 제도를 확장 보강하였다(『민족의 저력』, 박정희, 2005c: 163).

　배제의 전략의 하나였던 지방자치 제도의 폐지는 높은 비용을 초래한다는 명목으로 영구 유보를 통해서 이뤄졌다. 지방은 독립적인 존재가 아닌 중앙의 한 부분으로 수직적 구조 아래에 속하게 된다.133) 지방행정조직은 중앙정부에서 직접 지배하기 위해 기초단위를 높였다. 종전에 읍과 면이 기초단위였으나 1961년 10월 1일부터 군(郡)이 지방행정의 기초단위로 재편되었다(공보부, 1962: 63). 지방행정기구로서 도(道)의 구성은 종전에는 내무, 산업, 문교·사회, 경찰 등 4국이었던 것을 교육국과 건설국을 추가하고 공보실을 설치하여 6국 1실로 개편하였다(제주도 제외). 군은 종전의 내무, 산업 2과를 내무, 재무, 교육, 산업, 건설 5과로 개편하였다. 교육구청을 폐지하여, 자치의 영역이었던 교육이 중앙에서 직접 관장하는 강한 통제 수단으로 전락하

---

133)「지방자치에 관한 임시조치법」이 1962년 4월 21일 공포되고 10월 1일부터 시행되었다. 이때부터 지방의회가 사라지고 지방자치단체장은 임명직으로 바뀌었다. 물론 폐지를 한 것이 아니라 지방의회 구성에 관하여 구성 시기를 법률로 정한다고 하여 연기를 하였으나, 영구히 연기함으로써 사실상 폐지된 것이고 또한 단체장을 임명함으로써 다른 한쪽의 축이 사라지게 된 것이다. 따라서 지방자치는 이때부터 폐지되었다고 보아야 할 것이다.

였다. 현재까지도 교육 분야는 국가의 개입이 점차 강해지고 있으며 무엇보다 표준화된 시스템을 지향하는 교육제도가 더욱 뿌리를 내리고 국가만이 교육의 정당성을 제공하는 '증'의 주체로 인식되고 있다. 대표적인 것이 교사 자격증을 발부하는 임용고시 관련 사항이다. 대학에서 정당하게 교육에 필요한 지식과 훈련을 받았음에도 임용고시를 통과하지 못한 이들은 정규직 교사 자격증을 받을 수 없다.134)

시민 배제 전략은 중앙정치 제도에서도 나타났다. 새롭게 도입된 제도들은 국가의 권력을 강화하고 대통령제 아래 다수의 정당이 활동하는 것을 예방하여 정치적 분열을 미연에 방지하는 것에 초점을 두었다. 예를 들면 지역구에서 3석을 얻지 못하거나 득표율이 5%를 넘지 못하는 정당은 해산을 당해야 했고 정당의 난립을 방지한다는 목표 아래 효율적으로 정치 지형을 바꿀 수 있게 되었다(심지연·김민

---

134) 2017년 가을부터 2018년까지 교육계를 시끄럽게 했던 사건이 기간제 교사 정규직 전환 논란이었다. 일정한 역할을 담당하고 있는 기간제 교사들을 정규직으로 전환한다는 의도였으나 많은 저항을 불러일으켰다. 절차적 정당성을 확보하지 못하고 오히려 차별을 조장한다는 의견이 많았고 무엇보다 사범대생들의 반대가 이어졌다. 이들은 아직 정규직 혹은 교사에 임명되지 않은 이들이었으나 자신들의 미래 일자리가 줄어들지 모른다는 전제 아래 가짜 선생 방지를 촉구하면서 기간제 교사의 정규직화를 가장 적극적으로 반대했다. 이들이 전제한 '가짜 선생'은 누구인가? 교육계에 오랫동안 몸담으면서 많은 분야에서 자신의 일을 묵묵히 해 온 기간제 교사들이다. 단지 임용고시를 보지 못했거나 탈락하여, 교사가 될 수 있지만 국가에서 발부하는 임용고시 합격증이 없다는 이유로 가짜로 둔갑한 것이었다. 사범대생들의 이러한 저항은 자신들의 이익을 위해서 다른 집단을 강제로 낙인찍는 행위를 한 것이고, 파이를 키워 건강한 교육계를 만드는 대신 갈등과 투쟁을 통해서 이익을 쟁취하려고 하는 전형적인 박정희 잔재였다. 그만큼 국가가 가진 '증'의 위력은 대단했고 이것이 다른 분야의 이해관계와 연결되면서 한국 사회에서 늘 갈등을 일으키는 요인을 제공하고 있다. 이제 국가에서 벗어나야 함에도 국가의 그늘에서 안주하고 자신의 지위를 국가의 틀 속에서 보존하려고 하는 노력을 하도록 만들어 말 그대로 정글을 만들고 절차적 정당성만을 강조한 나머지 사회적 불평등에는 눈을 감게 만든다.

전, 2006: 144). 지역구 자체의 수를 획기적으로 줄였다. 비례대표제를 도입함으로써 집권 여당에 유리하도록 설계하기 위함이었는데 제2공화국에서 233개였던 선거구는 131개로 줄어들었으며 인구 기준은 20만 명이 되어 각 군별로 혹은 시별로 일어날 수 있는 지연, 혈연 등의 폐단을 예방하고자 설계하였다(윗글, 195). 시민들의 참여를 가능한 한 배제하고 효율적으로 정부를 움직일 수 있도록 만드는 군사 정부의 정치 제도 개혁은 시민이나 시민사회보다 우위에 선 국가의 역할에 무게를 싣고자 한 것이었다.

효율적 행정기구 재편은 국가기구의 효율성을 제고하려는 목적 이외에도 다수를 배제함으로써 빠른 의사결정 과정을 만들어 내고자 한 데서 출발하였다. 그러나 다수를 배제하고 효율적 기구를 수립하기 위해서는 다수를 억압해야 했고 이는 독재권력 강화라는 억압적 체제 수립과 동시에 추진되어야만 했다. 그러나 근대 국민국가의 출현에서 보듯이 억압기구는 민주화되었다. 억압기구의 역할보다 더 깊은 구조에 영향을 미치는 사실에 주목해야 한다. 행정과 교육기구 개편 과정에서 요구된 개인의 전문성, 절차적이고 형식적인 정당성은 개인들을 무한경쟁으로 내몰았다. 특히 교육 제도와 공무원 시험은 신분 상승과 그를 통해 권력과 부를 쟁취할 수 있는 유일한 통로로 여겨져 모두가 이에 매달리도록 만들었다.

더 나아가 경쟁은 시민들 사이 타협을 통한 문제 해결 역량을 키우는 것보다 그대로 한국 사회에 적용되어 사람들을 경쟁하게 만들면서 국가의 통치에는 부정적이지만 일반인들 사이에서의 갈등조차도 국가 기구를 통해서 해결하려는 시도를 계속하도록 만들었다. 국가 의존도가 높아지면서 시민과 시민사회가 자립적이고 독립적으로 생존하고 국가를 이끌고 가기보다 국가에 의해서 결정되는 사항을 따르는 수동적 국민으로 전락할 수밖에 없는 환경이 계속 발생한 것이다. 이것은 공동체의 해체와 더불어 개인들이 집단주의에 의존하면서 집단을 도구적으로 활용하도록 만드는 결과로 이어졌다. 국가의 목적, 특히 집권세력의 목적을 달성하기 위해서 제도적으로 만들어진 것이지만 이것이 사회에 적용될 때 개인들은 자신들의 이익 극대화를 이 제도들을 통해서 확보하려고 한다. 따라서 제도와의 상호작용을 통해서 시민사회에 국가의 의지가 침투하여 시민사회의 식민화가 일어나 시민은 사라지고 국민만 남게 되는 것이다. 이런 현상은 박정희 집권 내내 발생하였고 이후에도 박정희 후계자들이 그들의 독재체제를 유지하기 위해 계속 국민화 구조를 재생산하였고 국민은 그 속에서 자신들의 이익을 추구하면서 외로운 한국인을 만드는 박정희 잔재가 지속되었다.

2) 독재 권력 강화

군정은 가장 먼저 민간사회의 정보와 경찰력을 접수하였다. 사법과 입법을 장악하고 자신들의 권력 유지를 위해서 억압적 국가기구를 사용하고 사법을 통하여 제거하는 것을 시도하였다. 특히 심계원(감사원의 전신), 혁명재판소, 감찰위원회, 내무부, 치안국 그리고 각도 경찰국과 정보과에 현역 소령을 임명하여 치안권과 정보망을 장악했다.

국가의 억압력 증대는 독재 권력 유지에 유용하게 이용되었다. 억압적 기구 활동은 눈에 띄게 속전속결로 이뤄졌다. 5·16 쿠데타 이후 군사정부는 1년 동안 명령을 포함해 법률을 2,036건 제정하였고 그중 공포된 것은 1,109건이었다. 대한민국 정부 수립 후 13년간 총 617건밖에 되지 않았던 법률 제정 건수가 군사정부 1년 동안 10배 이상 증가하였다. 1961년 5월 22일 제정된「국가재건비상조치법」에 따라「특수범죄처리에 관한 특별법」이 제정되었다. 7월 12일 혁명재판소와 혁명검찰부가 발족하여 총 550건 1,473명의 사건을 접수하였는데 이 중 반국가적 사건이 225건 608명이었고, 3·15 부정선거 사건이 163건 396명으로 그다음을 차지하였다. 사회질서 확립을 위해서 일반 시민을 대상으로 8만 7,487명을 검거하여 총 1,243명을 검찰과 사법기관에 송치하고 1만 8,055명을 즉심에 회부하였다. 그리고 3,246명을 국토건설사업에 취역시켰다(도진순·노영기, 2004: 82).

언론 부문에서 정부는 저항하는 언론을 폐지하고, 남은 언론에 대해서는 협력관계를 맺는 방향으로 정책을 유지했다. 군사정부는 각 부처의 공보관 활동을 일원화했으며 공보관회의를 정기화하는「공보관 교육과 공보관 설치법」을 제정하였다. 이 법에 따라 공보자문위원회를 설치하여 집약적인 이론의 확립과 기획 체제를 정비하였는데 자문위는 사회분과위원회, 언론분과위원회, 선전분과위원회, 영화분과위원회, 예술분과위원회, 방송분과위원회 등의 6개 분과위원회로 구성되었다(공보부, 1962: 217-218). 여기에는 언론인, 학자, 전문가, 공무원 등의 다양한 배경을 지닌 지식인들이 포섭되어 있었다.[135] 언론 통제는 독재권력을 유지하는 데 매우 중요한 요소였다. 통제는 숫자가 적을 때 쉬워진다. 1961년 9월 12일 언론기관들이 '한국신문윤리위원회'를 창립하고 군부는 부패 언론을 청산한다는 명목으로 총 1,170여 개의 언론기관을 대폭 정비했다. 군사정권은 자신들의 입맛에 따라서 언론을 이용하고자 하였기 때문에 선택적 협력관계를 유지하였다. 정부 각 부처 출입기자 제도를 확립하여 취재 편의를 제공하는 것은 공인된 취재기자와 아닌 자를 구별함으로써 효과적인 통제의 수단을 구축했다. 폭력적 수단만이 아니라 협력적 관계 구축도 언론 통제의 한 수단이었다. 한 예로 1962년 5월 5일에 개관한 신문회관은 정부와 언론의 우호적 관계를 설정하기 위하여 지원된 것이었다(221).

이런 언론은 국가기구와 접촉면을 넓히고 국가에 배태된 언론 구조를 만들었다. 언론은 국가에 기생하면서 국가의 시장 확대 전략에 편승하여 시장에서 자신들의 우위를 점할 수 있도록 노력했다. 언론 자체가 국가와 시장에 편승할 수밖에 없는 구조에서 출발하였고 독재와 결탁함으로써 한국에서 언론이 국가의 이데올로기 장치로 구조화될

---

[135] 정용욱(2004: 173)은 군사쿠데타 직후 동원된 지식인의 수가 470여 명에 이르렀고 저명한 교수들과 언론인들이 다수 포함되어 있었다고 한다.

수밖에 없었다. 시장과 국가에 의해 성장한 언론이었기에 재벌이 된 족벌 언론과 재벌이 만든 재벌 언론이 언론 구조에서 주류를 형성하면서 시스템에 의한 생활세계의 식민화를 지속화하였다.

독재권력을 강화하기 위해서 가장 많이 언급되는 것이 중앙정보부이다. 쿠데타 세력은 국가 억압력 강화를 통한 권력 유지를 위해 미국의 CIA를 모방한 한국의 중앙정보부를 창설하였다. 중앙정보부는 1961년 6월 10일 「중앙정보부법」(법률 제619호)에 기초하여 창설되었다. 주요 업무는 국외 정보 및 국내 보안정보의 수집 작성 및 배포, 국가 기밀에 속하는 문서, 자재 및 시설과 지역에 대한 보안 업무, 형법 중 내란의 죄, 외환의 죄, 군형법 중 반란의 죄, 이적의 죄, 군사기밀누설죄, 암호부정사용죄, 군사기밀보호법, 국가보안법 및 반공법에 규정된 범죄의 수사, 정보부 직원의 범죄에 대한 수사, 정보 및 보안 업무의 조정 감독에 관한 업무 등으로 구성되었다(대통령기록관 윤보선 대통령 주요 기록물 문서). 이로써 중앙정보부는 정보와 수사의 두 기능을 모두 갖춘 막강한 권력조직으로 탄생했다. 게다가 타 기관 소속 직원까지 지휘·감독하는 권한과 동시에 국내외 정보 사항 및 범죄 수사와 군을 포함한 정부 각 부서의 정보·수사 활동을 감독하는 권한까지 있었으므로 '권력 위의 권력'을 갖는 국가조직이라 할 수 있었다. 박정희 자신이 창설한 조직의 수장에게 암살당한 것은 역사의 비극에서나 볼 수 있는 일이다. 이후 중앙정보부는 여러 차례 이름이 바뀌었지만, 정보 수집과 수사를 바탕으로 국가 억압력을 독점하는 권력기관의 역할을 충실히 해 왔다.

4. 인간개조와 대한민국 국민 형성

군사쿠데타가 제시한 1단계 목적은 모든 오랜 악을 한꺼번에 치운다는 '구악일소(舊惡一掃)'였다. 주된 내용으로는 국가재건최고회의를 설치하고, 국회 및 정당과 사회단체의 해산, 혁명재판의 완결, 심계원의 활동, 감찰위원회의 활동, 부정축재자의 처리 등을 내용으로 한 정치와 사회 정화를 추진하였다(공보부, 1962: 19-39).[136]

사회 정화의 목표는 인간개조에 있었다. 쿠데타 직후 인간개조라는 말이 유행하자 당시 함석헌(1961)이 "항간에 떠도는 인간개조란 무엇인가?"라는 말을 할 정도였다. 인간개조는 박정희의 수사에서 끊임없이 등장한다. 박정희는 쿠데타 직후부터 시작하여 집권 기간 내내 인간개조를 주장했다. 근대에 접어들면서 시작한 인간개조는 사회진화론을 숭상하는 현대 사회에도 그대로 적용되고 있다. 인간개조야말로 박정희 잔재를 지탱해 주고 새로운 옷을 입고 탈바꿈하게 만드는 기원이라고 할 수 있다.

인간개조는 여러 용어로도 활용되었는데 박정희는 1972년 유신을 위한 비상조치를 확대하면서 "근대화란 인간의 근대화"라고 정의하였다. 그에게 근대화란 산업의 근대화인 동시에 인간개조를 통한 새로운 인간 만들기를 의미하였다(『민족의 저력』, 박정희, 2005c: 208). 인간개조의 목표는 국가가 수행하는 사업에 개조의 대상자를 동원하는데 있었다. 그리고 그가 시행하는 사업의 성공은 사람들의 정신상태를 고쳐야만 가능했다. 박정희가 사람을 개조해서 근대적 인물들로 만드는 것의 시작은 국가기구에서였고 그 기구를 통해 운동에 참여시키고 참여를 통해 국민 개인이 자기효능감을 형성하고 자신의 삶을 변화하도록 자신의 힘으로 만드는 것으로 끝나게 되었다. 이후 탄력적으로 개인들은 자신을 계속 발전하도록 동력을 넣었고 사회가 개인의 (물적) 성공을 중요한 개인의 속성으로 인정하도록 만들었다. 동원은 그

---

[136] 사회와 정치 정화를 위한 정책들은 후에 국민 만들기 이데올로기 확대에 중요한 근거를 제공해 주었다. 박정희는 자신이 원하는 한국인의 상을 만들고 그에 따라서 한국인을 근대인으로 만드는 작업을 추진하려고 하였다. 특히 다수의 대중을 탈정치화하는 것을 그 주된 목적으로 삼아서 전문화된 개인이면서도 집단주의적이고 이기적인 개인을 설정하여 동원과 국가 건설에 이용하고자 하였다.

렇기에 철저하게 탈정치화된 것이어야만 했다.

1) 탈정치화된 동원과 참여

동원과 관변단체 만들기는 이승만에 의해서 시작되었다. 이승만은 이미 좌익과 중도 세력이 지배적이었던 해방정국에서 관변단체 혹은 우익 단체를 설립·지원하면서 이들을 동원하여 자신의 권력 기반을 유지하기 위해서 적극적으로 활용하였다.

그러나 박정희가 만든 관변단체는 이승만의 그것들과 성격을 달리했다. 박정희는 정치적 동원이 아닌 경제적 및 사회적 동원을 이용하여 국민 만들기를 시도하였다(김준, 1999). 장면 정권 아래 빈번히 발생하는 시위들과 통제되지 않는 현실에 분개하던 젊은 장교들은 사회단체들의 정치세력화를 명확하게 인식하고 있었다. 이들은 권력을 잡자마자 사회단체를 해체하고 군사정권 아래서 새롭게 조직화하는 것을 정책의 핵심으로 삼았다. 1961년 5월 16일 군사혁명위원회는 포고 제4호를 통해서 일체의 정당·사회단체의 활동을 금지하였다. 이후 국가재건최고회의는 5월 23일 포고 제6호를 통해 모든 정당·사회단체 등은 5월 31일까지 재등록하도록 명령함으로써 15개의 정당과 238개의 사회단체가 해체되었다(한용원, 1993: 234).

이후 비정치적 단체만 결성을 허용하고 허용된 단체들도 활동 보고라는 명목으로 통제를 시도하였다. 1961년 6월 12일 국가재건최고회의는 「사회단체등록에 관한 법률」을 각의 의결로 확정하여 공포하기에 이르는데, 법 제2조 1항 '사회단체' 정의에 의하면, 사회단체란 정치성이 없는 보호 단체, 학술단체 및 종교단체와 국가재건최고회의 허가를 받은 단체를 말한다(관보 제2880호: 1). 대통령 윤보선과 내각수반 장도영의 승인으로 이루어진 법률은 이후 여러 차례 개정이 되면서 정치성이 없는 순수 사회단체들을 만들고 정치성을 띠는 단체는 아예 불법으로 만들어 사회의 불안을 원천적으로 차단하려고 하였다.

2년 뒤 1963년 12월 12일 대통령권한대행 박정희와 내각 수반 김현철, 공보부장관 임성희 명의로 공포된 개정 법률(법률 제1,485호)은 다른 법률로 행정관청에 인가를 받거나 등록을 요하는 단체, 학술단체, 종교단체, 친목단체, 법인, 기타 대통령령으로 정하는 단체 외의 사회단체는 이 법안에 종속된다고 명시하고 있다(관보 3612호: 1). 개정법에 따르면 등록 취소 요건 중의 하나로 '정기적인 보고를 하지 않는 것'이 있었다. 군사정권은 등록과 등록 이후에도 계속해서 사회단체의 활동을 보고받았으며 이를 통해서 사회단체를 감시했다. 혼란을 방지한다는 명목 아래 사회집단들 사이의 갈등을 원천 봉쇄하고 이익 추구는 물론 정치 행동까지 모두 포함하여 통제하려고 시도했다. 그리고 국가가 지정하는 단체들은 자신들 영역 안에서 국가가 제공하지 못하는 서비스를 전문 영역 안에서 제공하도록 강요받았다.

이들 조직의 기본적인 원칙은 참여자들이 철저하게 비정치적으로 자신들 고유 영역에만 남아 조직원들을 규합하여 서비스를 제공하는 것이었고 그를 통해 조직의 통제권을 유지하는 것이었다.

군사정부는 교원이나 공무원노동조합처럼 정치색을 제거할 수 없는 조직을 영구히 불법으로 규정하였다. 기업 노조나 기타 조직들은 정치색을 완전히 제거하였고 위에서부터 아래까지 일사불란하게 움직일 수 있는 조직 구조로 만들어졌다. 소수를 직접 통치하고 소수를 대리인으로 내세워 다수를 통제하게 만드는 것은 관변단체(AMOs)의 기본 기능이자 특성이었다. 군사정부가 노동조합을 허용하고 노동조합의 연합체인 한국노총을 노동 관계자들과의 9인 회의를 통해 수립한 것이 대표적 예이다. 김준에 의하면 군사정부와 노조 출신 9인 위원회는 산별노조로 노동자 조직을 재편하는 것에 협의하였는데 이는 군사정부와 노조의 이해관계가 맞아떨어졌기 때문이다. 군사정부는 노총 상층부 통제를 통하여 노총을 전부 통제하려는 의도에서, 노총 재건에 참여했던 간부들은 노조의 권한 강화를 위하여 위계적으로 모든 산업별로 모든 단위노조에 영향력을 행사할 수 있는 산별노조 체제가 유리하였기에 산별노조 체제가 기본 노동조합 체제로 선택되었다(김준, 1999: 109). 노동조합의 어용 논의는 지금까지 이어지고 있으며 독재 체제 아래서 상대적 자율성을 토대로 노동자들에게 국가나 기업이 제공하지 못하는 복지 같은 서비스를 제공하는 것으로 역할을 만족해야 했다.

박정희는 그 대신 비정치적인 분야에서 다양한 사회단체의 설립을 장려하였고 관변단체와 사회단체를 동원하여 정치적 목적을 달성하는 데 활용하였다. 박정희 정권 최초의 관변단체는 재건국민운동중앙회였다. 재건국민운동에 관한 법률은 국가재건최고회의에서 이송되어 1961년 6월 10일 제17회 각의에서 공포키로 의결된 법률 제622호에 기초하였다.137) 재건국민운동은 쿠데타의 목적이 군부 자신들의 정치적 야욕이 아니라 새로운 대한민국 건설에 있음을 보이기 위해서 만들어졌다. 정치적 목적을 비정치적 수단을 통해 달성하려고 한 첫 번째 동원이었다. 이 운동의 목적은 내핍 생활 실천, 근면 정신 고취, 생산 및 건설 의욕 증진, 국민 민도의 앙양, 정서 관념 순화, 국민 체위 향상의 일곱 가지로 구성되어 있었다. 당시 고려대학교 총장 유진오가 운동의 단체장으로 임명되었고, 저명한 학자들과 인사들이 대거 참여하였다. 그리하여 1963년에는 390만 명이라는 막대한 수의 회원도 거느리게 되었다. 사실 정치에 비정치적인 인물들인 교수들과 같은 지식인들이 대거 동원되기 시작한 것은 박정희 정권에서부터였다. 박정희 정권은 정당성이 없었기에 그를 보충하기 위해서 많은 지식인을 정치에 동원하였다. 이후 다른 분야도 마찬가지지만 발전국가라는 틀 속에 시민사회가 식민화된 것처럼 지식 영역인 교육계와 학계도 포섭되기 시작하였다.

재건국민운동은 1961년 6월 13일 서울에서 전국촉진대회를 개최한

---

137) 윤보선 대통령 기록관 문서에 의하면 법률 제622호는 단기 4294년 6월 12일에 포고되었으며 대통령 윤보선과 국가재건최고회의 의장이던 장도영이 사인했다.

것을 시작으로 7월 3일 제주도 촉진대회에 이르기까지 각도에서 전 국민이 참여하는 촉진대회를 개최하였다(공보부, 1962: 34-35). 재건국민운동은 교육을 통해 국민을 국가 재건에 포섭하고 반공주의를 주입함과 동시에 자기 삶을 스스로 개척해 나가는(자조) 인간상을 만들고자 하는 것이었다. 예를 들면 '동포애 발휘사업'이라고 하여 상이군인, 고아원, 재해대책운동, 무의탁 용사 결연사업, 자매부락 연결 등의 사업이 이루어졌는데, 이는 국가가 제공하지 못했던 사회복지 분야를 시민 차원에서 해결하도록 하는 것이었다(35). 즉, 국가의 역량 부족을 시민들의 참여를 통해 해결하려고 시도하는 비정치적 동원으로 복지를 제공하지 못하는 정권이라는 오명에서 벗어날 수 있도록 해 주는 정치적인 결과를 가져왔다.

　재건국민운동은 근대화를 위한 직접 동원 운동이었으나 박정희도 인정하였듯이 국민 단위의 참여를 일으키는 데 실패하게 된다. 재건국민운동은 박정희 시기에 나타난 전형적인 동원의 성격을 보였다. 탈정치화된 방향에서 관변단체를 조직하여 시민운동과 비슷하게 참여를 유도하고, 해당 참여를 통해서 국민은 국가의 발전에 이바지했다는 자존감(self-efficacy)을 높여 국민 참여의식 성장을 유도하는 것이었다. 이는 박정희 정권의 국민 만들기 사업에서 끊임없이 등장하는 방식이었다. 이 방식은 농어민 소득 증대 특별사업이나 새마을운동에 그대로 적용되었다. 탈정치화된 동원의 주된 목적은 국민으로부터 정치참여의 기회를 박탈하되 물질적인 풍요를 대신 제공한다는 것으로, 군사쿠데타로 집권하였기에 정치적 정당성은 없지만 먹고사는 데 지장이 없도록 하겠다는 의지의 표현이기도 했다. 그것이 한국에서 먹고사는 문제를 관대하게 대하도록 만들고 먹고살기 위한 것이라는 이유로 범죄행위를 용납하는 관행도 만들었다. 먹고사는 문제가 중요하고 그것을 해결하는 사회적인 구조를 만들어야 함에도 구조적 변화는 일어나지 않고 오히려 심화되었다.

2) 인간개조

박정희는 문제가 나타나면 주변 환경을 개선하려고 하는 대신 인간 정신력을 통해 극복하려는 자세를 취하였다. 박정희는 "선진국에서의 근대화에는 경제 사회의 개혁에 앞서 모든 정신적 자세의 개혁을 일깨워주는 지도 이념이 있었다"(박정희, 2005c: 208)라고 하면서 구조적 개혁에 앞서 정신 개조를 주장하였다. 군인이었던 그에게 강인한 정신력은 어떤 문제도 해결할 수 있는 것으로 인식되었다. 그가 쿠데타를 정당화하기 위해 쓴 『우리 민족의 나갈 길』(1962)에는 인간개조의 중요성이 반복적으로 서술되어 있다. 박정희는 한국인들이 지금처럼 가난한 상태로, 힘없이 나약한 상태로 살아 온 것은 오랜 역사 동안 게으르고 나태하며 파당을 조직해서 싸우기 좋아하는 등 전근대적인 모습이 있었기 때문이며, 부정적 역사와 단절하기 위해서는 근대적 인간으로 거듭나 새 역사 창조의 주역이 되어야 한다고 주장한다.

박정희는 5·16 쿠데타로 권력을 잡자마자 사회구조적인 개혁보다는 한국인들을 자신이 원하는 인간형으로 만들기 위한 인간개조 운동을 시작했다.[138] 군사혁명위원회였던 국가재건최고회의는 네 가지 문교 시책을 발표했다. 첫째, 간접침략의 분쇄, 둘째, 인간개조를 위한 정신혁명, 교육혁명, 교육행정 혁신, 셋째 빈곤 타파를 위한 생산기술 교육 강조, 넷째, 문화혁신이었다(문교부, 1988: 242). 두 번째와 네 번째 시책은 인간개조를 위한 문화적 조건의 형성이었고, 이를 구체화

---

[138] 함석헌(1961)은 4·19 때만 해도 정신적인 운동의 필요성이 이야기되었으나 5·16 군사쿠데타 이후부터는 인간개조라는 말이 많이 나온다고 하였다. 정신 개조 혹은 인간개조는 민족주의와 민주주의 두 개로 이루어져야 하나 쿠데타 세력은 민족 제일주의 혹은 민족만을 갖고 인간개조를 이야기한다면서 이것은 어린아이 같다고 주장했다. 박정희가 인간개조에 매달린 이유는 그가 시도한 사회 부분과 경제 부분에서의 개혁이 문제를 일으키면서 정권 안보 차원에서 독재 구축을 위해 다수인 피지배자들을 억압의 대상으로 삼기 위한 것이었다.

하면 다섯 개의 항목으로 요약될 수 있다(243-244).

첫째, 자주의 인간 창조다. 역사적 사명감을 잃은 정권욕과 추상적인 이론과 관념에 사로잡힌 지식인의 현실 도피는 자주성 없는 인간이 하는 짓이라고 규정한다.

둘째, 협동 인간형의 창조다. 국가 관념도 애국정신도 가공 신격화한 고도의 것이 아니라 개개인의 공동 운명체로서 생사를 같이하자는 자주 의식에서 우러난 협동 정신의 발로요, 봉사 행위이다.

셋째, 합리적인 인간의 창조다. 합리는 과학적인 태도를 의미한다. 경영, 정책, 그리고 사람들의 일상생활에서 근대적이며 과학적인 합리적 태도가 필요하게 되었다.

넷째, 역행(力行)의 인간이 필요하였다. 애국애족의 방법은 실력양성을 하는 것인데 산업인은 사업 진흥에, 공무원은 국민의 봉사에, 군인은 국토방위에, 언론인은 참된 여론에 각자의 힘을 다하는 데 있다는 것을 깊이 인식 해야 한다. 특히 학생 제군은 학업에 정진하여 사부와 국가의 기대에 보답하고 자기 자신에 충실한 인간이 되도록 힘써야 할 것이다.

다섯째, 건강한 인간이 만들어져야 한다. 인간개조를 생각할 때 누구나 도의 교육의 철저를 생각하나 도의란 인간에게 특별히 마련되는 미덕이 아니고 건전한 생활상태인 것이다. 이는 건강한 신체와 올바른 사고방식에서 이루어지는 것이다.

민족이라는 이데올로기를 가장 많이 사용하면서 정치적 이익을 얻은 이는 박정희였다. 박정희는 1950년대 이승만으로부터 용공으로 낙인찍힌 민족주의를 현실정치로 과감히 끌어들였다. 박정희와 쿠데타 세력은 민족과 민족주의를 자신들의 정치적 이해관계를 위해서 끊임없이 재생산시키면서 발전시켰다(김동노, 2009). 민족주의는 조국 근대화와 산업화를 위한 수사로서 등장하였다. 박정희는 우리 민족이 5

천 년의 역사를 가지고 있지만, 사대와 분열로 인해서 발전에서 낙오되었다고 비판하면서 새로운 민족의 건설을 역설하였다.
박정희의 민족 정의는 국가와 관련된 경우에만 의미를 지닌다. 박정희는 연두 기자회견에서 민족과 국가에 대해 다음과 같이 언급한다.

> 민족과 국가라는 것은 이것은 영생하는 것입니다. 특히 하나의 민족이라는 것은 영원한 생명체입니다. 따라서 민족의 안태(安泰)와 번영을 위해서는 그 민족의 후견인으로서 국가가 반드시 있어야 하겠습니다. 국가는 민족의 후견인입니다. 국가 없는 민족의 번영과 발전이라는 것은 있을 수 없는 것입니다. 일제시대에 우리가 나라 없는 민족이 되어서 얼마나 서러움을 받았습니까?(1973. 1. 12 연두 기자회견)

그는 국가와 민족이 동전의 양면처럼 서로 다른 얼굴을 하지만 한 몸임을 주장하였다. 이 과정에서 북한을 배제하였으며 대한민국만이 새로운 한민족을 구성할 수 있다고 주장했다. 근대 서구의 민족주의가 내셔널리즘을 발전시키면서 국가의 애국주의와 민족주의를 동일시하는 경로로 발전했다면 박정희의 민족주의는 북한을 배제하면서 새로운 배타적이고 배제적 특성이 있다. 유럽의 독일이 다양한 독일 민족 중에서 오스트리아를 배제하고 프로이센 중심의 소독일주의로 통합하며 독일연방을 구성한 것처럼 남한을 한민족의 적자(嫡子)로 주장하고 북한을 괴뢰 집단으로 정의 내리는 민족주의를 발전시켜 1민족 2국가 체제를 정당화하였다.[139]
박정희의 민족주의는 국민의 탈정치화를 위한 도구였다. 국민 다수를 이루고 있던 농민과 새롭게 등장하는 노동자들을 탈정치화시키는

---

[139] 독일과 프랑스의 nationhood는 민족의식과 국민의식으로 옮겨질 수 있는데 민족의식이 발달한 독일에서는 '민족'의식인 이 단어가 국가 중심이 강한 프랑스에서는 '국민'의식으로 읽히는 것과 비교할 수 있다. 한국의 민족주의는 여러 민족이 한 국가를 이룬 프랑스와 달리 한 민족이 여러 나라를 구성한 독일의 예와 유사하다(Brubaker, 1992).

것은 위로부터의 혁명을 추진하는 특권 집단들에게 있어서는 필요충분조건이었다. 제3세계 국가들에서 정치권력을 획득한 군부 독재 집단들이 권력으로부터 다수를 배제하고 군부-관료-재벌의 지배 연합 체제를 만들어 자신들의 권력을 공고히 유지하려고 시도한 것처럼 박정희도 근대화를 명목으로 지배 연합 체제를 구축하고 민족주의를 내세워 탈정치화하려고 시도했다(Trimberger, 1978: 110). 이 과정에서 전통적인 연줄 중심의 사회관계망이 해체되거나 사라지지 않고 남았다. 한국 사회에서 영향력을 발휘하게 된 것이 이런 지배 연합 체제의 공공화를 위한 것이었다. 그리고 자유로운 사상 체계 대신에 유교가 가지고 있었던 상하관계의 수직구조 강화 기능이 다시 나타나고 '우리'와 '남'을 가르는 유사가족주의를 확대·재생산을 하였다. 이것이 단순히 정치적인 영역에만 머무르지 않고 산업화와 근대화의 영역까지 확대되어 유사가족주의를 통한 집단주의적 사고와 가치체계를 산업화와 경제성장의 이름으로 정당화하였으며 국가는 유교를 새로운 지배 이념으로 다시 불러들였다. 이 과정에서 한국 사회의 구성원들은 철저하게 집안의 이름으로, 조직의 이름으로, 국가의 이름으로 지배당하면서 근대화를 경험하게 되었다(박영신, 1992).

5. 국민국가의 등장과 시민사회의 약화

1961년 5월 16일의 쿠데타는 권력욕을 가진 군인들에 의해 일어난 군사정변이었다. 만약에 군사정변이 없었다면 한국은 분명 다른 국민국가 형성의 길로 접어들었을지도 모른다. 그러나 분명 쿠데타는 일어났고, 18년의 독재 시기에 이루어진 위로부터의 산업화와 근대화는 대한민국의 제도적 형성에 크게 영향을 미쳤다.

쿠데타의 원인은 분단과 한국전쟁을 경험하면서 과대성장한 군부와 비대해진 국가기구를 효율적으로 통제하지 못한 정치 엘리트의 역량 부족에 있었다. 그러나 장면 정부의 무능함뿐만 아니라 미성숙했던 시민사회, 저발전의 경제에서 비롯된 장기간의 가난, 개인들에게 배태되었던 지속된 구태와 구습 그리고 사회적 갈등 폭발 역시 빈약한 쿠데타 모의와 실제 쿠데타의 성공에 일정 부분 기여하였다.

박정희, 김종필과 함께한 쿠데타 세력들은 강력한 국가를 건설하고 게으르고 나태한 한국인의 정신을 개조하여 근대적인 인간으로 만들려고 하였다. 군부는 합리성과 효율성을 갖춘 근대 국가 체제를 만들려고 노력했다. 휴전선 이남의 영토, 중앙 중심적인 지배 체제, 분화되고 효율적인 행정기구, 억압력을 독점하고 통치에 이용하는 제도적 국가를 형성하는 데 큰 영향을 끼쳤을 뿐 아니라, 인간개조를 시도하면서 대한민국에 거주하는 한국인들을 대한민국의 국민으로 만들었다. 그 과정에서 현재까지 박정희 잔재가 국민에 남아 있어 시민사회 형성에 장애물로 작동하고 있다.

이러한 일련의 과정은 제도주의적으로 볼 때 서구에서 시민화 과정 이전의 근대 국민국가의 형성 맥락과 매우 비슷하다. 이런 점에서 군사쿠데타가 만들어 낸 사회적 결과는 국가의 제도적 발전과 국민 의식의 형성이라는 것이었고 이것이 산업화를 통한 경제성장 과정과 겹치면서 근대화로 이어졌다. 이런 것을 종합할 때 군사쿠데타가 한국에서 근대 국민국가 형성에 크게 이바지했다고 할 수 있다.

그러나 '어떤 근대 국민국가인가?'라고 물으면 우리는 서구의 경험과 다른 새로운 형태의 국민국가를 제시할 수밖에 없다. 군사쿠데타가 위로부터의 개혁을 시도하면서 만들어 낸 국가의 체제는 다수의 대중을 정치·경제 영역에서 제도적으로 배제하는 것이었고, 이를 위해 순종적인 국민 형성이 필요했다. 국가는 강력한 억압을 수반한 감시와 탄압을 정당화하는 제도화된 국가 체제를 형성했다. 강력한 억압기구의 활동은 북한의 위협으로 정당화되었다. 때마다 국면마다 정권과 억압적 국가기구는 북한을 앞세워 민주주의를 퇴행시키고 권위주의 체제를 강화하였다. 언제나 전쟁의 가능성이 등장했다. 국가는 전쟁의 위협을 끊임없이 재생산하면서 국민에게 국가의 부름에 응답하기를 요구하며 동원을 시도했다.

지배 세력은 다수의 한국인에게 근대인으로 거듭나기를 강조했다. 그리고 그 과정에서 한국인들 다수는 자신의 영역에서만 일하고 그 선을 넘어서는 것을 하지 못했다. 즉, 노동자는 일만 해야 하고 정책을 결정하는 위치에 기웃해서는 안 된다. 교사는 교과 내용을 가르칠 뿐, 정치 이야기를 해서는 안 되며, 자본가는 이윤을 내기만 하면 된다. 강요된 사회적 분업을 통해서 시민들은 정치에서 소외되고 자신의 미래에 대한 의사결정도 타인에 의해 이미 정해진 것을 따르기만 해야 했다. 시민이 국민화된 상태에서 시민사회가 성장하는 것은 어려웠다. 한국의 중산층은 자신의 영역에서만 중산층이었고 시민으로서 자신의 미래를 스스로 결정하기 어려운 사람으로서 국민으로서만 남게 되었다. 사람들은 정치뿐 아니라 자신의 일상적인 영역에서도 박정희 체제가 만들어 낸 국가가 설계한 틀에서만 살아야 했으므로 체제에 포섭된 인간들만 재생산되었다. 이것이 박정희가 꾸준하게 요구한 근대적 인간상이었다.

서구의 근대 국민국가는 시민화, 민주화되면서 바뀌어 왔다. 한국에서 시민화와 민주화된 국민국가의 출현은 사실상 박정희 체제가 만들어 낸 국민국가의 틀을 넘어서는 것을 의미한다. 이때 '시민화된 국민국가는 누구를 위한 국가이어야 하는가?'라는 질문에 답을 할 수 있다. 이것은 시작은 시민과 시민사회의 형성과 함께 시작될 것이다. 시민사회의 구성에서 공공영역의 생산은 시민사회의 영역이었지만 근대화 과정에서 국가에 의해서 종속된 언론과 종교에서 제 역할을 찾는 것에서 시작해야 한다.

제3장

역사적 블록의 형성 I : 저널리즘의 한국적 역할

1. 국가와 시장에 배태된 저널리즘

　박정희 시기 이후 한국의 언론은 국가와 시장에 종속된 채로 성장해 왔다. 중화학공업화와 1980년대 신산업 구축 과정에서 성장한 한국판 '자이바쓰(財閥)'는 언론사를 창설하고, 기존 국가에 기대어 성장한 언론사는 족벌 언론으로, 공영방송을 명분으로 국가는 방송을 독점하면서 중앙집권화된 언론 구조를 만들었다.
　그러나 급속한 산업의 재구조화로 인해 기존 언론 구조에 상당한 위협이 가해지고 있다. 산업구조가 초고속 인터넷과 인공지능(AI) 기술을 통해 정보화로 바뀌면서 언론 구조에도 상당히 큰 파고가 일고 있다. 현대 자본주의는 모바일, 빅데이터 분석, 사물인터넷 등과 증강현실, 가상현실 등의 기술 발전을 자본 재생산에 활용하는 플랫폼 비즈니스를 통해 재생산하고 있다. 플랫폼 시장은 밀레니얼 소비자들의 다양한 기호와 욕구를 충족시켜 주는 새로운 미디어 매체들로 채워졌다. 미디어 시장에서 지배적 위치를 차지하던 종이·방송 매체의 영향력은 쇠퇴하고 위기에 빠졌다.[140]

---

140) 2010년대 일간지, 잡지 등이 온라인판 중심으로 옮겨가기 시작했고 심지어 그마저도 영향력이 쇠퇴하여 기존 매체의 위기 혹은 몰락이라는 표현이 저널리즘의 현 모습을 대변하고 있다. 미국 <시카고 트리뷴(Chicago Tribune)>,

그런데 이런 위기의 근원은 기술 발전에 있지 않고 다른 곳에 있다. 국가와 시장에 배태된 채로 성장·발전한 전통적 저널리즘의 근대적 태동이 저널리즘 위기의 근본이다. 한국 언론이 신뢰를 잃은 것이 위기의 근원이며, 이 신뢰 상실의 배경으로 시장과 국가에 배태된, 특히 국가에 배태되어 국가와 특정 집단에 기생하면서 성장한 언론에 대한 신뢰가 상실되자 환경이 변화하면서 언론이 위기에 노출된 것이다.

근대 이래 언론은 특정한 시기를 제외하고는 국가와 자본주의(시장)라는 두 개의 사회권력에 언제나 의존적이었다. 저널리즘은 시장 논리에 따라 움직이는 자본주의와 정치 조직으로서 국민국가 성장에 기대어 성장해 왔다(Thompson, 1995: Anderson, 1991). 국가와 시장 사이에서 저널리즘이 차지해 온 위치는 국가와 자본주의 이데올로기를 전파하는 전파 기능과 자본 재생산 기능에 따라 결정되었다. 근대 자본주의 등장에 따른 부르주아의 성장과 새로운 정치 엘리트가 지배하는 국민국가는 새로운 지배 질서를 세울 필요가 있었다. 새로운 지배 질서에는 새로운 지배 기술이 요구되었고 저널리즘이 그 요구에 대응하였다. 근대에 주체로 떠오른 부르주아들이 새로운 지배 질서를 구축할 때 활용된 천부인권 사상은 누구에게나 적용될 수 있는 부르주아 이외의 주체들에게도 적용될 수 있는 보편적 원리가 되었다. 산업이 발전하고 사회가 변동하면서 노동자와 여성 등의 사회적 지위가 높아지고 대중이 등장했다. 근대를 연 부르주아에게 새롭게 떠오른 대중의 등장에 부르주아 체제의 변화는 피할 수 없었다. 이에 대중을 지배 질서에 묶어 둘 수단이 필요했다. 근대 보편교육이 시작되고 문맹률이 낮아지는 등의 환경 변화 속에서 시작된 다양한 이데올로기가 정치·경제 엘리트들에게 필요했다. 새로운 지배 기술은 부르주아와 정치 엘

<로스앤젤레스 타임스(LA Times)>의 종이 신문사 주인이 여러 번 바뀌었으며, <파이낸셜 타임스(Financial Times)>, <뉴욕 타임스(New York Times)> 등은 종이 신문을 만들지 않고 온라인판으로만 뉴스를 전달하기 시작했다.

리트들이 대중에 대한 지배력을 유지할 수 있는 정당성 확보를 가능하게 하였다. 자본주의가 확고한 지배 체제를 유지할 때 지배 체제 유지에 필요한 이데올로기와 그것을 전달하고 유지하는 도구가 절실히 필요하였다(Adorno, 1991).

20세기 말까지 저널리즘의 성장은 대중을 소외시키고 정치, 사회, 경제, 문화 등 사회 전반에 걸쳐 대중을 수동적 존재로 만드는 역할과 자본주의 및 국가의 팽창에 따른 토대에 달려 있었다. 자본주의와 국가는 과학과 기술 발전의 도움을 받으면서 성장했고 저널리즘도 같은 방식으로 성장했다. 그러나 사회 전반의 변동은 개인이 21세기의 새로운 주체로 전면에 나설 수 있는 공간과 기회를 제공하였다. 마치 16세기 시민의 등장과 비슷한 배경이 나타나 변동에 대처하지 못하는 전통적 저널리즘에 위기를 제공하였다. 이미 변화한 환경과 주체가 등장했음에도 저널리즘은 타성에 따라 움직이며 국가와 시장에 더욱 의존하였다. 한국에서 언론은 이미 지난 산업이나 재생산 메커니즘에 기생해서 성장을 추진했다. 대규모 광고가 필요한 부동산, 일확천금을 노리는 투기판에서 자본 재생산의 역할을 하려고 한다. 실제 광고비의 형태는 새로운 시대 자본주의 생산양식보다 과거의 생산양식에 기대고 있다. 기술 발전에 따라 경제구조가 바뀌고 사회가 바뀌고 있음에도 대응하지 못하는 현재의 저널리즘 생산 구조가 변화하지 않고 있다. 현대는 다른 시민사회나 사회와 마찬가지로 구조적 전환기에 해당한다. 시민이 매체 소비의 주체로 등장했음에도 시민보다는 권력과 자본에 배태되어 시민과 거리가 멀어지며 이에 따라 신뢰를 상실한 언론의 생존에 필요한 자본 축적 위기가 발생하였다. 이를 극복할 수 있는 역량이 현재 한국의 언론에 있는지 모르겠다.

사실 이런 시장과 자본에 배태된 언론의 시작은 박정희 집권에서 비롯되었다. 국가와 시장에 배태된 저널리즘이 저널리즘 소비 주체 중심의 구조로 변화하는 것이 저널리즘이 나아갈 방향이며 소비의 주체로 시민의 등장과 시민사회의 형성이 필요한 것임을 이 장에서 제시하고자 한다.

2. 전통 저널리즘의 성장 구조

근대 시기 전통적인 저널리즘의 성장은 서구사회의 주류로 등장한 부르주아들이 국가와 긴장·협력 관계를 형성하면서 시작하였다. 16세기 이후 출판자본주의가 성장하면서 국가는 저술, 신문, 잡지와 같은 출판물을 이데올로기적으로 활용 가능하다는 것을 인지하고 제도적 개입을 통해 출판시장을 지원하거나 통제하려고 시도했다(Thomson, 1995). 국가의 개입으로 자본 축적과 산업혁명에 성공한 영국이 독보적인 시장경제 체제를 구축하여 세계 경제를 지배할 수 있었던 배경에는 신흥 정치 엘리트 지배 체제를 구축한 국가의 제도적 개입과 지원이 있었다(Polanyi, 2001; Wallerstein, 1976). 영국이 출판시장에 대한 국가의 개입과 그를 통한 이데올로기적 국가 장치 활용을 처음 시도하였으며 이어 유럽의 국가들이 뒤를 따랐다. 국가는 물적 자원을 추출하고 국가가 원하는 정보를 전체 국민에게 전달하는 기능을 수행할 수 있는 이데올로기적인 국가 장치로서 저널리즘 시스템을 통제하려고 시도했다.[141]

---

[141] 이데올로기적 국가 장치는 알튀세(Althusser, 1971)가 자본주의 재생산에 관하여 "이데올로기와 이데올로기적 국가 장치"에서 개념화하였다. 국가는 억압기구와 이데올로기적 국가 장치로 나뉘어 운영되는데, 억압기구에 경찰과 군대 그리고 정보기관 등이 있다면 이데올로기 국가 장치에는 가족, 교회, 학교, 언론, 등 다양한 제도들이 포함된다. 출판을 통제하는 방식 중 우편을 통한 통제가 있었다. 국가는 종이 매체 배달 수단인 우편 제도를 도입하여 출판 통제를 시도하였다. 절대왕정 시기 영국의 언론 통제 기구였던 성실법원이 인쇄조례를 도입하여 출판과 언론을 통제하였다. 이어 유럽의 절대왕정 국가들 다수가 주간과 일간신문 발행에 제도적으로 개입하였고 작은 출판사나 언론사를 소유하였으며 매체 허가제를 강제하였고 매체들의 기사를 검열하는 방식으로 통제를 시도하고, 국가 정책과 뉴스를 알리는 관보

근대에 정치 엘리트들이 언론이 필요한 것은 전통적 단일 지배집단이 정치, 경제, 이데올로기(종교), 군사의 네 영역의 사회 엘리트로 분화한 데 따른 도구적 이유에서였다. 각 사회 엘리트들의 이익 극대화 전략 추구 과정에서 국민국가 운영이 다른 사회 엘리트들의 양보를 획득한 정치 엘리트에 의해서 독점되었고, 정치 엘리트가 안정적 국가 운영을 위한 자발적 복종 구조를 확보하기 위해 이데올로기 엘리트가 필요하였다(Mann, 1988).[142] 엘리트의 기능적 분화는 저널리즘이 이데올로기 기능을 전문적으로 담당할 수 있는 구조적인 공간을 제공하였다. 엘리트의 분화와 이에 따른 분업은 20세기까지 저널리즘 권력과 지위를 유지할 수 있도록 만들었다. 이데올로기 엘리트는 자신의 영역을 국가의 경계를 넘어서 전 세계적으로 확장할 수 있으나 군사 엘리트의 보호를 받아야 하며 경제 엘리트들의 자본 지원이 필요하다. 대신 군대에는 군기(morale)를, 경제에는 자본주의 이념을 제공하여 노동자나 대중을 체제에 순종하게 만들며 강한 군사력 유지와 경제적 이익 추구의 정당성을 제공해 준다(19-20). 사회 엘리트들은 상호 연결되어 있었고 그에 따라 서로 의존적인 구조를 형성하고 있었다. 통치하는 정치 엘리트는 다른 사회 엘리트들에 대해 상대적 자율성을 형성하고 있었고 이런 엘리트들의 구조는 저널리즘이 가지고 있었던 지배구조 안에서의 배태성 형성에 영향을 미쳤다.

경제 엘리트와 정치 엘리트들은 새로운 시대 자신들의 정치와 경제적 지배 환경을 구축하고 그것을 공고화하려 하였다. 새로운 지배집단의 전략에 기능적으로 부합할 새로운 매체가 당시 떠오르던 출판 매

(1631년 프랑스에서 최초 시작)를 발행하였다(Smith, 2005: 103).

142) Mann의 이 글은 1984년에 처음 발표되고 이후 도서에 포함되었는데 이 글은 1988년 출판된 서적을 참고문헌으로 표기한다. 만에 따르면, 경제, 이데올로기(종교), 군사 엘리트들은 상호 지원이 필요하지만, 이익 극대화 전략으로 인해 타협에 이르지 못해 정치 엘리트에게 권한을 이양하고 국가의 정치 엘리트들이 상대적 자율성을 확보하여 각 사회 엘리트의 이익을 상호 존중하면서 국가를 자율적으로 운영한다.

체였다. 19세기 중반까지 신문이나 출판은 시민정치의 주체로 등장한 정당 사이에서 정파적인 논지를 유지하면서 정파를 지지하는 구독자의 매출에 의존하였다. 정파적인 논조를 유지하면서 주의 주장을 전달하는 것이 소규모 인쇄업자나 출판업자들에게는 출판을 통한 자본의 재생산에 유리하였다. 구텐베르크의 인쇄기술이 있었으나 대량으로 인쇄할 수 있는 윤전(輪轉) 인쇄술은 아직 발전된 상태가 아니었기에, 소규모 인쇄소를 운영하던 자본가에 의해 시작된 출판자본주의는 소수의 상인, 지식인, 관료, 정치인 등 정파적 논조를 지지하던 구독자들에 의존적이었고, 소수지만 충성스러운 구독자가 있어서 신문의 값도 비쌀 수밖에 없었다. 많은 잡지, 신문, 팸플릿, 서적 등 출판물들이 인기를 얻고 있었지만 가난했던 대중들은 값비싼 출판물들을 손쉽게 구하기는 어려웠다(Smith, 2005: 103).143) 소규모 인쇄소는 지역에 특화된 그리고 자신들만의 정치적 논조가 명확했던 내용을 구독자들에게 정확하게 전달할 수 있었다. 당시 자본 축적과 국가와의 관계는 후원과 수혜자의 관계에서 크게 벗어나지 못한 채 발전하였다. 그럼에도 국가와 대립하기보다 국가 내부의 정파에 따라서 자신들의 논리를 이끌어 갔기 때문에 정권을 잡은 편과는 갈등을 이어가면서 그들에 대한 비판적 논지를 잃지 않았다. 저널리즘은 비록 정파적 특징이 있었으나 국가 자체를 부인한 것이 아니었기에, 국가의 엘리트들과 긴장・협력 관계를 구축할 수 있었다.

19세기 중반 이후 구독자에 의존적인 저널리즘의 수익원에 광고가 더해지면서 20세기 축적 구조가 형성되기 시작했다. 광고는 많은 소비자가 있을 때 효과적이다. 산업혁명이 본격적으로 시작되는 19세기 접어들면서 부유한 시민들이 많아지면서 저널리즘 소비자들의 수가 가파르게 증가했다. 이 과정에서 대중에게 다양한 종류의 상품 광고와

---

143) 1810년 독일의 쾨니히(Friedrich König)가 증기기관을 이용한 고속 윤전식 인쇄기를 발명하여 자동화에 성공, 신문과 잡지를 대량으로 값싸게 인쇄할 수 있게 되었다(Smith, 2005: 104).

정당정치를 위한 정치 홍보를 지면에 실어 주는 광고시장이 열리게 되었다. 대중민주주의가 유럽보다 먼저 발달한 미국에서 정파 논조를 넘어 객관적 사실을 전달하려는 경향이 대두되었으며, 정파적인 수준을 넘어서자 구독자 수가 국가 단위로 확대되기 시작했다.144) 이에 출판업자들은 구독자를 늘리기 위해서 신문의 가격을 낮추었다. 부족한 비용은 신문 지면에 광고를 실어 보충하였다. 이 전략은 다수의 소비자를 신문시장에 끌어들여 광고의 효과를 높이고 광고를 통해 저널리즘 기업의 이익을 안정적으로 꾀하는 목적에서 비롯되었다(Smith, 2005: 184; 노혜경, 2020: 105).

대중이 저널리즘의 소비 주체가 되면서 비판적이고 철학적인 기능보다 신문기업의 사적 이익을 위해서 언론인은 노동자로 전락하게 된다. 전문언론인은 사기업을 위해서 전문화된 취재에 매달릴 수밖에 없었다.145) 대중화는 객관적인 사실을 다루면서 대중에게 신문이 호소력이 있어야 했기 때문에 편집국의 독립이 유지되는 것이 많은 독자를 유지하고 판매 부수를 늘릴 수 있게 되어 광고가 많이 들어와 이익을 확보할 수 있는 중요한 요소로 여겨졌다(노혜경, 104). 편집국의 독립과 언론의 영역 확대는 언론이 지배 세력이나 특정한 기업의 기관지가 아니라 대중의 기관지임을 표방하는 것으로, 부패하고 냄새나는 어두운 세력들을 비판적으로 다루는 무관(無冠)의 제왕임을 보여주

---

144) 저널리즘 자본 축적의 한 축이 국가와 부르주아였다면, 다른 한 축은 대중의 출현이었다. 초기에 출판기술이 발달하고 자본가를 필두로 한 지식인, 시민이 성장하여 저널리즘의 소비 주체로 등장했다면 19세기 이후에는 수적으로 많은 대중이 소비 주체로 등장했다. 시민에서 대중으로의 매체 소비 주체의 이동은 경제구조의 변동과 기술 발전이 결합하여 만든 결과였지만 저널리즘의 확대·재생산에 크게 영향을 미쳤다(김창남, 2010).
145) 하버마스(Habermas, 1991: 181)는 전문적인 취재를 통해 객관적 사실만을 제시하려고 하는 언론인의 새로운 태도는 논리적이고 철학적인 이해에 바탕을 두고 국가와 자본주의 사회에 비판적인 태도를 보였던 문필가의 기능을 상실하도록 만들었다고 저널리즘의 대중화를 비판하였다.

는 것이었다. 국가와 자본주의 성장과 발전 과정에서 나타난 부작용들을 다룰수록 대중의 인기를 확보할 수 있었고 이는 광고를 통해 자본 이익을 확대하고 대중에게 영향력을 행사할 역량을 획득·축적하게 하였다. 자신의 영역에서 영향력을 확보하면서 저널리즘은 국가와 시장에 대해 상대적인 자율성을 확보하면서 자신들의 고유 영역을 유지할 수 있었다.

20세기 초반 포드주의의 시대가 도래하였다. 착취와 자본 축적 방식이 직접적 임금 착취에서 노동자들의 소비를 통한 간접적 착취로 변경되었다. 노동 관리 기법, 컨베이어벨트 등의 도입에 따라 생산성 향상이 있었으며 이에 따른 1일 8시간으로의 노동시간 단축을 통해 노동자들에게 많은 여가를 제공했다. 급격한 임금 인상은 노동자들에게 금전적 여유를 제공하여, 그들은 자동차를 구매하고 자신의 집을 소유할 수 있게 되었다. 소득이 증가하여 소비의 여유가 생기면서 '문화산업'이 등장·발전하기 시작했다.146) 대중의 욕구를 충족시켜 줄 수 있는 라디오와 텔레비전 등 새로운 매체가 등장하여 문화상품 복제의 시대가 도래하였다. 스포츠 경기가 영상으로 만들어져 전파를 탔으며 영화 드라마가 목소리와 영상으로 대중에게 전달되었다(Thomson, 1995: 87). 문화의 자본주의 상품화가 가속화되어 대중매체는 정보 전달 기능을 넘어서 하나의 거대한 산업으로 확대·재생산되었다. 매체는 거대해지고 지역을 넘어 국제화되었으며 거대한 네트워크를 통해 매체의 자본 축적과 재생산에 유리한 구조를 만들었다.

민주주의가 성장하고 정당정치가 본격화되면서 매체를 활용한 선거가 정권을 획득하기 위한 필요조건이 되었다. 민주주의 발전에 저널리

---

146) 문화산업(culture industry)은 아도르노와 호르크하이머의 『계몽의 변증법』(1947)에서 처음 사용되었다. 이를 통해 대중 소비를 위해서 문화가 재단되어 상품화되는 것을 비판적으로 인지하는 계기를 마련하였다(Adorno, 1991: 85). 언론도 마찬가지로 재단되고 수요자에게 필요한 것을 제공하는 방식으로 변화를 겪었다.

즘이 주요한 도구로 인식되었다. 시장과 국가기구의 팽창 속에서 국가와 시장에 대해 상대적 자율성을 확보한 저널리즘은 전국 그리고 세계적으로 확대된 네트워크를 활용하여 국가와 시장에 비판적일 수 있었다. 이로부터 소비자들로부터 신뢰를 확보하였으나 자본주의와 국가에 대한 비판은 전면적인 새로운 시장과 국가 형태로의 변혁이 아니라 기존 체제 유지에 필요한 수준에서만 이뤄졌다. 매체를 소비하는 이들의 수가 증가할 때, 매체의 사회에 대한 영향이 비례하여 증가한다. 부르주아와 새로운 정치 엘리트들의 등장과 시민의 성장은 의사소통 기능을 가진 저널리즘 매체 수요를 증가시켰다. 저널리즘 매체들은 국민국가가 근대 통치 질서를 수립하고 유지하는 데 필요했던 자발적 복종을 유도할 수 있는 국가 하부구조 권력 형성과 강화에 그것의 역할을 담당했다(Mann, 1988: 26-28).

　미디어는 국가의 이데올로기적 장치로 작동하며 사회화의 주된 기능을 담당한다(Althusser, 1972). 독재자뿐 아니라 민주주의 국가에서도 미디어의 역할은 대중의 지지를 확보하는 데 필요한 요소였다. 이에 따라 국가는 근대 이후 계속해서 미디어와 같은 매체를 국가의 통제 아래 두려고 노력했다. 채찍과 보상은 국가가 미디어를 통제하기 위해서 사용한 주요한 도구였다. 채찍 중의 하나가 검열이었는데 검열은 매체를 통제하는 국가의 주요한 방법이었다(Smith, 2005). 국가에 필요한 정보만을 전달하는 매체가 검열을 통과하고 국가는 이에 대한 보상으로 다양한 방식으로 지원하였다. 이 과정에서 저항하는 언론이 등장하곤 하였으나 대체로 제도를 만들어 통제하는 국가에 대항하기는 쉽지 않았다.

　한국의 저널리즘 성장과 발전은 자본과 국가에 배태된 채로 발전한 점에서 서구의 사례와 비슷하면서 독특한 역사도 있다. 한국 저널리즘의 배태성은 자본주의를 본격적으로 시작한 식민지 시기에서 시작하였다. 일제는 정간, 폐간, 복간 그리고 기사 검열 등 다양한 방식을 동원해 언론매체들을 통제하고 통제에 잘 따르는 매체에 대해서는 보상하는 방식으로 언론을 길들였다. 식민지 정책의 홍보와 대중 선동 그리고 대중 동원에 신문·잡지와 같은 미디어들이 활용되었다(김 마이클, 2005: 227).

일제의 통치 방식은 박정희 정권이 지배한 대한민국에서 부활하였다. 박정희가 군사쿠데타로 집권한 이후부터 국가 의존적 저널리즘이 본격화하였다. 박정희는 『언론윤리위원회법』을 만들고, 『신문, 통신 등의 등록에 관한 법률』을 공포하여 언론을 통제하였다. 반대하는 언론은 폐간하거나 정간시키고 관련 언론인을 체포하고 처벌하였다. 제도적 장치를 활용하여 언론사와 언론인을 통제하면서 동시에 언론사를 기업으로 성장시켜 시장에 편입시키는 당근도 제시하였다. 언론 자체를 하나의 상품으로 만들어 상품을 파는 기업으로 만들었다. 박정희는 식민지 시기 생존한 신문사들이 언론재벌로 성장할 수 있는 토대를 만들었다(박용규, 2014; 41)[147] 제도적 장치를 활용하여 수용자와 적극적인 의사소통 체계를 갖추지 못한 언론은 외부의 위협에 약해 생존에 취약할 수밖에 없다.

박정희 정권 시기 시도되었던 다양한 프로그램은 정론지 언론을 만들기보다 기업에 취직한 노동자로서 언론인을 만들었고, 쿠데타 이후 지식인들을 포섭하였듯이 언론인도 포섭하여 전문 기능인을 만들어 국가 이데올로기를 만드는 데 활용하였다(정용욱, 2004; 175). 언론이 집중화되고 거대해질수록 이익을 위해 시스템(국가와 시장)과 타협하기 쉽다. 조직이 거대해지면 조직 내·외부와 의사소통이 어려워지고 관료제화가 진행된다. 거대해진 조직은 중앙집중화된 권력구조를 이루게 되며 내부의 의사소통이 힘들어지게 된다. 그러다 보면 효율성을

---

[147] 언론사들의 신문용지 관세를 30%에서 4.5%로 낮추었다든가 신문사 운영에 필요한 장기저리의 차관이나 융자를 받도록 알선하여 경영의 편리함을 도모하도록 했다. 비판적인 언론인을 끌어들이기 위해 정계나 정부 기관에 취업하도록 했다. 국회의원으로 포섭하여 언론의 권력 지향적인 특성을 만들었다(박용규, 2014: 43).

강조하게 되고 그에 따라서 소수의 엘리트에 의사결정의 권력이 집중된다. 거대해진 조직의 수익은 구독자가 아닌 국가와 시장의 광고와 국가의 지원 제도에 따라 달라지기 때문에, 제도를 만드는 국가와 수익을 제공하는 시장에 의존적일 수밖에 없다. 한국에서는 거대화된 언론재벌과 재벌 언론이 중심이 되어 시민들은 배제한 채로 시장과 국가에 배태되어 성장했다.

3. 전통 저널리즘의 위기 도래

근대 접어들어, 사회가 팽창하면서 정치, 경제, 종교, 사회 등의 공간이 일반 시민들에게 개방되고 그동안 닫혀 있던 공간 이야기를 대중에게 전달하는 언론과 출판이 성장하였다. 그 성장 속에서 전문적 취재에 터 해 객관적 사실을 전달하고 때로는 국가와 자본의 부작용에 비판적이었던 언론이 정보에 목말랐던 시민들로부터 공정성과 신뢰성을 확보하였다. 공정성과 신뢰의 배경에는 엘리트들의 이해 추구가 있었는데, 기존 세력에 대항하던 부르주아와 신흥 정치 엘리트들의 기본적 이해는 그들이 구축한 새로운 질서를 찬양하고 구질서에 매서운 비판을 가하여 자신들의 질서로 대체하는 것이었다. 이들은 출판과 신문을 통해 전통질서를 해체하고 새로운 질서를 세울 것을 역설했다. 대중이 소비의 주체로 등장하면서 그들이 누려 보지 못한 새로운 물질문명과 문화 소비를 대중에게 전달하였다.

전달자로서 매체의 기능에 충실했고 자본 축적의 방식을 바꾸면서 성장한 저널리즘의 신뢰와 공정성은 사회변동을 제대로 이해하고 그 속에서 자신의 역할을 담당하면서 이해를 추구했기 때문에 획득한 부차적 산물이었다. 시장과 국가에 배태된 구조는 그대로였다. 자본주의가 확장하고 근대 국민국가가 완전한 지배 체제를 구축한 20세기에 언론은 자신의 힘으로 자본 축적과 재생산을 이룰 수 있는 거대한 자본주의 기업으로 성장했다. 일국을 넘어서 세계 단위로 확장했을 뿐 아니라 각 지역에서 지역의 경제와 정치 주체들과 깊은 연결 통로를 구축하여 자본과 국가 사이를 연결하고 대중의 욕구를 충족시켜 주는 유일한 독점적인 주체로 성장했다. 그러나 언론은 이데올로기 기구로서 독점적 지위를 유지했지만, 시대가 변하고 소비자가 변하였다는 사실을 몰랐거나 외면했고 자신들의 독점적 지위를 유지하고자 시장과 국가에 의존하였다.

자본주의가 자유주의와 개인주의의 발전에 이바지하지 않았더라면, 기술 발전이 새로운 AI와 빅데이터 등의 정보화 시대를 열지 않았더라면, 아마도 국가와 시장에 배태된 저널리즘의 완벽한 지위 구축은 위협을 받지 않았을 것이며 대중은 언론이 제공해 주는 정보만을 신뢰하였을 것이다. 일방적 정보 전달 구조가 만든 수용자들의 불만은 새로운 대안 매체들이 등장하면서 드러나 전통 매체들에 위기를 불러일으켰다. 수용자들은 전통적인 언론이 전달하는 정보를 신뢰하는 대신에 자신들이 원하는 정보를 주는 매체를 믿기 시작했다. 이런 변화는 여러 사건이 한 결과에 우연히 영향을 미쳐서 발생했다고 할 수 있다. 각 사건이 직접적인 요인이 된다기보다 각 사건이 결합하여 저널리즘의 위기로 이어진 것이다.

1) 정보 전달 방식의 변화와 신뢰 위기의 도래

새로운 경쟁자가 시장에 등장하고 성장하면, 기존 시스템에 위기 경보가 발생한다. 전달하는 정보에 대한 신뢰, 전달자에 대한 신뢰가 무너지면 기존 저널리즘 구조가 무너지게 된다. 사회변동에 따라 다수의 노동자가 소비의 주체로서 등장하자 전통적 대중매체가 새로운 소비자의 욕구에 대응했다. 전에 성공한 방식이 구조화되면서 변화된 환경에 따라서 변화할 수 없었고 그에 따라 위기에 빠지게 된 것이다. 시장과 국가에 배태된 채 중앙에 집중화되고 거대화된 미디어 시장

구조는 소비자인 대중의 변화에 대처하기 어려웠다. 기술 발달로 인해 새롭게 등장한 뉴미디어들이 소비자들에게 필요한 정보를 제공하고 소비자들은 매체를 통해 정보를 전달만 받지 않고 생산하면서 확대재생산에 직접 참여하기 시작한 상태에서 대중을 소외시키는 시스템에 의존하는 전통적 매체는 신뢰를 잃기 쉽다. 기술 발전이 저널리즘 생산자에서 소비자로 권력이 이동하도록 만든 것이다.

저널리즘의 위기에 강력한 충격을 가한 외부 요인으로 정보혁명을 들 수 있다(김승수, 2014; 삼성경제연구소, 2018)[148] 정보 전달과 생산까지 가능하게 만든 모바일 기술 발달은 기존 저널리즘 시스템에 치명적이다. 미디어는 소비자 욕구에 대처하기 위해 민첩개발 방식과 비슷한 작동 원리에 따라 움직인다.[149] 소셜 미디어의 영향력은 뉴스나 정보를 전달하는 기능뿐 아니라 소비자들이 스스로 무엇인가를 만들어 내는 플랫폼으로서 기능하기 때문에 뉴스를 전달하던 기존의 거대 회사들을 위협하고 있다. 변화에 즉각적으로 반응하도록 설계되어 있어 다양한 욕구에 맞추어 소셜 미디어도 계속 분화하고 있다. 소셜 미디어는 유연화된 조직화와 개인화된 시스템을 통해 소수의 인원으로 일을 처리하기 때문에 변화에 쉽게 대응할 수 있다. 이런 방식은 소셜 미디어를 개발하고 활용하는 플랫폼 IT 업체들에서 잘 드러난다. 수용자인 소비자들의 이용 패턴을 따라 변화하는 각 IT 기업들의 정책은 기존 매체보다 쉽게 변화에 적응한다. 뉴스 전달 방식에 변화를

---

148) 삼성경제연구소(2018: 103)는 방송 관련 직종은 10년 내 AI가 기존 인력을 대체할 것이라고 예측하였다. 가까운 과거의 예를 들면 현재는 필름을 인화해서 사진을 게시하는 매체는 더 이상 없다. 필름 카메라는 이미 디지털 카메라, 심지어 스마트폰으로 대체되었다. 전문직이었던 기술직들의 일자리 상실은 신문과 방송 분야에서 클 것이라 예측할 수 있다.

149) 산업체에서는 널리 알려진 방식인 민첩개발(agile development)은 소프트웨어 개발에서 최소한의 기능을 갖춘 제품을 만들고 사용자들에게 배포하여 사용자들의 의견을 수집하고 수렴하여 소비자 친화적인 제품을 짧은 시간 안에 최소한의 비용을 들여 만드는 것이다(삼성경제연구소, 2018: 172).

주어, 수용자들에게 믿고 싶은 것만을 제공하거나, 신뢰할 만하거나 소비자들이 듣고 보기 원하는 것을 제공할 수 있다. 이마저도 소비자들이 직접 자신들이 원하는 정보를 찾고 수정하고 전달하도록 유도하면서 플랫폼 제공자로서 위치를 확고하게 세우고 있다. 그리고 개인들은 소비자가 직접 생산한 정보를 선호한다. 인터넷 플랫폼 기반 소셜 미디어의 발달과 개인 미디어 방송 등은 소비자들이 생산자가 되는 좋은 예라고 할 수 있다.[150] 지난 10여 년 동안 블로그, 팟캐스트, 유튜브 그리고 플랫폼 기반 개인 방송이 기존의 매체를 위협하고 있다. 대중들은 개인이 원하는 정보를 확보하고 수정을 가하거나 그대로 전달하는 과정에서 자신이 원하는 정보를 전달하는 사람과 비대면 관계를 맺는다. 이 관계에 따라 신뢰가 형성되고 자신이 관계를 맺는 이들과 상호작용하면서 신뢰를 더욱 강화한다. 소셜 미디어가 매체로서 개인화된 신뢰 관계 구축에 영향을 미친다. 신뢰성에서 공공성이나 공적인 기준은 사라지고 있다.

현재 저널리즘 신뢰 상실 위기는 대안 매체와 전통 매체 간 경쟁에 의해 발생하는 것이 아니라, 전통 저널리즘이 대안 매체를 활용하면서 객관성을 상실하게 되어 위기가 촉진되고 있다. 기존 언론이 소셜 미디어에 등장하는 정보를 자신들의 이익에 맞게 수정해서 다시 전달하고, 다시 소셜 미디어에서 전통 매체의 정보를 받아 대중에게 전달하는 패턴이 나타났다. 대중에게 정확한 정보를 전달하기보다 대중의 욕구를 자극해서 신뢰를 확보하려는 전략이지만 오히려 기존 매체에 대한 신뢰를 떨어뜨려 위기를 가속화하고 있다. 소셜 미디어에 의존하는 경향이 많을수록 가짜뉴스를 판단하는 기준도 매우 주관적인 형태를

---

[150] 미디어 권력은 플랫폼을 제공하는 거대 IT 기업들로 이동하고 있다. 한국의 경우 팟캐스트 이용자가 빠르고 꾸준하게 증가하고 있다. 국가별로 팟캐스트 이용 비율을 조사한 결과 우리나라가 58%로 팟캐스트 조사 22개국 중 가장 높았다. 다음으로 홍콩(55%), 대만(47%), 스페인(40%) 순이었다. 22개국 전체 응답자의 팟캐스트 이용 비율은 34%였다(한겨레 2018. 6. 14). 현재 한국은 유튜브가 팟캐스트를 대체하고 있다.

띤다.151) 낮은 뉴스 신뢰도, 높은 포털 이용률, 온라인 동영상 뉴스와 팟캐스트의 높은 이용 비율 등은 한국 언론이 처한 환경 변화와 소비자들의 대응을 보여준다(Digital News Reports, 2018). 실제로 진보(48%)와 보수(49%)가 중도(37%)보다 플랫폼 기반 개인 미디어를 활용하여 뉴스를 전달하고 있다. 어느 쪽이든 이념 경향이 강할수록 언론에 대해 신뢰하지 않고 자신들이 스스로 정보를 만들고 전달하고 소비하려는 경향이 나타난다. 미국도 비슷하다. 미국 보수층의 81%가 뉴스를 신뢰하지 않는다고 한다(디지털 뉴스 리포트 2019).152) 기존 신문과 방송에 대한 불신은 계속해서 높아지고 있고 뉴미디어의 위상이 점점 더 높아져 가고 있다(PD저널 2019. 9. 6).

정치적 이념에 따라 뉴스에 대한 신뢰도가 바뀌는 것은 일반적 현상에 가깝다. 퓨리서치의 2016년과 2017년 조사에 따르면 미국인들은 자신이 속한 정파(민주당, 공화당, 무당파)에 따라서 다양한 종류의 언론매체에 대하여 서로 다르게 신뢰하고 심지어 언론의 역할에 대해서도 이견을 보인다.153) 신뢰가 정당 지지도에 의해서 결정되고 있다.

---

151) 가짜뉴스의 등장으로 뉴스가 사실인지 아닌지가 중요한 화두로 제시되고 있다. 한국의 인터넷 이용자 61%는 "온라인 뉴스를 생각할 때 인터넷에서 어떤 것이 사실이고 어떤 것이 거짓인지 우려스럽다"에 대해 "그렇다"고 답한 것으로 조사됐다. 가짜뉴스에 대한 우려 비율이 가장 높은 국가는 브라질(85%)이 가장 높았고 이어 포르투갈(71%), 스페인(69%), 칠레(66%), 그리스(66%), 싱가포르(66%), 호주(65%), 미국(64%) 순이었다(한겨레 2018. 6. 14).

152) Digital News Reports(2019)의 요약은 한국언론진흥재단의 Media Issue(www.digitalnewsreports.or)에서 인용하였다. 상세는 제5권 3호 참조.

153) Pew Research는 2017년 5월 9일 뉴스 미디어에 대한 신뢰도 변화(2016년도 대비)를 발표하였다. 뉴스의 신뢰도는 그 뉴스가 얼마나 많은 사실과 진실을 밝히는가에 달려 있다고 사람들은 믿는다. 그런데 언론이 밝히는 그 사실이 자신이 원하는 진실과 관련이 없다고 한다면 그 언론의 기사는 사실이 아니라 거짓 혹은 가짜뉴스가 된다. 믿고 싶은 것만 믿는 경향이 더욱 강해진다는 사실이다. 퓨리서치는 이런 경향이 강해진 것은 정치적 당파성에 의해서 더욱 강해진다는 사실을 보여 주는 조사 결과를 제시했다.

한국에서도 탄핵 정국에서 MBC가 보여준 태도나, 최순실 태블릿PC 사건을 맨 처음 보도한 모기업 중앙일보와 다른 관점을 보도한 JTBC가 높은 신뢰를 확보한 것은 대중이 사실과 객관성을 받아들이는 태도에 변화가 있음을 시사한다. 한국이나 미국에서는 어떤 정권이 등장하는가에 따라서 매체의 신뢰도가 바뀌기도 한다. 이명박・박근혜 정부에서 MBC는 좌파에게 '정권의 나팔수'라는 비판을 받았다. 현재는 같은 비난을 우파에게 같은 비판을 받는다. 오랫동안 어느 한쪽만 지지하는 경우 해당 신문은 지지자들에게는 신뢰하는 언론매체로, 반대편 지지자들에게는 불신 매체로 인식된다. 〈시사IN〉이 발표한 불신하는 언론매체 1위에 2018~19년 2년 연속으로 〈조선일보〉가 선정되었다. 불신하는 비중은 17%에서 20.5%로 더 높아졌다. 같은 조사에서 가장 신뢰하는 신문 매체 순위도 〈조선일보〉가 16.8%로 1위였다(시사IN 2019. 9. 9). 자신들이 듣고 싶은 이야기를 전달하는 매체를 신뢰하려는 대중들이 저널리즘 신뢰도 변화에 크게 영향을 미쳤다. 독재정권 시기에 정보에 대한 신뢰를 묻는 질문으로 회자된 "신문에 나왔어?"라는 말은 당시 신문이 확보했던 대중 소비자의 신뢰도를 말해주는 표현이다. 신뢰를 받던 저널리즘의 신뢰도가 땅에 떨어진 것은 언론의 변화가 아니라 사회와 구성원들의 변화에 기인한다.

전통 저널리즘의 대처에 문제가 있다. 사회와 구성원들이 변하면 이에 대응해서 기존 시스템을 수정할 필요가 있다. 그러나 전통 저널리즘은 그렇게 하지 않았다. 대중은 자신들이 듣고 싶은 이야기를 하는 언론을 신뢰하고, 듣고 싶지 않은 이야기를 할 때 신뢰하지 않는다. 현재 시점에서 대중은 중앙집권화된 언론이 객관성과 사실을 무기로 보도를 해도 사실과 객관성 자체에 대해 의문을 제기한다. 대중이 언론을 객관적이지 않고 정파적이라고 인식하는 것은 언론이 전달하는 정보에 대해서 스스로 객관성을 지키지 못하여 발생한다. 예를 들어, 같은 사건을 자신이 지지하는 정권이면 비판하지 않고 반대 정권이면 비판하는 행태다.

한국언론진흥재단이 영국 옥스퍼드대 부설 로이터 저널리즘 연구소와 공동 연구해 발간한 〈디지털 뉴스 리포트 2018〉에 따르면, 한국의 뉴스 신뢰도는 조사 대상 37개국 가운데 최하위로 전해에 이어 여전히 꼴찌인 것으로 나타났다(한겨레 2018. 6. 14). 영국 여론조사 기관인 유고브(YouGov)가 2018년 1월에서 2월 사이 진행한 온라인 조사에 미국·영국·일본·덴마크 등 37개국의 인터넷 이용자가 참여했다. 37개국 전체 응답자는 7만 4,194명, 이 중 한국의 응답자는 2,010명이었다. 한국의 인터넷 응답자 25%만이 "거의 항상 대부분 뉴스를 신뢰한다"라고 응답하여(2017년 23%, 36개국 중 36위) 그리스(26%), 헝가리(29%), 말레이시아(30%) 등과 함께 하위 그룹에 속했다. 뉴스 신뢰도 상위 그룹에는 핀란드(62%), 포르투갈(62%), 브라질(59%), 네덜란드(59%), 캐나다(58%), 덴마크(56%) 등이 속해 있었다.154)

코로나19가 창궐하고 확산세가 지속되면서 정부가 전달하는 정보에 대해서도 신뢰하지 않고 오히려 자신들이 원하는 정보만을 전달하는 1인 매체들을 신뢰하는 경향도 기존 언론에 의지하는 정보 전달 체계에 대한 신뢰를 수용자들이 거둬들였기 때문에 발생한 것이다. 현대 저널리즘 정보 전달 체계에 문제가 발생한 것이다. 근대 저널리즘의 확장에 객관성은 중요한 요소였다. 정파를 넘어 객관성을 확보하고 대중화에 성공한 역사가 근대 저널리즘의 성장 배경이었다(Smith, 2005; Thomson, 1995; 노혜경, 2020). 이런 객관성은 사실 저널리즘이 주체가 되어 정의한 것이었지 전달받는 대중이 결정하지 못하는 구조의 산물이었다. 그런 객관성을 개인들이 자신들의 정보를 토대로

---

154) 〈디지털 뉴스 리포트 2020〉에서는 한국 언론 신뢰도는 21%로 최하위인 40등이었다. 해마다 언론에 대한 신뢰도가 떨어지고 있다. 구독층이 많은 언론의 신뢰도가 가장 높게 나타나는 경향이 발생한다. 2019년에는 유튜브가 KBS를 제치고 신뢰하는 매체 2위에 등극하였다(2019년 대한민국 신뢰도 조사, 시사IN 2019).

부정하거나 때로는 받아들인다.

20세기 기술 발전이 자본 집중과 권력과의 구조적 연결 통로를 형성하고 강화하였다면, 21세기 기술 발전은 대중에게 보다 넓은 선택의 기회를 제공하는 역할을 하였다. 양방향의 소통을 넘어 소비자가 제작에까지 직·간접 영향을 미쳐 제작 방향을 결정할 수 있게 되었다. 정보 생성, 전달, 활용 등에서 권력이 생산자인 저널리즘 기업에서 대중 소비자로 넘어간 상태이다. 위기는 저널리즘이 영향력을 확대하는 과정에서 이미 배태되어 있었다. 20세기 저널리즘은 대중에게 권력을 준 것이 아니라 시장과 국가에 배태된 채로 대중을 이용하여 자신들의 권력을 유지해 왔다. 내재되어 있던 그 관계를 주체인 대중 소비자가 깨달아 신뢰 관계가 무너지고 신뢰 상실은 대중 소비에 의존하던 자본 축적과 재생산 방식의 위기를 불러일으켰다.

2) 자본 축적의 위기와 대응 실패

1980년대 방송은 컬러 텔레비전 등장과 국가의 제도적인 지원으로 인해 폭발적으로 성장했다. 주류 신문사들과 KBS와 MBC는 광고를 독점하면서 자신들의 영향력을 확대하였다. 언론 종사자들이 취업 예비자들에게 선망의 대상이 되었고 경쟁률은 높아졌고 고급 인력이 진출하였다. 1990년대 지상파 방송이 장악한 시장에 유료 방송이 등장하고, 교육 분야 및 소비시장 정보를 송출하는 방송 등 다양한 저널리즘 생산자들이 등장했다. 그러나 기술이 발달하면서 방송과 신문이 독점하던 시장이 포털, 기획사, 소규모 기업 등 다양한 행위자들의 참여로 구성되었다. 경쟁자들의 출현에 따른 매체 환경의 변화는 광고 수입에 기대어 성장한 회사들의 독자·시청자 수 감소로 이어지고 이에 따라 수익이 감소하였다. 분할된 시장에 태풍이 몰아친 것이 4차 산업혁명 시대 플랫폼에 기초한 개인 미디어들의 약진이다. 소비자의 선택이 뉴미디어로 이동하면서 시장의 이익을 나누고 개인으로 이익이

분할되어 저널리즘의 자본으로 재생산되지 않아 자본 축적에 위기가 발생하였다.

전 세계적으로 신문과 방송산업의 불황은 새로운 이야기가 아니다. 이미 1980년대 기술 발전이 소비자에게 권력을 이동시키고 이에 빠르게 대처한 공룡 IT 기업들이 기존 저널리즘 매체를 구매하기 시작했다.155) 아마존의 베이조스가 2013년 〈워싱턴 포스트〉를 인수했다. 1923년 창간된 시사주간지 〈타임〉은 2018년 9월 17일 마크 베니오프 세일즈포스 최고경영자와 그의 아내 린 베니오프가 1억 9천만 달러에 인수했다. IT 재벌 마윈 알리바바 회장도 〈엘르〉, 〈하퍼스 바자〉 같은 잡지와 〈사우스차이나 모닝포스트(SMP)〉를 인수하였다. 기존 저널리즘의 대표인 신문사를 사들이는 IT 재벌들이 늘어나고 있다. 거대 공룡 IT 기업들의 소유가 된 매체들은 자체적으로 이윤을 추구할 수 있는 주체로 남아 있을 수 없고 거대 기업의 이윤 추구를 위한 하나의 수단으로 지위가 변경되었다. 자본 집중화는 언론사가 감당할 수 없고 그를 통해서 시장의 욕구만을 충족시켜 주는 도구로 전락하여 오히려 저널리즘의 매체로서 신뢰를 더 떨어뜨리는 결과를 가져온다.

저널리즘 산업이 위기에 빠지면 해당 산업에 종사하는 노동자들의 실업을 예상할 수 있다. 〈타임〉은 2017년 상반기 300만 부에서 2018년 230만 부로 발행 부수를 줄였으며, 같은 해 9월 13일 200명을 해고하였다. 2013년 폭스사가 개봉한 영화 〈월터의 상상은 현실이 된다(The Secret Life of Walter Mitty)〉에는 경영난에 빠진 잡지사가 온라인판에 전념하고자 직원들을 대량으로 해고하는 내용이 등장한다. 네거티브 필름 현상 전문가인 월터 미티와 종이 잡지 시절 전문가들은 새로운 시대에 맞지 않는 노동자로 해고된다. 잡지사의 직원들이나 필름 사진 전문 작가인 오코넬은 변화하고 있는 사회 속에서 의미 있

---

155) Business Insider (2016. 5. 31)에 따르면 2016년 세계 최고 미디어 회사 30개 중 7위까지가 공룡 IT 기업이거나 기업을 소유한 매체 회사였다. 구글을 소유한 기업 알파벳이 가장 많은 매출을 기록했다.

는 노동을 하는 사람들로 여겨지지만, 급변하는 산업 환경 속에서 종이 매체와 옛 기술들의 몰락을 상징적으로 보여준다.

외국의 경우에, 매체들은 축적 위기를 자본 집중화 전략을 통해서 해결하려고 시도하였다. 반면 한국의 경우에는 국가의 정책을 홍보하고 국가의 지원으로 부족한 수입을 보충하는 전통 저널리즘의 전략을 강화하였다. 전통 저널리즘 매체들의 주 수입원은 과거 방송과 신문이 독점하던 시기의 법과 제도에 의해서 유지된다. 한국의 신문법은 집중화 시기 대규모 언론을 지원하고 소규모 저항 언론 등에는 재갈을 물리는 역할을 했다.156)

2016년부터 2018년까지 한국언론진흥재단이 조사한 '2019 신문산업 실태조사'에 따르면 일간과 주간 종이 신문 및 인터넷 신문의 수입 중 광고 수입 평균 비율은 60.3%에 이른다. 부가사업 및 기타사업 수입은 21.2%, 인터넷상의 콘텐츠 판매 수입은 8.3%, 반면 신문지 판매 수입은 종이 신문만 대상으로 10.3%에 지나지 않는다. 대중의 구독과 그를 통한 광고로 수익을 내는 방식에서 광고 수입원의 주 수입원으로의 변화가 일어난 것이다. 당연히 유료 구독자의 수는 감소하고 있으며 이에 따른 종이 신문 유통망은 사라지고 있다(한국언론진흥재단, 2019).157)

---

156) 단적인 예가 2016년 '인터넷신문 차별법' 제정이었다. 신문법 시행령 개정안 중 "취재, 편집 인력 5인 이상을 상시고용하고, 상시고용 사실을 증명할 수 있는 확인" 조항은 헌법재판소에서 위헌 판정받았다. 신문법을 통해 국가권력이 언론을 통제하고 언론은 협조하면서 국가의 보상을 받는 것이 국가에 배태된 한국 언론의 특징이었다. 한국 언론이 성장하기 위해서는 국가가 만든 '증'을 확보해야만 한다. 협조해야만 국가의 주무부처 출입과 정보를 받을 수 있고 지원도 받을 수 있는 언론사로 위치를 확보할 수 있어 자본 재생산에도 도움이 된다. 국가의 인정을 받으면 언론클럽에 가입할 수 있고, 국가권력에 의해 만들어진 광고 단가 기준에 의해 이윤을 추구할 수도 있다. 비록 그 방식이 과거 대량생산과 소비에 기초한 산업화 시대에 아직도 머물러 있다고 해도 현실에서는 큰 영향력을 행사한다.

157) 한국언론진흥재단의 2014년 조사나 이후 조사에서 부가수입의 비중은

수입원 중 부가 사업은 컨퍼런스, 포럼 개최 등을 빌미로 기존 광고주들에게 협찬을 받는 것으로 정부, 지자체, 대기업 등이 부가사업의 후원자들이다. 후원자들인 국가와 시장에 의존적인 매체는 사업의 거대화와 집중화를 추구하게 된다. 20세기 저널리즘의 성공은 이유에는 대중의 선택과 그 덕분에 국가와 시장으로부터 상대적 자율성을 확보한 데 있다. 전통 매체들은 상대적 자율성을 토대로 공정성과 신뢰를 무기로 자기 증식이 가능한 기업으로서, 매체로서 성장할 수 있었다. 그러나 대중의 신뢰가 사라진 지금 시장과 국가에 의존적인 매체는 대중으로부터 계속해서 소외될 수밖에 없다. 위기 극복은 기존 시스템을 개혁하는 근본적 패러다임의 변화에 있다. 매체 소비의 주체 중심으로 저널리즘 매체를 변화시켜야 한다.

4. 개인주의 증가와 시민 지향의 네트워크화

1) 개인주의와 개인의 등장

언론의 위기는 사회의 위기와 맞닿아 있다. 후기 자본주의 시대 자본 축적의 위기를 이데올로기와 국가권력을 중심으로 극복하려고 할 때 저널리즘은 필요한 도구였다. 그러나 변동의 결과 전통적 가치 쇠퇴 그리고 개인주의 경향이 등장하였다. 초기 산업화 시기 농업 중심의 확대가족에서 4인 가족의 핵가족으로 변화하였다면, 뉴미디어가 지배하는 시기 4인 가족은 다시 1인, 즉 개인 중심으로 분화되기 시작하였다. 사회의 가장 기본 단위인 가족마저도 개인주의화가 가파르게 진행된 것이다.

이러한 변화된 환경에 적응하는 것이 지속 가능한 발전이다. 근대

21% 정도에 머무르고 광고 수입은 60%대에 계속 머무른다. 구독자나 유료 신문 판매로 얻는 수입만 계속 감소 추세다.

대중매체가 성장할 수 있었던 배경에는 산업과 기술의 변화, 생산성 향상에 따른 보상의 증가와 중산층으로 성장한 노동자들의 소비자로의 변화가 있었다. 저널리즘 매체는 근대 초기 떠오르던 부르주아 시민들의 욕구를 충족시켜 주었다. 포디즘의 시대에는 소비자로서 떠오른 노동자들과 대중의 욕구를 충족시켜 주었다. 처음으로 대중으로 탄생한 이들은 개인의 개성보다는 새롭게 소비자로서 등장한 표준화된 상품을 통해 물적 욕구를 충족시키고자 하였다. 그러다 자본주의가 발달하며 개인에 초점을 맞춘 사회구조가 태동하였다. 집단으로부터 독립된 개인 그리고 그들의 개성을 중시하는 개인주의가 발흥하였다.

개인주의는 정치에도 영향을 미친다. 개인주의의 진행에 따라 개인들은 전통적 가치에서 벗어나 중앙정치 자체에 무관심하고 자신의 주변에 영향을 미치는 정치나 정책에 집중한다. 대중은 다수의 힘으로 정치적 압력을 가해 자신들이 일상의 문제를 해소하기 위해 사회운동에도 참여한다. 전통적인 사회운동의 방식과 목표가 다르다. 촛불시위는 개인주의가 진행되고 있는 한국의 사정을 여실히 보여 주었다(최재훈, 2017).158) 한국에서 청와대 온라인 청원, 정치가들에게 문자 보내기, 1원 기부하기 등 온라인과 오프라인 시위가 거시적인 목표 달성에서 미시적이고 지엽적인 생활 아젠다로 이동 중이다. 벡의 '하위정치,' 기든스의 '일상과 생활정치' 등과 비슷한 이야기를 구성하는, 그리고 정치적인 것과 비정치적인 것을 이분법적으로 나누던 기존 이해 방식의 틀을 넘어선 제3의 정치가 등장하였다(시노하라 하지메, 2013: 71). 시민 자신의 관심, 자신의 욕망 추구 등으로 정치의 무게 중심이 이동하였다. 개별적 대중의 욕망을 충족시켜 주는 정치가 승리하는 대중주의 사회 환경이 나타났다. 이런 환경은 집단주의 지향의 한국 사회 구조의 해체에 기여할 수 있다. 개인 이기주의와 집단주의는 한 몸처럼 한국 사회의 구성원들을 지배했다. 지금도 그 지배력을

---

158) 최재훈은 한국 사회에서 2010년대 이후 집합행동의 개인화가 진행되어 사회운동의 레퍼토리가 변화하였음을 지적하였다.

대단하다. 그러나 개인주의의 등장에서 개인의 집단으로부터 독립은 집단주의 활용이 예전처럼 쉽지 않을 수밖에 없도록 만든다. 물론 이런 집단주의가 개인의 파편화를 가져와 개인이 더욱 집단에 의존적이 될 가능성을 보이는 것도 사실이다. 그럼에도 개인주의는 시민 형성으로 이어지고 시민사회의 형성에 기여할 수 있는 가능성도 품고 있다.

대중매체 소비에서 플랫폼 기반 산업의 등장은 개인주의 강화에도 영향을 미친다. 플랫폼 기반 1인 매체 중심으로 변화하는 환경은 대중주의를 강화하는 주된 요인이다. 변화에 능동적이고 주도적으로 대처하는 방식은 개인들이 사용하는 매체 활용 도구에 의존한다. 기술의 발달이 1인 미디어 형태의 매체 발달로 이어진다. PC, 노트북, 스마트폰 등으로 대표되는 개인 미디어 도구가 발달하면서 매체를 통해서 개인은 자신이 원하는 기사, 원하는 내용의 특정 콘텐츠를 즐기면서 동시에 생산도 할 수 있다. 그리고 자신이 선호하는 정보를 수정하여 다른 소비자들에게 전달하는 소비자이면서 생산자 그리고 전달자의 역할을 동시에 할 수 있다. 개인들은 중앙집중화된 구조에서 중앙 중심의 의제에 기반하고 있는 미디어 매체가 제공하지 못하는 미시적이고 개인적인 다양한 콘텐츠를 선호한다. 이에 따라서 소규모의 개인적 콘텐츠를 공급해 줄 수 있는 1인 공급자들의 수가 증대하기 시작했다. 대중매체의 생산과 소비 그리고 전달의 구조는 신문에서 방송으로, 방송에서 분산화된 매체로, 그리고 지금은 1인 미디어로 변화하고 있다.

이미 변해 버린 현대사회 속에서 전통적 매체들이 전달하는 정보는 중앙집중화된 조직 구조에서 생성된다. 지엽적이고 미시적인 이슈들은 소외되고 묻히기 쉽다. 세계적으로도 작은 규모의 개별 매체들은 거대하고 매우 조직적으로 작동하는 대규모 기업으로 통폐합되고 있다. 자본의 집중 아래 효율성을 명분으로 개인의 욕구 충족을 제공하는 것에 반하여 거대한 조직화로 이어지고 있다. 이런 대중매체의 집중화 현상 속에서 기존 전통 저널리즘 매체를 통해 개인들은 자신들의 욕구를 충족하기 어렵다. 기존의 시스템에서는 국가-시장을 연결하는 중앙집중화된 매체들이 권력과 자본 자원을 나누었다. 지방과 개인 그리고 일상은 거대해진 구조 속에서 소외되었다. 전통 저널리즘은 개인들의 욕구를 대변해 주지 않았다. 개인들은 국가와 시장의 공고한 동맹 속에서 하나의 대상일 뿐이다.

근대 초기 저널리즘 매체는 지방 중심의, 부르주아 시민 중심의, 미시적인 요소들이 결합하여 발전해 왔다. 20세기 자본주의가 확대재생산되고 국가가 팽창하던 시기 저널리즘은 그에 맞추어 대중의 가려운 데를 긁어 주며 성장했다. 그러나 경제구조가 바뀌고 정치구조도 바뀌었으며 사회구조도 따라서 바뀌었다. 이 변화를 인식해야 한다. 개인의 욕구를 충족시켜 주는 것은 지역이라는 기반이 없으면 개인들을 파편화된 존재로 머물 수밖에 없도록 만든다. 그런 의미에서 개인주의화가 진행되더라도 지역 기반의 오프라인 베이스가 뒷받침해 줘야 한다. 이것이 언론의 지역화와 개인주의화가 결합하여 공동체로 나아갈 수 있는 배경이다. 지역과 연결될 때 개인은 공동체의 일원이면서 독립적으로 존재하나, 자기의 영역을 타인과 공공영역을 확대하면서 개인의 공간이 확대되는 것을 경험할 수 있다. 루소가 말한 일반의지가 미래에 지역이라는 공간에서 언론과 개인이 결합하여 실현될 수 있는 것이다. 언론이 플랫폼 역할을 하는 것, 그리고 자유로운 개인들이 날개를 달고 활동하는 것이 지역화된 매체의 역할이면서 시민사회 형성으로 나갈 수 있는 토대가 될 것이다. 이것은 시민 지향의 네트워크화에 언론이 기여할 때 가능해진다.

2) 시민 지향의 네트워크화

시민 지향의 네트워크화는 언론이 의지하고 맺어야 할 동맹의 대상이 국가와 시장이 아니라 시민, 즉 소비자(혹은 수용자)임을 환기한다. 개별 수용자들은 이미 변화하였다. 환경도 변화하였다. 바뀌지 않는 것은 전통적 정보 전달 매체인 기존의 저널리즘 기업들이다. 그러나 변화는 이미 곳곳에서 나타나고 있다. 지방 중심의, 소규모 인력에 의해서 운영되는, 일상과 관련된 미시적 문제 해결 중심의, 수용자가 주체가 되어 시민기자로 정보를 만들고 전달하고 소비하는 형태의 저널리즘 매체들이 시민들의 공간을 중심으로 등장하기 시작하였다. 자신들의 이야기를 들어주지 않는 거대 저널리즘 기업들을 대신해서 약자(시민)들의 목소리를 대변하는 저널리즘 매체들이 늘어나고 있다.

첫째, 지역으로 돌아가야 하는 이유는 개인주의가 진행되고 있는 상태에서 개인들이 목소리를 내는 것이 그들의 일상 삶과 관련되어 있기 때문이다. 중앙의 이슈와 연결되지 않으면 지역의 목소리는 전국 단위 매체에서 듣기 어렵다. 지역이 소외된 채로 일방적 정보만 지역민들에게 전달될 때 지역민들은 전국 단위 매체에서 멀어지게 된다.

두 번째는 소규모 기업 중심이다. 소규모 기업은 중앙집중화된 전국 규모의 언론사와 다르게 사회적 자본을 활용하여 인적 자원 활용을 극대화하려는 경향을 보인다. 시민기자가 대표적이다. 소비자가 언론인의 역할을 대신하도록 유도한다. 자신이 살아가면서 지역을 중심으로 구조화된 문제점을 제대로 이해할 수 있는 시민들이 정보를 생산해 내고 이 생산된 정보를 토대로 문제 해결에 나설 수 있다. 문제 해결 중심의 해법을 제시하는 저널리즘이 이것이다. 기존 저널리즘은 시스템을 비판하고 문제를 만든 당사자들인 국가와 시장이 수정하도록 촉구했다는 점에서 새로운 저널리즘 매체의 문제 해결 방식과 다르다.

지역 중심의 문제 해결은 수용자가 직접 문제를 인식하고 해결하기 위해서 움직이기 때문에 문제를 공유하는 지역의 다양한 사회적 자본을 활용할 수 있다. 문제를 이슈화하기에도 지역 매체 활용이 유리하다. 동원할 수 있는 자원을 확보하고 네트워크화된 시스템에 적용하면 해당 매체를 중심으로 지역 공간의 의사소통 체계를 수립할 수도 있다. 현대 저널리즘 시스템에서 배제된 수용자가 생산자이면서 소비자로 그리고 전달자로 등장하고 이들이 매체의 주체로 등장하는 것이다.

현재 저널리즘의 자본 축적에는 대규모 기업체가 만들어 내는 정보와 그 정보를 소비하는 대중이 있고 그곳에 광고를 실어 이윤을 추구하려는 기업 그리고 정부 홍보와 공공기관의 지원이 있다. 국가-시장-저널리즘의 관계 속에서 시민은 지워졌다. 기업의 이윤 추구가 거대 구조에서 주로 발생하면 저널리즘은 국가와 시장에 점점 더 배태될 수밖에 없다. 이 연결 고리를 끊고 중앙과 지방이 수평적 관계를 맺고 지방에서 소규모의 다양한 매체들이 공존하면서 전국 수준의 느슨한 네트워크를 형성하여 각 매체의 개성을 살리면서도 하나처럼 움직이는 저널리즘 네트워크를 만들 수 있다. 20세기라면 불가능했을 미래가 21세기 기술 발전에 의해 가능해진 것이다. 저널리즘 매체의 사회적 자본을 확대하는 것은 전통 매체들을 위협한 기술 발전과 개인주의의 발달로 인해 가능해질 것이다.

5. 배태된 언론에서 시민의 플랫폼으로: 문제 해결자로서 언론의 역할 기대

대중이 신뢰하고 싶은 정보를 전달하는 새로운 매체의 출현은 기존 매체에 대한 신뢰 위기를 촉발했다. 위기에 빠진 매체들은 기업의 대규모화, 중앙집중화 그리고 정부기관 지원 및 부수사업 등을 통해서 극복하려고 했다. 그러나 이들의 해결 방안은 20세기형에 지나지 않는다. 애초 저널리즘은 국가와 시장을 한 축으로 하고 다른 한 축에서는 떠오르는 사회적 주체들의 적극적 참여를 통해서 성장했다. 그들은 초기에는 시민이었고 조금 지나 노동자, 그리고 대중이었다. 저널리즘은 시민과 노동자 그리고 문화 소비자로서 새롭게 등장한 대중의 욕구를 충족시켜 주는 과정에서 시장의 참여자, 민주 시민의 대리인으로서 성장하였다.

그러나 저널리즘은 시민들과 노동자들을 배제하고 국가와 시장의 동맹에만 의지하며 성장했다. 20세기 대중의 출현으로 저널리즘이 성장했으나, 대중은 수동적 소비자로 머물러 있어야만 했다. 이 구조 속에서 저널리즘의 신뢰에 금이 가기 시작했고 내부적으로는 상처가 생기고 곪아 터지기 직전이었다. 특정한 집단적 이해 기반에 따라 집중화되면 될수록 다수의 욕구를 충족시켜 주는 기능을 할 수 없기에 정치와 시장에 의존적인 언론은 자본 집중 전략으로 위기를 극복하려고 하겠지만, 통제 기제로서 언론이 갖는 이데올로기적 특성만을 강화할 뿐 대중의 지지를 확보하기는 어렵다.

과거 대중은 지배 카르텔에서 소외되었지만 계속해서 성장해 왔고, 대중을 구성하는 개인들은 개인주의에 바탕을 두고 전통질서에 대항하면서 사회의 주류로 떠올랐다. 이러한 변동 속에서 기술 발전으로 플랫폼 사업에 기반한 개인 미디어가 등장하자 전통 저널리즘의 굳건한 체제에 위기가 발생한 것이다. 21세기 저널리즘이 지형은 소규모이지만 다수의 지식인과 출판업자, 부르주아, 사상가들이 서로 의사소통하면서 새로운 질서를 만들고자 했던 16~18세기와 비슷하다. 21세기 개인에 바탕을 둔 시민 중심의 민주주의 체제 발전에 필요한 저널리즘의 방향은 현재 국가와 시장에 배태된 모습에서 지방 중심 언론구조 형성, 국가권력에 맞선 시민사회와 통로를 확보하는 것이어야 한다. 시민 주체들이 저널리즘의 생산자와 소비자로서 등장할 때, 이들을 뒷받침해 줄 수 있는 자본으로부터 독립적인 언론매체 형성이 필요하다.

첫째, 지방분권 시기 언론의 역할을 누군가를 감시하는 것에 한정하지 않고 지역사회에서 필요한 욕구를 충족시켜 주는 역할로 확대할 수 있다. 중앙집중화된 언론이 자신들의 언어로 지식을 전달할 때 지역에서는 지역의 언어로 수용자들의 욕구에 맞는 언어로 전달할 수 있다. 이는 수용자들과 밀접한 배태된 연계성을 갖고 있을 때 유용하다. 이 과정에서 언론의 수입과 지출 그리고 이윤 추구는 '해법 저널리즘'의 형태로 가능할 것이다. 문제 제기를 넘어서 그 문제를 해결할 수 있는 플랫폼을 지역 시민들에게 제공해 주고 그것을 기사화하여 처음부터 끝까지 수용자들의 욕구와 해결에 천착하는 것이다. 이것은 언론의 사명을 미시적인 차원으로 내려서 실현하는 것이다.

두 번째, 분권화되고 개별화된 매체만으로 저널리즘의 기능을 온전히 수행할 수 없다. 지역에서 시민 중심으로 활동하는 독립적인 개별 회사들이 블록체인처럼 네트워크를 형성, 거대한 군집을 이뤄 독립적이고 개성 있는 그리고 다양한 이윤 추구 소스를 확보한 언론 집합체로 재탄생하는 것이 필요하다. 이것이 개인에 바탕을 둔 시민 지향의 저널리즘이 나아갈 방향이다.

제4장

역사적 블록의 형성 II: 물질주의 종교의 한국적 특성

1. 한국 종교의 국가중심주의와 무색무취의 종교 특성

한국에서 종교는 자신의 색채를 드러내는 대신 옷이 바뀌면 종교인이 드러나지 않는 무색무취의 특성이 있다. 시민사회의 정교분리의 한국 사회에서 종교는 외로운 한국인들을 양산하는 물질주의 가치지향을 보이면서 외로운 한국인을 만드는 사회구조를 재생산하는 데 크게 기여하고 있다. 한국의 종교는 인간 구원이나 초월적 존재에 천착하기보다 현세의 물적 행복을 누리는 방법에 초점을 두는 물질중심주의 경도 현상을 보인다. 다양한 종교가 있지만 종교별 특징이 거의 없다. 일상에서 일어나는 문제들에 대처할 때 종교인들이나 종교를 갖고 있지 않은 이들 사이의 차이도 드러나지 않는다. 종교에 참여하는 이들이 추구하는 목표는 개인적인 차원의 물질적 복이다.

한국에서 무색무취의 종교 특성이 가장 극적으로 드러나는 때가 대학수학능력시험(수능)과 관련해서이다. 국가의 중요한 관문인 수능이 다가오면 한국 종교의 특징이 여실히 드러난다. 종교나 종파와 무관하게 모든 종교단체에서 100일 기도회, 30일 기도회 등 수능 관련 종교 행사를 연다. 종교단체에서 수능 시기에 이런 행사들이 활발하게 개최되는 것은 종교 단체에 기부하는 종교인들 중 자녀들을 위해 희생하는 부모들이 대다수를 차지하기 때문이다. 그래서 신앙의 대상이 되는 초월적 존재나 종교적 내용을 위한 목적 대신 자녀들이 수능 준비를 잘하고 시험을 잘 보아 좋은 대학교에 들어가 입신양명하기를 바라는 기도가 수능시험을 앞두고 활발하게 개최되는 종교행사의 내용을 채운다. 『효경』에서 유래한 입신양명159)은 자녀의 성공을 넘어 부모까지 그 명예를 공유한다는 뜻을 포함한다. 가족주의적인 사고방식에 기반한 입신양명 개념이 가장 많이 사용되는 곳이 자녀의 대학 입학시험에서일 것이다. 입신양명을 향한 거룩한 출발은 수능을 잘 보는 것에 있다. 부모들이 원하는 것은 수능을 잘 보아 명문대학에 진학하고, 친구를 잘 사귀어 미래의 부를 창출할 수 있는 수단인 연줄을 확보하는 것이다. 종교는 종교단체에 금전적으로 기부하는 부모들의 자녀를 위한 특수한 목적에 필요한 도구에 머무른다.

　한국에서는 종교가 본질적인 메시지를 구성원들에게 제시하는 대신 물질적 복을 추구하는 소비자의 기호에 따라 세속화되었기에 도구적 특징이 발생했고 그것이 헌금을 내는 소비자들에 의해서 계속 구조화되는 순환이 있다(정재영, 1995).160) 종교와 사회의 문화습속이 계속 상호작용하면서 종교의 세속화가 일어나고 세속화된 종교가 개인을 사회화하여 사회구조를 강화하는 순환 역시 일어난다. 개인을 세속적인 물질적 가치로 평가하는 물질주의 사회구조에 영향을 받아서 종교단체에 대해서도 질적 성장보다는 양적 성장에 초점을 맞추어 평가하

---

159) "몸을 세우고 도를 행하여 후세에 이름을 드날리려 부모를 드러내는 것이 효의 마지막이니라(立身行道, 揚名於后世, 以顯父母, 孝之終也)"(『孝經』「開宗明義章」).

160) 정재영(1995: 70-71)은 피터 버거의 이론을 빌려 종교 인구가 팽창하던 1980년대 후반 기준 불교 19개 종단, 개신교 94개 교단, 신흥종교단체 등 모두 393개의 종교단체가 있었으며 민간 무속까지 고려하면 한국은 종교 다원주의가 지배하는 시장 같은 상황이라고 정의하고 이에 바탕을 두고 한국 종교의 다원주의적인 요소가 소비자의 기호에 맞추어 시민들에게 매력적인 종교임을 보여 주려 현실적 가치를 따라 세속화되어 종교의 색깔이 바랬다고 본다.

기도 한다. 외형적인 성공에 초점을 두기 때문에 숫자로 표시되는 평가 방식은 종교의 성공과 실패 그리고 특정 종교단체의 성공과 실패의 기준으로 한국인들에게 익숙하다. 이런 사회구조와의 상호작용 결과 한국의 종교인들은 외형적으로 평가하기 편리한 헌금의 양과 교인의 출석 빈도 등에 따라 해당 교인이 믿음이 좋고 나쁜지를 평가하는 것에 익숙해져 있다. 종교가 겉모습과 물질의 축복에 치중하다 보니 일반인들도 종교가 물질적 봉사와 보호를 제공하고 언제 자신이 소유하고 있는 물질을 잃을지 모르는 개인들의 불안감을 제거해 주는 존재로 인식한다.161) 종교단체에서 신의 이름으로 종교를 소비하는 소비자에게 물질적 축복을 내리도록 하는 것이 중요한 의례가 된 것이다.

한국 사회에서 물질 충족이라는 세속적 욕망이 일차적 목표가 되는 종교의 특성은 오래전부터 시작되었다. 한국인들이 달성하려고 추구하는 세속적 욕망은 물질주의에 터하는 부(富)와 누군가를 힘으로 지배하는 권력의 두 범주로 구성되어 있다. 한국 사회에서 권력의 획득은 물적 욕망을 추구할 수 있는 현실적 토대를 제공한다. 고조선을 세운 단군왕검 이후 한국에서는 특정 엘리트들이 권력과 부를 획득하고 독점하는 과정에서 종교가 이데올로기적 국가장치로서 주요한 역할을 해 왔다. 박정희 잔재가 종교 영역(sector)에 그대로 남을 수 있었던 것은 한국인들을 새롭게 산업사회의 구성원으로 만드는 과정에서 종교인들이 세속적인 물적 축복을 초월자의 축복과 동일시한 데서 연유한다. 한국인들을 물질적인 존재로 만든 종교의 역할 뒤에는 국가가

---

161) 엠브레인의 트렌드 모니터(2020. 7. 17 조사, https://www.trendmonitor.co.kr)에 따르면 사람들이 기대하는 종교의 사회적 역할은 "봉사활동의 주체"(51.2%), "사회적 약자 보호"(49.7%), "시민들의 심리적 불안감 해소"(39.0%) 등 대체로 봉사와 보호에 있었다. 한국 종교계의 문제점(중복응답)에서 가장 큰 문제는 "종교계의 부정부패"(64.6%), "종교계의 집단 이기주의"(54.9%), "종교인들의 생활이 바람직하지 못한 경우가 많음"(34.8%) 등의 순으로 나타나 부정부패와 집단이기주의에 대한 비판적 인식이 강하게 있음을 드러냈다.

있었다. 한국인을 지배하는 물질주의 토대를 종교에서 찾을 수 있으며 이 관계는 국가를 바라보는 시각에 의해 완벽하게 설명될 수 있다.

물질주의의 역사는 한민족 태동기부터 이어졌다. 한국인을 가장 오랫동안 지배한 깊은 구조로서 물질주의는 정교일치에 따라 현실적 복을 추구했던 무교(巫敎)의 전통에서 시작하였다. 이후 새로운 종교가 유입되어 국가를 위한 종교로 제도화되면서 무교는 민간에 스며들어 생명력을 유지하였고 새로운 종교의 세속적 특성과 결합하여 국가의 제도적 종교의례에 남았다. 이 과정에서 새로운 종교는 기존 종교와 결합하여 기층민의 지지를 확보하고 세력을 확장하려 하였고, 기존 종교는 민간에서 탄탄한 입지를 유지하면서 영향력을 보존하려고 하였기에 두 종교의 융합은 양쪽에 이익을 주는 것이었다. 한반도에서 종교로 인한 갈등이 나라를 파멸시키거나 심각한 갈등을 일으킨 전례가 없는 것도 서로에게 이익이 되는 세속적 목표에서 구종교와 신종교가 친화력을 가지고 있었기 때문이라고 생각한다. 이 두 신구 종교의 융합에 필요했던 고리는 국가(왕조)였다. 종교와 국가가 현실적 목표를 공유하면서 현실적이고 물질적인 종교적 의례를 강조하고 이를 민간에 확산시켜 지배의 정당성을 구축하는 과정을 이야기할 것이다.

시민과 시민사회 형성을 연구하기 위해서는 일상을 지배하는 종교의 힘과 종교에 영향을 미치는 국가에 배태되어 성장해 온 종교를 성찰할 필요가 있다. 국가의 배태성에서 물질주의 지향 종교라는 한국적 특성이 시작되었으며, 국가를 매개로 종교가 민간으로 확대되면서 세속적인 물질 지향이 더욱 뿌리를 내리게 되었고, 종교를 통해 지배 엘리트들은 통치 정당성을 확보했다. 종교가 정치 엘리트와 결합하여 새로운 정치 질서에 필요한 이념을 제공하여 이데올로기적 국가 장치로 제도화되는 과정을 겪으면서 한국의 종교들이 세속화되었다. 국가에 의해 물질주의 지향의 종교의례가 제도화되었으며 개인주의와 가족이기주의는 세속화와 물질주의가 국가를 넘어 민간에까지 확대되는 데 주요한 통로의 역할을 하였다.162) 가족주의를 매개로 유지된 종교의 물신화는 민간과 국가 엘리트들의 세속적 욕망에 부합하는 역할을 했고 현재 한국 사회에서도 사라지지 않고 새로운 가치와 결합하면서 깊은 구조를 형성하여 구성원들을 지배하고 있다. 종교의 물신화는 비교적 근대에 전래된 기독교에서도 여지없이 일어났고 고등종교로서 세속과 초월적 존재 사이의 연결을 통해 근대 형성에 기여한 기독교의 혁명성이 사라지고 보수적인 종교의 특징을 대표하는 기독교로의 위치지음이 한국 사회에서 감지되고 있다.

2. 종교 물신주의의 역사적 고찰

종교가 지배집단의 이데올로기적 장치로 활용된 역사는 고대 이후부터 지금까지 이어졌다. 긴 역사만큼 종교는 지배집단을 신의 후손으로, 그리고 지배할 만한 역량이 있는 집단으로 만들고 신격화하는 데 탁월한 이데올로기적 역량을 갖추고 있다. 그럼에도 지배집단을 위해 봉사하는 종교의 역할을 넘어 일반인들까지 종교를 개인의 목적 달성 수단으로 만들 수 있는 길은 근대에야 비로소 열렸다.163)

카노사에서 신성로마제국의 황제 하인리히 4세를 굴복시킨 교황 그레고리오 7세의 권력이 정점을 향한 1077년 이후, 정치질서에서 세속적 권력을 대표하는 왕에 우위를 점했던 교회의 힘은 점차 약화되어

---

162) 페르낭 브로델(2017)은 총 3권으로 구성된 『물질문명과 자본주의』에서 역사 발전을 설명하면서 자본주의-시장경제-물질문명 세 층위의 깊은 구조를 이야기하였다. 이 연구는 사회구조가 층위를 이루면서 변화한다는 이론에 따라서 종교의 특성, 가족주의, 그리고 물질주의를 다룰 예정이다.

163) 벨라의 연구에 따르면 베버의 『프로테스탄티즘의 윤리와 자본주의 정신』은 루터의 종교개혁 이후 초월적 존재의 세계와 자신의 현실 세계에서 긴장관계를 느낀 칼뱅파 교도들이 자신들이 믿는 종교적 가치를 실현할 수단을 현실세계에서 찾으면서 창조적 긴장을 통해 사회변동을 일으킬 수 있었다고 보았다(박영신, 2014: 25).

갔다. 16세기 종교개혁은 부패와 무능으로 가득했던 가톨릭교회의 종교 독점 권력을 앗아갔다. 근대 시기에 접어들면서 종교는 인류가 그동안 달성하지 못한 너무 많은 일을 실현하는 데 종교적 정당성을 제공했다. 서구의 예를 들면, 근대 전에는 종교에는 초월적 신을 위해서 존재해야만 하는 인간들이 해야 할 의무만 있었다. 생각의 독립도 자아의 독립도 가능하지 않았다. 신의 의지만이 인간의 모든 삶과 일상을 지배하고 있었다. 그러나 신과 인간이 1 대 1 대면이 가능하다는 프로테스탄티즘이 등장하고 계몽주의가 이성을 내세워 신으로부터 독립을 선언하자 신의 영역은 인간의 이성 뒤편에 서서 움츠러 들었다.

진화론적인 태도를 취한 계몽주의에 반발한 보수적 반동의 시기에 종교가 다시 전면에 등장하였다. 그러나 이미 인간의 이성은 에덴동산에서 나와 새로운 세상을 개척한 아담과 이브처럼 자신들의 공동체에 필요한 요소를 제공하고 있었다. 이성의 시대를 종교가 대체할 수 없게 되었다. 오히려 이성은 종교를 활용하여 지배집단의 이데올로기로 활용하기 시작하였다. 이제 신은 초월적 공간에서 세속적 공간으로 내려와 인간의 목적 달성의 수단으로 활용되기 시작한다. 19세기와 20세기 대중민주주의가 확대되고 자본주의가 노동자를 양산하면서 대중이 정치의 세계와 자본주의 시장의 세계에 전면 등장할 때와 맞물리면서 지배집단의 이데올로기 역할만 하던 종교를 개인이 활용하여 자신의 이익을 위한 수단으로 삼는 일이 가능해졌다.

몽테스키외가 태어난 1689년부터 무신론자 홀바크(Dietrich von Holbach)가 사망한 1789년까지 이어진 계몽주의 시기는 인간 이성과 과학적 방법을 통해 진리를 획득할 수 있다고 믿는 보편성이 지배하는 시기였다(Zeitlin, 2001).[164] 중세에 신의 존엄성을 유지해 주던 보편성의 원리가 이제는 인간 이성 중심의 시대를 위해 사용되었다. 신

---

164) 짜이틀린의 글에서 계몽주의에 관한 언급은 최초 발행 연도인 1968년에는 없었지만 2000년도 개정 7판(영어판)에서는 등장했다. 그러나 한국어 번역 판본에는 계몽주의 시기 관련 언급이 없다.

의 시대인 중세와 이성의 시대인 계몽주의 양 시기의 공통점은 시대를 지배하는 정신이 보편적이었다는 점, 즉 특수한 계급이나 집단 그리고 국가가 아니라 보편적인 존재의 지배를 인정했다는 데 있다. 모든 사람에게 적용 가능한 보편성은 중세에 신에 의한 질서를 인정하는 데 활용되었으나 근대 초기 계몽주의 시기에는 인간과 이성에 적용되었다.

계몽주의 시기가 끝날 무렵 19세기에 접어들면서 사회변동이 급격하게 일어나 유럽 사회가 혼란에 직면하자 이성의 절대성을 부정하고 인간의 감성을 중요시하는 낭만주의가 새로운 사조로 등장했다. 보날과 메스트르 같은 보수주의자들은 보편적 존재인 초월적 신으로 회귀할 것을 주장했고, 이에 따라서 해체되어 가던 전통의 가족 질서 회복 등을 주장하였다. 철학의 영역에서 흄이 이성의 절대성을 회의하기 시작했다. 한편 유럽 보수주의는 보편성이 아니라 특수성을 강조했고 때마침 새롭게 등장한 정치 체제인 근대 국민국가를 보편적 존재로 세우려고 시도했으나 실은 특정한 민족(집단)의 국가로서 국민국가는 보편적 존재가 아닌 특수한 존재였다(Zeitlin, 2001). 특정한 집단을 강조하는 민족주의, 국가주의, 계급, 성, 인종 등을 중심으로 하는 특수성이 보편적인 이성을 대체하였다. 그러나 각 지역과 사회 속에서도 특수성을 띠던 이들은 자신들의 이익을 위해 보편성을 활용하였다. 19세기 보편성은 특수성에 기초한 집단이익이라는 목적에 부합하는 도구로 활용되기 시작했다. 중세의 종교, 근대의 과학과 합리성이 지녔던 보편성은 집단의 특수한 이익에 기능하는 이데올로기 장치로 전락하였다(Meszaros, 1990; Althusser, 1972). 이것은 사실상 누구나 보편적 지식을 특수한 이익을 위해 활용하는 것을 의미한다. 신의 이름으로, 과학의 이름으로 특정한 집단이 이익을 독점하는 것을 정당화하는 것이다. 다음 장에서 이야기할 정의도 마찬가지다. 정의를 이야기하지만 사실상 특수한 집단에 의한, 특수한 집단을 위한 정의가 보편의 옷을 입고 활동하는 것이다.

근대에 시작한 종교와 관련하여 일어난 새로운 흐름은, 초월적 존재에 기대면서 세상을 변화시키려고 한 이들이나 현실적 욕망 속에서 자신들의 권력을 유지하려고 한 이들 모두에게 종교가 도구적으로 활용될 가능성을 높였다는 점이다. 종교의 진화 과정은 사회변동 속에서 인간과 신의 관계를 넓히는 쪽으로 진행되었다. 벨라는 5단계의 종교 진화를 사회변동과 연관해서 설명하였다. 역사 발전에 따라 종교가 지닌 상징체계의 종류, 상징체계와 관련된 종교 행위의 종류, 종교 행위가 일어나는 사회 조직의 종류, 사회적 행위에 대해 종교 행위가 내포하는 일반적인 함축성 등을 고려하면서 원시종교, 고대 종교, 역사적 종교, 초기 근대종교, 그리고 근대종교를 분석하였다(벨라 1993: 35).165) 이후 벨라는 5단계의 진화를 넘어 초월적 존재를 향한 현세의 인간들이 자신들의 한계를 체험하고 그를 통해 인간을 둘러싼 환경을 변화시킬 수 있는 변혁의 힘을 가졌던 인류 문명의 시작을 '굴대문명'으로 새롭게 해석하였다(박영신, 2014; 2017). 굴대문명사적 시각은 현세적 속성으로 초월적 존재를 끌어내린 세속적 종교 경향에 비판적인 근거를 제시하였다. 벨라의 굴대문명 연구는 세속화된 종교에 대해 굴대문명을 회복하자고 주장하는 것이기에 사실상 현대 종교의 뒤편에 숨겨진 세속화된 물질 구조를 보여주는 것이라고 할 수 있다. 근대가 본격화되면서 세속화는 인간들이 에덴동산에서 쫓겨 나와 새로운 사회를 건설하는 과정을 의미하기에 종교에 대한 인간들의 인식 변화는 물질문명사적으로 필연적이었다.

한국의 종교는 무속에서 시작해서 불교, 유교, 천주교, 기독교, 대종교 등이 순차적으로 수용되거나 등장했다. 종교의 유입 과정에는 국가의 역할이 숨어 있었다. 종교의 국가 배태성은 국가와 종교가 맺는 호혜적 관계에 기대어 발전했다. 역사적으로 새로운 정치 체제는 새로운

---

165) 종교 진화의 5단계를 나눈 벨라는 단계별 종교를 이념형으로서 정의한 것이라고 하였으며 파슨스, 에이젠슈타트 등과 연구 모임을 통해 일반론적 변동 단계를 종교에 적용한 것이라고 회고했다(벨라, 1993: 35).

이념을 제공해 줄 새로운 종교 체제를 요구했다. 왕조 교체기 혹은 변혁기에 받아들여진 새로운 종교는 국가의 보호 아래 성장했고 그 이전 종교는 민간신앙으로 흡수되어 기존 민간신앙과 밀착하는 방식으로 생존 전략을 취했다. 이 과정에서 전통 종교와 새로운 종교 사이 친화력이 있는 부분(현세적 목표)에서 혼합적 성격이 드러났다. 정치적 목적에 따라 지난 종교를 완전히 배제하지 못하고 새로운 종교를 받아들인 새로운 정치질서는 옛 질서와도 타협하여야 했기에 한국 전통 종교의 종교 혼합은 국가의 배태성에서 시작하여 민간신앙의 의례에서도 지속화되었다(김성은, 2005; 조현범, 2004).166)

한국 종교가 보여 주는 혼합적 성격은 역사적 발전 과정에서 경로의존이 발생한 결과였다. 시간의 흐름 속에서 기존 문화를 변화시키는 비용이 더 많을 경우, 대다수는 기존 문화를 지속화하려는 경향이 나타난다. 국가에 의해 시작한 종교 유입이 제도화되고 민간으로 전파되어 민간신앙으로 뿌리를 내린 이후 새로운 종교가 유입되면 민간신앙은 새로운 종교와 혼합하여 민간신앙으로 존속하면서 국가에도 건재함을 표현할 수 있도록 변화에 적응하는 과정에서 일정한 경로를 따르게 된 것이다(하연섭, 2011: 182-183; 채오병, 2017).167)

---

166) 무속은 여러 외래 종교들이 유입되고 주류를 형성할 때도 새로운 종교와 결합하여 한국 종교의 혼합적 성격 유지에 기여하고 있다(김성은, 2005; 최문기, 2010). 특정 종교가 국가의 종교로 선택되어 의례화될 때 기존 종교는 민간에 스며들어 주변부의 종교인 민간신앙으로 뿌리를 내린다. 국가는 민간인들이 받아들이는 신앙을 국가의 의례에 포함하여 현존 질서에 순응하도록 만든다. 이 과정에서 불교, 유교, 무교가 혼합되어 다양한 국가 중심의 민간의례 안에서 지속되었다(조현범, 2004). 무속에서 유교까지, 현대 한국 사회에는 비록 종교의 색채가 옅어졌음에도 혼합적인 의례들은 다양한 형태로 남아서 근대 종교의 의례에도 영향을 미쳤다.

167) 제도의 탄생은 선행 조건과 특정한 국면에 따라 달라지는데 그것이 구조화된 패턴으로 필요에 따라 설정되면 이후 구조가 지속화되면서 뿌리를 내리게 된다. 해당 구조는 특정한 단계에서 변혁적인 국면에 도달하지 않는 한 재생산되려는 경향을 보인다(Mahoney, 2001: 113). 세속적 목적을 달성하

물질주의적인 종교 지향은 종교 다원주의 속에서 생존력을 보일 수 있다. 한국에서는 종교 다원주의가 이론적으로 종교 상대주의, 종교 혼합주의 등과 다르며 관용성과 종교 사이의 평화를 강조하는 종교적 휴머니즘과 구별되는 것이지만, 실제로는 상호 영향을 주는 혼합적인 의례를 가지고 있기에 다른 종교에 대해 무비판적이고 종교 사이 절대적 평등주의를 특징으로 다원주의를 강조하는 경향이 있다(김경재, 1995; 민문홍, 1995).168) 한국 사회 종교의 다원성이 종교 사이 통일성을 강조하는 세계관으로 이어진 탓일 수 있다(윤원근, 2014: 131). 통일성은 종교의 차이보다는 공통적인 특성을 중심으로 하는데, 한국에서 종교의 공통적 특성은 국가-가족-개인의 안녕과 물적 축복을 추구하는 세속적 종교관이었다. 국가-가족-개인의 안녕과 사회질서 유지라는 종교의 사회적 역할로 통합될 때, 해당 종교는 국가와 민간에 인정받을 수 있었다. 하나의 가치가 모든 것을 흡수해서 하나로 만들어 버린 미분화의 상태인 '용해' 개념은 한국 사회 종교를 이해하는 데 중요한 개념이 될 수 있다.

　우리 사회의 종교 지향이 가족주의를 매개로 물질주의에 바탕을 둔 현세적 목표를 추구하는 특성은 벨라의 '용해'와 '굴대문명'의 개념을 우리 사회에 끊임없이 적용해 온 박영신(1995)의 연구에서 엿볼 수 있다. 박영신은 우리 사회에서 겉으로 드러나는 다원주의 종교 현상은 물질주의 종교 지향이라는 공통분모로 인해 종교 다원주의라기보다 가족주의 가치가 모든 것을 흡수하여 용해시킨, 종교와 세속의 가치가 미분화된 사회라고 주장하였다. 박영신은 벨라의 '용해' 개념을 통해 한국 사회의 종교 지향에서 가족 중심의 물질적 축복을 누리는 전통

　기 위해 종교 혼합적 특징이 발생하는 것이 종교와 국가 그리고 민간에게도 이익이 되기 때문이다.

168) 종교적인 특수성과 상대성에도 불구하고 절대적인 진리와 보편성에 기대어 생명을 살리는 공동선을 위해 대화를 통한 협력과 상호 성숙이 필요하다는 신념으로 정의될 수 있다(김경재, 1995: 18).

이 근대화 과정에서도 살아남아 한국 사회의 주요한 구조로서 작동하고 있음을 비판적으로 고찰하였다(박영신, 1992). 또 종교가 가진 초월성과 인간 개인의 한계를 인식하는 '굴대문명'의 개념을 통해 가족 중심의 물질 추구를 지향하는 인간 중심의 지평에 머물러 있는 종교의 한계를 비판하였다(박영신, 2017: 34-35). 종교의 세속화에는 가족 중심의 가치가 있다. 가족주의가 종교의 확산에 영향을 미치고 세속적인 가치 확산에 기여하는 것은 기독교의 포교 과정에서도 드러난다.

가족주의 방식의 집단 애착 관계가 종교의 전파를 가능케 했다는 연구는 스타크(2017)의 『기독교의 발흥』에서 찾아볼 수 있다. 스타크는 현세적 속성이 강한 그리스-로마 문명 속에서 기독교가 발흥하고 주류로 성장할 수 있었던 것은 당시 로마에서 주류 집단에 대한 전도가 성공하였기 때문이라고 주장한다. 노예, 속주에서 온 사람들, 사회 하층민만을 주된 포교 대상으로 삼았다면 기독교가 로마의 국교가 될 정도로 팽창한 것을 설명할 수 없다는 것이다. 스타크는 주류 집단의 가족주의와 그들의 부에 기초한 경제적 보상 방식, 그리고 기독교의 배타적 종교성이 만들어 낸 집단 내 강한 유대감이 상호작용한 결과가 기독교의 팽창으로 이어졌음을 주장한다. 스타크의 연구는 집단주의가 중요한 역할을 하는 사회에서 초월적인 존재보다 나와 연계된 누군가가 종교를 믿는 중요한 요인임을 밝힌 것이다. 이와 같은 현상은 한국의 기독교 전파 과정에서도 그대로 드러났다.[169]

---

[169] 스타크는 1세기 기독교의 발흥을 설명하기 위해서 1959년 미국 오리건주에서 문선명의 통일교가 집단의 애착 관계를 활용하여 전파되는 과정을 설명했다. 그에 따르면 사람들이 종교성이나 기존 종교에 대한 혐오 등으로 인해 통일교로 개종한 것이 아니라, 가족주의와 같은 집단주의에 바탕을 둔 인간 사이의 애착 관계에 따라 개종하였다(2017: 37). 스타크는 일탈행위를 설명하는 '통제이론'의 방식인 순응을 종교 포교 과정을 설명하는 데 도입한다. 잃을 것이 많은 사람이 일탈을 선택하는 대신 순응한다는 사회통제이론 논리가 포교에서 애착 관계인 사람을 잃고 싶지 않아 그들이 원하는 대로

한편 국가는 종교를 매개로 자신들의 사회 통제를 위해 활용하였고, 종교는 국가에 배태된 채로 성장하는 전략을 취했다. 로마가 기독교를 공인하고 국교로 받아들인 것은 황제권의 안정과 통치질서를 구축하려는 의도에서였다. 종교의 이데올로기 기능은 종교가 지닌 초월적 존재와 현실 세계 사이를 연결하는 통로의 기능을 할 때 더욱 강화된다. 국가와 민간에서 영향력을 행사할 수 있었던 종교들이 새로운 종교가 유입되었어도 지속화될 수 있었던 것은 초월성보다 세속에 더 초점을 두면서 민간과 국가 모두에 현실적인 축복의 통로가 될 수 있었기 때문이다. 종교가 국가에 기능적 역할을 하고 국가가 종교를 보호하면 그 사회에서 급격하게 팽창할 수 있다. 종교가 사회 통제 방식에 기능하는 한 국가의 지배 엘리트들에게는 매우 유익한 이데올로기적 도구가 될 수 있다. 한편, 종교도 국가의 보호가 필요했기에 끊임없이 연계하려고 노력했다. 한국에서도 국가와 연결되어 급격히 팽창했다. 왕조 교체기에 다른 종교가 들어오면 민간에 스며들어 종교세를 확장하고, 국가는 그 종교의 사회 통제 기능이 필요했기 때문에 종교들이 선택적인 친화력을 발휘할 수 있는 영역, 즉 세속적 영역에서 혼합적 성격을 띠게 만들어 통치에 활용하였다. 이 경우에 종교는 대중이 선호하는 세속적 가치에 부합하도록 변신했다(정재영, 1995). 이것이 기존 질서를 재생산하는 데 기능하는 이데올로기적 국가 장치로서 종교의 역할이었다.

한국에서 종교와 국가의 연결은 선행 조건으로서 한국 사회의 구성원들에게 중요한 판단의 근거를 제공했다. 여기에 가족을 매개로 종교가 민간과 국가에서 영향력을 행사하는 것은 근대화 과정에서 가족이 새로운 이념 체계를 받아들이고 현실화하는 데 이바지하는 것과 같은 작동의 원리였다. 이 장에서는 지배의 최정점에 서 있는 국가(근대 이전 정치 공동체 포함)와 지배 엘리트들의 필요에서 시작한 원시종교부터 현재까지 국가 안에 배태된 종교를 대상으로 현실의 물질주의

따라 주는 순응이 중요한 요소였음을 주장했다.

구조를 다룰 예정이다. 이를 위해 이데올로기적 장치로서 종교가 세속적 가치의 확산에 기여한 역사적 과정을 고찰하면서 현재의 시점에서 초월적 존재에 대한 의지와 기댐을 통해 자신의 삶을 변화시켜 사회 변혁을 이끌 가능성을 탐색할 예정이다. 시민과 시민사회 형성은 종교라는 개인적이고 사회적인 영역이 지극히 국가에 의해서 움직여지고 시장의 논리에 의해서 운영되는 현재의 상태를 극복하고 새로운 질서를 위한 종교의 역할을 논하는 장이 될 수 있다.

3. 국가에 배태된 물질 지향의 종교에 대한 역사적 고찰

한국에서 주류 종교로 알려진 불교, 유교, 기독교(천주교와 개신교) 등은 전통 한국 종교가 아니라 고대국가부터 근대로 접어들 때까지 외부에서 유입된 종교들이다. 왕조 교체기나 국가가 변혁의 시기를 만날 때마다 국가(왕국)는 새롭게 유입된 종교를 지원하면서 기존의 세력들을 대체하여 자신들의 지배력을 공고히 하려고 시도했다. 새롭게 역사에 등장한 종교는 국가의 지원 아래 비교적 빠르게 국가종교로 성장했다. 이 과정에서 종교는 현존하는 질서의 최고봉인 국가의 물질·정신 안녕을 추구하였고 민간에 전파되면서 민간의 신앙으로 국가에 빌었던 방식 그대로 현실주의적 목표에 충실하게 따랐다.

1) 정치와 민간에 스며든 무교

무교는 불교가 들어오기 전까지 한반도에서 한국의 유일한 종교였으며, 노래와 춤을 통해 하늘과 땅, 신령과 인간이 하나로 융합되는 의례를 통하여 종교의 역할을 하였다(정수복, 2012: 292).[170] 무교의

---

170) 정수복은 유동식, 『한국 무교의 구조와 역사』(연세대학교 출판부, 1975)에서 위의 내용을 인용하면서 한국의 전통적 문화인 음주가무의 문화를 현세

무(巫)는 무술을 통해 신과 인간을 연결하여 원한을 풀고, 병을 치료하고, 귀신을 쫓고, 길흉을 점치는 존재이다(최문기, 2010: 138). 현실 세계와 신화 존재를 일치시키는 일원론적인 종교관을 가진 원시종교로서 정교일치의 의례를 통하여 유지되었다(벨라, 1993: 40-42). 의례에 '참여'하면서 신과 '동일화'를 통하여 제사장(무당)과 정치적 지도자 그리고 참여하는 이들은 신화의 존재와 하나가 될 수 있었다. 이를 통하여 사회의 구성원들은 이를 주관하는 무당이자 정치적 지배자의 지배를 인정하게 된다.

무교는 자연물에 신비성·신성성을 부여하여 씨족이나 부족의 상징으로 숭배하는 '토테미즘', '신화', 산과 강, 바람과 비, 초목과 동물 등에 신령이 깃들어 있다는 '애니미즘의 만물유령관(萬物有靈觀)', 죽은 조상이 후손을 도와주거나 벌을 내린다고 믿는 것으로 제사로 이어진 '조상 숭배' 등 농경문화 구성원들이 처했던 환경과 밀접하게 연결되어 있었다(최문기, 2010: 137, 142). 무당은 농경사회 구성원들에게 중요했던 자연을 다스리는 능력, 인간관계를 유지할 수 있는 능력, 정치질서에서 위계적인 관계를 형성할 수 있는 능력 등 모든 것을 아우르는 조화로운 원리를 유지하면서 무교 의례의 주관자로서 주도권을 획득할 수 있었다. 특히 무당이 주도하는 '굿'은 집안, 마을, 국가의 평안을 기원하고 치병을 기원했으며 죽은 이의 영혼을 저승으로 보내는 영혼 천도와 조상신과 신령을 접대하는 모든 방면을 다루었다(143). 무교의 형태가 오랜 기간 민간신앙으로 존속할 수 있었던 것은 종교의 의례를 통하여 민간의 욕구를 즉각적으로 충족시켜 줄 수 있었기 때문이었다. 무교의 일상생활에 기반한 포괄성은 어떤 새로운 종교와도 결합할 수 있는 것으로 민간에서 단순하면서도 간편하고 즉각적이어서 쉽게 받아들여질 수 있는 내용이었다.[171]

와 욕구 충족을 중심으로 구성된 무교의 관점에서 해석한다.
[171] 프랑스의 인류학자 기유모즈는 무교의 특징을 영적 세계가 없는 현실성, 욕망 추구 과정에서의 환락성, 현실의 기쁨 추구 등으로 표현했다(정수복,

무교는 정치와 종교가 미분화된 상태에서 통합적 정치질서를 유지하는 데 기여했으며 다수의 사회 구성원들을 전통 통치질서에 순응하도록 만들기 위하여 현실적이고 물질적인 축복을 기원하는 의례를 발전시켰다. 정치적 지도자가 종교의 사제 역할까지 독점했던 시기에 국가와 구성원들의 안녕은 무당의 물적 축복으로 가능했으며, 무교의 국가 배태성은 정치와 종교가 혼연일체로 된 형태로 현실의 축복을 기원하는 과정에서 시작되었다. 민간으로 전승된 이후에도 국가에 빌었던 축복을 그대로 가족에게 전달하는 기능을 하였다. 무교에 있어 국가는 가장 강력한 신이었고 신을 영접한 무당은 신의 징표를 착용하고 굿을 하는 것이 보편화되었다. 예를 들어 무당의 의복은 조선시대 군관의 복장이며 주요 도구들은 극, 검, 당파 등 조선시대 관병들의 무기였다. 경남 밀양의 아랑의 전설 예에서 보면, 아랑 귀신은 자신의 원한을 국가를 통하여 해결하려 할 정도로 국가의 존재는 강력했다. 아랑의 전설은 귀신조차도 국가의 힘을 빌린다는 국가에 의존적인 모습을 여실히 보여준다. 더구나 악인에 대한 복수는 결국 현실적인 수준에서 가장 강력한 국가만이 제대로 할 수 있음을 전제로 한다.

무속신앙은 불교가 유입된 초기에 갈등을 일으켰지만 이후 불교와 융화되면서 오히려 민간신앙으로 유지되었다. 고려시대에는 불교와 융합되었고, 조선시대에는 탄압을 받았지만 소격서나 강화도 마니산 첨성대에서 무교의 의식이 유지되고 있었다. 조선시대, 일제강점기, 이후 근대화 시기 '미신'으로 불리면서 탄압을 받았지만, 지금까지 '푸닥거리'라는 무당의 굿이 뿌리 깊게 한국 사회에 남아 있다. 탄압을 받아도 국가의 절대성에 도전하지 않고 질서를 받아들이면서 오로지 민간에서 현세적인 욕구 해소의 기능을 담당했기 때문에 국가의 새로운 종교와 밀착하면서 건재하였다.

2012: 310).

2) 새로운 정치 체제와 불교의 유입

원시 부족국가 형태로부터 고대국가로 발전하는 과정은 한 부족이 다른 부족을 점령하여 자신의 영토와 국민 수를 확대하는 것이다. 전쟁이든 협상에 의한 것이든, 정복과 확장을 통해 거대해진 국가에는 새로운 고등종교가 필요하다. 벨라(1993: 47)의 지적대로 이 과정에서 원시종교로부터 고대종교가 발전하여 새로운 국가체제에 필요한 수단을 제공했다. 두 집단을 대표하는 신들이 투쟁해서 승리한 신 위주로 정치질서와 종교 이념이 재편되었다. 승리하면 국가의 무당으로 지위를 유지할 수 있었던 반면, 패배하면 국가가 아닌 일반 무당으로 격하된 채 자신들의 신을 민간에 부합하도록 현실화하면서 무교의 전통을 유지했다(최문기, 2010: 136).[172] 국가의 지원과 보호를 받던 종교가 국가와의 동맹이 끊어지면 민간으로 내려가 그들의 욕구를 충족시켜 주면서 생활 속에 파고들어 민간신앙으로 재구성된다. 일원론적 신화 체계는 하나의 세계를 여러 신들이 나누어 지배하는 것으로 인식한다(벨라, 1993: 45). 여러 신들이 세상을 지배하기 때문에 농경문화 속에서 민간은 여러 종류의 신들에게 자신들이 필요한 부분을 채워 달라고 간청하는 의례를 행한다. 아픈 것을 치료해 주고 물·비·바람·햇볕 등을 보내 주는 신, 집을 지켜 주는 신 등등 다양한 신들이 지배하는 세계에서 자신들의 수요와 필요를 중심으로 선택하여 간청한다(최문기, 2010: 142).

무교가 지배하던 시기 연맹체의 작은 왕국이 종교와 정치가 분리되면서 고대 왕국으로 성장하기 시작했다. 격변의 시기에 고차원적인 새로운 종교가 필요했는데 때마침 유입된 것이 불교였다. 4세기 후반

---

172) 최문기(2010: 136)는 조흥윤의 『한국의 무』(1983)를 토대로 일반 무당과 나라 무당을 구분한다. 이 연구는 국가의 나라 무당이 고대 국가로 유입되면서 연맹체나 부족 간 전투 혹은 합병 과정에서 지위의 변화를 겪었다고 보아, 국가 변동 과정의 민간으로의 유입과 민속화 과정을 설명하려 한다.

고구려 소수림왕, 백제 침류왕 시기 불교가 공전(公傳)된 것은 국가 수준에서, 왕실의 필요에 따라서 받아들여졌기 때문이었다. 고구려와 백제의 불교 도입은 왕실에서 받아들이고 장려하는 수준에 머물렀다. 반면 신라의 경우, 6세기 이차돈의 순교와 법흥왕의 불교 공인 훨씬 전인 3세기 후반 미추왕 때 아도(阿道), 5세기 전반 눌지왕 때 묵호자173)가 불교를 들여왔다는 사전(私傳) 기록이 『삼국유사』에 있다(김성은, 2005: 75).174) 미추왕 때인 264년 "성국공주가 병이 들어 무의의 효험이 없어 사람을 사방에 보내 의사를 구하였는데 이때 아도가 병을 치료하여 그가 원하는 대로 사찰을 지어 주었다"는 『삼국유사』의 기록이 있다. 불교가 신라에 전래되어 오랫동안 주류 집단에 의해서 부정되다가 이차돈의 순교로 공인되었다는 것은 초기 불교가 민간신앙으로 성장하면서 국가의 중심부로 이동했음을 말해 준다. 이 과정에서 불교가 민간에서 무교와 경쟁하면서 민간신앙으로 포교하기 위하여 무교와 친화력을 발휘하여 종교 혼합의 성격을 띠게 되었고, 국가종교로 성장한 이후에도 무속적 신앙과 갈등보다는 상호 의존적 성격을 띠면서 발전할 수 있었다(76).

---

173) 미국 인류학자 스타(Frederick Starr)는 1910년대 석굴암에 그려진 그림을 보고 고구려에 불교를 전한 전진(前秦)의 순도는 티베트의 승려로, 백제에 불교를 전한 동진(東晉)의 마라난타는 인도계 코카서스인 백인으로, 신라에 불교를 전한 고구려인 묵호자는 이디오피아계 흑인이라고 주장하며, 불교가 하나의 정치적인 부분으로 작동했음을 이야기했다(Oppenheim, 2016: 178). 오펜하임의 스타 연구 해석은 당시 불교의 국제적 위상에 주목한 것으로, 한반도 국가의 성장과 새로운 질서에 새로운 종교의 역할이 필요했음을 의미한다.

174) 불교의 신라 유입에 대한 설은 여러 갈래로 나뉜다. 승려인 자현이 저술한 『불교사 100장면』에 따르면 19대 눌지왕 때인 5세기 초반 고구려 승려 묵호자가 흥륜사를 지어 불교를 전파했다고 한다. 『삼국유사』에는 두 명의 아도가 등장하는데, 한 명은 미추왕 때 성국공주를 치료하였고 다른 이는 소수림왕 때 불교를 전했다는 아도이다. 뒤의 아도를 묵호자와 동일인으로 추정하기도 한다.

종교의 혼합적 성격은 오랜 시간 토착 종교와 유입 종교 사이의 상호작용에 의해 진행되어 온 것이다. 인류학자 살린스(Sahlins, 1981)는 문화 구조의 변화는 외래문화와의 문화접변을 통하여 이뤄진다고 주장했다. 외래문화 유입은 토착민과 문화 교류(물물교환)를 통하여 이뤄지는데, 교환이 처음 시작될 때는 다른 의미를 가졌지만 교환되는 물물 속의 문화적 의미를 토착민들이 새로 받아들이면서 문화가 변화할 수 있다고 주장하였다. 살린스에 따르면 불교가 도입되었을 때 무교의 시각에서는 강한 신이 등장한 것으로 받아들여질 수 있었다. 강한 신이 등장하여 기존 무교와 경쟁이나 갈등을 일으키기보다 무교와의 혼합을 통하여 불교가 한국 사회 깊숙이 뿌리내리게 되면 무교도 존속할 수 있는 것이었다. 인도 전륜성왕 신화나 신라국의 부처를 뜻하는 미타 사상은 토착 종교와 유입 종교가 혼합된 보다 높은 수준의 종교를 통해서 당시 성장하고 있던 국가를 신의 수준으로 격상시키는 과정에서 번영하였다. 초기부터 대승불교를 받아들인 한국 불교는 현실 긍정과 갈등 조정을 통하여 사회를 통합하는 화쟁(和諍) 사상을 특징으로 하여 사회 속에서 발전했다(정수복, 2012: 315-316).[175]

무교와 결합된 불교 행사 중 대표적인 것이 고려의 팔관회이다. 국가와 왕실의 후원으로 사찰에서 행해진 팔관회는 무속적인 기복제, 수호제, 위령제의 역할을 했다(김성은, 2005: 78). 팔관회는 추수감사제, 국가의 안위 기원, 전쟁으로 사망한 병사를 위한 위령제 역할 등으로 확대되었다. 고려시대 불교가 무교와 혼합된 근본적 원인은 국교로서 기능한 불교의 역할에 있다. 국가중심주의적인 목적에 부합하도록 종

---

[175] 붓다는 타인에 의하여 구원을 받는 신앙을 부정하면서 자력에 의한 해탈을 강조했으나, 한국에 도입된 대승불교는 중생 구제라는 보살 사상이 강하고 불상을 숭배하였다. 무교와 불교의 혼합은 한국 사찰에서 발견되는 칠성신, 산신, 독성(獨聖) 등의 존재와 불교 의식 중 49재, 천도재, 방생 등의 형식으로 남아 있다. 불교의 극락은 사실상 현세로 내려오게 되었다(최문기, 2010: 148). 현세 중심의 미륵불, 정토 사상 등이 발전할 수 있었고 원효조차도 현세 중심의 화쟁 사상을 발전시켰다.

교의 기능을 확대하여 일반 백성들을 위로하고 지배질서에 편입시키고 왕실을 보호하려 하였다. 백성들의 입장에서도 무속과 혼합하여 현실 긍정과 구복적 성격을 띤 불교의 번영은 자신들의 삶을 윤택하게 해 주면서 동시에 일상에서 위안을 삼을 수 있게 해 주기에 쉽게 받아들여졌다. 대표적인 것이 시왕(十王) 전설이다. 시왕 전설은 무속의 천도제를 통하여 죽은 이의 영혼이 저승의 심판자인 시왕의 재판에서 살아남아 편한 저승의 삶을 유지할 수 있도록 하는 것을 의미한다. 시왕은 불교의 『시왕경』과 『은중경』에 나오는 극락과 지옥 사상이 한국의 사후 세계관과 결합한 것이라 할 수 있다(80).[176] 현실의 물질적인 선물이 사후 세계에 영향을 미친다는 것인데, 이는 초월적 존재 중심이 아니라 현실 속 인간 중심의 종교 가치관을 보여 주는 것이다. 국가에 의하여 국가의 목적에 부합하도록 불교가 제도화되었고, 제도화된 의례에 따라 일반인들은 종교를 접하고 체험을 하였다. 그들에게 불교는 무당과 다르지 않은 역할을 하는 것이었다. 불교가 보다 진화되고 조직화된 형태의 이원론적 종교였음에도 불구하고 현세 중심주의에 바탕을 두고 무교와 혼합적 성격을 띠면서 역사적 종교 단계와 고대 종교 단계에 걸쳐 있다.

3) 유교의 전래와 혼합

유교의 도입은 철저하게 왕실의 이익과 연결되어 시작되었다. 삼국이 중국의 문물을 배워 고대왕국을 건설하려는 의도에서 유입되었고, 고려는 왕권 강화와 호족 견제의 필요에 따라 유교를 받아들였다.

---

[176] 시왕 전설은 최근 영화 <신과 함께>의 배경으로 등장하기도 했다. 시왕 전설의 핵심은 이승과 저승이 분리되지 않고 연결되어 있다는 점과 그 속에 등장하는 다양한 신들이 위계적으로 분업화되어 있으며 현실과 끊임없이 연결되어 인간 삶과 상호작용을 하면서 자신들의 존재 가치를 찾는다는 데 있다.

사실 초기 유교는 종교라기보다 이념으로 도입되었고 통치 기술의 차원에서 다루어졌다. 불교를 억압하고 고려와 차별화하고 사회개혁을 시도하는 과정에서 주된 이념으로 성리학을 받아들였던 조선에 와서야 왕도사상과 민본사상을 결합하여 유교의 종교적 색채가 강화되기 시작했다(이황직, 2017). 이황직의 '종교로서의 유교' 정의에 따르면, 유교는 '합리적 신정론(神正論)'과 윤리 지침을 토대로 종교의 믿음 체계를 구축하였고, '의례'와 '봉헌'을 종교적 실천으로 유지했다. 종교적 체험을 강조하지는 않지만 하늘과 사람 사이의 감응을 경험하는 체험을 할 수 있으며, 유교 의례에 대한 지식을 전문화된 수준으로 갖추었다(79-80). 베버에 따르면 유교는 일상에서 따라야 하는 권장의 수준을 벗어나지 않는 '범례적 예언 종교'에 해당하기에 초월적 자아와 맺을 긴장이 불필요하다(81). 따라서 현실세계 중심으로 종교적 믿음, 실천, 경험, 지식을 쌓기만 하면 된다.

다른 유학보다 종교적 색채가 강했던 성리학의 영향으로 조선의 유교는 학문 정진을 통하여 우주의 원리이며 모든 사물의 근원인 리(理)와 형이하학적 존재이자 물질적 존재인 기(氣)의 이원론적인 종교의 특징을 띠게 된다. 이기론은 인간의 심성론으로 이어지고 인간사회의 도덕 원리를 제공했다. 리가 마음이고 본연의 것이라면 기는 정(情), 즉 불완전한 인간의 육체적 감각에 해당한다. 리를 통해 기를 보완하려면 현실에서의 끊임없는 수양이 필요하고 제도로써 인간 행동을 통제해야 한다. 그것이 인간관계의 근본인 효에 그대로 적용되었다. 유교의 가장 근본은 효의 원리였다. 이에 따라 상례와 제례가 중요한 의례였다. 불교의 영향력이 강했던 고려시대 지배집단의 장례는 불교식 화장이었다. 성리학을 이념으로 하는 조선조가 열린 1392년 이후에도 화장 문화는 바뀌지 않았다. 화장 풍습을 유교식 매장으로 바꾸기 위하여 조선조는 1474년 부모를 화장하는 이와 지역 관리 및 이웃까지 처벌하는 법을 제정하였다. 그러나 매장 문화는 80여 년이 더 흐른 조선 중기에야 주류 장례 문화가 되었다(정수복, 2012: 223). 한국의 전통적 종교의 조상 숭배와 유교의 효 사상이 결합하여 한국의 매장 문화가 급속히 확산되었다. 신라시대 등장한 풍수지리설이 왕조뿐 아니라 일반인들에게도 널리 확산된 계기가 상례의 의례화였다. 매장 문화가 발달하여 좁은 국토를 묘지화하는 것이 보편화되었다.

유교의 종교성이 진화하면 할수록 유교는 속(俗: 기-정)에 비해 성(聖: 리-성性) 개념이 보조적인 위치를 차지하게 되었다. 성속이 뒤바뀐 사례는 조선 시대 제주 관리로 파견 갔다가 상례를 위해 귀환하던 중 풍랑을 만나면서도 상례의 예법을 따르면서 국제문제의 중심에 섰던 최부의 이야기를 통해서도 드러난다(박영신, 1995). 박영신(1992: 348)은 성과 속이 밀착·미분화된 상태를 벨라의 '용해성'으로 풀어 설명한다. 용해성은 역사적 종교와 고대종교의 차이를 없애 역사적 종교를 종교 발전에서 일원론적 단계에 머무르도록 만들었다.

현세 축복주의가 전통종교의 조상 숭배와 결합하였다면, 남성과 장자 중심의 가족주의가 일반화되는 데는 제례의 유교화가 기여하였다. 여성은 제사를 지낼 수 있는 음식을 준비하지만 정작 제례에는 참석하지 못하고 장자만이 주인으로서 제례를 이끌게 되었다. 부계제와 가부장제 전통이 유교 예법에 의하여 고착화된 것이다.

유교는 무교를 공식적으로는 음사(淫祀)로 치부하여 탄압하였으나, 왕실과 사대부가에서는 공식 혹은 비공식적으로 무교를 활용하여 왕실의 안녕을 꾀하였다. 소격서나 단군을 모신 마니산의 참성단을 유지하고, 국가 무당을 선발하여 국가와 백성의 안녕을 빌도록 하는 의례가 존재했다. 조상에 대한 제례를 제대로 하지 못하면 후손들에게 불이익이 가고, 조상을 잘 모시면 후손들이 조상의 음덕을 받는다고 믿는 무교의 조상신 의식이 유교의 효와 결합하기도 하였다(정수복, 2012: 223). 이에 왕실과 양반의 제례는 남성에게 권한을 부여했으나 여성들에게는 제사가 진행되는 동안 무의 제례에서 빠지지 않고 등장하는 성주신, 터줏대감, 삼신할머니, 조왕신(부엌 신) 등에게 제사를 지내도록 하였다(정수복, 2012: 330; 최문기, 2010: 153).

유교의 현세 지향적 종교관은 가족을 매개로 무교를 흡수하여 일상에서 재생산하였다. 유교가 지배하던 시기 국가 공식 종교로 인정받지 못하고 억압받았던 불교는 민간에 스며들어 무교와 같은 민간신앙과 결합하여 민간에서 존재 이유를 찾을 수 있었다. 불교의 종교성이 더욱 현세 중심으로 구조화될 수 있었던 것은 국가의 보호를 받지 못한 채 탄압을 받으면서 세속의 생활에 밀접하게 연결되어 생존할 필요가 있었기 때문이었다. 결국, 강한 이원론과 세분화된 종교 사제의 기능을 할 수 있는 유학자들, 다양한 교육기관이면서 종교기관의 역할까지 한 서원이 있었음에도 유교도 마찬가지로 국가 중심의 제도화에 따라 현실 속에 안주하면서 세속화의 길을 걸었고, 가족의 안녕을 바라는 행위자들의 욕구에 충실하게 이념화되면서 역사적 단계로의 진화에도 실패할 수밖에 없었다.

4) 기독교의 전래와 세속화

서구의 과학기술과 천주교의 평등사상은 사회 변화를 꾀하던 조선 후기 지식인들에게 믿음의 중요한 동기를 제공했다. 사회 모순을 해결하려고 시도한 이들은 소수파인 남인들이었으며, 실제 남인 중에서 천주교도들이 많았다. 상례와 제례를 통하여 유교화가 진행된 조선 사회에서 17세기부터 유입된 천주교가 유교의 제례와 상례를 거부하는 것은 사문난적(斯文亂賊)에 해당하는 중죄로 인식되었다.

서구 문물을 접했던 유교 엘리트들이 먼저 천주교에 관심을 보였다. 유교, 그중에서도 성리학만이 진리라고 여기는 노론에게 천주교는 정적(政敵)인 남인과 정조를 위협할 좋은 빌미가 되었다. 이에 따라 천주교도들에 대한 정치적 공격이 줄을 이었다. 정조 사후 순조 1년(1801) 일어난 신유박해는 남인뿐 아니라 소론까지 포함하는 정적들을 일거에 제거한 사건이었다. 이 사건으로 천주교는 본격적으로 민간 속에 숨어 포교하게 된다. 이때 황사영 백서 사건이 발생했다. 남인 천주교 신자 황사영이 신유박해를 프랑스에 고발하는 글을 비단에 써서 중국으로 보내려던 사건인데, 중국 황제와 프랑스의 군대를 동원하여 조선을 침략하고 위협하여 천주교를 용인하게 해달라는 내용이었다. 이를 계기로 19세기 본격적인 천주교 탄압이 일어난다. 흥선대원군이 남진하는 러시아를 저지하고자 가톨릭 신부를 매개로 프랑스를 동원하여 침략을 막으려다 가톨릭 사제의 거부로 무산된 일로 인하여 탄압은 한층 더 혹독해졌다.

1866년 병인박해 때 흥선대원군의 탄압으로 처형된 가톨릭 신자는 8천 명이 넘는다. 이때 국내에서 포교하던 프랑스 신부 12명 중 9명이 처형되었다. 공식적으로 부정되었던 가톨릭 신자가 처형된 수와 포교활동을 하던 신부들의 수가 많았던 것은 이미 가톨릭으로 개종한 조선인들이 많았다는 증거다. 18세기 국가의 탄압으로 민간에서부터 시작한 포교가 19세기 중반에 체제를 위협할 수준으로 증가한 것이다. 이 과정에서 가족은 중요한 포교의 거점이었다. 로마에서 초기 기독교가 탄압에도 불구하고 빠른 속도로 증가한 것이 상층 집안의 믿음과 집단에 기초한 관계 때문이었듯, 조선에서도 초기 신자들은 양반들이었으며 비록 소수였다고는 하나 정조가 통치하던 시기 주류 권력층을 이루었기 때문이다. 이들은 밖으로 드러나지 않을 신뢰관계가 있는 사람들을 우선 포섭 대상으로 삼았다. 그것이 조선 사회에서 중요한 대상이자 목표인 가족이었다. 서학을 먼저 이해하고자 연구한 유학자들 사이에 서서히 종교적 믿음이 생겨났으며 이들이 자신의 가족에게 전도하였다. 국가의 탄압은 가족주의나 연줄로 엮인 확실하게 신뢰할 수 있는 이들에게만 포교하도록 하였다.

포교에 가족주의적인 수단이 중요한 자원으로 동원되면서 성장했던 천주교가 1886년 '조불수호통상조약'이 체결된 이후 프랑스의 외압으로 국가에 의해 보호받게 되자 천주교도들은 종교의 포교보다 자신들의 이익을 유지하려 배타적인 집단으로 전락하였다. 제주도에서 1901년 일어난 이재수의 난은 천주교도들과 프랑스 신부들의 횡포와 천주교도 세금 징수자에 저항하는 과정에서 발생했던 사건이었다.

일제강점기 1920년대 공산주의와 사회주의가 대두하자 가톨릭은 성속 이원론에 근거해 교황의 칙령에 따라 반공주의를 표방하였다. 이에 따라 한국에서도 일제의 반(反)사회주의와 반공주의 정책을 적극적으로 교리로 받아들였으며, 심지어 세속 사회를 공산주의로부터 보호하기 위하여 가톨릭 사제와 신자가 세속적 가치에 개입하도록 유도했다(강인철, 1992: 195). 일제와 결탁하면서까지 반공주의에 몰두하던 가톨릭은 "가이사(카이사르)의 것은 가이사에게, 하나님의 것은 하나님께"(마태 22:21 등)를 모토 삼아 두 왕국론을 펼치면서 식민 질서에 협조하였다.

해방 이후에도 가톨릭은 한민당에 적극적으로 협조하면서 반공주의에 몰두하였다. 한국전쟁이 발발하자 가톨릭교회는 공산주의를 하나님의 나라에 대적하는 악마인 적(敵)그리스도로 규정하고, 이들에 대항하는 성스러운 전쟁에 신자들의 참여를 독려하였으며 전쟁을 정당화하였다(212).

개신교는 천주교와 달리 종교적인 전도보다 의료(병원)과 교육 등의 분야에 진출하였다. 개신교는 합법적으로 들어와서 왕실과 빈민층, 하층의 조선인들에게 화해와 봉사의 호혜적 이미지를 제공하여 신뢰와 안정의 기반을 다지기 위한 목적에서 시작하였다(박영신, 1992: 352). 조선 사회의 뿌리 깊은 유교의 영향을 전면에서 부정한 가톨릭의 전도 실패를 거울 삼아, 사회의 변화를 위한 동력으로 초월적 존재에 대한 헌신과 충성을 우선시하면서 초월적 존재를 기준으로 삶을 대하면서 용해되었던 사회를 개혁할 수 있는 새로운 종교로 받아들여질 수 있었다(353).

개신교의 전래를 통해 한국 사회의 용해성을 분해할 수 있을 것으로 여겨졌으나, 새로운 사상과 변혁의 종교로서 개신교의 이미지는 일제강점기에 변화를 겪기 시작한다. 바로 신사 참배에 관련된 문제였다. 신사는 성과 속의 기독교적 원리에 의하면 속에 해당하고 신사에

절하는 것은 엄밀히 말하면 우상 숭배였다. 신사 참배에 반대하는 소수의 목사와 신도들이 희생되고 숭실학원이 학교를 스스로 폐쇄한 것을 제외하면 신사 참배에 대한 개신교계의 저항은 미미하였다. 국가를 위한 종교의 역할이 본격적으로 국가질서에 순응하는 논리로서 개신교가 국가의 제도화에 첫발을 디디게 된 것이다.

해방 이후 북한을 점령한 공산주의 정권의 탄압을 직접적으로 받았던 기독교 개신교도들이 남하하면서 반공주의에 합류하게 되었다. 한국전쟁 시기에도 주로 영미 개신교 선교사들에 의하여 포교가 이루어진 탓에 미국의 스파이라는 명목으로 탄압받은 기독교는 한국전쟁 이후 1세대 월남 목사들이 독재자에 의하여 강화된 반공주의 의례에 적극적으로 참여하였다. 군사독재 시대의 산업화 추진 과정에서 조찬기도회, 개발독재 지지 등으로 기독교의 세속화에 결정적인 역할을 하였다(노치준, 1992: 231). 이 과정에서 군사쿠데타 지지, 유신헌법 지지 등으로 신앙 수호와 국가 안보를 일치시키면서 보수 기독교가 성장하였다. 무엇보다 기독교는 산업화가 진행중이던 한국에서 성장 이데올로기를 적극적으로 수용하고 교회의 성장을 신도의 수와 동일시했으며 초교파적으로 대규모 집회를 통해 기독교의 세를 불려 나갔다(장규식·유관지, 2006).

4. 세속화와 물질주의 국가의 역할

현재 보편적인 국가의 형태는 근대 들어 형성된 국민국가이다. 현재 국가를 바라보는 시각으로 원시종교 시대의 정치공동체에 접근하면 오류를 범할 수 있어, 이 연구에서는 지배와 피지배라는 추상적 개념을 사용하고, 지배집단이 형성되는 시기부터 국가라는 용어를 사용하였다. 정치, 경제, 사회, 문화(종교)를 하나의 지배집단이 독점하던 상황과 지배집단이 네 개의 사회집단으로 분화된 현대사회 국민국가

시스템을 동일시할 수 있는 것은, 종교의 역할이 기존 사회의 질서에 정당성을 부여하는 이데올로기적 기능을 그대로 하고 있기 때문이다(Mann, 1988). 여기서 사회질서란 정치질서와 경제질서 모두를 포함한다. 근대 이전 지배집단의 독점 시대와 지배집단이 분화된 시기 상관없이 종교 이데올로기는 경제질서를 지탱하면서 정치질서와 사회질서를 지탱하는 기능을 담당했다. 이데올로기로서 종교는 민간의 안녕을 기원하는 방식이든 이념을 받아들여 행동양식을 통제하는 방식이든, 국가가 제시하는 방향을 피통치자들이 수용하고 따르게 만드는 데 기여해 왔다.

그동안 한국 사회에서 기독교, 불교, 유교, 무교 등의 종교가 보여준 현세 중심의 특성은 그들 종교가 가진 본원적 속성이라기보다 사회에 뿌리내리는 과정에서 국가와 연결되어 변형을 경험한 결과였다. 체제 유지를 위한 이데올로기적 국가장치로서 종교의 역할은 예전이나 지금이나 국가의 지배 엘리트들에게 필요한 요소였다. 국가는 기본적으로 개인들을 국민으로 호명하고, 개인은 국가의 호명에 따라 국가의 사람인 국민으로 변환된다(Althusser, 1972: 170-173). 호명은 개인 삶의 기초단위를 구성하는 일상에서 국가에 의해 만들어진 의례에 터하여 작동하면서, 개인을 국가의 신민으로 변환시킨다. 종교들이 물질주의적 지향성을 강화한 역사적 과정은 국가에 의한 종교의 제도화에서부터 시작했다. 일원론적으로 초월적 존재와 현실적 존재가 하나로 인식되고 무당과 통치자가 동일했던 고대부터 권력을 독점했던 이들은 신민들의 세속적 욕망을 충족시켜 주면서 그것을 통하여 자신들의 통치 정당성을 확보하려고 했다.

국가에 의해 의례화되는 종교적 실천에는 국가와 왕실의 안녕과 물질적 축복 등이 포함되어 내재되어 있다. 국가가 제시하는 현실적 기원이 의례에 참여하는 일반인들에게 전달되고 같은 방식의 의례에 기원의 목표가 민간에서 실천된다. 종교의례의 제도화는 일상에서 재생산 및 재구조화되면서 개인들에게 영향을 행사한다. 종교가 국가의 이데올로기적 장치 역할을 하게 되는 이유다. 한 종교가 번성하는 시기에는 국가의 지원으로 유지·부흥하지만, 정권이나 왕조 교체기에는 다른 종교에 의하여 대체되며, 기존 종교는 민간에 스며들어 생존력을 발휘한다. 기존 종교가 민간에 스며들어 세속화되면 하나의 문화현상으로 구조화된다. 새로운 왕조나 정치세력은 기존 문화를 완전하게 대체할 수 없을 때 혼합된 종교의례를 구성하면서 민간의 지지를 확보하려고 시도한다. 새로운 질서를 구축하는 이들이나 그들의 지배를 받는 이들은 새로운 것을 시도하기보다 옛 풍습에 따라 바꾸어 가는 것이 자신들에게 유리하다는 결론에 이르게 된다. 경로의존이 한국 종교의 가치 지향성을 설명하는 데 설득력이 있는 이유다.

국가는 유입된 종교에서 초월적 존재가 핵심 교리를 이룰 경우, 새로운 질서를 절대화하는 도구로 그 초월적 존재를 활용한다. 절대화의 도구로서 국가와 정치 지도자는 현세에서 문제에 부딪치면 절대자에게 헌신하는 대신 초월적 절대자의 힘을 빌려 현실의 어려움을 극복하려는 노력을 하게 된다. 불교의 대승불교화가 그것이고, 유교의 경전(국가와 유학자) 절대화가 그것이며, 기독교의 사제 절대화가 그것이다. 초월적 존재를 대리하는 국가를 절대자의 대리인과 등치하는 종교의 논리는 종교인들의 현실 참여로 이어졌다. 종교인들의 현실 참여가 국가를 위한 참여로 인식된 예는 많다. 임진왜란이 발발하자 서산대사 휴정은 "이판은 가좌(跏坐)를 풀고, 사판은 붓과 종이를 버리고 도탄에 빠진 국가와 백성을 구하라"면서 승병을 이끌었다. 억압받고 탄압받던 불교이지만 이판사판 구분하지 말고 나라를 구해야 한다는 애국애족의 이념이 살인하지 말라는 종교적 가르침보다 더 중요했다. 20세기 군대에서도 사찰과 교회를 비롯한 종교들이 조직화되어 군사역을 담당하고 있다. 국가의 논리는 종교의 가르침보다 우선한다. 호국불교, 반공의 십자군 등의 슬로건은 국가를 지키기 위해 종교인들이 헌신해야 함을 이야기하고 있다. 해방 후에도 반공주의와 결합한 1세대 월남 기독교 지도자들이 반공을 표방한 군부 독재자들과 연합하여 독재를 미화·찬양하였다. 한국의 종교는 종교적 판단보다 국가의 호명에 응답하고 국가의 전략에 호흡을 맞춰 왔다.

초월적 존재를 향한 개인들의 종교적 열망이 현실 세계의 변혁을 이끌 수 있었던 개신교의 변절은 국가와 결합된 채 성장한 다른 종교와 같은 길을 걸은 결과였다. 반공주의와 독재를 지지하면서 성장 지상주의에 따라 도시 교회들은 1960년부터 1990년까지 연평균 거의 10%에 이르는 성장을 경험했고 교인 수가 1만 명이 넘는 대형 교회를 중심으로 세를 확장해 왔다(김진호, 2017: 26). 교인 수가 교회의 성공 지표가 되는 성공 중심주의 지향은 당시 발전국가의 개발 논리와 일치했다(37). 순복음교회의 성장에는 산업화와 도시화가 진행되던 시기 대중들의 복지 욕망을 신앙의 욕망으로 대체할 수 있었다는 배경이 있다. 이를 실현하는 것은 가족주의 전도 방식이었고 로드니 스타크의 연구에 등장한, 통일교가 미국에서 애착 관계 형성과 경제적 보상을 통한 전도 방식을 제시한 것과 일치하는 것이었다(스타크, 2017; 정용택, 2017: 165). 이는 현실주의적인 그리스-로마 문명에서 기독교가 폭발적으로 성장한 배경과 일치하는 것이었다. 현대사회에서 종교에 대한 일반인들의 기대가 복지, 서비스, 정신적 심적 안정 등 초월적 존재와 동떨어진 물질주의적인 것에 머무른 것은 종교가 제도화되는 과정에서 현세적 목표인 물질주의적 종교의례가 사회에 뿌리를 내리고 지금까지 다양한 형태로 변형되면서 재생산되었기 때문이다.

새롭게 등장한 왕조(국가)는 늘 새로운 이념을 제시했다. 새로운 이념의 토대는 새로운 종교가 닦았다. 종교는 국가에 배태된 채로 성장했고 새로운 왕조가 등장하고 새로운 이념에 의하여 대체되면 민간에 스며들어 영향력을 확대했다. 근대 들어 비로소 종교 역사에 등장한 초월적 존재와 현실세계가 엄격히 분리되는 시기에는 초월적 존재의 대리인으로 국가가 등장했고 초월적 존재의 교회를 보호한다는 핑계로 국가는 종교와 호혜적 관계를 형성했다. 이 과정에서 종교의 본연적 특성은 사라지고 색깔이 없는 무색무취의 서로 다른 종교들이 더불어 공존하게 되었다. 이런 종교의 특성은 한국의 근대화와 국가중심주의라는 선행조건 속에서 독재정권 아래 탈정치화를 원하던 집권세력과 산업화 주류 세력들이 탈정치화된 종교인 양성을 통해 사회 불만을 잠재우고 통합을 유지하려 했고, 여기에 자기 종교의 세를 확대하려 꾀한 종교 지도자들이 타협한 산물이다. 한국 사회에서 종교가 너도나도 비슷한 무색무취의 종교로 수렴하면서 오히려 종교가 쇠퇴하고, 그렇기에 더욱 국가기구에 의존하며 세속 가치에 의해 종교가 분열하는 현상이 반복적으로 발생한다. 박정희가 이 정도까지 모두 계획했다고 보지는 않지만, 최소한 자신의 이익이 되는 지점에서 제도를 수립하려고 시도하는 과정에서 종교 영역 안 행위자들과 시장과 국가의 정책 입안자들의 이해관계가 맞아 떨어진 것만은 틀림없었다.

5. 종교와 시민사회 형성의 가능성

한국의 종교는 현실 지향성과 초월적 존재 지향 사이의 갈등관계에서 현실 지향 경향을 보여 왔다. 한반도에서 종교성의 핵심은 언제나 현실 속 복리에 초점이 맞추어져 왔다. 타종교들이 유입되어 토착화되는 과정에서 종교의 기본구조를 유지한 채 유입 지역의 문화를 교리에 받아들여 문화적으로 혼합된 채 발전하지만, 한국의 경우 유독 토착화된 구복 신앙이 발전하였다. 기독교의 가난하고 고통받는 자의 '복' 사상은 한국의 전통적 '복'과 다르지만, 궁극적으로는 전통적 물질적 복을 의미하게 되었다. 국가에 제도화되어 협조적인 종교는 국가의 힘을 빌려 성장하게 되어 '어용' 혹은 '비순수' 종교로 인식되곤 한다. 이렇다 보니 종교에 대한 기대도 사회적 기여, 물질적인 지원, 이웃 사랑 등 가시적인 봉사에 머물러 있다. 초월적 존재를 향한 달음질은 몰가치적인 것이 되었고 삶에서의 가치는 물질적인 목표가 가장 먼저 고려되고 있다.

산업과 자본주의의 발달로 인해 개인들이 공동체에서 떨어져 나와 원자화되고 파편화되는 외로운 한국인을 만드는 현상의 근저에는 종교가 가진 고유한 기능보다 사회적 기능에 머무른 한국 종교의 구조적 요건이 있다. 그것은 시장과 국가를 위하여 움직이는 종교의 기능이다. 그 근저에는 한국 종교의 태생적인 요인도 작동한다. 국가중심주의적인 특성은 국가의 이데올로기 장치로 작동하는 것을 의미하며, 개인을 원자화하여 파편화하기 때문에 개인들이 집합을 형성하여 국가에 도전하거나 권리를 쟁취하지 못하도록 하는 기능을 유지한다.

현대사회에서는 종교의 보편성이 사회로 침투하여 사회를 보편적 가치 아래 통합하는 것이 아니다. 사회의 특수한 이익과 그에 따른 갈등이 보편적인 종교 안에 침투하여 종교를 활용하고 자신의 이익을 추구하려는 목표를 가진 이들이 종교 내에서 갈등 구조를 양산한다. 세속적인 이윤 추구와 결합된 종교는 종교적인 목적을 활용하여 인간 세상의 초월자를 향했던 근대 자본주의 정신을 함양한 종교 개혁가들과 초기 자본가들과 달리 초월적이고 궁극적인 존재를 현존하는 질서에 부합하게 틀을 다시 만들었다. '외로운 한국인'이 만들어진 것은 근대에 접어들면서 급격히 일어난 사회변동 속에서 개인들은 국가로부터도 소외되었고 지역 공동체로부터도 소외된 채, 이웃과 집단으로부터도 도움을 받지 못하고 자신의 혼자 힘으로 변속의 질곡을 극복해야 했던 배경에서 비롯되었다. 한국의 집단주의 문화가 실은 개인의 이기주의적인 욕구 충족 수단에서 발단된 것이기에 그 문화적 양식에 터하여 사회변동 속에서 개인들은 자신의 이익을 위한 노력과 집단을 수단화하는 자원 동원 차원에서 개인이 가진 집단의 모든 특성을 활용하도록 자신을 사회화하였다. 한국에서 종교는 일원론에 머물러 있는 현세 중심의 종교에서 벗어나 개인과 초월적 존재 사이를 연결하면서도 동시에 초월적 존재로 향하는 개인들의 삶의 헌신을 그려 낼 수 있는 종교 실천이 중요한 시점이 되었다. 이를 통해 현실에서는 공동체를, 종교적으로는 초월적 존재에 대한 종교성의 회복을 연결할 수 있는, 벨라가 정의한 근대종교로의 발전이 필요할 것이다. 바로 이 지점에서 한국 사회에서 시민이 등장할 수 있는 조건을 만드는 데 종교가 역할을 할 수 있다. 종교도 언론과 마찬가지로 거시적 차원에서보다 실제 지역에서 어떤 역할을 수행하면서 종교적 공동체의 확산을 목표로 시민 형성에 기여할 수 있을지를 논의할 필요가 있다. 이것은 아마도 오히려 종교의 색채를 드러내고 독특성을 유지하되 보편적 인본주의에 토대하여 활동하는 것에서 시작할 수 있을 것이다.

제5장

좋은 사회와 규범: 보편성과 정의

1. 공동체 없는 개인주의

시민사회의 특징으로서 규범이 보편 지향적이라는 말은 동어반복이다. 규범은 모든 사람에게 적용되어야 하는 것이며, 가치는 규범보다 범위가 넓지만 모든 구성원을 포괄하는 개념이라기보다 개별 구성원들이 지니는 이념이고 사상이다. 그런 의미에서 보편적 규범을 향한 시민사회의 움직임은 공공영역을 통해서 구축될 수 있다. 규범은 가치에 의해서 규정되기 시작한다. 보편적 가치에 대한 동일한 받아들임은 누군가와 만나면서 그들과 공유하는 공간에서 가능해진다.

가치의 변화는 오랜 기간 행위자와 구조가 만나는 공간에서 이뤄져 왔다. 정의라는 보편적 가치로서 정의의 변화를 살펴보면, 아리스토텔레스 이후 정의는 그 반대편에 서 있는 무엇인가로 이해되어 왔다. 비록 오랜 기간 정의가 특정한 (지배)집단 편향의 모습을 보여 왔음에도 근대에 인본주의를 내세우면서 표면적으로는 보편의 얼굴을 유지해왔다. 보편은 다름 아닌 '누구에게나' 적용 가능한 것이다. 인간은 누구나 인간으로서 존엄성을 갖고 태어났다. 계몽주의자들과 같은 학자들은 중세 암흑기 신을 중심으로 유지되었던 보편질서를 이성을 부여하는 방식으로 인간 중심의 보편적 질서로 대체하려고 시도했다. '마법으로부터의 해방', '신분 질서로부터의 해방' 등은 인간에 대한 인식이 근대에 어떻게 변화되어 왔는지를 설명해 준다.

자본주의 발전과 산업화는 과거 신분 질서로부터 인간을 해방시켰다. 그 과정에서 국민국가가 발전하여 새로운 방식의 통치 질서가 수립되었다. 잠깐의 시기 인간성에 대한 보편적 접근이 이뤄졌으나 다양한 방식으로 존재하던 국가가 국민국가의 형태로 수렴되면서 민족이 만들어지고 국가와 민족이 결합하여 강조되던 인본주의적이고 세계적인 보편성이 국가와 민족이라는 특수성에 의해서 대체되었다. 국가와 민족은 울타리를 세우고 '우리'를 전면에 등장시켰다. 우리는 남성과 여성을 나누고, 노동자와 부르주아 계급을 나누는 등 사람의 특성에 따라서 인간들의 집합을 나누기 시작했다. 그 결과 보편성이 특수성에 의해서 지배를 받기 시작했다. '누구나에게'가 아닌 '누군가를 중심으로' 정의가 설정되고 전파되고 유지되어 왔다.

경제적 권력을 획득한 이들 중심으로 질서가 재편되면서 특수성이 보편성인 체하면서 인간들을 지배하게 되었다. 보편의 논리로 과거 질서를 해체한 부르주아들이 다수인 노동자를 배제하는 제도를 만들어 국가를 운영하면서 특수를 보편으로 둔갑시켜 지배구조를 형성한 것이다. 개인은 전통으로부터 떨어져 나와 집합을 형성하지 못하는 파편화된 그리고 원자화된 인간으로 만들어졌다. 세계질서가 국가 질서로, 국가 질서가 개인의 특성을 중심으로 한 집단으로, 그리고 집단으로부터도 떨어져 나온 인간 개인으로 변화되었다.

이것을 해소하는 길은 떨어져 나온 개인들이 집합을 형성할 수 있게 해 주는 결사체 형성에서 시작한다. 경제적 이해관계가 주요한 동력이 되는 자본화된 이 시대에 계급(혹은 직업집단)은 결사 가능성을 높여 준다. 이익을 즉각 공유할 수 있기 때문이다. 결사들이 다시 높은 단위로 집합을 형성할 수 있게 하는 방법은 도덕 혹은 규범을 설정하는 것이다. 이것은 기존 부르주아에 의해서 침투된 국가가 전담해 왔다. 그러나 현대 민주주의 제도 아래 부르주아에 의해서 침투된 국가는 시민사회에 의해 영향을 받을 수밖에 없다. 이 지점에서 시민사회 중심의 국가 운영이 가능해지고 국가가 시민들을 위해서 기능하는 국가 본연의 모습을 회복할 수 있다. 이런 선순환을 가능하게 하는 것이 결사가 가지고 있는 공공영역의 창출이다.

결사는 정치와 연결된다. 자신의 목적을 달성하기 위해서 강한 자와 대적하기도 협력하기도 하고 비슷한 결사와 연합하기도 하는 방식으로 결사는 자신들의 의견을 전달하고 그 의견이 받아들여지도록 노력하는 과정에서 공공성을 발견하고 공공영역을 만들 수 있다. 인류가 오래전부터 꿈꾸어 온 것이 있다. 인간 세상에서는 실현할 수 없는 유토피아처럼 들리지만 모든 사람이 다름에 의해 차별받지 않고 서로 인정하면서 공존하고 평화롭게 사는 것이 그것이다. '누구나에게' 필요한 시민권을 국가가 제공하고, 이것이 인정과 정체성을 확보할 수 있는 제도 도입과 실천으로 이어져야 한다. 제도 도입 과정에서 결사, 규범, 공공성이 인간애 혹은 인류애의 보편성과 결합될 때 시민사회의 정의가 국가의 정의로 확대되어 해당 국가가 정당성을 확보할 수 있다. 특수이익을 뛰어넘고 보편으로 향하도록 국가가 누구나에게 기능할 수 있는 것이 보편적 존재로서의 국가다. 이 목적을 달성하는 데 필요한 것이 정치다. 정치가 어느 특정한 집단에 속한 것이 아닌 보편계급에 의한 것일 때, 정치가 다수의 의사소통과 공공선에 이르는 규범에 적용받고 그때만이 국가는 정의로워질 수 있다.

그렇기 때문에 오래된 미래 속의 시민과 시민권은 인본주의, 탈 신분질서의 개방성, 자기주도성의 참여 등의 가치 확산에 터한다. 개인들이 자신들의 정체성을 버리지 않고 유지하면서 새로운 사회의 보편적 문화 코드에 통합되어 서로 다른 정체성을 세울 수 있을 때, 정의가 자체로도 보편적이면서 보편성을 향한 기능적 역할을 할 수 있을 것이다. 현대사회에서 보편적 계급, 직업집단 그리고 다양한 개인적 특성을 지닌 이들이 집합을 형성할 수 있는 과정이 공공영역으로서의 시민사회의 특징이다. 이 시민사회의 요소는 기능적으로 볼 때 상이한 가치를 지닌 결사체들이 상호작용하면서 보편적 가치에 대한 합의에 이르고 그것을 통해서 누구나에게 적용되는 정의를 만들어 가는 통로를 제공해 준다. 그러므로 결사, 규범, 공공영역은 시민사회를 이루는 요소이면서 서로가 동일한 일체를 이룬다. 시민사회는 세 요소로 구성되지만, 그 모두를 통합한 그 자체이기도 하다.

한국 사회의 가장 눈에 보이는 현상은 집단주의다. 유사가족주의라고도 불리는 집단주의의 기원은 오래전부터 시작되었고 조선사회에 들어와서 매우 정교하게 발전하기 시작한다.

집단주의의 기원은 가족을 윤리의 가장 중요한 출발로 삼은 조선사회로부터 기인한다. 조선시대 집안에서 잠재력이 있는 아이를 교육시켜 관료의 길로 올라서게 만들면 집안이 일어서는 것이 가능했고 관료로 올라갈 수 있도록 뒷받침해 주는 가족은 그가 관료의 길에 들어서면서 보상을 받을 수 있었던 점이 가족을 기반으로 하는 집단주의 형성에 크게 작용했다. 관료가 되기 전부터 동문을 중심으로 관계를 형성할 수 있었고 관료가 된 이후에도 누구의 아래서 공부를 하였는가, 집안 어른 중에 누가 관직에 있(었)는가 등에 기반해서 패거리를 형성할 수 있었다. 조선시대 집단은 곧 나의 이익을 의미했다. 집단의 이익이 나의 이익으로 곧바로 치환되는 구조는 당시 조선의 사대부들로 하여금 집단을 중심으로 개인의 이익을 추구하려는 경향을 강하게 만들 수 있었다(박영신, 1992).

조선말 개혁기와 혼란기를 거쳐 식민지로 전락하면서 조선 사회에 충격을 준 것은 자본주의 방식의 관계 형성이었다. 그 이전 유교적 관습과 지역사회 통제 방식으로 최소한의 생존을 보장해주던 도덕 경제의 유산들은 사유재산 도입과 소작권 상실로 생존경쟁에 뛰어들 수밖에 없었던 상황에서 비롯된다. 그 이전 공동체로 지탱해 오던 지역사회에서 지주와 소작농 사이 지주의 소유권 못지않게 중요하게 인정받아 오던 소작권이 일제의 사유재산 보호 정책의 일환으로 폐지된 것이다. 그 결과 농민들은 사회적 압력을 이중적으로 받게 된다. 조선시대 내내 괴롭혔던 국가에 의한 직접적 수탈 대신 지주에 의한 수탈이 본격화되면서 식민 시기 조선 사람인 소작농과 조선 사람인 지주 사이의 갈등이 본격화된 것이다(김동노, 1998). 보호받지 못하는 개인들은 자신의 힘으로 어려움을 헤쳐 나가야 했다. 그것을 대신해 준 것이 공동체가 아닌 개인들의 사적 관계였다. 조선에서 사대부들을 중심으로 이익을 위해서 집단주의가 발전했다면, 이제 집단주의는 생존을 위해 필요한 요소가 되었다.

한국전쟁은 한국인들이 가족을 생존의 기본단위로 인식하는 계기가 되었다. 전쟁의 피해가 고스란히 가족을 단위로 가해지면서 개인보다는 집단적 피해의 기억이 고스란히 강화된 것이다. 400만 이상의 피해자를 낸 한국전쟁을 뒤로한 대한민국의 근대화 과정에서 가족을 단위로 "잘살아 보세"가 뿌리를 내리면서 군대식 위계문화와 여성을 희생 삼아 한국식 가족주의가 본격화되기 시작했다. 이 시기 경쟁에서 승리하는 것은 전투에서 승리하는 것이라는 매우 절박한 심정으로 경쟁에서의 승리에 매진하게 되었다(박영신, 1992).

집단주의가 가족을 매개로 성장하면서 경쟁이 본격화되자 집단이 더욱 기능적으로 작동할 수 있는 조건이 마련되었다. 과거시험의 전통이 강했던 한국은 근대화 과정에서 교육을 통해서 인적 자원의 확장이 가능했다. 인적 자원은 고등교육 기회가 확장되면서 확보될 수 있었다. 그런데 초기 고등교육을 받은 이들이 소수이던 시기에는 문제가 없었지만, 수요는 많은데 공급이 많아지면서 경쟁이 더욱 치열해졌다. 전통적인 엘리트에 대항하는 신진 엘리트들은 자신들의 집단의 힘을 강화시키기 위해서 학연, 지연, 혈연에 기반한 집단에 의존하게 된다. 사회 구석구석에서 유사가족주의가 개인들에게 확실한 이익을 제공해 주기 시작하였다. 1990년대까지 학력이 아닌 학벌이 중요시되면서 경기고, 서울대 독점 구조가 대표적인 학벌 집단주의를 보여 주었다.

사회가 발전하면서 사회 부문들에 분화가 일어나기 시작한다. 분화가 가속화되면서 전통적인 집단주의 가치보다 개인주의적 가치가 우선시되기 시작하였다.

2. 보편성과 정의

1) 정의와 정치의 관계

샌델의 『정의란 무엇인가?』라는 책이 열풍을 일으킨 적이 있다. 누구나 정의로운 사회를 외치고 있음에도 정의롭지 못한 사회에 대한 분노와 좌절이 팽배해 있다. 100만 명 이상이 모인 촛불시위는 정의롭지 못한 사회에 대한 분노가 국가를 움직이는 정치의 부패에 저항하면서 폭발적으로 일어났다. 자신들이 살고 있는 사회가 공정하지 못하다고 느끼는 사람들이 많을 때, 사회 구성원 사이 분노와 갈등이 심화되고 불공정의 반대편에 있는 정의에 대한 관심이 높아 간다. 사람들이 분노하는 것은 정의롭지 못한 구조 속에서 자신이 받는 불리 때문이라고 할 수 있다. 노력에 의해서 개선될 수 없는 무엇인가의 원인이 정의롭지 못한 사회의 특정한 요소 때문이라고 믿기 때문에 분노하는 것이다.

이러한 분노 발생의 저변에는 정의란 보편적인 어떤 것이라는 믿음이 자리 잡고 있다. 사람들은 정의가 무엇인지에 대한 해답을 보편성에 의거해서 철학, 윤리, 도덕 등에서 찾으려고 한다. 그러나 우리는 정의를 매우 자의적이고 주관적으로 인식하는 경향을 보이기도 한다. 촛불을 들었던 이들에게 2016년은 정의롭지 못한 사회의 모순이 극에 이르렀던 시기였던 반면, 태극기를 들고 시위를 하는 이들에게 현재 대한민국은 특정한 소수의 집단이 대통령을 탄핵하고 친북 활동을 하는 정의롭지 못한 사회로 인식될 수 있다. 일상의 분노와 정의 인식에서 보듯이 정의가 개인들에게 상대적으로 사회화되어 있음을 알 수 있다.

정의에 대한 상대적인 인식의 원인은 개인들이 맺는 사회적 관계가 서로 다른 데 있다. 사회구조 속에서 인간들이 맺는 서로 다른 '관계'의 차원에서 정의에 대한 상대적 인식이 고려되어야 한다. 인간은 관계 속에서 태어나고 관계 속에서 살다가 관계 속에서 생을 마친다. 관계란 인간을 인간답게 만드는 사회적 장치다. 관계 속에서 인간은 자신의 주관적 의미를 객관화하고 그것을 재생산하는 과정을 거친다(Berger and Luckmann, 1967).[177]

관계가 정의 세우기의 첫 번째 필요조건이라면, 특수한 관계의 영역을 넘어서는 보편성은 두 번째 요소다. 관계는 그 집단 내 특수성에 예속된다. 정의의 상대성은 파편화된 개인의 영역을 넘어 존재하지만, 그것이 강화되는 기제는 집단마다 다르기 때문에 집단의 소속에 따라 다르게 정의를 인식하게 되는 것이다. 집단의 특수성에 의거한 정의의 상대성은 정의를 정의롭지 못하게 만들 수 있기 때문에, 보편성이라는 요소에 의해서 관계가 정당화될 때 비로소 정의가 상대성을 넘어설 수 있게 된다.

보편성과 정의는 정치에 의해서 매개된다. 정치란 그것이 지니는 부정적인 인식에도 불구하고 자원 배분이라는 사회적 기능 때문에 보편성에 이를 수 있다. 자원을 필요로 하는 모든 사람에게 공정하게 효율적으로 배분하는 것이 정치다. 정치는 제도를 양산하는 국가, 사회의 규범과 가치 등을 양산해 내는 시민사회, 국가의 지배를 받으면서 동시에 지배의 원천인 시민(개인) 등의 관계 속에서 이뤄진다. 정치권력은 기본적으로 분산 권력과 집합 권력으로 나뉜다. 전자는 제로섬 게임을 전제하며 특정한 상대방에 대한 힘을 휘두르는 것을 포함한다. 반면, 후자는 사람들이 관계 속에서 목적 달성을 위해서 공동으로 협

---

[177] 샌델은 『정의란 무엇인가(Justice)』(Sandel, 2014: 360-361)에서 정의의 3가지 이해의 방식을 제시한다. 첫째는 "공리주의적으로 모두에게 행복한 것이 정의다"라는 시각, 둘째는 "개인의 자유로운 선택에 맡기는 것 즉, 선택의 자유를 존중해 주는 것", 셋째는 "미덕을 중시하고 공공선을 고민하는 것"이다. 샌델은 "첫째와 둘째는 관계가 생략된 하나의 전체, 원자화되고 추상화된 개인 존중이라면 세 번째는 공공선과 미덕을 고민하는 행위, 즉 보편성에 입각하는 정의에 대한 이해 방식을 도입하는 것"이라고 주장한다(360-361).

력하는 것을 지칭한다(Mann, 1986: 8). 지금까지 등한시되어 온 분산권력의 특성은 시민사회 안에서 보편성에 이르는 도구로서 정치를 연결하고 이를 통해 국가를 보편성의 도구로 활용할 수 있는 가능성을 열어 둔다. 분산권력과 국가의 역할 다시 보기를 통한 집단지성의 발현이 가능해질 때 정의가 보편적이 된다.

이 연구는 보편적 이익을 추구해 주는 존재로서 국가를 가정하고, 이런 국가에 지배력을 행사하는 시민사회를 개인들의 관계에 터하는 곳과 동시에 규범을 생산해 낼 수 있는 공간으로 규정한다. 이런 국가와 시민사회를 분석하고 보편성에 이를 수 있는 근대 이념인 인간 존중을 내용으로 하는 '정의'는 개인의 특수한 이익을 넘어서는 것이며 이것은 시민권의 발현으로 정의가 제도화되는 것이라는 점을 주장하고자 한다. 그런 면에서 우리는 국가를 강화하자는 것은 국가주의 혹은 파시즘을 이야기하는 것이 아니라 시민에 의해서 움직이는 근대의 보편적 존재로서 국가를 그려 보자는 것을 의미한다.

2) 규범과 정치 그리고 변화

제3부에서 '허유세이'의 고사를 들며 보았듯 동서양을 막론하고 긍정보다는 정치에 대해 부정적인 인식이 있어왔다. 현대에도 정치는 부정의 대상으로 다른 제도에 비해서 낮은 신뢰도를 보여준다. 정치 영역에서는 가족 사이에도 서로 죽고 죽이는 일이 비일비재하다. 춘추전국시대 '일모도원(日暮途遠)' 고사를 낳은 초나라 오자서와 평왕 이야기는 물론이고, 정치 권력은 피를 나눈 이들까지도 제거해야 하는 매우 삭막한 관계를 만들어 내기도 했다. 당나라 이세민이나 조선 태종 이방원의 권력 찬탈 과정과 영조의 사도세자 살해 등의 예는 적과 동지를 구분하는 일이 부자 사이에도 일어날 수 있음을 웅변한다.

정치에 대한 부정적 인식이 넓게 퍼져 있음에도 불구하고 정치는 다양한 의미를 가진다. 어느 사회든 그 사회에서 가장 중요한 사회적 가치를 어떻게 배분하고 누가 배분할 것인가를 관철할 수 있는 사람들은 그 사회를 지배하고 그 사회를 유지하는 힘을 가지게 된다. 그것은 사회 구성원 개개인들에게 그 사회에 복종하도록 가르치는 사회화를 통제할 힘을 지니게 되기 때문이다. 권력 획득과 자원 배분이라는 기능을 포함하는 정치는 민주화가 진행되면서 근대국가에 의해서 매개되어 발전해 왔다. 근대 국민국가의 태동 과정은 정치 영역의 발전을 보여준다. 근대 초 유럽에서 자원 동원과 추출에 성공했던 국가들만이 적자생존의 정글에서 생존에 성공할 수 있었다. 국가는 전쟁에 필요한 물적·인적 자원의 동원 방식을 제도화하여 국가의 전쟁 수행을 효율적으로 관리하고자 했다. 전쟁이 일상적이었던 시기 국가 생존을 위한 자원을 시민사회에 의존했던 기존 정치 지배집단들은 자신들이 독점해 오던 권력을 조금씩 시민사회에 양도할 수밖에 없었다(Tilly, 1975, 1992).

물적 자원 동원에는 당시 부상하던 자본 축적이 필요했다. 이를 선도했던 국가가 바로 영국이었다(Polanyi, 2001). 영국에서 국가는 중상주의 정책을 펴면서 영국 상품을 소비하도록 강제하고 자본 축적을 유도했다. 정치와 경제는 분업을 통해서 영국을 성장시켰다. 반면, 유럽에서 비옥한 우크라이나 밀밭을 소유하고 있었던 폴란드는 국내의 분열된 정치구조로 인해 국가가 지배 귀족 중심의 특수이익을 지키는 데 초점을 두었다. 귀족 중심의 정치는 귀족 중심의 경제권력 목적에 부합하도록 정책을 만들었기 때문에 국가는 부르주아의 성장에 기여하지 못하였다. 특수이익에 매몰되었던 지배집단 귀족들은 국가 발전에는 관심이 없었고 귀족은 부유해졌으나 국가는 가난해지고 약해졌다(Wallerstein, 2011). 엘리트들의 분화로 정치 기능을 활성화시킨 영국은 제국이 되었고 전통 집단들에 의한 국가 독점을 유지했던 폴란드는 분열되고 식민지로 전락했다(Mann, 1988; Poggi, 1978).

보편적 계급이 정치질서 전면에 나선 것은 지배집단의 분화와 엘리트의 분업으로 출현한 근대 국민국가의 발전으로 가능했다. 부르주아와 노동자 계급이 전쟁을 수행하면서 보편적 계급으로 정치의 전면에 등장한 것이다. 정치의 개념에 도덕적 개념이 포함되기 시작한 것은 부르주아들이 기존 정치질서를 무너뜨리고 재편하는 과정에서 보편성을 천부인권으로 지정하면서부터 시작한 것이다(Poggi, 1978). 보편성을 명분으로 권력 재편의 정당화를 획득하기 시작하면서 정의의 옷을 입은 정치질서가 등장했다. 정의는 보편적인 것이었으나 실제로 정의는 지배집단의 이익을 보장하는 도구로 사용되기 시작했다. 정치권력이 특수이익을 위해 봉사함에도 불구하고 정의라는 보편성을 명분으로 자신들의 지배를 정당화하는 이데올로기가 정치질서 속에서 구조화되었다.178)

종합적으로, 정치는 사회자원과 도덕 및 가치를 배분하고 개인의 선택에 영향을 미치는 제도를 생산한다. 자원의 배분은 국가 영역에 속한다. 국가의사는 권력을 획득한 자들에 의해서 결정되며 결정된 의사는 국가 관료기구에 의해서 수행된다. 권력을 획득하기 위해서 경쟁하는 집단이 정당이다. 정당은 선거에 후보자를 내고 시민들의 선택을 받는다. 선거를 통해 당선된 의원들이 국회를 구성하고 국민을 대표해서 의사를 결정하고, 이를 통해서 법이 만들어지면 행정기구가 수행한다. 이 과정에서 특정한 계급 중심의 정당이 권력을 획득하더라도 다수의 의사에 반해서 정책을 결정하거나 수행하기 어렵게 되는 상대적 자율성이 등장한다.

정치의 다양한 의미는 정치가 포함해야 할 대상과 의미를 아우르도

---

178) 정치 엘리트의 사회집단들에 대한 상대적 자율성이 보편적 계급이익과 일치한다면, 정치 엘리트가 독점하는 국가권력의 보편성의 힘은 무력의 독점에서 나온다(베버, 2010). 국민국가는 물리적 폭력 수단을 독점하고 그 국가의 피지배자들에게 국가의 의지를 실현할 수 있는 유일한 권력을 소유한다. 여기에 도덕적 잣대를 국가의 임의대로 정하여 그것을 보편적인 것이라고 만들 수 있는 존재이기도 하다. 따라서 정치를 지배하면 국가를 지배할 수 있고 보편성을 정의할 수 있다. 근대 부르주아가 정치권력을 직접 행사하지 않고 정치 엘리트를 내세운 이유는 합리적 선택의 결과였다.

록 만든다. 따라서 정치는 권력의 획득 및 수행 과정 모두를 포함해야 한다. 정당의 권력 획득 과정뿐 아니라 정당의 이익이 보편의 이름으로 행해지는 과정 그리고 정당의 이해관계가 보편과 결합되는 과정 등에 대한 천착을 통해서 정치가 작동하는 원리를 이해할 수 있다. 정치의 이런 작동 원리는 근대 국민국가의 구조적 요인에 의해서 결정된다. 국민국가의 정치구조는 기존 질서의 분화 속에서 다양한 엘리트들의 분화로 시작되었으며 계급의 이해관계에 기초하여 구조화되어 왔다. 계급에 터한 한 집단의 특수한 이익 추구가 계급 안에서 공동이익으로 관리된다. 정당이 수권한 이후 국가의 정책을 제도화할 때는 계급 내 공동이익을 넘어선 계급 사이 보편의 이익으로 움직이게 되기 때문이다(헤겔, 1996, 314).

3) 정의의 출발선으로서 '관계'와 규범

"정의는 어떻게 정의되는가?"에 대한 답은 정의란 무엇을 기반으로 정의되어야 하는가에 대한 논의를 촉발한다.

정의의 기반은 첫째, 인간들이 맺는 관계, 둘째는 관계가 발전해 나가는 과정의 사회(시민사회), 그리고 마지막으로 보편성의 확립이다. 관계는 인간들이 맺어 가면서 스스로 그 사회의 구성원으로 성장해 나가는 가장 중요한 사회적 제도라고 할 수 있다. 사회는 단순히 맺는 관계에 의미를 부여해 주고 다양한 관계들의 집합을 다시 큰 틀에서 묶을 수 있도록 토대를 제공해 준다. 무엇보다도 이런 관계와 사회가 보편성에 토대할 때 상대적인 정의는 보편적 정의로 제시될 수 있다.

베버는 『프로테스탄티즘의 윤리와 자본주의 정신』에서 근대를 설명하면서 밀턴의 『실낙원』 마지막 장을 인용한다. 에덴이라는 낙원에서 쫓겨난 아담과 하와의 눈에는 에덴으로 돌아갈 희망이 나타나지 않았다. 그때 천사 미카엘이 아담에게 다음과 같이 말한다.

"다만 그대는 지식에 부합하는 행위를 하고,
거기에 덕, 인내, 절제를 보태라.
그리고 사랑을,
다른 모든 것의 영혼인
자애라는 이름으로 불리는 사랑을 보태라.
그리하면 그대 이 낙원을 떠나도 싫지 않을 것이니,
더욱더 행복한 낙원을 그대 마음속에 갖게 되리라." (베버, 2010: 133)[179]

밀턴의 시는 하나님의 질서인 에덴동산(중세)을 벗어난 인간들에게 아무것도 예측할 수 없는 미래에 필요한 것이 덕, 인내, 절제 그리고 사랑이라는 요소를 제시한다. 추상적 개인을 상정하는 것이 아니라 실제로 살면서 누군가와 함께 관계를 맺고 공동체를 형성하기 위해서 필요한 필수 요소들이다. 새로운 에덴은 인간 중심의 낙원이며 타인과 관계를 맺으면서 만들어 갈 수밖에 없음을 천사장 미카엘의 입을 통해서 전달하고 있다. 따라서 정의의 가장 아래 층위에 내재하고 있는 보편적 요소는 '관계의 인간'이다.

피에르 레비(Pierre Levy)는 『집단지성』에서 죄악의 도시였던 소돔과 고모라를 멸하려고 의도한 하나님과 두 도시를 구하려고 한 아브라함 사이 협상을 다룬다. 협상을 통해 구원의 조건인 의인 50인에서 10인으로 줄어들게 한 사건을 분석하면서 레비는 "집단을 구하기 위해서 집단의 힘이 필요했다"라고 주장하며 아브라함이 10인을 더 이상 줄이지 않고 의인 10인까지만 협상했음을 지적한다(레비, 2000: 51). 사회의 구원은 개인에 의하여 이뤄질 수 있는 것이 아니라 개인들의 관계가 확장되는 집합이 사회 변화의 근간이라는 것이 레비의 논지라고 할 수 있다. 이런 의미에서 한 사회는 정의를 보편화할 수 있는 개인들의 관계가 총체적으로 연결되는 공간을 필요로 한다. 집합

---

[179] 번역자 김덕영이 밀턴의 영어 원문과 베버의 독일어 번역을 동시에 고려하여 시를 해석하며 베버가 강조한 것을 그대로 차용한 것을 따랐다.

들, 즉 개인들의 관계가 확장된 소규모 집합은 특수성을 지닌다고 할 수 있다. 헤겔은 개인들이 그들의 욕망을 실현하기 위해서 관계를 맺는 욕망의 체계로서 시민사회를 설정하였다. 시민사회는 개인들의 욕망을 충족시키는 위해 개인들이 서로 의존적인 관계를 만들어 갈 때 가능한 것이다. 욕망의 특수한 형태로 발전하는 것이 계층이다(헤겔, 1996[1821]: 327). 서로에 의존하는 개인들은 집합적으로 특수성을 발전시키지만 사실 이것은 보편성으로 향해서 나가는 하나의 과정이다(310).

근대 계몽주의 사상가들은 중세 신 중심의 질서를 대체하려고 시도했다. 그들은 신의 역할을 할 수 있는 만능의 어떤 것을 내세울 필요가 있었다. 그러기 위해서 계몽주의자들은 개인들이 하늘로부터 부여받은 '이성'을 내세우게 된다(Zeitlin, 2001). 이성을 가진 인간 누구나 보편성을 가졌다고 바라본 시대 인간 해방의 근거로 이성을 전면에 내세운 계몽주의 시대는 보편성이 지배하였다. 한편, 19세기 들어오면서 인간 해방을 추구하는 보편성보다는 각 나라 혹은 특정한 지역 중심의 종교, 이념, 전통, 민족 등이 중심이 되는 국민의 시대로 접어들었다(45). 국민의 시대는 단위가 국민국가였고 계급이나 집합의 특수성이 존중받지 않는 '우리'라는 전체주의적인 공동의식이 강조되기 시작했다. 근대 민주주의가 부르주아에 의하여 시작되었으나 보편적 계급으로 확대되는 과정에서 정의는 민족, 집단, 부르주아 계급에 의해서 결정되어야 하는 상대적 방식으로 변질되었다. 전체주의는 민족의 이름으로, 집단의 이름으로 인간의 자유를 억압하였다. 이 과정에서 정의는 전체를 위해 존재해야 하는 것으로 간주되었다.

사회마다 구조가 다르기 때문에 정의가 상대적이어야 한다는 논리는 결국 그 사회의 특수한 이익에 따라서 개인에 대한 존중이 파괴될 수 있음을 주장하는 것이다. 한 사회의 특수성은 그 사회의 자연적 및 사회적 구조에 의해서 결정된다. 그럼에도 개별 사회의 구성원들이 그 사회가 나아갈 길의 궁극적 목적이 되어야 한다. 국가와 민족 혹은 계급은 그 수단에 지나지 않는다. 헤겔은 『법철학』에서 인륜의 세 구성요소 중 가족을 개별성, 시민사회를 특수성, 국가를 특수성을 넘어 보편성으로 정의하였다(헤겔, 1996: 95). 시민사회의 기본적인 특징은 보편성이라기보다는 자신들의 이해 기반을 공유할 수 있는 부분에 한해서 특수적이다. 이런 점에서 특수한 집단의 이익을 추구하는 전체주의는 특수한 이익을 공유하는 이들에게만 정의가 되는 불공정과 불평등, 불합리의 모습을 보이게 된다. 아리스토텔레스는 정의는 평등한 것이어야 함을 역설했다. 형평의 관점에서 정의와 평등을 등치시키면 불합리와 부정의는 평등하지 않은 것으로 정의의 반대 영역에 위치하게 된다(김철, 2011). 김광기(2017)는 『대한민국의 정의를 묻다』에서 더 나아가 불공정, 불평등 그리고 부조리의 반대편에 정의를 그림과 동시에 그것이 '상식'임을 주장한다.

정의에 터하는 보편성의 마지막 요소는 인본주의다. 인본주의는 개별 이익을 추구하는 개인들이 맺는 결사, 그리고 결사들의 연결 과정에서 필요한 요소다. 이기적 목적을 위해 조직된 결사체들이 인본주의라는 공통분모를 통해 서로 연결될 때, 시민사회 속에서 특수성을 뛰어넘어 보편성으로 소통할 수 있다.

4) 정치의 보편성과 특수성의 기초

보편성과 이데올로기의 보편 외피

정치는 개인과 사회구조를 매개해 주는 제도를 통해서 움직인다. 현대에 정치는 "인민의, 인민에 의한, 인민을 위한" 민주주의 국가 속에서 작동한다. 민주주의 체제는 국가가 독점해 왔던 도덕을 설정하고 강제할 수 있는 권력을 시민에게 제공한다. 시민사회, 국가, 개인(시민)은 국가라는 일정한 공간 안에서 서로 관계를 맺는다. 국가는 그 안에서 행위자들이 선택하는 하나의 공간이 되면서 행위자들과 상호작용하는 행위자이기도 하다. 시민사회는 개인들이 관계를 맺고 자신들의 이해관계에 따라서 움직이거나 공공선을 위해 움직이는 공간이면서 행위자들이 맺는 관계를 포함한다. 개인은 사적 공간뿐 아니라 공적 공간에서 관계를 맺으면서 자신의 선택을 결정한다. 그러나 사적 공간 대부분이 가족이라는 공간에서 이뤄지는데 이런 가족이란 공간은 사회제도의 한 부분으로서 작동하기 때문에 대체로 사회의 가치가 침투하는 공간 속에서 사적 공간을 형성하는 것이다.

헤겔(1996: 404)은 "사람들은 흔히 국가란 힘, 강제력에 의하여 뭉쳐 있는 것으로 생각하지만 국가를 유지하는 것은 오직 모든 사람마다가 지니고 있는 질서라는 근본감정인 것이다"라고 정의를 내린다. 사람의 감정을 만들어 내는 것이 국가의 제도인 것이다. 제2의 천성은 결국 국가에 의해서 만들어진 사회화된 감정이다. 이 감정에는 국가가 만들어 내고 전파하고 유지하는 도덕이 들어 있다. 이런 일국의 국가 내 감정에 의해 통합되는 것이 특수성에 기초한 통합이 된다. 통합의 과정이 사회화의 과정이다. 사회화는 한 사회의 특수한 상황에 터하여 진행된다.

사회화된 감정이라는 보편적 감정은 일상생활에서 관계를 맺는 행위 당사자들 사이의 상호작용에 의해서 확산된다. 고프만은 『일상생활에서의 자아의 표현』에서 "자발적 자아인 'I'와 자아 내부의 사회적 자아인 'Me' 사이 긴장과 관계를 설명하기 위해서 인간적인 자아와 사회화된 자아 사이 근본적 차이를 연극모형을 그리면서 실현한다"고 주장한다(리처, 2006: 221). 고프만에 따르면 자아는 상호작용의 산물을 의미한다. 상호작용은 사실상 관계에 의해서 이뤄진다. 개인들이 맺는 관계는 무대라는 제도에 의해서 형성된다. 무대는 전면과 후면, 그리고 극장 안의 다른 공간인 객석과 나뉜다. 제도는 행위자들에게 무대 전면과 후면에서 행동하고 객석의 관객들을 나누어 그들에게 행위의 방향을 설정하도록 한다. 제도는 개인들에게 지위를 부여하고 지위에 따른 역할을 하게 만들고 그것이 실재한다고 믿도록 한다. 개인들은 제도가 부여하는 지위를 통해서 타인과 상호작용하고 그 지위를 자신의 고유한 것으로 동일시하게 된다. 제도를 통해서 구조가 개인들에게 영향을 미치고 개인들을 둘러싼 실재가 객관화된 상태에서 개인들의 상호작용을 거쳐 더욱 강화되는 것이다.

버거와 루크만(Berger and Lukemann, 2013: 43)은 일상에서의 실재가 어떻게 객관화되는지를 설명한다. 일상생활의 실재는 이미 객관화되어 나타나며 그 실재는 무대에 나서기 전에 대상으로 지정되어 온 대상들의 질서에 의해서 구성된 것이다. 이런 의미에서 일상에서의 언어는 늘 나에게 필수적인 객관화를 제공하고 객관화를 이해하게 해주고 일상생활을 나에게 의미 있게 만든 질서를 사실로 상정한다. 주관성, 개성, 상호작용은 우리가 살아가는 일상에서 표준화된 시간이라는 사회구조의 제한을 받는다. 초, 분, 시간, 일, 월, 년 단위로 나뉘는 하나의 시간 단위에 의해서 모두가 직접적으로 영향을 받는다. 자신의 의지와 상관없이 누군가에 의해서 나눠진 표준화된 시간은 역으로 제한된 공간 아래 개인을 묶어 둔다(시노하라, 2013: 16-19).

한 사회의 구조가 제도를 통해서 가하는 한계를 지닌 개인들의 상호작용은 그들이 일상에서 맺는 결사, 집합, 그리고 소규모 집단들 안에서 행해진다. 개인들의 집합은 거시적이지 못하고 미시적인 차원에서의 의미와 상징을 공유하게 된다. 이것이 특수성이 개인들을 지배하는 방식이다. 일상의 상호작용이 특수성에 기초하고 특수성을 강조한다면 이런 특수성을 활용하여 국가를 통제하는 소수를 위한 특수이익을 모두의 보편적 이익으로 바꾸어, 누구나 자연스럽게 특수한 것이 보편적이라고 믿도록 만든다. 보편성이 없는 특수한 관계가 이데올로기적 국가 장치에 의해 보편적인 옷을 입고 보편적 존재로 행세한다. 정의의 두 요소인 관계와 정치가 필요조건임에도 그것만으로 정의를 제대로 세우기에는 충분하지 않다. 특수한 계급이 지배하는 구조에서 관계와 정치는 왜곡되고 보편을 흔든다.

보편성이 왜곡되면 정의가 부정되고, 부정의가 지배적일 때 대중이 분노하면서 대중에게서 정치 혐오 현상이 나타난다. 정치에 대한 혐오가 발생하면 국민은 정치적 행위, 즉 참여로부터 멀어지게 되고 변화하지 않는 현실에 대해서 불만이 있지만, 해결을 위한 집합적 시도를 하지 않고 개인적 수준의 선택에만 초점을 두게 된다. 주권자인 국민 개개인을 정치로부터 소외시켜 원자화된 인간으로 만드는 것을 탈정치화라고 부를 수 있다. 개인을 원자화된 존재로 만든다는 개념은 개인이 사회적으로 타인과 계급적 이해를 공유할 가능성을 차단하는 것을 의미한다. 탈정치화되면 개인들은 계급적 기반을 상실하여 계급의식을 형성하지 못한 채 자신들의 파편화된 개인적 사적 이익을 추구할 수밖에 없게 된다.

탈정치화는 특수이익을 공유하는 집단이 국가의 정치와 경제권력을 독점하고 유지하는 정치적 효과를 낸다. 그들이 탈정치화를 시도하는 이유는 자본주의와 민주주의 발달 속에서 특수이익을 보편이익으로 치환하여 자신들의 특수 이익을 독점하려는 데 있다. 자본주의 발달과 산업화로 인해서 계급이 출현하였음에도 불구하고 계급의식이 형성하지 못하도록 민족주의를 만들고 민족주의를 확산시키고 계급 토대를 파괴하고 국민이나 민족으로 만들어 원자화된 개인으로 만들어 버린다.

탈정치화가 일어나는 공간은 시민사회의 공간이다. 이것은 베버의 '권위' 개념, 부르디외의 '상징권력' 개념, 그람시의 '헤게모니와 역사적 블록' 개념과 동일시될 수 있다. 정치화의 공간이면서 동시에 시민사회가 국가를 민주화하는 데 도움이 되는 곳도 시민사회다. 시민사회의 출발은 자발적 결사체라고 할 수 있다. 계급이익은 특수이익이다. 같은 계급 내에서 결사체를 형성하면 자신들의 이익과 직결되기 때문에 결사체 형성이 쉽다. 결사체만으로는 상호 이익 충돌의 가능성으로 인해 시민사회가 온전히 형성되기 어렵다. 이들이 결사체의 범위를 넘어 의사소통과 연대가 가능할 때 시민사회가 작동할 수 있다(Putnam, 1993).

자신의 이익을 추구하는 결사체들은 다른 결사체들과의 이익을 나누기 위한 충돌과 갈등을 예상할 수 있다. 결사체들이 자신들의 이익을 추구하기 위하여 개별 구성원들의 이익과 결사체의 이익을 동일시할 기회를 만들어 감과 동시에 타 결사체들과의 의사소통을 이어가면서 자신들의 이익과 타 결사체들의 이익이 서 있을 토대를 형성하게 된다. 그 토대가 개별 결사체들이 공유할 수 있는 일반적 규범(규칙)이다. 이것이 결사와 결사들의 연대의 보편적 토대다.

정의란 서로 다른 이익을 추구하는 이들이 공유할 수 있는 보편적인 것이다. 보편성에 터 할 때 개별 행위자가 공중(public)으로 변화되며, 타인과의 관계 속에서 그들 틈에서 개성에 기초하나 연대가 가능한 자기 주도적 행위자로 변모할 수 있다. 의사소통이 가능하고 공통의 규범을 체험하도록 만들기 위해서는 계급(혹은 직업집단)에 터한 개인들이 참여할 기회와 공간을 제공해 주어야 한다. 그것의 시작은 시민 형성에 필요한 제도화라고 할 수 있다. 제도화의 주체는 근대 국민국가다.

국가의 조절 권력과 보편성 확립 역할

국민국가의 등장은 부르주아 중심의 자본주의가 발달하면서 국가 엘리트의 분화 과정과 같은 방향으로 진행되었다. 모든 것을 독점했던 지배집단이 부르주아 혁명에 의해서 분화되면서 국가 엘리트들은 정치, 종교, 군사, 경제 엘리트로 분화되었다(Mann, 1986). 정치 엘리트 중심의 국가 운영은 국가의 '상대적 자율성'에 터했으며 이 과정에서 다른 사회 엘리트들의 이익에 대한 보편성 제공이 필요했다(Mann, 1986; 1988). 정치 엘리트에 의한 독점은 사실 부르주아 혁명에 의하여 촉발되었다. 베링톤 무어 주니어의 "부르주아 없이 민주주의 없다"라는 말은 "계급이 없이는 민주주의와 국민국가가 발전하기 어렵다"로 변환된다. 중세 분권화된 상태에서 근대국가에 의한 중앙집권화와 폭력의 독점화를 거친 후에 그 국가로부터 시민들에 의해서 국가권력이 민주화되는 과정이 국민국가의 발전 경로였다. 폭력 수단의 국가 독점 단계를 거치지 않은 채 시민사회의 성장 없이 제도화된 민주주의의 경로는 탈정치, 탈민주, 독재 등으로 점철되거나 종족 분쟁 등으로 다수의 시민들이 살해당하는 무기력한 국가 형성으로 이어졌다(Tilly, 2007).

토대(하부구조)의 변화 없이 제도를 바꾸는 것은 경로를 뛰어넘는 것과 비슷한 부정적 결과를 만든다. 1795년 영국에서 제정된 스핀햄랜드법(Speenhamland Law)은 국가에 의한 어설픈 제도적 시장 개입의 반동의 결과라고 이야기하였다(Polanyi, 2001). 빈민을 구제하기 위하여 만든 구빈법이 노동시장 형성을 저해하고 노동자들을 빈민으로 추락시키는, 목적과 정반대의 결과를 만들어 낸 것이다.

정치가 정의롭게 작동하기 위해서 민주주의 제도가 기능해야 하며 이에 필요한 것이 자본주의가 만들어 낸 부르주아와 노동자 계급이다. 현대 시민은 계급을 바탕으로 한다. 맑스는 『공산당선언』에서 노동자 계급을 "자본주의의 무덤을 파는 사람들"이라고 주장했다. 부르주아들은 봉건제도와 절대왕정을 타파하고 새로운 시대를 열었다. 자신들이 했던 방식대로 노동자들에 의해서 도전받는 것을 방지할 필요성이 대두되었다. 정치와 국가 시스템을 만든 부르주아들은 자신들이 전근대 국가 체제를 파괴하고 새로운 국가 체제를 세운 경험을 기억하고 노동자들의 도전에 의해 자신들의 지위가 흔들거리거나 체제가 파괴되는 것을 미연에 방지하기 위해 다양한 형태의 제도적 장치와 그에 필요한 이데올로기가 필요했다.

이데올로기는 근대 국민국가의 출현과 더불어 등장했다. 근대에는 과거 단일 지배집단이 네 종류의 사회 지배집단으로 분화되었다. 부르주아는 경제를, 이데올로기 엘리트들은 종교와 교육을, 군사 엘리트는 무력을, 정치 엘리트는 정치를 담당하게 되었다. 그러나 분화된 엘리트들에게 공통으로 필요했던 것은 자본이었으며 자본의 힘은 정치, 종교, 군사 엘리트들을 구조적으로 연결하여 파워엘리트를 만들었다. 근대 탈정치, 정치혐오, 정치 무관심, 분열 등은 근대 지배집단들의 통합과 파워엘리트의 출현과 연결되며 자원의 사회적 배분 과정의 왜곡으로 이어졌다. 파워엘리트의 출현은 탈정치화와 탈민주화를 촉진시킬 수 있다. 그럼에도 불구하고 근본적으로 민주주의 체제 아래서는 보편적 시민의 권리를 명분으로 전근대 질서를 파괴한 부르주아 중심의 파워엘리트들은 자신들이 전근대 정치 권력을 접수하면서 내세운 '시민에 의한 지배구조 확립'이라는 민주주의 질서에 대항할 수가 없었기 때문에 시민들의 결정에 의존적일 수밖에 없다.

한편, 자본의 세계화는 국민국가의 단위인 국경을 넘어서 진행되었다. 그 과정에서 자본뿐 아니라 사람도 국경을 넘어 이동하기 시작했다. 이 때문에 각 국가는 그 이전 국가에 기여해 온 사람에게만 제공했던 특혜를 다른 사람들에게도 제공해야 하는 시기가 되었고, 이것이 다양한 지역에서 문제가 되기 시작했다. 그것이 시민권의 새로운 논쟁이다. 사회는 그 사회의 주류 문화에 의해서 통합이 유지된다. 한국 사회에서 구성원들을 사회화하는 강력한 힘은 국민 의식이다. 국민 의식의 핵심은 국가와 사회에 기여할 수 있는 무엇인가를 행하여야 한다는 '기여', 혹은 '공헌', '헌신' 등을 포함한다. 한국에서 대한민국 정부가 시민권을 부여하더라도 경제성장에 기여하지 못한 지역 출신 한국인 혹은 이주민을 배제하는 국민 정체성이 국민과 시민 사이 괴리를 만들어 내고 있다. "국민으로 인정받고 싶으면 한국 사회에 기여하라!"는 명령이 한국 사회를 지배한다. 기여하면 국민으로 인정받을 수 있다. 다문화 가정에서 인정을 받는 방법은 그 가정, 지역사회 등에 기여하는 것이다. "베트남 출신 아내이자 며느리에게 요구되는 것은 아이를 낳아 시댁에 공헌하는 것"이며 그것이 구성원들에게 받아들여지는 길이다(최대희, 2015: 240).[180] 국내 한국인들에게도 한국 사회가 요구하는 것은 "당신들이 국가에 무엇을 기여했고 기여할 것인가"

---

[180] 결혼을 통해서 경북 대구로 이주한 베트남 이주 여성들이 한국 사회에 적응하는 가장 빠른 길이면서 포기할 수 없는 관문은 임신, 자녀 양육에 있다는 것을 깨닫는 데는 얼마 걸리지 않는다고 한다.

에 있다.

한국 사회에서 국민 정체성에 필요한 다른 요소 중의 하나는 '능력 있는 개인'이다. 능력 있는 개인은 타인의 도움이 필요하지 않고 오로지 나만의 노력으로 인생을 설계할 수 있는 사람이어야 한다. 그럴 때 국가에 의존하지 않고 스스로 자립하는 개인이 되는 것이다. 이런 국민의식 속에서는 어려운 사람으로서 도움을 요청하는 이들은 '충', 즉 벌레가 된다. 벌레란 타인의 노동에 기대어 사는 존재로서 제거되어야 하며 사회에서 사라지게 만드는 것이 당연한 것이 된다. 이런 국민의식은 일상에서 개인들의 상호주관적 만남을 통해서 의미 있게 그들의 마음속에 자리 잡게 된다. 그리고 일상에서 다시 강화된 채로 타인에게 그 의미를 제공한다.

국민과 국민 의식은 대한민국 수립, 한국전쟁, 경제개발과 독재 과정속에서 잉태되었다. 독재자들은 근대화를 추진하면서 능력 있는 개인, 기여하는 개인의 이데올로기를 만들고 이들을 국가 발전 사업에 투입하고 국민으로서의 정체성을 확립하여 독재체제를 구축하려고 시도했다. 발전에 동원되어 형성된 국민 의식은 동원된, 자기 이익 추구의, 배타적 연결망의 특징을 보인다. 국민은 비록 한 지역에서 보편성을 띠는 것처럼 보이지만 소수의 특정한 지배집단의 지배구조 구축에 기여하는 특수한 존재라고 할 수 있다. 반면, 시민은 자기주도적, 공동체 지향의, 사회적 자본 중심을 보여 주며 타인에 대한 열린 인간애를 그 특징으로 한다.

결사체로서, 규범의 생산자로서, 공공영역을 특징으로 하는 시민사회가 인간애에 기초한 개인들을 시민으로 거듭나도록 이끈다(에드워즈, 2005). 결사체, 규범, 그리고 공공영역을 필수 요소로 하는 시민사회 속에서 시민들은 타인들과 숙의를 통해서 자신의 이익을 추구하면서도 인간애라는 보편성에 종속될 수 있다. 시민이 국가를 위해서 희생해야 하는 존재가 아닌 시민의 공존과 번영이 사회의 성장에 기여할 수 있는 방식으로 제도화될 때 시민권은 시민 형성에 기여할 수 있다. 시민권의 제도화에는 인정과 정체성이 필요하다. 인정과 정체성은 사적·공공영역에서 가능하다. 정체성은 '의미 있는 타자(significant others)'와의 지속적인 갈등과 대화를 통해서 형성된다. 반면, 공공영역에서의 인정 담론은 '의미 있는 타자'와의 관계를 넘어선 좀 더 큰 역할에 대해서 일어난다(Talyor, 1994: 37). 현대사회에서 진행되고 있는 개인주의화는 인정과 정체성의 중요성을 높였다. 개인들은 탈전통적으로 변화되었을 뿐만 아니라 새로운 집단에 포함되기를 주저하였다. 세계적으로 탈민주화와 탈정치화가 빠르게 가속화되었을 뿐 아니라 대중인기영합주의 정치가 발전하게 된 부정적 결과와 개인이 전통으로부터 독립적이 되었기 때문에 개성을 잃지 않고 새로운 집합을 형성할 수 있는 가능성을 내포하고 있다(Tilly, 2007).

새로운 집합 형성이 탈전통에 근거한 공동체 건설이다. "탈전통적 공동체의 건설은 보편적 인권정치라는 세계평화주의에 입각하여 개인에 대한 독립과 자유를 보장하면서 개성에 바탕을 두고 서로를 인정하는 것에서 출발할 수 있다"(호네트, 2009: 408)고 한다. 보편성은 규범을 전제한다. 규범은 정치적 행위를 파생할 수 있다. 규범의 생산자로서 시민사회가 결사체의 한계를 넘어설 수 있도록 만들어 국가가 아닌 시민사회가 규범을 만드는 존재로서 위치를 점하는 데는 새로운 형태의 시민 만들기 교육이 필요하다. 그것이 바로 정치교육이다.

개인들이 사회화하고 받아들인 문화는 다문화 시대에도 변화하기 어렵다. 그래서 누군가에게 새로운 주류 문화를 받아들이라는 강요에 앞서 새로운 문화를 만들어 함께 사회화될 필요가 있다. 이를 위해 소규모 단위의 미시적 차원에서 사회적 자본을 확장시킬 필요가 있다. 이익을 위해서 경쟁하는 것이 아니라 공존을 위한 방법의 모색 차원에서 거대 담론과 보편성으로 방향성을 잡고 정치교육을 시도하는 것이다. 그럴 때 행위자들은 자신들의 고유 전통을 애써 잊으려 할 필요가 없다. 기존의 구성원들도 자신들의 변화에 적응하기 위하여 막대한 에너지를 낭비할 필요가 없다. 서로 다름을 인정하면서 새롭게 공동체의 정체성을 확보하기 위하여 정치교육의 방법이 필요하다.

갈등이 심화될 수 있는 조건이 점점 더 강해지고 있는 상태에서 한국 사회는 급격한 사회변동으로 전통적인 가치가 쇠퇴하고 새로운 가치가 약해 사회 통합에 기여할 수 없는 아노미 현상이 심화되고 있다. 따라서 '외국인의 얼굴을 한 한국인'들을 통합할 새로운 가치와 규범이 더욱 필요하다. 보편적 시민권 제도화는 국가 주도의 사회통합을 가능케 하는 시작이 될 수 있다. 그러나 국가의 체계화되지 않은 지원은 다문화 구성원과 토착 한국인들을 자원을 위한 무한경쟁에 들어가게 할 수 있다. 부작용을 예측하면서 통합을 할 수 있는 시민권 제도화 수립을 선제적으로 시도할 때, 지루하고 따분하고 시간이 걸리는 작업이지만 인간답게 살 권리, 시민의 권리 등에 대한 다양한 제도화 과정에서 보편성에 이를 수 있는 가능성이 나타난다.

인권은 보편적이다. 정의도 보편적이다. 인권과 평등에 터한 정의는 작은 실천인 정치교육을 통해서 서로에 대해 인정하는 과정을 통해서 서서히 경험할 수 있다. 본격적인 실험은 모든 구성원에게 제공할 수 있는 '인간답게 살 권리'를 구체화한 시민권의 제도화인 것이다. 이것 역시 정의로운 사회를 내세우는 국가와 사회에 의해서 시작될 수 있다.

결론

박정희 잔재와 시민사회 형성

"모든 것이 도구다"는 박정희를 연구하면서 깨달은 것을 한 마디로 집약한 진술이다. 박정희는 동네에서 똑똑한 천재라고 알려진 자신의 형 그리고 김종필의 장인이었던 박상희를 존경했다고 한다. 그렇지만 박상희는 늘 극복의 대상이었다. 대구사범에 박상희는 시험에서 낙방했지만, 자신은 합격했다는 사실을 강조하기도 했다고 한다. 대구사범, 만주 군관학교, 일본 육군사관학교, 만주군 장교 생활과 2주 동안의 광복군 생활, 국군경비대, 영어 학교, 남로당 군책, 자신이 포섭한 세포들, 만주 군관학교 선배 장교들, 일본육사 선배들, 정치집단, 이루 헤아리기 어려운 모든 것이 그에게는 '도구'였다. 개인, 가족, 형제, 집단, 제도 등 그의 개인적인 성공에 필요했던 모든 것들이 그에게는 성공을 위한 '도구'였다. 그에게는 쿠데타를 함께 준비하고 실행했던 모든 후배 장교들 그리고 쿠데타 이후 잠시 수반으로 모셨던 장도영, 전략적 동맹 관계였던 윤보선 등 모두가 도구였다. 집권기에도 도구 활용은 타의 추종을 불허한다. 인간이나 제도나 박정희는 자신의 환경을 둘러싼 모든 것을 활용했다. 그에게는 국가와 민족도 도구였다. 국가와 민족을 가장 잘 활용한 이도 박정희였다. 아마 대한민국 근대사에서 그만큼 그를 둘러싼 환경에 존재했던 모든 대상을 최대한 활용할 수 있었던 이는 없었을 것 같다.

박정희 잔재를 제거하고 새로운 시민사회를 꿈꾸기 위해서 먼저 마쳐야 할 일은 국가에 대한 의존도에서 벗어나는 것이다. 즉 국가 없이 살아보기이다. 박정희 잔재의 핵심은 '국민' 개념이다. 황국신민에서 유래한 국민 개념은 현대 한국인의 이중성을 그대로 보여 주는 개념이다. 국민을 어떻게 바라볼 것인가? '국민'은 한국인의 핵심 정체성으로 다루어지는 개념이다. 구체제(ancient regime) 대한민국은 사실상 국민이 지탱하고 있다. 구체제 대한민국과 새로운 대한민국의 가장 큰 차이는 누가 주인인가에 대한 인식에서 드러난다. 국가의 주인은 시민이고, 국가는 하인, 공복(公僕)이다. 하인이 주인을 위해서 봉사하지, 주인이 하인을 위해서 봉사하지 않는다. 근대 정치이념으로 등장한 사회계약론이 절실하게 다시금 주목을 받을 이유가 여기에 있다. 국가는 '누군가를 지배하기 위해서' 존재하지 않는다. 동시에 '소수에 의해서만 지배받는' 국가는 더더욱 존재 이유가 없다. 모두에 의해서 지배받는 국가, 시민 모두를 위해서 무엇인가를 하는 것이 국가의 존재 이유다. 비유하자면 우리는 우리의 집을 지켜 주기 위해서 맹견을 키웠으나 맹견이 무서워서 맹견의 눈치를 보고, 맹견이 주인을 위협하고 해를 가하는 것을 받아들이면서 그 맹견을 모시면서 살아왔다. 그러다 보니 개가 자신이 주인인 줄 알고 착각하면서 주인 행세하려고 든다. 맹견을 주인으로 모시는 사람, 그들이 국민이다.

왜 국민이 아니라 시민인가? 올바르게 주인 행세를 할 수 있는 사람이 시민이고 그런 사람들이 모여 있는 곳이 시민사회다. 시민사회와 시민을 연구하면서 발견한 가장 중요한 가치는 방종이 아닌 '자유'였다. 누군가의 자유를 침해하지 않고 나의 자유를 보장하는 방법이 무엇일까? 나의 자유를 최대한 누리기 위해서 가장 먼저 해야 할 일이 무엇인가? 시민 형성에 가장 필요한 덕목은 무엇인가? 국가를 어떻게 움직이도록 할 것인가? 자유와 평등이 대립 개념이 아니라, 자유와 불평등이 대립하고, 자유와 독재가 대립하고, 자유 시민 대 국민이 대립하는 개념이다. 박정희 잔재를 청산하고 시민사회를 건설하는 것은 박정희가 고착화한 주인과 노예의 전도(顚倒)를 극복하는 일이다.'

과거로부터의 이러한 단절이야말로 근대의 출발이 되었음을 이해할 수 있게 되었다. 인간을 신이 만든 속박의 쇠사슬에서 해방하는 것이 근대 계몽주의자들의 꿈이었다. 해방과 구속 사이에서 시계추처럼 왔다 갔다 하는 인간의 역사가 근대사회에서 끊임없이 반복되고 있지만, 사실 근대는 조금씩 인간에게 더 많은 자유를 제공해 왔다. 해방을 포함하는 자유는 굶을 자유, 노동을 강요받는 자유, 싸워야 살 수 있는 자유 등과 다르다. 그것은 자유가 아니라 속박이고, 신과 신분으로부터 해방된 근대인을 구속한 새로운 구속이었다. 시민은 그런 구속에서 벗어나야 한다. 박정희 유산은 국민, 즉 속박 아래 살아가는 개인을 의미한다. 그러기에 국민에서 시민으로 변화해야 한다. 전제 왕정의 신민으로부터 국민국가의 국민이 만들어지는 데 오랜 기간이 걸렸듯, 국민에서 시민으로의 전환도 오랜 기간에 걸쳐 진행될 일이다.

박정희는 집권의 정당성을 위해 근대화를 추진하면서 가난을 개인의 책임으로 돌렸다. 권력을 유지하기 위해 한국인의 물질주의적 욕망 추구를 부추겼다. 느닷없이 시작된 근대에 보호 없이 살아가야 했던 한국인들은 자신의 힘으로 생존하고 행복을 추구하는 방법을 배워야만 했다. 어려웠던 시기 "잘살아 보세"는 한국인들의 물질주의적 욕망을 충족시킬 수 있는 구호처럼 보였다. 현실 속에서 한국인들은 수동적으로 제도와 적당히 타협하면서 살아가지 않고 적극적으로 현실을 개선하기 위해 노력했다.

집단주의를 추동한 힘은 자신과 가족을 매개로 물적 욕망 추구를 선택한 한국인들이 군사 정변으로 권력을 찬탈한 박정희가 정당성을 확보하려고 시도한 경제성장 과정에 적극적으로 참여하면서 증폭되었다. 일제가 조선을 병합하고 조선인 지주들의 정치 권력을 박탈한 대신, 강력한 지주 중심의 경제 체제를 구축하여 경제 권력을 그들에게 부여함으로써 일제에 협력하도록 유도한 것처럼, 박정희는 경제를 성장시켜 한국인들의 물적 욕망을 충족시킬 수 있는 미래의 희망을 제시하여 집권의 정당성을 확보하려고 하였다. 한국인들은 박정희가 이 과정에서 제시한 국가와 민족을 중심으로 한 거시적 이념과 자신들이 급격한 근대화의 변동 속에서 체험한 경험을 동일시하며 국가와 민족의 번영과 같은 개인의 번열을 추구하는 물질주의를 내재화하였다. 욕망 실현을 위한 노력은 혼자만의 힘으로 가능하지 않다는 걸 그 과정에서 체험한 한국인들은 도구적 집단주의를 강화하였다. 집단주의가 도구적으로 활용되었기에 한국 사회는 피상적으로 보면 집단주의 사회로 보이지만 사실은 이기심이 그 아래서 작동하는 사회라고 할 수 있다.

수동적 존재로 상정되는 국민은 사실상의 독재정치와 천민자본주의 경제 체제 아래서 물질적인 행복을 위해 능동적으로 자신의 삶을 변화시키기 위해 노력했다. 국민은 누군가에 의해서, 무엇인가에 의해서 조종당하는 피동적인 존재가 아니라 누군가와 만나고, 대화하고, 집합을 형성하면서 상호의존적으로 주관성을 형성하게 된다. 그 결과 저마다 비슷한 경로를 선택하며, 그 경로에 내재한 의미와 가치를 인지하고 학습하면서 그것들을 자신의 것으로 확정한다. 한국인은 일상을 살면서 자신이 접하는 사람들, 자신을 받아 주는 사람들, 자신을 이해해 주는 사람들과 소통하면서, 자신과 생각을 공유하는 타인들과 한데 묶여 '집단'이 형성된다는 사실을 깨달았다. 그 과정에 박정희 잔재가 생존하였고, 한국인들은 물질적 욕망을 추구하며 정당화하는 수단으로 집단주의를 더욱 강화하여 사회구조의 가치 구성 변화에 영향을 미칠 수 있었다. 행위자의 선택과 반복적 재생이 사회구조의 가치 변화에 영향을 미친 것이다.

박정희 잔재는 구조화되고 스스로 재생산하며 끊임없이 '국민'을 만들어 내는 사회구조에 들어 있다. 박정희가 집권하고 만들어 낸 제도 속에서 한국인들이 상호작용하면서 박정희 잔재가 형성되었고, 사후에도 오랫동안 한국인들의 선택과 재생산으로 지금까지 유지되어 사회의 구조로 남게 되었다. 한국인들 속에서 작동하는 잔재로서 사회구조는 박정희가 권력을 획득하고 유지하기 위하여 계발하고 발전시킨 장치들에서 파생했다.

　근대에 접어들어 한국인들은 독립적인 자아를 형성하지 못한 채 과거의 가족주의에 의지한 채 자본주의와 국민국가 시대에 알맞은 집단주의를 발전시키고 그것에 의해 포섭되어 속박을 받게 되었다. 가족주의를 확대 재생산한 유사가족주의에 한국인은 포섭되었고, 그에 따라 서구 지식인들이 추구했던 그리고 개화기 조선 지식인들이 찾고자 했던 개인주의가 출현하지 못했다. 개성을 상실한 이기적 개인주의가 등장하였고, 이는 집단의 한 부속으로 전락한 파편화된 한국인의 출현이었고 파편화된 외로운 한국인을 만든 근대화 과정이었다. 그 결과 그 누구도 개인과 집단 사이에서, 그리고 타인과 맺을 수 있는 공동체 대신에 집단 안에서 이방인이 되어 버렸다.

　한국인의 배타적 관계는 집단주의에서 비롯되었다. 집단의 부속물이 되어 버린 동시에 나의 이익을 위해서 집단을 활용하는 것이 공존하는 사회에서 한국인들은 타인과 관계를 잃어버리고 혼자 살 수밖에 없게 되고, 이웃을 잃어버린 사람들은 자신만을 위한 경주마로 만들게 된다. 모두를 나의 이익을 위한 존재로 여기고 모두를 도구로 활용하도록 사회화되어 이웃이나 타인과 공감하지 못하는 개인들은 서로가 모든 영역에서 낯설게 살아가는 이방인으로서 존재할 수밖에 없다. 진정한 이방인으로서 독립된 개성을 추구하지 못한 채, 공동체라는 것을 추구하면서도 공동체를 만들어 내지 못하고, 서로 집단은 구성하면서도 집단에 완전히 속하지 못하고, 집단주의 속에서 자아를 잃어 가는 사람들이 다수를 구성하도록 강제하는 것이 한국 사회이다. 개인을 위해서 타인과 집단을 활용하고, 정당화를 위해서 가족과 친분 집단 중심의 집단주의를 강화하여 서로에게 배타적 집단주의를 강요한다. 집단은 대화하거나 이익을 공유하는 대신 서로 적대시하게 되고 오직 집단 구성원만 형성하고 존재하게 되어, 시민 형성이 어려워진다.

　한반도에서 구질서가 붕괴하면서 개인은 과거의 질곡으로부터 독립할 수 있었으나, 식민지 시기와 한국전쟁을 겪었고 박정희 쿠데타로 시작한 근대화와 산업화 속에서 자본주의와 근대 국민국가라는 새로운 질서의 포로가 되었다. 서구에서 개인이 봉건적 신분 질서와 종교의 억압으로부터 독립하려는 염원으로 근대가 시작되었지만 이후 독립된 개인들이 국가와 새롭게 등장한 경제 체제의 포로가 되었듯이, 한국에서도 봉건 질서의 붕괴가 개인을 새로운 사회의 주체로 성장시키지 않고 속박하는 근대의 '보편과 특수의 역전' 현상이 일어난 것이다.

중앙 집중 정도가 약했던 서구와 달리 한국은 전통적으로 국가의 힘이 상대적으로 강한 나라였다. 국가의 힘은 늘 개인과 사회를 압도했다. 현대처럼 강한 국민국가의 형태는 아니었으나 다른 지역에서보다 국가의 강압력(despotic power)과 이데올로기적 통합 능력은 중국을 능가했다. 중국의 왕조가 대체로 300년을 넘기지 못했지만, 한국에서는 500년씩 지속한 것이 그 증거다.

『장화홍련전』 같은 소설이나 민담에서 국가는 귀신의 한까지도 풀어 줄 힘을 소유했다. 여성이 억울한 죽임을 당해 원혼이 되었으나 혼자 힘으로 원한을 풀 수 없자 중앙정부가 임명한 수령에게 대신 처벌을 부탁한다. 피지배층에게만 가해진 가혹한 수탈 체제는 정치 제도에 의해서 유지되고 유학이라는 이념에 의해서 정당화되었다. 그 어느 때보다도 국가(일본)가 강했던 일제강점기, 국가는 효율적이면서 효과적으로 식민지 조선인들을 지배해야 했기 때문에 과대 성장(overdeveloped) 국가로 재탄생했다. 해방 이후 시작된 분단과 곧이어 발생한 한국전쟁은 국가를 국민의 생사여탈권을 가진 폭력적이고 무서운 존재로 한국인들 마음속에 각인시켰다. 전쟁을 치르면서 성장한 군대와 경찰의 능력은 강압력을 지탱할 경제 규모와 시민사회의 성숙에 비해 과대 성장했다. 근대화 과정에서 국가의 개입으로 경제성장을 이룬 경험은 국가중심주의적인 사고를 한층 강화했다. 국가가 개인의 일상에 깊숙이 개입하는 상태에서 한국인들은 모든 것을 국가 중심으로 생각하는 데 익숙해졌다.

국가는 제도를 결정해서 개인의 삶과 시장에 개입해 왔다. 국가가 강하다는 것은 시민사회나 시민의 힘보다 국가의 힘이 상대적으로 혹은 절대적으로 강하다는 의미다. 그럴 때 개인은 자유를 선택하기보다 부의 축적과 안정성을 추구하며 국가에 의존하게 된다. 국가는 민족주의나 반공주의 같은 역사적 블록(historical bloc)을 형성하는 다양한 이념을 생성하여 한국인들의 일상을 국가가 추구하는 자본주의 질서 구축에 활용함으로써 시민을 국민으로 만들었다. 박정희 체제가 만들어 낸 사회구조는 이렇게 형성되었다. 그 속에서 개인들은 이익을 위해 국가를 활용하고 그것이 자신의 것으로 전용하면서 자신의 작은 권력을 휘두르면서 살아왔다.

마름과 완장의 구조화는 우리가 국가 없이 살아가는 것을 불가능하게 만든다. 사실상 박정희 집권 이후부터 시작된 산업화는 한국인의 일상에서 그들의 직업에 영향을 미치면서 중요한 역할을 해 왔다. 한국은 초기부터 정규직 중심으로 노동시장을 형성하지 않고 효율성을 위해서 비정규직이라는 불안정한 고용 형태의 직업군을 양산하여 노동자들을 분열시키면서 산업화를 추진했다. 경제성장 덕분에 1967년 정권 유지에 성공한 박정희는 경제구조 변화를 통한 지속적 경제성장을 추구하였다. 1970년대에는 정권의 안정과 영구집권을 위해 중화학공업화 정책을 펼치면서 한국은 대기업 중심의 경제구조를 구축하게 되었다. 대기업이 성장하면서 대기업에 물품을 납품하는 중소기업의 수가 늘어났다. 재벌 중심의 경제구조에서 대기업에 이익이 집중되면 중소기업을 지원할 자원이 상대적으로 부족해진다. 무엇보다 대기업에 비정규직 노동자(한시적, 시간제, 비전형 등)를 공급하는 인력회사들이 대거 등장하였다. 정규직과 비정규직은 같은 일을 하고도 임금에서 큰 차이가 난다. 이런 경제구조에서 대기업 중심으로 정책과 자원이 집중되면 대기업 노동자와 중소기업 노동자 사이에 다양한 종류의 격차가 발생한다. 한국 사회의 고질인 '갑을' 관계가 고착된다. 대기업 노동자의 임금은 하청 업체를 착취하면서 보전되기 때문에 대기업 노동자들이 하청 업체의 노동자들에 대해 권력관계에서 우위를 보이게 된다. 같은 작업장 안에서도 대기업 노동자와 중소기업 노동자들이 공존하며 동일 노동을 함에도 임금 격차, 그리고 고용 안정성 등에서 큰 차이를 보여 위계에 의한 권력관계가 작업장 내에서 일상적으로 재생산된다.

이런 의미에서 한국의 현재 노동시장은 기업 규모, 노조의 유무, 고용 형태(정규직·비정규직)의 세 층위가 결합하여 9개 범주의 위계 구조를 형성하였는데, 여기에 '남성 대 여성'까지 결합하여 노동시장에서 고용의 불평등 구조를 이루고 있다. 2021년 5월 통계청의 경제활동인구 조사 청년층 부가 조사에 따르면, 450만 명의 청년층 중 33.5%가 계약직으로 일을 시작하는 것으로 나타났다. 1년 이하의 단기계약직은 29.3%, 한시적 일자리는 11.0%였다. 심각한 것은 첫 직장 월급으로 200만 원 이하를 받는 청년층이 전체의 73.3%였다는 점이다. 이들은 평균 1년 2개월 일하고 직장을 그만두는 것으로 나타났다. 즉, 최근 노동시장에 신규 진입하는 젊은 층은 고용 형태에서 불안정하고 임금에서도 저임금을 받는 위치에 있어 상대적으로 불안정한 계층을 이루게 되어 있다. 다양한 형태로 구조화된 노동시장 위계 구조에서 고착된 개인별 지위는 타인과의 관계에서도 굳어 '을'들 사이 갈등을 구조화하는 '마름'이 활동할 공간이 만들어진다. 마름은 대체로 사회적 약자들을 분열시켜 약자를 약자로 통제하기 위해 지배집단이 만든 중간지대에 놓인 권력의 대리인이다.

한국 사회에서 제도화란 안전한 제도적 장치를 만드는 것이 목표가 아니라 상승에 초점을 두기 때문에 미시 권력 구조에서 발생하는 마름들의 권력 절대화에는 신경을 쓰지 않았다.[181] 전근대의 마름이, 강

---

[181] 마름은 소작농들을 관리하는 중간 지위의 사람이다. 김유정의 단편 『동백꽃』(1936)에서 소작농의 아들인 주인공을 (내심과 다르게) 못살게 구는 점순이가 마름의 딸이다. 마름의 딸까지 소작농의 아들을 마음대로 할 수 있는 것이 일제강점기 권력이었다. 이런 '완장'의 권력이 대한민국으로 이어져 왔

자이며 노동조합의 보호를 받는 대기업 노동자들이 아니라 그들과 동일한 노동을 함에도 임금과 고용 형태에서 차별을 받는 다양한 층위의 노동자들을 지배하기 위해서 현대 자본주의 산업사회에 재등장하게 되었다. 사회 갈등의 주체가 지배자와 피지배자가 아닌 지배자의 대리인과 피지배자로 굳어 지배자의 대리인들에게 일상의 권력이 집중되는 '완장 사회'로 이어졌다. 완장 사회인 한국 사회에서 사람은 완장을 찬 사람과 그렇지 않은 사람으로 나뉜다. 완장은 위계적으로 연결되어 있고 세계 어느 사회에나 존재한다. 완장은 객관화된 권력의 실체이며 완장을 찬 사람의 의식마저도 소비하게 만드는 무서운 힘을 가진 존재이다. 한국 사회에서 제도가 의도하지 않은 결과로 만들어낸 완장은 국가와 법의 보호가 미치지 못하는 일상 공간에서 그 영향력을 발휘한다. 완장은 실제 제도를 만들어 다수를 지배하는 권력층을 대신해서 을끼리(더 세분하면 을이 병을, 병이 정을, 정이 무를) 착취하는 구조를 만들고 재생산한다. 마름 권력에 포섭된 을들은 갈등의 근본 원인인 갑 대신 다른 을들과 서로 증오하면서 경쟁하게 된다. 마름으로 승진하기 위해서 갑에게 모든 충성을 다해야 한다. 소수인 갑의 이익을 위해서 다수인 을들이 서로 싸워 힘을 소진한다. 이 과정에서 집단주의 이데올로기가 작동하고 서열 문화가 지배한다.

전통사회의 완장은 조선의 신분제도를 폐지하고 새로운 인간관계를 형성할 필요가 있었던 일제강점기에 다시 등장했다. 서구에서 개인의 독립이 근대의 출발이었던 반면 조선에서는 신분제를 대체한 집단주의로 인해 개인의 독립이 불가능했다. 일제는 새로운 형태의 개인을 옭아매는 위계 도구로서 지위에 따른 새로운 명령 체계를 도입하였다. 높은 지위를 얻는 과정은 매우 경쟁이 심했고, 일본인과 조선인 사이에 차별이 있었으나, 중간과 하부 단위의 지위는 조선인들 사이 경쟁을 통해서 일본의 평가 방식에 가장 근접한 기술과 능력을 소유한 조선인들에게 제공되었다. 완장은 공적인 채용, 승진, 경쟁이 아직 제도

으며 지금까지도 약자(을)들 사이 갈등과 투쟁이 이어지도록 만든 것이다.

화되지 못했을 때 더욱 기승을 부렸다. 일제는 근대 사법제도를 도입하면서 사적 소유는 보호했지만 전통적 방식의 도덕 경제 체제의 축이었던 소작권은 보호하지 않았다. 그때 마름의 완장이 작동했다. 마름은 지주의 이익을 보호해 주면서 자신의 사적 이익을 동시에 추구하였다.

해방과 한국전쟁 기간에도 법과 제도의 보호가 미치지 못하는 사각지대에서 개인들이 완장의 권력을 이용하여 자신의 사적 이익을 추구하는 행위가 구체화 되었다. 완장을 찬 이들은 국가기구를 장악한 이들과 사적 관계를 맺고 그들의 이익을 추구해 주면서 자신들에게 돌아올 보상을 개인 차원에서 확보하려고 노력했다. 막강한 권력을 행사하면서 지배자의 권력을 대신 행사했다. 위계적 사회관계 속에서 완장을 찬 사람에 대한 분노와 원망이 늘어났다. 완장에 명령을 내리는 지배집단이 아닌, 지배집단의 도구에 불과한 완장에 대한 분노가 늘어나면서 지배구조의 변화라는 거시적 변동보다 개인 관계에서 나타나는 완장을 바꾸는 것에만 사람들의 관심이 집중된다. 그러다 보면 완장이 지배집단에 대한 대중들의 시선을 부드럽게 만드는 사회적 기능을 하게 된다.

결국 국가 없이 살아가기는 국가에 의존하지 않는 구조를 만드는 것이고 국가 없이 살아가는 마름과 완장을 없애 제도적으로 공정한 삶을 살 수 있게 만드는 것에서 시작해야 한다. 박정희 잔재를 극복할 방법은 박정희가 그 이전 지배와 피지배의 관계를 활용하여 일상에 침투시킨 국가와 시장의 연합체인 시스템 즉 체계에서 벗어나는 것이다. 그런데 국가의 기능을 제거하는 것이 아니라 국가의 기능을 살리면서 시장과 연결된 부분을 제어하고 시민사회에 의해서 국가를 포섭하는 것이다. 국가가 안정적으로 운영될 때 시민이 건강해지고 시민 형성이 가능하다. 시민은 국가 안에서 성장할 수 있지만, 시민이 국가의 지배자라는 사실에는 변함이 없어야 한다. 계몽주의 시기 서구에서 사회계약설이 등장한 것은 국가를 신이 아닌 시민들이 만들었다는 국가형성 과정에서 시민 주체의 기원을 제시하면서 등장했다. 실제 역사에서 국가를 시민이 어떻게 만들었는지는 볼 수 없다. 그러나 시민들이 국가를 형성해 나온 길은 장기간에 걸쳐서 이뤄졌다. 그 과정에서 국가의 주인으로서 시민이 형성되었다. 그럼에도 시민은 늘 자신이 만든 피조물이 자신을 지배하는 것을 경험할 수밖에 없다. 루소가 일반의지로 풀어 정당화하려 했지만 실제 루소 시대보다 현대가 인권을 중심으로 하는 시민사회의 영향력이 확대되었다. 동시에 국가의 이데올로기가 더 작동할 가능성도 확대되었다. 늘 함께 갈 수밖에 없는 것이 국가이다.

귀신조차 도움이 필요하면 관료를 찾아오는 전설이 있는 나라 한국에서 시민의 형성과 시민사회 형성에 필요한 것은 무엇일까? 국가에서 벗어나기다. 그런데 국가에서 벗어나기는 국가를 없애는 것이 아니다. 국가를 활용하는 것이다. 부자는 국가를 도구적으로 해석하지만 가난한 자들은 국가를 충성의 대상으로 바라본다. 국가는 제도를 만드는 주체이지만 정치에 의해서 움직여진다. 정치는 자원을 배분할 수 있는 권력을 활용하는 것이다. 그런데 국가를 움직이는 정치의 영역에 시민들이 제외되어 있다. 그렇기에 국가를 움직이는 정치에 진입하는 것이 시민들이 민주주의 시대에서 살아갈 수 있는 우선 의무이자 권리다. 정치에 진입하기 위해서 시민들이 하는 것이 결사를 만드는 것이다. 결사를 만들면 그 속에서 정의 즉 보편적으로 모든 이에게 통용되는가를 생산할 기회를 만들 수 있다. 그것이 가능한 영역이 공공영역이다. 지역을 중심으로 활동할 수 있도록 지역 구조를 재편하고 지역 인재를 활용하는 방식이 한국 사회 전체에 적용하는 것보다 쉬울 것이다. 앞으로의 시민과 시민사회 형성을 위한 키워드는 그런 의미에서 지역이 될 것이다.

나가며

민족주의와 탈정치를 넘어서

쓰고 나서
결사를 통한 변화를 추구하며

김영삼이 대통령에 당선되는 것을 보며 도덕이라는 것과 창피한 것을 모르는 한국인에 대해서 무엇인가 하고 싶었던 것이 1992년이었다. 그런 한국인을 만들어 낸 요인은 무엇인가? '계층 불평등과 교육의 역할'이라는 주제로 텍사스 오스틴에서 박사 논문을 준비하다가, 한국 사회의 근본적인 틀은 무엇인지 궁금해졌다. 현대 한국인의 기본 틀이 박정희 집권 시기에 시작되었음을 나름대로 이해하고 박정희를 연구하기 시작했다.

1997년의 외환위기는 박정희 모델을 바꾸라는 시대의 사명을 알리는 계기였으나, 시대 사명과는 정반대로 한국 사회에서는 박정희 열풍이 일어났다. 노무현과 이명박 정부에서 강력한 야당의 지도자로서 존재감을 드러내던 2012년 박근혜의 당선은 믿고 싶지 않은 놀라운 일이었다. 김영삼이 대통령이 된 이후 20여 년이 지난 시점에서 박정희의 딸이 대통령에 당선되었다. 흥미로운 것은, 그 딸로 인해 박정희 열풍이 사라졌다는 것이다. 반신반인(半神半人)의 반열에서 사라진 박정희다.

박근혜가 사라진 후 '공정'을 이야기한 문재인 후보가 당선되었다.

그러나 그도 공정이란 단어로 인해 도전을 받았고, 문재인과 그와 함께한 386세대가 '내로남불' 하는 586 꼰대로 받아들여지게 되었다. 과거 1970년대 박정희와 '80년대 운동권에 대한 향수가 그들 자신 혹은 그들의 후계자에 의해서 사라지는 기이한 현상을 목도(目睹)하고 있다.

이 책은 정치사회학적 실천이라는 목표를 위해서 썼다. '성공처럼 보이지만 성공 아닌' 결과를 바라보면서, 정치제도만을 바꾸고 대통령을 바꾸고 의원을 바꾼다고 사회가 바뀌지는 않고 오히려 사회가 더 급격한 혼동 속에 빠지는 것을 사회학자로서 바라보았다. 사람에 기대지 말고, 사회를 어떻게 바꿀 것인지 그리고 그 목표를 위해서 무엇을 할 것인지, 그 답은 먼저 참여이며, 어떤 참여인지, 마지막으로 나와 함께 할 수 있는 동료는 어떻게 찾을 것인지에 대해 이야기하고 싶었다.

파편화된 인간은 나약하며, 구조의 영향을 받는다. 그들과 함께 사회를 체질적으로 개선하기란 어렵다. 완성되지도 않은 '시민 개념'을 다시 꺼내 들고, 시민사회를 엿보려고 했다. 2016년의 국회의원 총선거는 집단지성을 기대할 일말의 희망을 보여 주었다. 이 연구는 결사를 통한 참여, 그리고 시민 형성에 관한 글을 다루기 위한 기초작업에 해당한다. 원래 의도는 결사, 보편성, 그리고 공공영역을 좀 더 연구하는 작업을 진행하려고 했었다. 그러나 공공영역에 대한 이론적 접근은 시민과 시민사회 형성에 아무런 영향을 미치지 못할 것이었다. 서구의 학자들이나 국내 학자들이 이미 연구한 수준 이상은 제시하지 못할 것이다. 그래서 지역을 중심으로 공공영역, 결사를 연구하고 다른 방향으로 대두되는 우익의 극우화와 보편성을 상실한 한국 사회의 어두운 면을 다루는 두 방향으로 시민과 시민사회 연구를 진행할 예정이다.

참고문헌

강동훈. 2011. "발전국가론과 한국의 산업화,"『마르크스21』 11호 pp. 73-134.
강명구. 2004. "한국 언론의 구조변동과 언론전쟁,"『한국언론학보』 85권 5호 pp. 319-348.
강원택·이내영 공편. 2011.『한국인 우리는 누구인가?』서울: 동아시아연구원.
강인철. 1992. "한국전쟁기 반공이데올로기 강화, 발전에 대한 종교인의 기여 - 천주교를 중심으로 -,"『한국전쟁과 한국 사회변동』한국 사회학회 편, 서울: 풀빛.
강정인. 2011. "박정희 대통령의 민주주의 담론분석: 행정적, 민족적, 한국적 민주주의를 중심으로,"『철학논집』 27호 pp. 287-321.
강준만. 2014.『세계 문화의 겉과 속: 모든 문화에는 상흔과 이데올로기가 숨어 있다』서울: 인물과사상사.
경제기획원 편. 1982.『개발연대의 경제정책』미래사.
경제기획원 편. 1994.『자율개방시대의 경제정책』미래사.
5·16 혁명사편찬위원회. 1962.『5·16 혁명실기 요약』.
고원. 2008. "가정의례의 재편과 균열," 공제욱 역음,『국가와 일상: 박정희 시대』파주: 한울아카데미.
고원. 2006b. "대중독재에 대한 몇 가지 질문들," 장문석·이상록 엮음.『근대의 경계에서 독재를 읽다: 대중독재와 박정희 체제』그린비.
고원. 2006a. "새마을운동의 농민동원과 '국민 만들기',"『경제와 사회』 69호 pp. 178-201.
공보부. 1962.『혁명정부 1년간의 업적』.
공제욱. 2008. "서론: 박정희 시대 일상생활 연구의 의미," 공제욱 엮음,『국가와 일상: 박정희 시대』파주: 한울아카데미.
공제욱. 1993.『1950년대 한국의 자본가 연구』서울: 백산서당.

공제욱·조석곤. 2005. 『1950~1960년대 한국형 발전모델의 원형과 그 변용 과정』 한울아카데미.

곽준혁. 2008. "시민적 책임성: 공화주의와 시민성(Citizenship)," 『대한정치학회보』 16집 2호 pp. 127-149.

구종서. 1996. "동아시아 발전모델과 한국," 한국정치학회보 30권 2호 pp. 24-209.

구현우·우양호. 2012. "1950년대, 약탈국가론, 그리고 연속과 단절: 경제적 자원에 대한 국가의 통제권을 중심으로," 『행정논총』 50권 1호 pp. 243-277.

권혁범. 2004. 『국민으로부터의 탈퇴』 서울: 삼인.

권헌익. 2020. 『전쟁과 가족』 정소영 옮김. 파주: 창비. [원제, Heonik Kwon, *After The Korean War: An Intimate Histor*. London: Campbridge University Press]

김경일. 1998. "1950년대 후반의 사회이념: 민주주의와 민족주의," 한국정신문화연구원 현대사연구소 편, 『한국현대사의 재인식 4: 1950년대 후반기의 한국 사회와 이승만정부의 붕괴』 서울: 오름.

김경재. "종교적 갈등 사회와 종교 다원주의," 『사회이론』 13호 pp. 17-33.

김광기. 2017a. 『대한민국에서 정의를 묻다』 서울: 21세기북스.

김광기. 2017b. "드라마로서의 사회, 연기자로서의 자아," 『문화사회학』 한국문화사회학회 지음, 파주: 살림출판사. pp. 181-208.

김광기. 2016. 『이방인의 사회학』 경기 파주: 글항아리.

김광희. 2008. 『정희와 개발독재』 서울: 선인.

김기범. 2009. "정(情) 마음 모형 검증," 『한국심리학죄지: 사회 및 성격』 23권 1호 pp. 147-163.

김기범·최상진. 2002. "정(情) 마음 이야기 (Narrative)분석," 『한국심리학회지: 사회 및 성격』 16권 2호 pp. 29-50.

김기진. 2006. 『한국전쟁과 집단학살: 미국 기밀문서의 최초 증언』 서울: 푸른역사.

김덕영. 2014. 『환원근대: 한국 근대화와 근대성의 사회학적 보편사를 위하여』 서울: 길.

김대영. 2004. "박정희 국가동원 메커니즘에 관한 연구," 『경제와 사회』 61호 pp. 184-221.

김대환. 1996. "연구논문 - 산업화·민주화의 궤적과 과제 - 해방 반세기 한국 정치경제의 성찰과 전망," 『경제와 사회』 30호 pp. 109-39.
김대환. 1981. "1950년대 한국 경제의 연구: 공업을 중심으로," 『1950年代의 認識』 진덕규 편, 서울: 한길사.
김대환·조희연 편. 2003. 『동아시아 경제변화와 국가의 역할 전환: '발전국가'의 성립, 진화, 위기, 재편에 대한 비교정치경제학적 분석』 서울: 한울.
김대환·하홍규. 1995. "한국의 경제발전: 기적인가 신기루인가?," 『현상과인식』 19권 2호 pp. 86-169.
김덕영. 2014.
김덕영. 2013. "돈과 영혼: 인간 삶과 문화의 심층에 철학적 측연을 던지다," 『돈의 철학』 해제, 서울: 길.
김덕영, 2012. 『막스 베버』 서울: 길.
김동노. 2010a. "박정희 시대 전통의 재창조와 통치체제의 확립," 『동방학지』 150집 pp. 319-353.
김동노. 2010b. "한국의 국가 통치전략으로서의 민족주의," 『현상과 인식』 pp. 203-224.
김동노. 2009. 『근대와 식민의 서곡』 파주: 창비.
김동노. 2009. "해방공간의 국가 건설과 다원적 민족주의, 민족과 국민, 정체성의 재구성," 김영희외 지음, 혜안.
김동노. 2007. "일제시대 식민지 근대화와 농민운동의 전환," 『한국 사회학』 41권1호 pp. 194-220.
김동노. 2003. "거시 구조 이론에서 미시 사건사로: 미국 역사사회학의 경향과 과제," 『사회와역사』 63호 pp. 86-122.
김동노. 2000. "한국전쟁과 지배이데올로기," 『아시아문화』 16호 pp. 279-309.
김동노. 1998. "식민지시대의 근대적 수탈과 수탈을 통한 근대화," 『창작과비평』 26권 1호 pp. 112-132.
김동배. 2005. 『시민사회와 자원봉사』 서울: 학지사.
김동성. 1996. 『한국민족주의 연구』 오름.
김동춘. 2009. 『전쟁과사회』 파주: 돌베개.
김동호. 2012. 『대통령 경제사 (1945-2012)』 서울: 책밭.
김두겸·이영훈·이한구. 2008. 『대한민국기업사』 서울: 중앙books.
김마이클. 2005. "식민 후기 조선의 시각문화에 나타난 전체 동원의 미학," 임지현·김용우 엮음, 『대중독재』 2권. 서울: 책세상.

김무경. 2000. "소집단과 네트워크의 형성 기제로서의 '비밀': 게오르그 짐멜의 '비밀결사'와 미셸 마페졸리의 '부족'을 중심으로," 『동아연구』 39권 pp. 217-248.
김보현. 2006a. "대중독재론의 균열과 역설 그리고 딜레마-특히 박정희 정권기 연구와 관련하여." 장문석·이상록 엮음, 『근대의 경계에서 독재를 읽다』 서울: 그린비.
김보현. 2006b. 『박정희 정권기 경제개발: 민족주의와 발전』 서울: 갈무리.
김성은. 2005. "한국의 무속과 민간불교의 혼합현상," 『종교학 연구』 24호 pp. 73-91.
김성진. 2016. "베트남 국제이주의 현황과 시사점," 『현상과인식』 40권 4호 pp. 171-200.
김승수. 2014. 『저널리즘의 몰락과 정보 공유 혁명』 파주: 한울아카데미.
김영모. 2012. 『한국 자본가계급연구 = 대기업자본가의 형성과 이동』 서울: 고헌.
김영미. 2009. 『그들의 새마을운동』 서울: 푸른역사.
김영희. 2009. "반공주의와 일상생활," 김영희 들 지음, 『민족과 국민, 정체성의 재구성』 서울: 혜안.
김왕식 옮김, 『정치교육론』 파주: 한국학술정보(주).
김용학. 2004. 『사회 연결망 이론』 서울: 박영사.
김용학. 1996. 『사회구조와 행위』 서울: 사회비평사.
김우기. 1990. "전랑과 삼사의 관계에서 본 16세기 권력구조," 『역사교육논집』 제13·14집 pp. 617-639.
김윤태. 1999. "발전국가의 기원과 성장," 『사회와 역사』 56집.
김인회. 1994. 『한국교육의 역사와 문제』 문음사.
김일영. 1995. "박정희체제 18년: 발전과정에 대한 분석과 평가," 『한국정치학회보』 21권 2호 pp. 181-215.
김일영. 2001. "5·16 군사쿠데타, 군정 그리고 미국," 『국제정치논총』 41권 2호.
김정규. 2018. 『국경을 넘는 사람들-이주와 범죄-』 서울: 에듀컨텐츠 휴피아.
김정렴. 2006. 『최빈국에서 선진국 문턱까지』 서울: 랜덤하우스.
김정선. 2011. "시민권 없는 복지정책으로서 '한국식' 다문화주의에 대한 비판적 고찰," 『경제와사회』 92호 pp. 205-246.
김정주. 2005. "1950-1960년대 한국의 자본축적과 국가기구의 전면화 과정,"

조선곤·공제욱 편, 『1950~1960년대 한국형 발전모델의 원형과 그 변용과정』 서울: 한울. pp. 157-92.

김준. 1999. "5·16 이후 노동조합의 재편과 '한국노총 체제'의 성립," 『사회와 역사』 55호 pp. 104-144.

김준. 2004. "1970년대 조선산업의 노동자 형성: 울산 현대조선을 중심으로." 이종구 외 지음. 『1960-1970년대 한국의 산업화와 노동자 정체성』 한울아카데미. pp. 27-91.

김준. 2006. "박정희 시대의 노동 - 울산 현대조선 노동자를 중심으로," 장문석·이상록 엮음, 『근대의 경계에서 독재를 읽다』 서울: 그린비.

김진호. 2017. "웰빙 우파와 대형교회," 제3시대그리스도교연구소 엮음, 『당신들의 신국』 파주: 돌베개.

김창남. 2010. 『대중문화의 이해』 파주: 한울.

김철. 2011. "정의란 무엇인가-자유주의와 공동체주의의 가치, 자유와 평등, 형평," 『사회이론』 39호 pp. 37-77.

김태성·성경륭. 2017. 『복지국가론』 파주: 나남.

김형아. 2005. 『(유신과 중화학공업) 박정희의 양날의 선택』 신명주 옮김, 서울: 일조각.

김흥순. 2000. "근대화 프로젝트로서의 새마을운동에 대한 비판적 고찰: 1970년대를 중심으로," 『한국지역개발학회집』 12권 2호 pp. 21-38.

나창주. 1987. 『정치사회학요론』 서울: 대왕사.

남지민. 2012. "시민권의 관점에서 본 결혼이주여성 정책 방안 연구," 『한국정치연구』 21권 1호 pp. 255-277.

내무부. 1980. 『새마을 運動 10年史: 資料篇』.

노영기. 2004. "5·16 쿠데타 주체세력 분석," 『1960년대 한국의 근대화와 지식인』 서울: 선인.

노치준. 1992. "한국전쟁이 한국종교에 미친 영향-한국의 개신교를 중심으로-," 한국 사회학회 편, 『한국전쟁과 한국 사회변동』 서울: 풀빛.

노혜령. 2020. 『가짜뉴스 경제학』 서울: 워크라이프.

니시노 준야. 2012. "일본 모델에서 한국적 혁신으로 -1970년대 중화학공업화를 둘러싼 정책과정," 『세계정치』 32권 2호 pp. 167-207.

도진순·노영기. 2004. "군부엘리트의 등장과 지배양식의 변화," 『1960년대 한국의 근대화와 지식인』 서울: 선인.

류석춘·왕혜숙. 2008. "사회자본 개념으로 재구성한 한국의 사회발전." 『한

국의 사회자본: 역사와 현실』 서울: 백산출판사.
류석춘·왕혜숙·박소연. 2008. "연고집단과 자발적 결사체의 신뢰 비교 연구," 『동양사회사상』 17집 pp. 203-269.
문교부. 1988. 『문교40년사』 문교부.
문상석·김범수·서정민. 2017. "정당공천제도와 지방정치 변화에 대한 고찰-제도의 전용에 대한 분석을 중심으로," 『한국정치학회보』 51권 1호 pp. 129-152.
문상석. 2021. "박정희 잔재의 사회적 기원," 『사회사상과 문화』 24권 1호 pp. 155-202.
문상석. 2020. "한국 종교의 물질주의적 가치 지향의 역사적 고찰-국가 배태성을 중심으로-," 『사회이론』 44호 pp. 451-482.
문상석. 2018.
문상석. 2016b. "식민지 지배와 저항의 사회적 공간과 조선 지식인들의 사회적 인식," 『사회와 역사』 110호 pp. 75-104.
문상석. 2016a. "관료의 국가제도 전용과 발전국가의 종언," 『사회이론』 49호 pp. 33-70.
문상석. 2015. "1970년대 중화학공업화 정책 수립을 통해 본 국가와 관료의 성장과 한계," 『사회과학연구』 28권 1호 pp. 63-96.
문상석, 2010b. "새마을운동과 정신개조: 탈정치화된 농민의 성장." 『사회이론』 38호 pp. 35-66.
문상석. 2010a. "한국전쟁, 근대국민국가 형성의 출발점: 자원동원론의 관점에서," 『사회와역사』 86집 pp. 86-119.
문종대·윤영태. 2004. "언론 공정성 개념의 재개념화: 언론의 자율성 논변을 중심으로," 『한국언론정보학보』 통권 27호 pp. 93-122.
민문홍. 1995. "우리 사회의 종교 문제와 기독 지식인의 책임," 『사회이론』 13호 pp. 115-135.
민족문제연구소. 2009. 11. 8. 『친일인명사전』 박정희 편.
민족문제연구소. 2012. 6. 27. "종북놀음과 박정희 혈서".
민주화운동기념사업회. 2008. 『독일 정치 교육의 현장을 가다』 서울: 오름.
박규택. 2000. "한국 섬유산업의 발달, 1945~1990," 『地理學論究』 20호 pp. 56-145.
박노자. 2005a. 『우승優勝열패劣敗의 신화』 서울: 한겨레신문사.
박노자. 2005b. "독재자가 '한민족 전통'을 날조한다: 박정희의 민족중흥,"

『인물과 사상』 86호 pp. 158-172.
박노자. 2002. 『당신들의 대한민국』 서울: 한겨레신문사.
박대식 편. 2002. 『지역사회 권력구조 문헌이해』 서울: 오름.
박명규. 2009. 『국민·인민·시민-개념사로 본 한국의 정치주체』 소화.
박명규. 1996. "한국민족주의의 역사적 전개와 성격." 『세계의 문학』 여름호 pp. 15-33.
박명규. 2000. "한국전쟁과 민족주의." 『아시아문화』 16호 pp. 57-95.
박명림. 2008. "박정희 시대 재야의 저항에 관한 연구 1961-1979," 『한국 정치 외교사 논총』 30권 1호.
박명림. 2006. "한국현대사와 박정희·박정희 시대: 통치철학과 사상, 국가전략, 그리고 민주주의 문제," 『박정희 시대와 한국 현대사』 서울: 선인.
박병영. 2003. "1980년대 한국 개발국가의 변화와 지속: 산업정책 전략과 조직을 중심으로," 『동서연구』 15권 1호 pp. 31-61.
박상섭. 1996. 『근대국가와 전쟁: 근대국가의 군사적 기초, 1500-1900,』, 서울: 나남출판.
박섭·이행. 1997. "근현대 한국의 국가와 농민: 새마을운동의 정치사회적 조건," 한국정치학회, 『한국정치학회보』 31권 3호 pp, 47-67.
박영구. 2011. "1970년대 중화학공업화 추진 행정기관 연구: 중화학공업추진위원회와 기획단," 『한국행정사학지』 28권 0호 pp. 85-257.
박영구. 2001. "재정: 1970년대 중화학공업화정책과 재정정책," 한국국제경제학회 동계학술발표논문집 3호 pp. 56-933.
박영신. 1992. 『역사와 사회변동』 서울: 민영사.
박영신. 1995. "종교적 물질주의: 우리의 전통과 사회 구조," 『사회이론』 13호 pp. 43-66.
박영신. 2014. "굴대 시대 이후의 문명사에 대한 학제간 연구 관심," 『현상과 인식』 38권 1호 pp. 17-39.
박영신. 2017. "인간의 한계와 굴대 문명의 재귀: 지식 행위를 새김," 『현상과 인식』 43권 3호 pp. 16-43.
박용규. 2014. "박정희 정권 시기 언론인의 직업적 정체성의 변화," 『언론정보연구』 51권 2호 pp. 34-76.
박정희. 1971. 『한국 민주주의』 발행처불명.
박정희. 2005a. 『하면 된다! 떨쳐 일어나자』 서울: 동서문화사.
박정희. 2005b. 『한국 국민에게 고함』 서울: 동서문화사.

박정희. 2005c. 『나라가 위급할 때 어찌 목숨을 아끼리』 서울: 동서문화사.
박재환. 2016. "일상생활에 대한 사회학적 조명," 『일상생활의 사회학』 미셸 마페졸리·앙리 르페브르 외 지음, 박재환·일상생활연구회 옮김, 파주: 한울. pp. 21-43.
박주현. 2018. 『가짜뉴스』 서울: 커뮤니케이션북스.
박준식·김영근. 2000. "한국전쟁과 자본가계급," 『아시아문화』 16호 pp. 373-423.
박진도·한도현. 1999. "새마을운동과 유신체제," 『역사비평』 47호 pp. 37-80.
박진우. 2010. "박정희 정권과 새마을지도자연수원의 지도자양성," 『한국민족운동사연구』 65호 pp. 279-317.
박진환. 2005. 『박정희 대통령의 한국경제 근대화와 새마을운동』 (사)박정희대통령기념사업회.
박찬승. 2010. 『마을로 간 한국전쟁』 파주: 돌베개.
박태균. 2008. 『원형과 변용: 한국 경제개발계획의 기원』 서울대학교출판부.
박태순·김동춘. 1991. 『1960년대의 사회운동』 서울: 까치.
박해광. 2004. "한국산업노동자의 도시경험-70년대를 중심으로," 『경제와사회』 61호 pp. 135-165.
백종국. 2002. "전후 50년의 한국 산업화와 국가," 『한국정치연구』 11권 1호.
법제처. "학도호국단 설치령,".
비교역사문화연구소. 2005. 『대중독재1』 임지현·김용우 역음, 책세상: 서울.
비교역사문화연구소. 2005. 『대중독재2』 임지현·김용우 역음, 책세상: 서울.
비판사회학회. 『사회학』 제2판. 서울: 한울아카데미.
비판사회학회 엮음. 2017. 『사회학: 비판적 사회읽기』 파주: 한울아카데미.
삼성경제연구소. 2018. 『4차 산업혁명, 일과 경영을 바꾸다』 서울: 삼성경제연구소.
삼성경제연구소. 2008. 『대한민국경제 60년의 대장정』 삼성경제연구소.
새마을운동중앙회. 2003. 『새마을운동』.
서재진. 1989. "한국 자본가 계급의 계급 기구의 형성과 성격 - 전경련을 중심으로," 『사회와역사』 16호 pp. 97-169.
서재진. 1989. "한국 자본가계급의 사회적·정치적 연줄망 연구," 『한국 사회학』 22호 겨울 pp. 47-67.

서중석. 1997b. "역사문제연구소『역사비평』대토론 한국 학생운동의 역할과 새로운 모색 1960년 이후 학생운동의 특징과 역사적 공과,"『역사비평』 통권41.
서중석. 1997a. 이승만 정부 초기의 일민주의.『진단학보』83권 pp. 155-184.
서중석·정현백. 2007.『민족주의와 역사교육』서울: 선인.
성경륭. 1996.『체제변동의 정치사회학』서울: 한울아카데미.
서울대사회발전연구소, 2017.『압축성장의 고고학』파주: 한울아카데미.
송복. 1990.『조직과 권력』서울: 나남.
송복. 1992.『한국 사회의 갈등구조』서울: 현대문학.
송호근. "박정희 정권의 국가와 노동: 노동 정치의 한계,"『사회와 역사』58권.
신용하. 2006. "'민족'의 사회학적 설명과 '상상의 공동체론' 비판."『한국사회학』. 40권 1호, p. 32~58.
신용하. 1984. "민족형성의 이론,"『한국사회학』7호, pp. 18~58.
申一澈. 1990.『申采浩의 近代國家觀 - 自强主義 '國家'에서 아나키즘적 '社會'에로 -』『신채호』강만길 편저, 고려대학교 출판부. pp. 35-52.
신진욱. 2008.『시민』서울: 책세상.
신희성·김태익·박유빈·박선웅. 2017. "물질주의와 정신건강,"『보건사회연구』37권 3호 pp. 368-397.
심지연·김민전. 2006.『한국정치제도의 진화경로』서울: 백산서당.
안병직. 1997. "한국근현대사 연구의 새로운 패러다임,"『창작과 비평』98호 pp. 39-58.
안승국. 2009. "한국에 있어서 발전국가의 전환,"『담론201』12권 1호 pp. 59-79.
양승함·박명림·조수현 편. 2010.『박정희(1): 산업화와 대외자원동원』한국대통령 통치사료집IV, 연세대학교 국가관리연구원.
양재진. 2008. "한국 복지정책 60년 - 발전주의 복지체제의 형성과 전환의 필요성,"『한국행정학보』42권 2호 pp. 327-349.
연정은. 2004. "감시에서 동원으로 동원에서 규율로: 1950년대 학도호국단을 중심으로,"『역사연구』14호.
오원철. 1999.『한국형 경제건설7: 내가 전쟁을 하자는 것도 아니지 않느냐』한국형경제정책연구소.

오원철. 1995. 『한국형 경제건설I: 엔지니어링 어프로치』 한국형경제정책연구소.
오유석. 2014. 『박정희 시대의 새마을운동: 근대화, 전통, 그리고 주체』 한울아카데미.
오유석. 2002. "박정희식 근대화 전략과 농촌 새마을운동," 『동향과 전망』 55호 pp. 157~177.
오성철 외. 2015. 『대한민국 교육 70년』 대한민국역사박물관 한국현대사 연구총서 8, 서울: 대한민국역사박물관.
유병용·최봉대·오유석. 2001. 『근대화전략과 새마을운동』 서울: 백산서당.
유석춘·장미혜·정병은 외 공편역. 2007. 『사회적 자본; 이론과 쟁점』 서울: 그린.
유호열. 1997. "군사정부의 경제정책: 1961-1963," 한배호 엮음, 『한국현대정치론II 제3공화국의 형성, 정치과정, 정책』 서울: 나남.
윤덕중. 1987. 『현대정치사회학』 서울: 대한교과서주식회사.
윤상우. 2006. "한국 발전국가의 형성·변동과 세계체제적 조건, 1960~1990," 『경제와사회』 pp. 69-94.
윤원근. 2014. 『동감신학: 기독교와 현대문명을 말하다』 서울: 한들출판사.
윤인진. 2012. "민족교육, 시민교육, 세계시민교육," 『한국 사회』 2호 pp. 4-22.
이갑섭. 1973. "특집: 한국에 있어서의 경제계획; 산업발전과 중화학공업화." 『사회과학』(구:~2001) 12권 0호 pp. 41-59.
이광일. 2011. 『박정희 체제, 자유주의적 비판 뛰어넘기』 서울: 메이데이.
이대근. 2002. 『해방후·1950년대의 경제 - 공업화의 사적배경연구』 삼성경제연구소.
이대근. 1987. 『韓國戰爭과 1950年代의 資本蓄積』 까치.
이대근 외. 2008. 『새로운 한국경제발전사』 나남.
이명수 외. 2015. 『다문화와 인정의 로컬리티』 서울: 소명출판.
이민웅 외. 2006. 『방송저널리즘과 공정성 위기』 서울: 지식산업사.
이상오. 2014. "독일의 학교민주주의와 시민교육에 대한 연구," 『교육의 이론과 실천』 19권 2호 pp. 23-52.
이성록. 2006. 『새로운 공동체 영역: 제4섹터』 서울: 미디어 숲.
이성록. 2009. 『자원봉사 매니지먼트』 서울: 미디어 숲.
이수철. 2010. 『일상의 연대와 도시 공동체의 조건-성남시민의 결사체 참여 경험을 중심으로』연세대학교 사회학과 박사논문.
이승훈. 2010. "공공영역과 "시민됨"의 문화적 조건," 『사회이론』 37권 pp. 101-133.
이용주. 1998. "한국 산업화의 실체와 허상," 『한국 사회학』 32호 가을 pp. 89-561.
이우영. 1990. "박정희 민족주의의 반민족성." 『역사비평』 12: 223~240.
이원보. 2005. 『한국노동운동사 100년의 기록』서울: 한국노동사회연구소.
이원보. 2004. 『한국노동운동사5: 경제개발기의 노동운동/1961~1987』지식마당.
이원규. 2007. "한국 종교문화의 특성에 대한 연구," 『신학과 세계』 60호 pp. 129-171.
이은아. 2013. "도시 결혼이주여성의 어머니 노릇과 정체성-자녀교육 경험을 중심으로," 『한국여성학』 29권 3호 pp. 115-146.
이정환 외. 2015. 『저널리즘의 미래』서울: 인물과 사상사.
이재오. 1984. 『해방후 한국 학생운동사』서울: 형성사.
이재희. 1999. "1970년대 한국 중화학공업화의 성격," 『지역사회연구』 7권 1호 pp. 117-38.
이재희. 1991. "역비논단 5·16군사정부의 경제개발의 성격," 『역사비평』 pp. 158-68.
이종구 외. 2004. 『1960-1970년대 한국의 산업화와 노동자 정체성』파주: 한울아카데미.
이준웅. 2010. "한국 언론의 경향성과 이른바 사실과 의견의 분리 문제," 『한국언론학보』 54권 2호 pp. 187-209.
이준웅. 2009. "인터넷 공론장의 매개된 상호가시성과 담론 공중의 형성," 『언론정보연구』 26권 2호 pp. 5-33.
이준웅. 2005. "비판적 담론 공중의 등장과 언론에 대한 공정성 요구: 공정한 담론 규범 형성을 위하여," 『방송문화연구』 17권 2호 pp. 139-173.
이준호. 2014. 『위기의 미디어와 저널리즘』서울: 도서출판 탐구사.
이철승. 2017. "결합 노동시장 지위와 임금 불평등의 확대(2004-2015)," 『경제와사회』 115호 pp. 103-144.
이태진. 2008. "16, 17세기 장기 자연재난과 붕당정치의 전개," 한국사특강편찬위원회 지음, 『한국사특강』서울: 서울대학교출판부. pp. 89-102.
이한구. 2004. 『한국재벌사』대명출판사.

이황직. 2017. 『군자들의 행진』 경기파주: 아카넷.
이황직. 2018. 『민주주의의 탄생: 왜 지금 다시 토크빌을 읽는가』 경기파주: 아카넷.
이황직. 2003. "공동체의 도덕적 기초에 대한 사회 이론적 고찰: 헤겔의 "인륜성"과 뒤르케임의 "도덕성" 비교," 『사회이론』 24호 pp. 144-183.
임의영. 2019. 『공공성의 이론적 기초』 서울: 박영사.
임창주. 1983. "새마을운동이 농촌주민의 의식구조 변화에 끼친 영향," 『새마을연구 2권』 상명대학교 새마을연구소.
임희섭. 1999. 『집합행동과 사회운동의 이론』 서울: 고려대학교 출판부.
자현. 2018. 『자현 스님이 들려주는 불교사 100장면』 서울: 불광출판사.
장규식·유관지. 2006. "군사정권기 한국교회와 국가권력-정교유착과 과거사 청산 의제를 중심으로," 『한국기독교와 역사』 24호 pp. 103-137.
장문석·이상록. 2006. 『근대의 경계에서 독재를 읽다: 대중독재와 박정희 체제』 그린비.
장미경. 2001. "시민권(citizenship) 개념의 의미 확장과 변화 - 자유주의적 시민권 개념을 넘어서 -," 『한국 사회학』 35권 6호 pp. 59-77.
장영민. 2008. "국사교육의 강화와 국가주의." 공제욱 엮음. 『국가와 일상: 박정희 시대』 파주: 한울아카데미.
장용석·조문석·정장훈·정명은. 2012, "사회통합의 다원적 가치와 영향요인에 관한 탐색적 연구: 국가주의, 개인주의, 공동체주의, 세계시민주의를 중심으로," 『한국 사회학』 46권 5호 pp. 285-318.
장준갑. 2011. "5·16 군사쿠데타, 미국, 그리고 박정희," 『서양사학연구』 25권.
장준하. 1961. "권두언," 『사상계』 95권.
장하진. 1989. "이승만정권기 매판지배집단의 구성과 성격," 『역사비평』 6호 pp. 72-90.
전상숙. 2018. 『한국 근대 민족주의와 변혁적 이념, 민주공화주의』 서울: 신서원.
전상숙. 2017. 『한국인의 근대 국가관, 민주공화국 재고』 서울: 선인.
전상숙. 2016. "식민지시기 정치와 정치학-'조선인' 참여 부재의 정치학," 『사회와역사』 110호 pp. 7-39.
전상숙. 2004. 『일제시기 한국 사회주의 지식인 연구』 서울: 지식산업사.
정문석·이상록. 2006.

정성화 편. 2006.『박정희 시대와 한국 현대사』서울: 선인.
정수복. 2012.『한국인의 문화적 문법: 당연의 세계 낯설게 보기』경기 파주: 생각의 나무.
정용석. 1997. "1970 년대 한국 중화학 공업화정책의 성장사적 의의,"『경제연구』6권 1호.
정용욱. 2004. "5·16 쿠데타 이후 지식인의 분화와 재편," 노영기 외 지음,『1960년대 한국의 근대화와 지식인』서울: 선인. pp. 157-186.
정용택. 2017. "그들이 교회로 간 까닭은?: 박정희 정권기 한국 복지 체제 형성 과정에서 도시 교회의 역할과 기능," 제3시대그리스도교연구소 엮음,『당신들의 신국』파주: 돌베개.
정재영. 1995. "세속화와 한국 교회의 성장,"『현상과인식』18권 4호 pp. 61-86.
정진아. 2007. "제1공화국기(1948~1960) 이승만정권의 경제정책론 연구," 연세대학교 대학원.
정진아. 2004. "6·25 전쟁기 '백재정'의 성립과 전개,"『역사와현실』51호 pp. 82-255.
정호기. 2009. "이승만 시대의 위기 담론과 궐기대회,"『사회와 역사』, 84집.
정호중. 1995. "한국산업화정책에서의 국가역할에 관한 연구 - 국가역할의 변천요인을 중심으로,"『한국행정사학지』4권 pp. 98-173.
조선총독부. 2010.『조선인의 사상과 성격』김문학 옮김, 서울: 북타임.
조은주. 2018.『가족과 통치: 인구는 어떻게 정치의 문제가 되었나』파주: ㈜창비
조철기. 2016. "새로운 시민성의 공간 등장 - 국가 시민성에서 문화적 시민성으로 -,"『한국지역지리학회지』22권 3호 pp. 714-729.
조현범. 2004. "의례의 문화사를 통해서 본 한국 종교의 흐름,"『한신인문학연구』5권 pp. 313-341.
조희연. 2008.『박정희와 개발독재시대 - 5·16에서 10·26까지』역사비평사.
주성수. 2013.『자원봉사 문화와 제도』서울: 한양대학교출판부.
주영하. 2000.『음식 전쟁 문화 전쟁』파주: 사계절.
주철희. 2013.『불량국민들』㈜북랩.
중앙학도호국단. 1959.『학도호국단 10년지』.
진덕규. 1983.『현대민족주의의 이론구조』. 지식산업사.
진덕규 편. 1981.『1950年代의 認識』서울: 한길사.

진영재. 2010. 『정치학 총론』 서울: 태화북스.
채오병·전희진. 2016. "인과성, 구조, 사건," 『사회사/역사사회학』 사회학총서10, 서울: 다산출판사. pp. 142-167.
채오병. 2017. "역사 반복의 경로의존-전간기 일본과 탈식민 한국의 국가주의," 『사회와 역사』 115집 pp. 197-243.
채오병. 2010. "식민구조의 탈구, 다사건, 그리고 구조의 재접합," 『담론201』 13권 1호.
채오병. 2009. "사건사의 인식론과 방법론," 『사회와역사』 83집 pp. 157-185.
채오병. 2011. "이행과 번역: 한국 사회사의 역사사회학," 『한국 사회학』 45집 5호 pp. 168-196.
최대희. 2015. "베트남 결혼이주여성의 '어머니됨'의 의미 연구," 『디아스포라 연구』 9권 2호 pp. 233-256.
최문기. 2010. "한국 巫와 종교의 습합," 『윤리연구』 76호 pp. 133-166.
최상오. 2005. "1950-1960년대 중반 무역·외환정책의 형성과 전환: 수출정책을 중심으로," 공제욱·조석곤 편, 『1950~1960년대 한국형 발전모델의 원형과 그 변용과정』.
최상진. 2011. 『한국인의 심리학』 서울: 학지사.
최연식. 2007. "박정희의 민족창조와 동원된 국민통합," 『한국정치외교사논총』 28권 2호 pp. 43-73.
최연식. 2002. 『박정희 시대 근대화 담론 속의 전통』 『전통과 현대』 22호. 서울: 전통과 현대사.
최은창. 2020. 『가짜뉴스의 고고학』 서울: 동아시아.
최인수 외. 2019. 『2019 대한민국 트렌드』 서울: 한국경제신문.
최재훈. 2017. "집합행동의 개인화와 사회운동 레퍼토리의 변화," 『경제와사회』 113권 pp. 66-99.
최종렬. 2004. "신뢰와 호혜성의 통합의 관점에서 바라본 사회자본," 류석춘·장미혜·전상인 외 공저, 『한국의 사회자본: 역사와 현실』 서울: 백산출판사. pp. 17-72.
통계청. 2008. 『통계로 본 대한민국 60년의 경제·사회상 변화』.
하연섭. 2011. 『제도분석』 서울: 다산출판사.
한경구·유철인 외. 1998. 『낯선 곳에서 나를 만나다』 한국문화인류학회 엮음, 서울: 일조각.
한국구술사연구회. 2005. 『구술사: 방법과 사례』 서울: 선인.

한국군사혁명사편찬위원회. 1963. 『한국군사혁명사1집 하권』 동아서적.
한국문화사회학회. 2017. 『문화사회학』 파주: 살림출판사.
한국 사회사학회. 1997. 『한국 현대사와 사회변동』 서울: 문학과지성사.
한국언론정보학회 엮음. 2006. 『현대사회와 매스커뮤니케이션』 파주: 한울아카데미.
한국은행. 2005. 『숫자로 보는 광복 60년』 한국은행 경제통계국.
한국은행 금융경제연구원. 2003.
한배호 편. 1996. 『한국현대정치론 II - 제3공화국의 형성, 정치과정, 정책』 오름.
한병철. 2012. 『피로사회』 김태환 옮김, 서울: 문학과지성사. [원제, Byung-Chul Han. 2010. *Müdigkeitsgesellschaft*, Berlin: Verlagsgesellschaft mbH.]
한상범·이철호. 2013. 『법은 어떻게 독재의 도구가 되었나』 삼인.
한상범. 2012.
한상범. 2011. 『박정희와 친일파의 유령들』. 삼인.
한상범. 2001. 『우리사회의 일제잔재를 본다』 푸른세상.
한성훈. 2018. 『학살, 그 이후의 삶과 정치』 서울: 산처럼.
한성훈. 2014. 『가면권력: 한국전쟁과 학살』 서울: 후마니타스.
한용원. 1990. "군부의 제도적 성장과 정치적 행동주의," 한배호 엮음, 『한국현대정치론 I : 제1공화국의 국가형성, 정치과정, 정책』 서울: 나남.
한용원. 1993. 『한국의 군부정치』 서울: 대왕사.
한용원. 1997. "5·16쿠데타의 발생과 전개과정," 한배호 엮음, 『한국현대정치론II 제3공화국의 형성, 정치과정, 정책』 서울: 나남.
함석헌. 1961. "5·16을 어떻게 볼 것인가?," 『사상계』 97권.
홍석률. 2004. "1960년대 한국 민족주의의 분화," 노영기 외 지음, 『1960년대 한국의 근대화와 지식인』 서울: 선인.
홍성태. 2008. "일상적 감시사회를 넘어서," 공제욱 엮음, 『국가와 일상: 박정희 시대』 서울: 한울.
홍은영·최치원. 2016. "문화적 실천으로서 독일의 정치교육 혹은 민주시민교육," 『유럽사회문화』 17호 pp. 289-320.
홍종학. 2010. "민주적 시장경제의 한국 모형을 찾아서," 『경제와 사회』 pp. 69-94.
황병주. 2000. "박정희 시대 국가와 민중," 『당대비평』 12호 pp. 46-68.

황병주. 2005. "국민교육헌장과 박정희 체제의 지배담론," 『역사문제연구』 15호 pp. 125-179.

황정미. 2010. "다문화시민 없는 다문화 교육: 한국의 다문화 교육 아젠다에 대한 고찰," 『담론201』 13권 2호 pp. 93-123.

번역 문헌

게오르그 짐멜. 2013. 『돈의 철학』 김덕영 옮김, 서울: 길, [원제 Philosophie des Geldes].

구즈먼, 모니카. 2015. "목표로서 공동체," 맥브라이드, 켈리·톰 로젠스틸 엮음, 『디지털 시대의 저널리즘 윤리』 임영호 옮김, 서울: 한국언론진흥재단.

노베르트 엘리아스(Norbert Elias). 2018 『문명화의 과정 I』 박미애 옮김. 도서출판 한길사.

노베르트 엘리아스(Norbert Elias). 2018 『문명화의 과정 II』 박미애 옮김. 도서출판 한길사.

다카하시 도루. 2010. 『식민지 조선인을 논하다』 구인모 옮김, 서울: 동국대학교 출판부.

레비, 피에르. 2007. 『집단지성』 권수경 옮김, 서울: 문학과지성사.

레비, 피에르. 2000. 『사이버문화』 김동윤·조준형 옮김, 서울: 문예. [원제: Levy, Pierre. 1997. *Cyberculture*, Paris: Les Editions Odile Jacobs].

레히 테어힐. 2006. 『음식의 역사』 손경희 옮김, 서울: 우물이 있는 집. 원제 Food in History

리처, 조지, 2006. 『현대 사회학 이론과 그 고전적 뿌리』 한국이론사회학회 옮김, 서울: 박영사, [원제: Ritzer, George, Contemporary Sociological Theory and Its Classical Roots the Basics (New York: McGraw-Hill, 2003)].

마르코 지우니·마리아 T. 그라소.(Marco Giugni and Maria T. Grasso) 2021, 『거리의 시민들』 박형신 옮김. 한울아카데미.

마빈 해리스, 2016, 『음식문화의 수수께끼』 서진영 옮김, 파주: 한길사.

마크 블로흐 1993, 『마르크 블로흐 역사를 위한 변명: 역사가의 사명』, 정남기 옮김, 서울: 한길사.

막스 베버, 2010, 『프로테스탄티즘의 윤리와 자본주의 정신』, 김덕영 옮김, 서울: 도서출판 길. (원제: *Die Protestantische Ethik und der Geist des Kapialismus*)

모리스 아귈롱, 1998, 『쿠데타와 공화정』 이봉지 옮김, 서울: 한울.

미셸 마페졸리, 앙리 르페브르 외, 2016, 『일상생활의 사회학』 박재환, 일상생활연구회 옮김, 파주: 한울.

바디 베르뜨랑·비른보움 뻬에르, 1987. 『국가사회학』 차남희 옮김, 서울: 학문과사상사

벨라, 로버트, 1993. 『사회변동의 상징구조』박영신 옮김, 서울: 삼영사.

부르디외, 피에르, 2014. 『언어와 상징권력』김현경 옮김, 파주: 나남, [원제: Langage Et Pouvoir Symbolique, (Paris: Editions du Seuil, 2001)].

브로델, 페르낭, 2017. 『물질문명과 자본주의 I-1: 일상생활의 구조』 주경철 옮김, 서울: 까치글방.

빌 코바치,톰 로젠스틸, 2014. 『저널리즘의 기본 원칙』이재경 옮김, 서울: 한국언론진흥재단.

샌델, 마이클, 2014. 『정의란 무엇인가』 김명철 옮김, 서울: 리디북스, [원제: Sandel, Michael, Justice: What is the right thing to do?, (New York: D&M publisher, 2009)]

스미스, 앤소니, 2005. 『세계신문의역사』최정호/공용배 옮김, 파주: 나남신서, [원제 Anthony Smith, *The Newspaper: An International History* (London: Thames and Hudson, 1978)]

스타크, 로드니, 2017. 『기독교의 발흥』손현선 옮김, 서울: 좋은 씨앗, [Rodney Stark, T*he Rise of Christianity,* New Jersey: Princeton University Press, 1996]

시노하라 하지메, 2013, 『시민의 정치학: 토의 민주주의란 무엇인가』 최은봉 옮김, 파주: 지식산업사.

시노하라 하지메, 2004, 『역사정치학』, 김석근 옮김, 서울: 산해.

아담 스미스 2012, 『도덕감정론』, 박세일·민경국 옮김, 서울: 비봉출판사 [원제: The Theory of Moral Sentiments].

알렉시스 드 토크빌, 1997, 『미국의 민주주의 I, II』 임효선·박지동 옮김, 서울: 도서출판 한길사, [원제 Democracy in America I, II].

악셀 호네트, 2009, 『정의의 타자』, 문성훈, 이현재, 장은주, 하주영 옮김. 경기 파주: 나남.

악셀 혼네트, 1996, 『인정투쟁』, 문성훈·이현재 옮김. 서울: 동녘
앤더슨, 피터 J.2008.『저널리즘과 선진민주주의』반현, 노보경 옮김, 서울: 커뮤니케이션북스, [원제: Peter J, Anderson and Jeff Ward, The Future of Journalism in the Advanced Democracies, (London: Ashgate Publishing, 2007)]
에드워즈, 마이클, 『시민사회: 이론과 역사 그리고 대안적 재구성』 서유경 옮김, 서울: 동아시아, [원제; Edwards, Michael, Is Civil Society a Big Idea? (Cambridge: Polity Press, 2004).
에드워드 홀렛 카(E.H. Carr,『역사란 무엇인가?』, 지교철 옮김, 서울: 아름다운날.
에밀 뒤르켐, 1998,『직업윤리와 시민 도덕』, 서울: 새물결.
애커로프, 조지 / 레이첼 크랜턴, 2011.「아이덴티티 경제학」안기순 옮김, 서울: 랜덤하우스, 원제[George A. Akerlof and Rachel E. Kranton, Identity Economics, (New Jersey: Princeton University, 2010)].
장 보댕, 2005,『국가론』임승휘 옮김, 서울: 책세상
조르조 아감벤, 2014[1990],『도래하는 공동체』, 이경진 옮김, 서울: 꾸리에북스.
조지 리처, 2006,『현대 사회학 이론과 그 고전적 뿌리』, 한국이론사회학회 옮김, 서울: 박영사, [George Ritzer, Contemporary Sociological Theory and Its Classical Roots: The basics].
존 A. 휴즈, 웨스 W. 샤록, 피터 J. 마틴. 2020,『고전사회학의 이해』박형신 옮김, 파주: 한울, [원제 John A. Hughes, Wes W. Sharrock, Peter J. Martin, 2003, Understanding Classical Sociology, New Dehli: Sage Publication].
카스텔, 마누엘, 2012.『커뮤네케이션 권력』박행웅 옮김, 파주: 한울아카데미, 2013).
카스텔, 마누엘,『네트워크 사회의 도래』(김묵한/박행웅/오 은주 옮김(파주: 한울아카데미, 2014), [원제, Manuel Castelle, The Rise of the Network Society, (New York: Blackwell, 2000).]
칼 슈미트, 2010,『정치신학-주권론에 관한 네 개의 장』김항 옮김, 서울: 그린비.
쿠르베타리스, 게오르게 A. 1998.『정치사회학』(박형신·정헌주 옮김) 서울: 일신사.

클라우제비츠, 카를 폰, 2016, 『전쟁론』, 서울: 책세상.
토마스 프랭크, 2012(2004), 『왜 가난한 사람들은 부자를 위해 투표하는가』, 김병순 옮김, 갈라파고스 [원제: What's the Matter with Kansas?].
포이에르바하, 루드비히, 1993, 『기독교의 본질』, 박순경 옮김, 서울: 종로서적.
하컵, 토니, 『저널리즘 원리와 실제』 황태식 옮김, 서울: 명인문화사, 2012) [원제: Tony Harcup, Journalism: Principles and Practice (London: SAGE, 2009)].
한병철. 2012. 『피로사회』 김태환 옮김, 서울: 문학과지성사. [원제, Byung-Chul Han. 2010. Müdigkeitsgesellschaft, Berlin: Verlagsgesellschaft mbH.]
헤겔, 1996, 『법철학』 임석진 옮김, 서울: 지식산업사, [원제; Hegel, G.W.F, Grundlinien der Philosophie des Rechts (Frankfurt: Suhrkamp Verlag, 1821).
Berger, Peter L. and Thomas Luckmann, 2013. 『실재의 사회적 구성』 하홍규 옮김, 문학과 지성사.
Bloch, Marc 1993, 『마르크 블로흐 역사를 위한 변명: 역사가의 사명』, 정남기 옮김, 서울: 한길사.
Cooper, Bruce S., Fusarelli lance D. and Randall E. Vance. 2014. 『좋은 정책 좋은 학교 이론과 적용』 가신현·김병모·박종필·양성관·엄준용·이준희 공역, 경기 파주: 아카데미 프레스[원제: Cooper, Bruce S., Fusarelli lance D. and Randall E. Vance. 2004. Better policies, better schools : theories and applications. Boston: Allyn and Bacon.]
Edwards, Michael. 2005. 『시민사회 이론과 역사, 그래고 대안적 재구성』 서유경 옮김, 서울: 동아시아. [Is Civil Society A Big Idea].
Hofstede, Geert, Gert Jan Hofstedes and Michael Minkov, 2017. 『세계의 문화와 조직: 정신의 소프트웨어』 차재호·나은영 옮김. 서울: 학지사.
Pinker, Steven. 2014. 『우리 본성의 선한 천사: 인간은 폭력성과 어떻게 싸워왔는가』 김명남 옮김. 서울: 사이언스 북스. [원제: Pinker, Steven. 2014. Better angels of our nature: why violence has declined. N.Y.: Viking.]
Tocqueville, Alexis de, 1997, 『미국의 민주주의 I, II』 임효선·박지동 옮김, 서울: 도서출판 한길사, [원제 Democracy in America I, II].

영문 참고문헌

Anderson, Benedict, 1991, I*magined Communities: Reflections on the Origins and Spread of Nationalism,* Verso: London and New York.

Adorno, Theodor W. 1991. *The Culture Industry*, edited with an Introduction by J.M. Bernstein. London: Routledge.

Alavi, Hamza. 1972. the State in Post-Colonial Societies: Parkistan and Bangladesh, *New Left Review.* 74:59~81.

Althusser, Louis. 1972. Ideology and Ideological State Apparatuses, in *Leinn and Philosophy.* New York: Monthly Review Press.

Amsden, Alice Hoffenberg. 1989. *Asia's next giant : South Korea and late industrialization.* New York: Oxford University Press.

Apple, Michael W. 1990. *Ideology and Curriculum.* New York: Routledge.

Arendt, Hannah. 2006[1963]. *Eichmann in Jerusalem: A Report on the Banality of Evil*, introduced by Amos Elon. New York: Penguin Books.

Bandura, Albert. 1977. Self-Efficacy: Toward a Unifying Theory of Behavioral Change, *Psychological Review.* 84(2).

Baudrillard, Jean. 1998[1970]. *The Consumer Society: Mayths and Structures.* London: Sage Publication.

Bourdieu, Pierre. 1986. Forms of Social Capital, in the *Handbook of Theory and Research for the Sociology of Education*, edited by John G. Richardson. New York: Greenwood Press. 241~258.

Boyer, William W. and Byungman Ahn. 1991. *Rural Development in South Korea: A Sociopolitical Analysis.* New Jersey: Associated University Presses.

Brubaker, Rogers. 1992. *Citizenship and Nationhood in France and Germany.* Cambridge: Harvard University Press.

Burger, Peter L. and Thomas Luckman. 1967. *The Social Construction of Reality.* New York: Anchor Books

Chang, Ha-Joon. 2003. *Globalisation, economic development, and the role of the state.* London: Zed Books by Palgrave.

Cohen, M. Zichi, David I. Khan, and Richard H. Steeves. 2000.

Hermeneutic Phenomenological Research: A practical guide for nurse researchers. Thousand Oaks, C.A.: Sage.

Coleman, James. 1990. *Foundations of Social Theory*. Cambridge, M.A.: The Belkap Press of Harvard University Press.

Coleman, James S. 1988. Social Capital in the Creating of Human Capital, *American Journal of Sociology*. 95~120.

Collins. 1994.

Collins, Randall. 1982. *Sociological Insight: An Introduction to Nonbvious Sociology*. New York: Oxford University Press.

Costa, Dora L and Matthew E Kahn. 2003. *Understanding the American decline in social capital, 1952-1998*. Kyklos. 56(1): 17-46.

Creswell, John W. 1998. *Qualitative Inquiry and Research Design: Choosing Among five Traditions*. London: Sage Publication.

Crotty, Michael. 2003. *The Foundations of Social Research*. London: Sage Publication.

Cumings, Bruce. 1981. *The Origins of The Korean War*. New Jersey: Princeton University Press.

Cumings, Bruce. 1997. *Korea's Place in the Sun*. New York: Norton.

Duara, Prasenjit. 2004. *Sovereignty and Authenticity: Manchukuo and the East Asian Modern*. Oxford, U.K.: Rowman and Littlefield Publishers, INC.

Duverger, Maurice. 1959. *Political Parties*, translated by Robert North. New York: John Wiley.

Ehrenberg, John R. 2008. *Civil Society: The Critical History of an Idea*. NYU Press.

Easton, David. 1953. T*he Political System: An inquiry into the State of Political Science*. New York: John Wiley & Sons.

Elias, Nobert. 1991. *The Society of Individuals*. New York: Bail Blackwell.

European commission. 2004. *Joint Report on Social Inclusion*.

European Union Social Protection Committee. 2001. *Report on indicators in the fields of poverty and social exclusion*. Brussels, October.

Evans, Peter. 1996. *Embedded Autonomy: state and Industrial*

Transformation. Princeton, N.J.: Princeton University Press.
Evans, Peter B. 1995. *Embedded autonomy: states and industrial transformation*. Princeton. N.J.: Princeton University Press.
Fox, Jonathan. 1996. How Does Civil Soceity Thicken? The Political Construction of Social Capital in Rural Mexico. In *World Development,* 24(6):1089~1103.
Galbraith, John Keneth. 1998[1958]. *The Affluent Society.* Boston: A Mariner Books.
Gellner, Ernest, 1983, *Nations and Nationalism*, Cornell University Press: Ithaca, New York
Green, Donald P. and Ian Shapiro. 1994. *Pathologies of Rational Choice Theory.* New Haven and London: Yale University Press.
Greenfeld, Liah, 1993. Nationalism: Five Roads to Modernity. Cambridge, M.A.: Harvard University Press.
Grinker, Roy Richard. 1988. *Korea and Its Futures: Unification and the Unfinished War.* New York: St. Martin's Press.
Habermas, Jürgen. 1995. Citizenship and National Identity: Some Reflections on the Future of Europe, in *Theorizing Citizenship*, edited by Ronald Beiner. Albany: State University of New York Press.
Habermas, Jürgen. 1991. *The Structural Transformation of Public Sphere.* Cambridge: The MIT Press.
Habermas, Jürgen. 1987. *The Theory of Communicative Action Volume Two: Lifeworld and System: A critique of Functionalist Reason.* Boston: Beacon Press.
Habermas, Jürgen. 1975. *Legitimation Crisis.* Boston: Beacon Press.
Haggard, Stephan and Robert R. Cawhmen. 1995. *The Political economy of democratic transitions,* princeton, N.J.: Princeton University Press.
Haggard, Stephan. 1990. *Pathways from the periphery : the politics of growth in the newly industrializing countries.* Ithaca, N.Y.: Cornell University Press.
Hareven, Tamara K. 1982. *Family Time& Industrial Time; The relationship between the family and work in a New England industrial community.* New York: Cambridge University Press.

Hochschild, Arlie Russell. 2003. *The Commercialization of Intimate Life: Notes from Home and Work*. L.A: University of California Press.

Im, Hyug Baeg. 1987. The Rise of Bureaucratic Authoritarianism in South Korea. *World Politics*. 39(2): 231~57.

Jager, Sheila. Miyoshi. 2003. *Narratives of nation building in Korea a genealogy of patriotism*. Armonk, N.Y.: M.E. Sharpe.

Jang, Ha-Joon. 2003. *Globalization, Economic Development and the Role of the State*. London: Zed Books.

Janowitz, Morris. 1964. *The Military In The Political Development Of New Nations*. London: The Univercity of Chicago Press.

Jepperson, Ronald L. 1991. Institutions, Institutional Effects, and Institutionalism *in* The New Institutionalism in Organizational Analysis, edited by Walter W. Powell and Paul J. DiMaggio. pp. 63-143. Chicago: Univercity of Chicago press.

Johnson, Chalmers. 1987. *Political Institutions and Economic Performance: the government-business relationship in Japan, Korea, and Taiwan*. Ithaca N.Y.: Cornell University Press.

Jones, Emma and John Gaventa. 2002. *Concepts of Citizenship: A Review*, IDS Development Bibliography19, Institute of Development Studies Brighton, England.

Kang, David C. 2002. *Crony capitalism: corruption and development in South Korea and the Philippines*. Cambridge: Cambridge University Press.

Kasza, Gregory J. 1995. *The Conscription Society*. New Haven and London: Yale University Press.

Kieran, Allen. 2004. *Max Weber: A Critical Introduction*, London: Pluto Press.

Kiser, Edgar and Justin Bear. 2005. *The Bureaucratization of States: Toward an Analytical Weberianism. Remaking Modernity*, edited by Julia Adams, Elisabeth S. Clemens, and Ann Shola Orloff. Durham. N.C: Duke University Press.

Koo, Hagen. 2001. *Korean Workers: the Culture and Politics of Class Formation*. Ithaka and London: Cornell University Press.

Kymlicka, Will. 1995. *Multicultural Citizenship*. New York: Oxford University Press.

Kymlicka, Will. 2012. *Multiculturalism: Sucess, Failure, and the Future*, MPI Europe.

Lakoff, George. 2014. *Don't Think of An Enlephant!*. Vermont: Chelsea Green Publishing.

Lam, Wai Fung. 1996. Institutional Design of Public Agencies and Coproduction: A Study of Irrigation Associations in Taiwan, *World Development*, 24(6): 1039~1054.

Lee, NamHee. 2007. *Making of Minjung: Democracy and the Politics of Representation in South Korea*. Ithaca and New York: Cornell University Press.

Lin, N. 2001. *Social Capital. A Theory of Social Structure and Action*. Cambridge: Cambridge University Press.

Livingstone, S. and Lunt, P. 1994. The Mass Media, Democracy and the Public Sphere, In *Talk on Television: Audience participation and Public Debate*. London: Routledge. 9~35.

Long, Norman. 2001. *Development Sociology; Actor Perspectives*. New York: Routledge.

Mahoney, James. 2001. Path-Dependent Explanations of Regime Change: Central America in Comparative Perspective, *Studies in Comparative International Development*, 36(1):111~141.

Mahoney, James. 2000. Path Dependence in Historical Sociology, *Theory and Society* 29(4): 507~548.

Mahoney, James and Dietrich Rueschemeyer. 2003. *Comparative historical analysis in the social sciences*. Cambridge U.K.; New York: Cambridge University Press.

March, James G. and Johan P. Olsen. 1984. The New Institutionalism: Organizational Factors in Political Life, *American Political Science Review*. 78(3):734~749.

Mann, Michael. 1993. *The Sources of Social Power: Volume 2 the rise of classes and nation state 1760-1914*. Cambridge: University of Cambridge Press.

Mann, Michael. 1988. The Autonomous Power of the State, in *States, War, and Capitalism*. Oxford: Blackwell.

Mann, Michael. 1988. *States, War, and Capitalism: studies in political sociology*. Oxford, U.K.: Blackwell.

Mann, Michael. 1986. *The Sources of Social power volume I: A history of power from the beginning to A.D. 1760*. New York: University of Cambridge Press.

Merton, Robert K. 1967. *On Theoretical Sociology: Five Essays, Old and New*. New York: The Free Press.

Merton, Robert K. 1936, The Unanticipated Consequences of Purposive Social Action, *American Sociological Review*. 1(6):894~904.

Meszaros, Istvan. 1990. *The Power of Ideology*. New York: New York University Press.

Meyer, John W. and W. Richard. 1992. *Organizational environments: ritual and rationality*. Newbury Park, Ca.: Sage.

Miller, Alan S. and Satoshi Kanazawa. 2000. *Order by Accident*. Boulder, Co.: Westerview Press.

Mills, C. Wright. 1959. *The Sociological Imagination*. Harmondsworth: Penguin Books.

Moe, Terry M. 1990. Political Institutions: The Neglected Side of the Story. *Journal of Law, Economics, and Organization*. 6:213-53.

Moon, Sangseok. 2008. Mechanism of Mass Mobilization and Creating State Citizens During the Economic Development Period: A Case of South Korea, Unpublished Ph.D. Dissertation, the University of Texas at Austin.

Moon, Seongsook. 2005. *Militarized Modernity and Gendered Citizenship in South Korea*. Durham and London: Duke University Press.

Moore, Barrington Jr. 1966. *Social Origins of Dictatorship and Democracy: Lord and Peasant in the Making of the Modern World*. Boston: Beacon Press.

Mosse, George L. 1975. *The Nationalization of the Masses*. New York: Howard Fertic.

North, Douglass Cecil. 1981. *Structure and change in economic history*.

New York: Norton.
Oppenheim, Robert. 2016. *An Asian Frontier: American Anthropology and Korea, 1882-1945.* Lincon and London: University of Nebraska Press.
Oppenheim, Robert. 2011. *Kyungju Things: Assembling Place.* Ann Arbor: University of Michigan Press.
Pierson, Paul. 2007. Big, Slow-Moving, and Invisible Macrosocial Processes in the Study of Comparative Politics, Mahoney, James and Dietrich Rueschemeyer(ed.), *Comparative Historical Analysis in the Social Sciences.* New York: Cambridge University Press,
Pierson, Paul. 2000. Increasing Returns, Path Dependence, and the Study of Politics, *American Political Science Review.* 94(2):251~267.
Poggi, Gianfranco. 1978. *The Development of The Modern State: A Sociological Introduction.* Stanford, C.A.: Stanford University Press.
Polanyi, Karl. 2001. *Great Transformation: The Political & Economic Origins of Our Time.* Boston, Ma: Beacon Press.
Population Memory Group. 1982. Popular memory: theory, politics, method. in *Making histories: studies in history writing and politics,* edited Richard Johnson, Gregor Mclennan, Bill Schwarz, and David Sutton. Minneapolis: University of Minnesota Press.
Portes, Alejandro. 1998. Social Capital: Its Origins and Applications in Modern Sociology, *Annual Review of Sociology.* 22:1~24.
Putnam, Robert D. 1993. *Making Democracy Work Civic Traditions in Modern Italy.* Princeton: Princeton University Press.
Putnam, Robert D. 2000. *Bowling Alone: The Collapse and Revival of American Community.* New York: Simon and Schuster.
Putnam, Robert D., Lewis M. Feldstein, and Don Cohen. 2004. *Better Together: Restoring the American Community.* New York: Simon & Schuster Paperbacks.
Rawls, John. 1955. Tow Concepts of Rules, *The philosophical Review.* 64(1):3~35.
Read, Benjamin L. 2012. *Roots of the State: Neighborhood Organization and Social Networks in Beijing and Taipei.* Stanford, California:

Stanford University Press.

Roberts, Brian R. and Charles Wood. ed. 2005. *Rethinking Development In Latin America*. Univ. Park, Pa.: Pennsylvania State Univ. Press.

Ross, Dorothy. 1995. The Many Lives of Institutionalism in American Social Science, *Polity* 28(1):117~123.

Sahlins, Marshall. 1981. *Historical Metaphors and Mythical Realities*. Ann Arbor: University of Michigan Press.

Salins. 1991.

Scott. 1977.

Schelling, Thomas. C. 2006. *Micro Motives and Macro Behavior*. New York: W·W·Norton and Company.

Schelling, Thomas C. 2003. *Micromotives and Macrobehaviors*. New York: Norton.

Schmid, Andre, 2002. Korea Between Empires: 1895-1919, New York: Columbia University Press.

Schmitt, Carl. 1996. *The Concept of the Political, Translated by George Schwab*. Chicago: University of Chicago Press.

Sewell, William Jr. 1985. Ideologies and Social Revolutions: Reflections on the French Case, *Journal of Modern History*. 57:57~85.

Sewel. 1992.

Sewell, William Jr. 1996a. Historical Events as Transformations of Structures: Inventing Revolution at the Bastille, *Theory and Society*. 25(6):841~881.

Sewell, William Jr. 1996b, Three Temporalities: Toward and Eventful Sociology, in the *Historic Turn in the Human Sciences*, edited by T.J. McDonald. Ann Arbor: University of Michigan Press. 245~280.

Sherman, Arnold K. and Aliza Kolker. 1987. *The Social Bases of Politics*. Belmont, C.A.: Wadsworth Publishing Company.

Skocpol, Theda and Dietrich Rueschemeyer. 1985. *Bringing the state back in*. Cambridge : Cambridge University Press.

Skocpol, Theda, 1979. States and Social Revolutions, Cambridge: Cambridge University Press.

Somers, Margaret R. 1993. Citizenship and the Place of the Public

Sphere: Law, Community, and Political Culture in the Transition to Democracy, *American Sociological Review.* 58(5):587~620.
Steenbergen, Bart Van[e.d.]. 1994. *The Condition of Citizenship.* London: SAGE Publication.
Stonchicombe, Arther L. 1968. *Constructing Social Theories.* Chicago: University of Chicago Press.
Talyor, Charles. 1994. *The Politics of Recognition, in Multiculturalism*, edited and Introduced by Amy Gutmann. Princeton: Princeton University Press.
Tarrow, Sidney G. 2011. *Power in Movement: Social Movements and Contentious Politics*, revised and updated Third Edition. New York: Cambridge University Press.
Thompson, John B. 1995. *The media and modernity: A social theory of the media.* Stanford, C.A.: Stanford University Press.
Tilly, Charles. 2007. *Democracy.* New York: Cambridge University Press.
Tilly, Charles. 2005. *Identities Boundaries and Social Ties.* Boulder, Co.: Parading Publishers.
Tilly, Charles[e.d.]. 1996. *Citizenship, Identity, and Social History.* Cambridge, N.Y: The University of Cambridge Press.
Tilly, Charles. 1992. *Coercion, Capital and European States.* Oxford: Blackwell.
Tilly, Charles. 1988. *As Sociology Meets History.* London: Academic Press.
Tilly, Charles. 1978. *From Mobilization to Revolution. Reading.* Mass.: Addison-Wesley.
Tilly, Charles[e.d.]. 1975. *The Formation of National States in Western Europe.* Princeton, N.J.: Princeton University Press.
Tilly, Charles. 1975. Reflections on The History of Europeans State-Making, in The *Formation of National States in Western Europe.* New Jersey: Princeton University Press.
Trevor-Ropper, Hugh. 1983. The Invention of Tradition: The Highland Tradition of Scotland, in The Invention of Tradition, edited by Eric Hobsbaum and Terence Ranger. Cambridge: Cambridge University Press.

Trimberger, Ellen Kay. 1978. *Revolution From Above: Military Bureaucrats and Development in Japan, Turkey, Egypt, and Peru*. New Brunswick, N.J.: Transcation Books.
Tsurumi, E. Patricia. 1984. Colonial Education in Korean and Taiwan in *Japanese Colonial Empire, 1895-1945*. New Jersey: Princeton University Press.
Turner. 2001. *Sociological Theory Today, in Handbook of Sociological Theory*, edited by Jonathan H. Turner. Springer Science Press
Wade, Robert. 1990. *Governing the market : economic theory and the role of government in East Asian industrialization*. Princeton, N.J.: Princeton University Press.
Wallerstein, Immanuel. 1976. *The Modern World-System,* Volume1. Los Angeles: University of California Press.
Wakeman, Frederic. 1975. *The Fall of Imperial China*. London: The Free Press.
Weir, Margaret and Theda Skocpol. 1985. State Structures and the Possibilities for "Keynesian" Responses to the Great Depression in Sweden, Britain, and the United States, in *Bringing the State Back in*, edited by Peter B. Evans, Dietrich Rueschemeyer and Theda Skocpol. Cambridge, U.K.: Cambridge University Press.
Weber, Max. 1978. *Economy and Society*, edited by Guenther Roth and Claus Wittich. Berkeley: University of California Press.
Winichakul, Thongchai. 1994. *Siam Mapped: A History of the Geo-Body of a Nation*. Honolulu: University of Hawai'i Press.
Woo-Cumings, Meredith. 1999. *The developmental state*. Ithaca, N.Y.: Cornell University Press.
Wood, Charles H. and Rryan R. Robderts. 2005. *Rethinking Development in Latin America*, University Park, Pen: The Pennsylvania State University Press.
You, Tae-Yeung. 1986. *The Patterns of Rural Development in Korea in the 1970's*. Seoul, Korea: The Institute of Saemaul Kon-Kuk University.
Zeitlin, Irving, M. 2001. *Ideology and The Development Of Sociological Theory*, 7th edition. New Jersey: Prentice Hall.

Zucker, Lynne G. 1986. The Production of Trust: Institutional Sources of Economic Structure, 1840-1920. Research in Organizational Behavior, 8, 53-111.

박정희 저작
『나라가 위급할 때 어찌 목숨을 아끼리』 동서문화사 2005a
"혁명 과업 완수를 위한 지도자의 길(1961년 8월 15일)" "혁명과업 완수를 위한 국민의 길(1961년 8월 15일)"
한국민족주의
"민족의 저력"(1971 광명출판사), "민족중흥의 길"(1978년 광명출판사)
『우리 민족의 나아갈 길』
『국가와 혁명과 나』(1963년 초가을)
『한국민주주의』(1972년)

**박정희 동원체제의 잔재와
한국 현대 시민사회 형성**

....

인쇄일 · 2021년 10월 30일
발행일 · 2021년 10월 30일

지은이 · 문 상 석
펴낸이 · 김 채 진
펴낸곳 · 책과공간
주 소 · 서울시 중구 을지로 191(502호)
전 화 · 02-725-9371
팩 스 · 02-725-9372
등 록 · 제 1996-000228 호
정 가 · 30,000원

ⓒ문상석

이 책의 내용에 관한 저작권은 저자에게 있습니다.
저자의 허락, 동의 없이 무단전제 및 복제를 금합니다.